THÉODORE DE BANVILLE

— PETITES ÉTUDES —

MES SOUVENIRS

VICTOR HUGO, HENRI HEINE
THÉOPHILE GAUTIER, HONORÉ DE BALZAC
HONORÉ DAUMIER, ALFRED DE VIGNY
MÉRY, ALEXANDRE DUMAS, NESTOR ROQUEPLAN
JULES JANIN, PRIVAT D'ANGLEMONT
PHILOXÈNE BOYER
ALBERT GLATIGNY, CHARLES ASSELINEAU
CHARLES BAUDELAIRE, ETC.

PARIS
G. CHARPENTIER, ÉDITEUR
13, RUE DE GRENELLE-SAINT-GERMAIN, 13

1882

MES
SOUVENIRS

IL A ÉTÉ TIRÉ :

Cinquante exemplaires numérotés sur papier de Hollande.

Prix : 7 fr.

Et *Dix exemplaires numérotés* sur papier de Chine.

Prix : 12 fr.

THÉODORE DE BANVILLE

— PETITES ÉTUDES —

MES SOUVENIRS

VICTOR HUGO, HENRI HEINE
THÉOPHILE GAUTIER, HONORÉ DE BALZAC
HONORÉ DAUMIER, ALFRED DE VIGNY
MÉRY, ALEXANDRE DUMAS, NESTOR ROQUEPLAN
JULES JANIN, PRIVAT D'ANGLEMONT
PHILOXÈNE BOYER
ALBERT GLATIGNY, CHARLES ASSELINEAU
CHARLES BAUDELAIRE, ETC.

PARIS

G. CHARPENTIER, ÉDITEUR

13, RUE DE GRENELLE-SAINT-GERMAIN, 13

1882

Tous droits réservés.

MES SOUVENIRS

I

PORTRAITS DE FAMILLE.

On m'a souvent demandé pourquoi j'habite un appartement dont le loyer est beaucoup trop cher pour ma très mince fortune, dont les hautes chambres conviendraient à un Louvre, et dont les perrons donnent accès dans un jardinet de trois cents mètres, qui pour Paris est une espèce de parc. C'est pour avoir de vastes et interminables murailles, auxquelles je puisse adosser des bibliothèques et des armoires pleines de livres, car j'aime tous les livres, même inutiles ! et aussi accrocher toute une galerie de portraits de famille, dont les uns sont beaux et charmants, les autres absurdes, mais qui tous me sont chers, les uns parce que je les ai vus depuis ma petite enfance, les autres parce qu'ils me sont venus par héritage, à mesure que la famille s'évanouissait, ne me laissant que de poignants et doux souvenirs.

Des aïeux en habit de gala, en veste brodée, en perruque poudrée, ceux-ci souriant, faisant leur cour, ceux-là graves, penchés sur des livres ou des paperasses, ou portant au cou le cordon de Saint-Michel et sur l'habit de velours la claire plaque étoilée, de belles aïeules dont l'une peinte par Largillière resplendit sous son écharpe de vivantes fleurs, des pastels aux tendres nuances effacées, d'autres portraits récents, mal peints par quelque artiste courant la province, mes grands-pères et grand'mères, ma mère toute jeune en costume de bal, mon père en habit de marin, ma sœur et moi enfants, elle blanche, vermeille, pareille à une petite rose, coiffée d'un béret à glands d'or sous lequel flotte sa chevelure dénouée, moi en habit blanc avec une large collerette ajourée et festonnée et déjà, hélas! tenant dans ma petite main un livre qui me prédisait ma destinée inéluctable : toutes ces figures attendries et familières m'encouragent, me consolent, et me parlent doucement avec de faibles voix qui viennent du vague et lointain passé.

Dernièrement je recevais la visite d'un savant médecin de mes amis, qui croit profondément à l'atavisme. Selon lui, il n'y a pas dans nos corps et dans nos âmes une aptitude, un appétit, un vice, un sentiment, une pensée qui ne nous vienne de nos ascendants plus ou moins éloignés, dont nous sommes directement la résultante. Aussi devons-nous, d'après ce système, qui certes est le plus moral de tous, nous garder purs et loyaux, si nous ne voulons pas léguer aux fils de nos fils l'abominable héritage d'un corps las d'avance, d'un sang vicié, d'une âme souillée et flétrie. Le docteur expliquait sa théorie avec infiniment d'esprit, d'audace, d'imagination, et sans effort me rangeait à son avis, surtout par l'excellente raison que je le partageais d'avance.

— « Et tenez, dit-il en me montrant un petit portrait accroché au-dessus de mon lit, voilà, si je ne me trompe, le vrai grand-père des *Odes Funambulesques!*

— Ma foi, lui dis-je, vous ne vous trompez guère, si les frivoles poèmes dont vous parlez méritent d'avoir un grand-père, ce qui permettrait de supposer qu'ils sont un peu vivants? »

L'image qu'avait désignée mon ami est un pastel un peu effacé, représentant un enfant de treize à quatorze ans, mince, futé, espiègle, souriant, en habit rouge, qui fut du côté maternel mon bisaïeul. Il est difficile de voir une tête plus séduisante et plus expressive. Le visage, d'un blanc transparent et très affiné, les joues d'un pâle rose, les yeux relevés couleur d'or, le nez fin, très droit et cependant un peu busqué, la bouche gracieuse, féminine, retroussée en arc, la petite oreille rougissante, pétillent d'esprit et de malice. Mon petit bisaïeul est coiffé d'un tricorne crânement posé, et la poudre discrètement jetée sur ses cheveux frisés laisse parfaitement voir leur couleur brune. On dirait tout à fait l'enfant Chérubin, adorant à la fois Suzanne et la comtesse, et la petite Fanchette, et toutes les autres Fanchettes, et j'imagine qu'on ne se tromperait pas de beaucoup. En effet, ce petit homme rouge avait le diable dans le ventre; il avait beaucoup d'appétits singuliers, de désirs fous et de caprices bizarres, et comme c'était une espèce de marquis de Carabás, il pouvait les satisfaire tous. Avec une telle nature expansive, on pourrait croire qu'il mena une vie de papillon éperdu et ne parvint jamais à se fixer; mais au contraire, il se maria pour la première fois à dix-huit ans, par suite d'une circonstance étrange, qui mérite d'être racontée.

Un chevalier de ses amis était aimé d'une dame jeune, aimable, spirituelle, jolie comme une déesse de Boucher, et c'étaient les plus belles amours qui se pussent voir. Cependant, pour une futilité, pour une sotte jalousie, pour un rien, ces amants se brouillèrent, parce que le bonheur parfait n'est pas de ce monde, et pour mettre entre lui et la maîtresse qu'il croyait infidèle un obstacle invincible, le chevalier résolut de se marier. A la porte même de la jeune fille qu'il prétendait épouser, il rencontra mon bisaïeul, refusa de se rendre à ses remontrances indignées, et finalement le pria de lui rendre un grand service et de faire en son nom la démarche qui l'embarrassait un peu. Le petit homme rouge n'hésita pas, il entra dans la maison, demanda la main de la demoiselle... pour lui-même, seul moyen qui lui restait de sauver son ami! et comme le chevalier se fâcha, naturellement, lui donna un grand coup d'épée. Donc, il avait perforé son meilleur ami, et il se trouvait marié, ce qui est grave; mais il n'eut pas à se repentir de sa bonne action, car les amants se réconcilièrent et lui gardèrent de ce jour une reconnaissance éternelle.

Entré tout jeune en possession de ses biens, mon bisaïeul habitait une propriété située à la fois dans l'Allier et dans la Nièvre, et comme l'était alors tout ce pays, très mal cultivée; mais il y avait tant de domaines, tant de champs, tant de prairies, tant de forêts et d'étangs dans cette propriété dont on ne voyait jamais la fin, qu'elle représentait malgré tout une grande fortune, dont les débris suffirent encore à constituer trois fortunes, bien que son possesseur, ayant emprunté une grosse somme, se fût toujours refusé à en payer les intérêts, pour lesquels d'ailleurs ses créanciers ne le tourmentaient pas, et qui jusqu'à sa mort firent la boule de neige.

Là on chassait, on pêchait, on prenait des oiseaux à la pipée, et surtout on festinait jour et nuit, et une foule de bons vivants sans cesse renouvelée vidait les écuelles, les brocs et les tonneaux, exactement comme chez Gargantua. Dans cette maison de Cocagne, quand on entrait à la cuisine ouverte sur la cour, ce n'étaient que cochons de lait, perdrix, faisans, volailles, quartiers de venaison rôtissant aux broches, devant l'immense feu clair, où les étuvées de brochets et de carpes à la mode nivernaise s'allumaient et flambaient dans les grands chaudrons. Et les jambons roses, les poissons cuits au bleu et servis sur des plats géants, avec des fleurs dans les narines, faisaient procession de la cuisine à la salle à manger, où on tâchait de leur trouver une place entre les rôtis et les bruns civets et les salmis fumants.

Qui voulait venait, mangeait, s'installait, faisait dans la maison un séjour long ou court à son gré, et y demeurait au besoin pendant des mois. Rien n'était plus simple; il suffisait d'arriver, de dire : Me voilà, et on avait à sa disposition des chevaux, des chiens, des fusils, une campagne inépuisable, et pour se reposer la nuit, des lits de chanoine. On pense que dans ces conditions les hôtes ne manquaient pas. Cependant mon bisaïeul en trouva le nombre insuffisant, et pour l'augmenter, il imagina de se faire... BRIGAND de grand chemin! Avec quelques-uns de ses amis, il s'embusquait sur la route au bout de son avenue, et arrêtait les voitures en poussant des cris sauvages et en tirant force coups de pistolet. Ils faisaient descendre les voyageurs, les chargeaient de liens, et, malgré leurs supplications, les emmenaient prisonniers. En arrivant dans la maison, ces malheureux croyaient bien qu'on allait leur casser la tête; mais au contraire, on les faisait asseoir à la table du festin magnifiquement servie. Ils étaient si bien reçus, choyés et fêtés, qu'après avoir été un instant captifs sans le vouloir, ils l'étaient ensuite de bonne volonté; souvent pendant de longs jours, ils chassaient, se promenaient, battaient la forêt et la plaine, buvaient les vins blancs, rouges et roses, en contant et en écoutant de belles histoires. On nourrissait bien leurs chevaux, on raccommodait avec soin leurs carrosses, et lorsque enfin ils voulaient partir, on les renvoyait chargés de présents, comme dans l'*Odyssée*.

Les farces de mon bisaïeul sont dans le pays restées légendaires. Une fois, il faisait croire à un méchant curé, tyran du village, qu'il avait été nommé à une cure lointaine. Puis il l'avertissait que c'était une plaisanterie, lorsque le curé, relevant sa soutane et traversant une rivière à gué, était mouillé jusqu'aux os, et ce malheureux apprenait sans transition qu'il avait inutilement vendu ses meubles. Bien entendu, mon bisaïeul lui en rachetait ensuite de plus beaux, car, ainsi que toutes les facéties vraiment bonnes, les siennes se terminaient toujours par de l'argent qu'il donnait. Tantôt il se faisait conduire entre des gendarmes par les rues de Moulins, pour connaître les vrais amis qui ne l'abandonneraient pas dans l'infortune, ou bien il y promenait, dans une élégante voiture lancée au galop, une chèvre coiffée, attifée et vêtue en dame, comme un vivant caprice de Watteau! Une fois, arrivant de voyage à l'improviste, sa femme le trouvait attablé tout seul, servi par cinquante filles de seize ans. Il était allé à la foire aux filles et il les avait louées toutes, pour voir laquelle saurait le mieux lui attacher sa serviette et lui verser à boire. Elles s'en allèrent en pleurant et en s'essuyant les yeux du bout de leur tablier, lorsqu'on les renvoya toutes à la fois, en leur donnant à chacune un joli commencement de dot.

Mais en général le petit homme à l'habit rouge n'aimait pas à se mettre à table tout seul, et il était d'autant plus content que plus de convives dévoraient les poissons de ses étangs et les chapons de sa basse-cour et buvaient le vin de sa vigne.

L'hospitalité de ce temps-là était fastueusement excessive, mais elle avait aussi son côté héroïque et touchant. Moi tout petit enfant, j'ai vu arriver chez mon bisaïeul très vieux, mais toujours gai et hospitalier, un vieux gentilhomme, encore poudré et vêtu d'un habit de chasse galonné d'or, qui n'avait ni maison ni foyer, et qui, après avoir noblement dépensé sa fortune, ne possédait rien au monde que son porte-manteau et son cheval. Il allait tour à tour habiter quelques mois chez chacun de ses amis, par qui il était accueilli, non comme un parasite, mais comme un hôte chéri et vénéré, qu'on accablait d'attentions délicates, et qui les acceptait dignement. En partant, il ne donnait pas d'argent aux serviteurs, parce qu'il n'en avait pas, et les domestiques (ô temps évanouis!) se montraient vis-à-vis de lui parfaitement respectueux! C'est ainsi que mon bisaïeul a tout mangé, et c'est pourquoi son arrière-petit-fils en a été réduit à se faire poète lyrique, afin de pouvoir déjeuner d'un bon rayon de soleil, et souper de la brise errante et du clair de lune.

— « Et alors, me dit mon ami le médecin darwiniste, c'est à ce seul petit bisaïeul rouge que vous avez dû votre amour exalté de l'harmonie bouffonne et lyrique, et la tendre et tumultueuse fantaisie de vos rimes, qui ont toujours l'air d'éclater comme une fanfare de guerre, ou de soupirer un chant de flûte dans les bois?

— Mais non, lui dis-je, pas à lui seul, car mes parents ont tous été aussi étonnants les uns que les autres, adoptant résolûment ce qui est le contraire du lieu commun et déconcertant ce qui est l'idée vulgaire et toute faite, avec une parfaite innocence, et avec la plus crâne bravoure.

Tenez, regardez ces deux merveilleuses miniatures, peintes par un Latour qui valait presque l'autre, bien qu'il ne soit pas devenu illustre. Cette dame aux traits bourboniens, hardis et en même temps si aimables, aux yeux noirs et brillants, dont la très noire chevelure est frisée en papillotes courtes que surmonte une large tresse, est la fille du petit homme rouge, la propre mère de ma mère. Admirez comme elle est bien vêtue avec sa guimpe transparente à fraise, posée par-dessus sa robe brune, et avec son cachemire blanc qu'embellit une très large bordure de palmes! Ce vieillard si jeune est son mari, l'avocat Jean-Baptiste Huet. Voyez son front si puissant, un peu fuyant d'en haut, largement modelé, d'où tombent, rejetés en arrière, de fins et longs cheveux blancs, ces énormes yeux d'un bleu sombre couronnés de blonds sourcils, ce nez large au bout, très ouvert, un peu rougissant, cette fine bouche bienveillante et satirique, ce menton affiné; que d'esprit dans cette belle tête de penseur et d'honnête homme, et comme il est bien costumé avec les habits du temps, la cravate de mousseline lâche sur laquelle retombe le col mou et rabattu de la chemise à petits plis et à large jabot de mousseline, le gilet de piqué blanc à collet droit, et l'ample habit noir dont le collet remonte un peu dans le cou, comme celui de Gœthe! Celui-là, on le voit, était un homme, et pourtant lui et sa femme se séparèrent de l'humanité par une audace qui est la plus extraordinaire de toutes.

En effet, ces deux êtres, mon grand-père et ma grand-mère, d'un commun accord, sans hésitation et sans trouble, firent ce que les mortels ne font jamais; ils réalisèrent la sagesse et le bonheur, et vécurent parfaitement heureux, chose plus difficile et extraordinaire que d'avoir étouffé des monstres dans ses mains comme Hercule, ou d'avoir découvert des astres et conquis des mondes. Ils furent heureux; leur histoire absolument héroïque et fabuleuse tient dans ces trois mots, et pourrait s'arrêter là. Imaginez la formidable, la céleste joie d'un amant qui tient dans ses bras l'adorée, la vivante idole, et ne la lâche plus tant qu'il lui reste une âme et un souffle. Un amour tendre, pur, égal, semblable à lui-même, qui dure de longues années et que rien ne trouble, tel est le spectacle que donnèrent ces époux modestes, cachés dans un humble coin, et mille fois plus triomphants que s'ils avaient foulé sous leurs pieds les pourpres jonchées de fleurs!

Tout jeune encore, Jean-Baptiste Huet était juge à Paris; il avait publié des livres qui, malgré les changements survenus dans la législation, ont gardé leur valeur propre: il voyait devant lui, à la portée de sa main, une brillante situation.

Mais appelé à Moulins par une affaire insignifiante, il y vit celle qui devait devenir sa femme. Aussitôt il renonça à tout, envoya à Paris sa démission, et acheta une étude d'avoué dans la coquette petite ville, résolu à y vivre obscur, mais dans une absolue et complète félicité. Il se trouva que sa femme et lui étaient tous les deux simples, bons, spirituels, se comprenaient parfaitement et s'aimaient d'une façon assez profonde pour que cet amour ne s'usât jamais. Cela a l'air d'un conte de fées, d'une invention violente, d'une fiction imaginée à plaisir; cependant rien n'est plus vrai, et il y a eu sur la terre un bon ménage, où la femme et le mari ne s'ennuyèrent jamais, ne désiraient rien autre chose que d'être ensemble, et se plaisaient ardemment, bien qu'ils ne fussent bêtes ni l'un ni l'autre. Toutefois, comme on ne saurait échapper à sa destinée, Jean-Baptiste Huet ne put éviter complètement la gloire. En ce temps-là les avoués plaidaient, et mon grand-père était doué d'une si haute pensée, d'une parole si persuasive, d'une éloquence si entraînante qu'il obtint de grands succès dans les affaires criminelles: Notamment, il défendit cette jeune fille nommée

Madeleine Albert qui avait assassiné à coups de hache son père et sa mère et tous ses frères et sœurs, pour s'emparer d'un sac contenant trois cents francs en écus. Il avait si bien parlé qu'il avait contraint même les juges à verser des larmes, et l'émotion contagieuse s'était répandue dans toute l'assemblée, lorsque, par malencontre, la seule survivante du meurtre, la mère de Madeleine, guérie de ses blessures, adressa au président cette question saugrenue et naïve : « *M'sieu, si on guillotine ma fille, j'aurai-t-y ses habits ?* »

Les magistrats redoutaient Huet, comme un charmeur qui, pour peu que cela ne fût pas vingt fois impossible, faisait acquitter les prévenus, et il n'était question que de lui dans le Bourbonnais, dans le Berry et dans la Nièvre ; mais heureusement sa renommée, plus bruyante qu'il ne l'aurait voulu, ne dépassa pas la province, et il lui fut permis de vivre uniquement pour les siens. Surtout pour sa fille, qui fut ma mère bien-aimée. Elle était belle comme le jour, comme une enfant née en plein amour heureux, et ses parents n'étaient jamais si joyeux que lorsqu'ils la voyaient courir libre, déchevelée, souriante, en robe blanche, marchant sur les bordures vertes, cueillant des groseilles et des mûres et ravageant les fleurs, dans leur immense jardin coupé d'ombrages, de balustres, de pièces d'eau, de vieilles statues, qui allait de la rue de Bourgogne jusqu'à la petite rivière des Tanneries, et où chantaient des milliers d'oiseaux, car c'était le paradis terrestre !

Le système d'éducation de mon grand-père, système qu'il m'a légué et qu'après lui j'ai suivi fidèlement, consistait à laisser faire aux enfants tout ce qu'ils veulent et à leur donner tout ce qu'ils désirent, en s'abstenant seulement de leur laisser jamais entendre des mensonges ou des bêtises. Aussi sa petite Zélie était-elle divinement bonne, parce qu'on avait toujours été bon autour d'elle, et intelligente, intuitive, parce qu'on ne lui avait pas appris à ne plus l'être. La mère était casanière, volontiers restait à la maison ; mais le père l'emmenait dans de lointaines promenades, et tout en jouant, lui enseignait la botanique, l'entomologie, sans l'abominable tracas des cahiers et des livres.

En errant par la campagne, ils étaient entrés souvent dans une riante propriété, un vignoble où on les avait très bien reçus. La petite Zélie aimait follement ces jolis fruits qu'on nomme les sorbes, et de très bon cœur le propriétaire, ou en son absence le vigneron lui en donnait autant qu'il en pouvait tenir dans ses poches et dans ses petites mains, car il y avait là un sorbier géant, plus que centenaire, qui aurait bien pu fournir des sorbes à tout Moulins. Un jour qu'ils passaient sur la route voisine, monsieur Huet vit que sa fille regardait en soupirant du côté du vignoble ; mais elle gardait le silence, ne voulant être indiscrète.

— « Ah ! dit le père qui lisait dans sa pensée, ce serait bien amusant d'entrer chez notre ami le vigneron et de lui demander des sorbes !

— Oh ! oui, fit la petite fille en soupirant plus fort.

— Seulement, voilà, peut-être trouvera-t-il que nous en demandons trop souvent. Après cela, il y aurait bien un moyen qui arrangerait tout, ce serait d'acheter le sorbier, car alors nous prendrions des sorbes autant que nous en voudrions.

— Oh !

— Oui, reprit mon grand-père, mais ces gens seraient peut-être gênés quand nous entrerions chez eux à toute heure pour aller à notre sorbier. Je crois que le plus simple serait d'acheter le vignoble aussi ! »

Chose dite, chose faite. Justement le propriétaire était là ; monsieur Huet entra avec sa petite fille et séance tenante, comme il l'avait dit, acheta la propriété. C'était cette Font-Georges, enchantement de ma petite enfance, que plus tard je n'ai pas trop mal célébrée, à ce que pensait Sainte-Beuve. La vigne mêlée de pêchers et d'autres arbres fruitiers était plantée sur une petite colline ; et le terrain allait toujours en baissant jusqu'à un large ruisseau près duquel était bâtie la maisonnette de maître. Dans cette partie basse, il y avait des terrains cultivés, des prés, de beaux arbres, le grand sorbier, plus loin un haut cabinet de peupliers, et surtout une claire, limpide, froide fontaine alimentée par des sources, qui déversait son eau dans un bassin ombragé par des saules, où les paysannes venaient laver leur linge. De temps immémorial, les paysans apportaient des liards dans la fontaine, pour indemniser, dans la mesure de leurs moyens, les génies bienfaisants des sources ; et en échange de cette offrande naïve, ils buvaient sur place, ou puisaient et emportaient chez eux l'eau salutaire, qui tout de suite guérissait des maladies et de la fièvre eux et les leurs, à ce qu'ils assuraient.

Sur ce point-là, je ne sais que croire, mais ce qui est bien certain, c'est que la nuit, au clair de la lune, les Fées venaient danser et chanter près de ce flot murmurant ; et comme moi-même j'y ai souvent dormi, couché dans l'herbe, c'est à ces moments-là sans doute qu'elles ont baisé mes lèvres d'enfant et qu'elles m'ont communiqué la divine et inguérissable fièvre de la poésie.

En achetant à sa petite-fille tout un vignoble pour qu'elle eût des sorbes, monsieur Huet avait prouvé une fois de plus qu'il était sage ; il l'était avec génie et au-delà de toute expression. Il savait que tout malheur est le résultat d'un quiproquo ou d'une commission mal faite; c'est pourquoi il portait ses messages lui-même, et quittait le travail le plus important pour aller lui-même jeter ses lettres à la poste. Il enseignait à sa petite-fille, et plus tard elle me l'a enseigné à son tour, que si l'on a un morceau de pain et un morceau de gâteau, il faut toujours commencer par manger le gâteau, parce qu'on ne sait jamais si on vivra assez longtemps pour manger aussi le pain. Le soir il recevait avec plaisir ses amis; on faisait sa partie de cartes, sur une table éclairée par deux chandelles, et on arrosait d'un petit vin blanc les pommes de terre longues, les marrons et les salsifis cuits dans la cendre rouge de la cheminée. Mon grand-père était affable pour tous et prodiguait les trésors de son esprit dans une conversation charmante. Mais dès que dix heures sonnaient à la grande horloge qui est encore là près de moi dans mon cabinet au moment où j'écris ces lignes, il emmenait, emportait sa femme, comme Othello emporte Desdémone en lui disant : « *Tout est bien, ma charmante. Viens au lit.* » Car il ne voulait pas perdre une seconde ni un millième de seconde du temps qu'il avait à passer seul avec elle, et il en fut ainsi jusqu'au jour où, voulant comme d'habitude embrasser sa chère femme, il se sentit tiré en arrière et séparé d'elle par la froide main de la Mort.

L'amour vrai est simple comme les lignes d'un bas-relief antique. Du jour où ma grand'mère eut perdu le mari aimant et fidèle qu'elle avait ardemment choisi, frappée en plein cœur d'une douleur aigue comme un coup de couteau, qui rapidement devait développer en elle la phtisie dont elle mourut peu d'années plus tard, elle ne quitta plus jamais les habits de deuil, la robe de laine noire et le châle noir, et ne rouvrit jamais les armoires où étaient enfermées les belles robes de sa claire jeunesse. Et elle ne redescendit plus jamais dans son grand jardin superbe, plein d'ombrages, de fleurs, de fruits et de transparentes eaux, et, depuis le jour cruel, elle ne l'a jamais revu. Mon souvenir me la montre ne se plaignant pas, ne parlant pas du cher absent, tranquille, errant avec vivacité dans sa maison, et tirant de sa poche tantôt sa tabatière d'argent pour humer une prise, tantôt son couteau d'acier dont la lame et le manche étaient également en acier, pour peler un fruit dont elle régalait ses petits-enfants.

Ces enfants, ma sœur, qui se nommait Zélie, comme notre mère, et moi tout petit bonhomme, faible et pâle, étaient les deux seuls êtres pour lesquels vécût encore cette fière désolée. Mais elle se vengeait du coup qui l'avait meurtrie en nous gâtant tous les deux au-delà de toute expression ; car, sur ce point, elle se rappelait les théories de Jean-Baptiste Huet. Il disait qu'il faut se hâter de donner beaucoup de bonheur aux petits enfants, parce qu'on ne sait jamais s'ils en auront plus tard. Et comme il avait raison ! Ceux qui à l'aurore de la vie ont été tendrement choyés, caressés et baisés supportent ensuite facilement toutes les épreuves ; au contraire, ceux qui tout d'abord ont été blessés, torturés, heurtés sur les plaies vives, ne s'en consolent et ne s'en remettent jamais, et plus tard, en pleine vie heureuse, sont encore brûlés et martyrisés par le souvenir des blessures cicatrisées depuis longtemps déjà. Ces justes pensées n'étaient pas tombées dans l'oreille d'une sourde, et ma grand'mère, qui désormais dédaignait pour elle toutes les joies, les effeuillait et les jetait sous nos pieds comme des tapis de fleurs.

Bien que mon père et ma mère habitassent près d'elle porte à porte dans la rue de Bourgogne, ma grand'mère pensait que, dans la maison exactement voisine, sa petite-fille eût été beaucoup trop loin d'elle, et elle l'avait demandée à ses parents en toute propriété, ou plutôt prise, emportée dans ses bras. Dans la grande chambre de l'aïeule, ma sœur Zélie avait son petit lit, et pour ranger ses vêtements, un petit buffet en bois clair, aux serrures ciselées, couvert d'un marbre rouge sanguin, et surmonté d'un chiffonnier qu'ornaient deux émaux, l'un représentant une petite dame mutine, sorte d'amazone à la Watteau, coiffée d'un léger casque à plumes, l'autre un vase de fleurs! Je ne sais quelle folie avait passé par la tête de l'artiste qui avait ainsi mis en face l'une de l'autre deux images d'une nature si disproportionnée ; mais cette charmante absurdité m'enchantait déjà, car je sentais d'instinct combien elle différait des choses abominablement trop raisonnables que je devais voir plus tard.

Dans ce buffet étaient réunis, soigneusement aménagés, autant de robes roses, vert d'eau, bleu céleste, blanches, lilas clair et autant de petits chapeaux et de parures enfantines que peut en posséder une petite princesse dans les contes de fées, car ma sœur Zélie n'avait pas même à désirer, et pour obtenir tous les trésors, elle n'avait qu'à être vivante et à montrer sa bouche pareille à une petite rose. Elle était là, et c'est tout ce qu'on lui demandait, semblant répandre autour d'elle la gaieté et la lumière. Quant à moi, pendant ce temps féeriquement heureux qui dura jusqu'à ce que j'eusse atteint l'âge de sept ans, je n'ai jamais su où était mon domicile, et si j'habitais chez mon aïeule ou chez ma mère ; et même aujourd'hui que je dois avoir beaucoup d'expérience, étant devenu vieux comme un Géronte, je ne suis pas encore arrivé à résoudre ce difficile problème. Le fait est que dans l'une et l'autre maison, j'aurais pu dire comme Tartuffe : « La maison m'appartient! » mais j'en étais si bien persuadé que je n'éprouvais pas même le besoin de le constater par une affirmation superflue.

En l'un et l'autre endroit j'avais mes habitudes, mes cahiers, mes livres et mes jouets, mes jouets surtout! dont je faisais une consommation effrayante, et surtout avec une parfaite régularité je dînais tous les jours deux fois, — d'abord chez ma grand'mère à deux heures, puis à cinq heures chez mon père et ma mère. Si j'avais dit ici où là que je n'avais pas faim, j'aurais désolé tout le monde, puisque les uns et les autres croyaient me posséder exclusivement.

Aussi prenais-je le parti d'avoir toujours faim, ce qui m'était facile, puisque je n'avais pas encore appris à me nourrir avec la fumée des cigarettes. Certes, j'étais destiné dans l'avenir à dîner souvent par cœur, d'abord comme écolier à la pension, et plus tard comme poète lyrique; mais si j'ai maintes fois déjeuné d'une fabuleuse rime riche, éblouie et stupéfaite, et soupé du clair de lune, du moins, dans ma petite enfance, j'ai si bien par avance pris mon éclatante revanche, que j'ai pu ensuite frapper orgueilleusement sur ma poche *où manque ce qui sonne*, et rire au nez de la Faim ironique, en lui disant: « Tu me tiens à présent, mais rappelle-toi que je t'en ai fait voir de grises! » En effet, grâce aux victuailles que de ses domaines des Coquats mon fantasque bisaïeul envoyait à sa fille, — encombrée de brochets, de carpes géantes, de lièvres, de perdrix, de bécasses, de gibier de tout poil et de toute plume, et aussi de légumes, de volailles, de fleurs coupées, de fruits à la chair vermeille, la maison de ma grand'mère eût ressemblé à un festin de Jordaens si elle avait eu des convives; mais les convives étaient uniquement moi et ma petite sœur. Oui, je puis dire que, dès ce moment-là, je me suis vigoureusement mis en règle; tout compte fait, la destinée ne me redoit rien, au contraire; et si, jeune homme, je me suis souvent arrêté le ventre vide devant l'étalage de Chevet, comme le gastronome sans argent, petit enfant j'ai dévoré chaque jour plusieurs repas de noces, à des tables dont la desserte eût très suffisamment rassasié Grandgousier et sa bonne femme Gargamelle.

Un peu avant deux heures, j'arrivais de la petite école tenue par monsieur Pérille et par son sous-maître Dusselle; j'étais serré, embrassé, étouffé, baisé sur toutes les coutures, je voyais la table mise où fumaient des plats délicieux; mais avant de m'y asseoir, je ne manquais pas de m'écrier du ton le plus convaincu : « Maman Huet, j'ai bien BESOIN d'un violon rouge! » Si, en entendant ces mots, les servantes qui allaient et venaient derrière nous ne s'étaient pas déjà mises en route, ma grand'mère leur lavait la tête de la belle façon : « Eh bien! Lize, Nanon, Marion, qu'est-ce que vous faites là, immobiles comme des souches? Vous n'êtes pas encore parties chez Chapié? Vous n'avez donc pas entendu que cet enfant a besoin d'un violon rouge! » Oh! chère âme! comme elle me comprenait bien!

Elle savait en effet que je lui demandais le violon, non pas du tout par caprice et comme un jouet enfantin, mais parce qu'il me le fallait et qu'il m'était utile. Et, mon cher petit Georges, vois ce que c'est que d'avoir été bien élevé. Plus tard, bien plus tard, lorsque c'est moi qui ai été vieux et que tu m'as dit : « J'ai bien besoin d'une boîte de soldats! » à mon tour je t'ai parfaitement compris, ce qui ne serait pas arrivé si, tout petit enfant, on ne m'avait pas appris à quel point sont indispensables et nécessaires les choses qui nous amusent.

2.

Quand je m'étais bien régalé de bécasses, de perdreaux, d'œufs de carpe cuits au bleu, les servantes revenaient toujours courant, et le plus souvent, tant elles avaient peur d'être encore grondées, m'apportaient plusieurs violons rouges, en général accompagnés de quelques pantins, ma grand'mère leur ayant dit une fois pour toutes que pour moi on pouvait acheter tout ce qu'on voulait. A ce moment-là, il ne tenait qu'à moi de retourner dans la classe de monsieur Dusselle, mais il était bien rare que j'en eusse la fantaisie. Au contraire, je prenais ma petite sœur par la main, et nous allions courir ensemble dans le vaste jardin que notre grand'mère ne devait jamais revoir; nous nous en donnions à cœur joie, rouges, palpitants, essoufflés, regardant voler les insectes, dévastant les fruits et tout, comme des Vandales, et nous barbouillant de raisins noirs et de mûres. Quand nous étions bien fatigués, nous nous asseyions sur un banc, nous écoutions chanter les oiseaux, et je les accompagnais sur mon beau violon rouge. A vrai dire, ce violon, que Chapié avait colorié du vermillon le plus fulgurant, ne produisait que des sons vagues et bizarres, et d'ailleurs je n'en savais pas jouer. J'en jouais cependant, pour le plaisir de me figurer que j'étais un petit musicien; plus tard j'ai encore vécu d'une illusion pareille à celle-là ; j'ai passé ma vie à jouer d'un petit violon rouge que personne n'écoute, et qui peut-être reste muet sous mes doigts agiles, quand je me figure qu'il pleure et qu'il chante.

Cependant cinq grands cris d'airain sonore retentissaient dans l'air : c'étaient monsieur et madame Jacquemart qui sonnaient cinq heures à l'horloge de la ville. Excellente famille et bien ordonnée, celle de ces Jacquemart! C'est le père qui, avec son marteau, donne un grand coup sur la cloche, et sonne la première heure ; madame Jacquemart sonne la seconde heure, et ainsi de suite. Puis c'est Jacquemart fils qui sonne les demies, et la petite demoiselle Jacquemart sonne les quarts. Ils vivent fort unis, étant attachés ensemble par des barres de fer. D'ailleurs tous leurs vêtements sont en plomb ; ils ont aussi, comme beaucoup de gens de notre connaissance, des cœurs de plomb et des cervelles de plomb ; mais eux, du moins, ils ne s'en cachent pas, ne se souciant en aucune façon de farder la vérité, et n'étant nullement hypocrites.

Au chant de la cloche envolée, je m'en allais chez mes parents, dans la maison voisine. Là, nouvelles caresses, nouveaux baisers, nouveaux joujoux, et, il faut bien l'avouer, nouveau festin. Après un premier dîner comme celui que j'avais fait déjà, Gargantua n'aurait pas eu faim ; mais moi j'avais presque faim, car il y a des grâces d'état pour les enfants de six ans, et cet âge est plein de pitié pour les friandises.

Et puis, bien qu'alors ils ne fussent pas riches, mes parents avaient une Nanette qui, mieux que l'ingénieux moine, aurait véritablement fait une soupe au caillou rien qu'avec un caillou, et un mets appétissant avec la culotte de peau du capitaine. Il fallait voir comme elle accommodait un chou farci, comme elle écrivait bien mon nom sur les crèmes avec du caramel, et quel savoureux coulis elle versait sur l'omelette aux laitances ! Ah ! Nanette, j'ai bien des fois songé à toi, lorsque, ma grand'mère morte, j'ai été amené à Paris, et écroué prisonnier dans la pension où il n'y avait jamais de violons rouges ! Là, dans le triste jardin où les arbres étaient plantés en rang dans le sable comme des quilles, il n'y avait aussi ni pruniers, ni abricotiers, ni framboisiers, ni groseilliers, ni pièce d'eau où croissent des lotus et où voltigent les libellules! Il y avait bien des oiseaux, mais c'étaient des moineaux de Paris, ironiques et gouailleurs comme les autres écoliers; il est vrai qu'ils m'ont appris à prendre le temps comme il vient et à me moquer du monde; mais ce talent que je leur ai dû ne m'empêchait pas de regretter les fauvettes et les rossignols.

Le premier repas qu'il me fut donné de voir dans le réfectoire de cette pension me laissa prodigieusement ébloui et stupéfait. Je dis voir, car, grâce à Dieu, je n'ai jamais goûté à ces nourritures que je ne veux ni me rappeler ni décrire; j'aimais bien mieux avoir toujours faim; et quelles relations aurais-je pu entretenir avec les soupes claires comme le ruisseau d'argent qui court sous les saules, avec les poissons navrés et les viandes anémiques, moi nourri de la cuisine savante et raffinée d'une Nanette Coudour! Dès que la frissonnante Aurore secouait dans les cieux son voile rose, l'abondance était soigneusement mélangée dans des carafes de verre sans bouchon aux larges gueules, et on l'exposait au soleil, où elle cuisait dans son amertume. Quant au pain, toujours non cuit, il était acheté pour dix jours et rangé dans un placard en contre-bas tapissé de papier bleu; quand on nous le donnait, la mie était devenue dure, et sur la croûte blanche et molle s'étaient collés de grands morceaux de papier bleu! Voilà comment, ainsi préparé et guéri par de telles épreuves, j'ai pu sans terreur embrasser la profession de poète lyrique, où on ne mange pas, mais où du moins on ne fait pas semblant de manger, ce qui est beaucoup plus net. J'ai habité des chambres qui, avec un lit, une petite table et trois volumes de poètes, étaient infiniment trop meublées; mais que de fois j'y ai revu en rêve le grand jardin de la rue de Bourgogne où les tortues se promenaient lentement dans le sable, et ma petite sœur Zélie rose et s'enfuyant dans la lumière, et ma grand'mère adorable qui m'avait donné les oiseaux, les poissons, les grenouilles, les demoiselles et tout le grand paradis extasié de verdure et de fleurs!

II

LE THÉATRE COMTE

Bien qu'elle fut gouvernée par une très aimable famille, où j'ai été choyé comme un fils, je me rappelle avec une triste horreur les années que j'ai passées enfant dans la pension où j'ai été élevé, car j'y faisais la douloureuse et brutale expérience de ce que sont partout les agglomérations d'êtres humains. Tous les élans d'âme comprimés, toutes les délicatesses blessées, la platitude et la médiocrité triomphantes, la saleté dans les classes, la misère, l'ignorance, la cruauté et le martyre des professeurs, voilà ce que je revois quand mon souvenir se reporte aux heures désespérées et effroyablement lentes de cette interminable captivité. La pension était située rue Richer, dans un quartier alors occupé presque tout entier par des hôtels aristocratiques, et la cour plantée de pauvres arbres qu'on appelait prétentieusement notre jardin, reliée aux classes par deux perrons construits sur une même ligne, était des trois autres côtés entourée par de véritables jardins, dont les grands et magnifiques ombrages séculaires, pleins de fraîcheur et d'ombre, semblaient la regarder avec une dédaigneuse ironie. Notre jardin, puisqu'on voulait le nommer ainsi, avait l'air opprimé, hargneux et dépenaillé comme les écoliers qui le fatiguaient de leurs cris, et tout y paraissait à la fois sec et chimérique, depuis les bancs vacillants et brisés jusqu'au cheval de bois destiné à nos exercices qui, ses jambes de poteaux enfoncées dans le sol, tendait ridiculement son cou dénué de tête.

Oh! ce jardin nu, ennuyé, désolé, tyrannique, funeste, combien j'y ai dévoré de chagrins et d'angoisses pendant les récréations où, ne jouant pas, je marchais de long en large comme un petit fauve non dompté, et pendant les longs après-midi des dimanches et des jours de fête! Car mes parents habitant la province, je restais à la pension à poste fixe, et j'avais le bonheur d'être assez malade et souffrant pour obtenir souvent la grâce de ne pas être conduit *en promenade* avec les autres enfants privés de leurs familles et, comme moi, seuls à Paris. Oui, j'ai pleuré là devant les murailles noires et lépreuses bien des larmes qui brûlaient mes yeux lassés; mais jamais le vilain jardin ne fut pour moi si amer que le jour où on y célébrait la fête du maître de pension.

Quand revenait cette solennité anniversaire, nous étions invités à donner, les pensionnaires dix francs et les externes cinq francs. Bien entendu, il n'y avait rien là d'obligatoire; c'était un don purement volontaire. Nous n'étions, d'ailleurs, nullement consultés sur le choix du présent qui devait être choisi; la chose faite, on nous apprenait que nous avions offert à notre maître un mobilier ou une vaisselle d'argent. Et comme, de son côté, il ne voulait pas être en reste avec nous, il nous dédiait à son tour deux divertissements, dont le retour périodique était immuable : c'étaient, dans la journée, le Grimacier, et, le soir, le théâtre de monsieur Comte.

Ce que je trouvais particulièrement funèbre, c'est que, ce jour-là, la pension en congé était réunie tout entière dans le jardin accoutumé, d'où elle ne devait pas sortir. Les autres fois que j'y étais prisonnier, je me consolais, du moins, en pensant que beaucoup de mes petits semblables étaient libres, s'amusaient, respiraient à leur aise, voyaient le ciel tout grand et peut-être écoutaient des conversations roulant sur autre chose que sur des lieux communs de morale. Mais en cette occasion, nous étions tous logés à la même enseigne, et je sentais mon esclavage multiplié par celui que subissaient tous mes camarades condamnés, comme moi, à s'amuser officiellement. Que cela nous plût ou non, il fallait nous réjouir sous la surveillance du maître d'études et savourer les plaisirs qui nous étaient accordés.

A tous les titres, le théâtre de monsieur Comte me faisait horreur, mais le Grimacier ne me déplaisait pas, au contraire. C'était un pauvre diable de bateleur, ressuscitant la vieille tradition de Tabarin, qui mimait une comédie variée et inépuisable, sans autre accessoire qu'un chapeau de feutre sans fond, dont les bords seuls existaient. Par des grimaces inouïes, bizarres, caractéristiques, extraordinairement capricieuses et bestiales, ce bouffon déplaçait ses yeux, son nez, sa bouche, modelait, remaniait à son gré les traits de son visage et ainsi faisait de lui-même et de la folle Humanité une perpétuelle et changeante caricature.

En même temps, ses doigts agiles pétrissaient les larges bords du chapeau sans fond et avec une étrange habileté lui donnaient mille figures imprévues. Il en faisait un casque, une mitre, un chapeau de femme, un bonnet de juge, un diadème, des cornes, le bonnet pointu des médecins de Molière, la coiffe d'une vieille, le hennin de la reine Ysabeau, le tricorne d'un gendarme, un schako, un schapska, un serre-tête de Pierrot, un béret, une toque, une casquette de gamin, tout ce qu'il voulait, et en même temps, accordant son visage au chapeau; il était à lui seul tout le genre humain, enfant, vieillard, jeune homme, héros, pontife, magistrat, criminel, soldat, marchand, jeune femme et vieille femme, tous les types qui tiennent entre le dieu et l'animal, représentés, raillés avec une verve qui tenait du génie et avec la plus étonnante et la plus cruelle justesse. Après lui, je ne devais plus revoir aucun représentant de ce vieil art aboli ; je ne songe pas à lui sans admiration, et dès ce temps-là il m'inspirait comme une secrète et profonde sympathie.

En effet, comme nous avons en nous le pressentiment inconscient, ou peut-être, (puisque le Temps n'existe pas et n'est qu'une illusion de notre esprit,) le *ressouvenir* de ce qui doit nous arriver plus tard, pouvais-je ne pas être attendri par la vue de ce misérable comédien, qui tirait tout de lui-même, renouvelait son art, inventait et imaginait sans trêve les moyens d'expression, et sans autre secours apparent que celui d'une loque, émouvait, intéressait, charmait, faisait rire et pleurer, et reflétait les vices, les passions, les joies et les douleurs des êtres, comme un miroir bouffon et tragique où vient se peindre tout ce qui reçoit la lumière? Et qu'est-ce autre chose que la vie de l'artiste et du poète, du poète surtout, qui s'offre, se donne lui-même, modèle son âme comme une argile, et doit jouer sa comédie sans décors, sans costumes, sans aucune aide matérielle, et donner l'illusion de tout ce qui vit et respire, sans montrer autre chose que sa propre pensée? Sans doute, en regardant le Grimacier, je me disais en moi-même, sans le savoir : « Voilà comme je serai dimanche ! » Et voilà pourquoi le Grimacier me charmait, comme tous les magiciens qui avec rien font quelque chose et qui, pour faire bouillir leur pot, dont ils ont besoin tout comme Chrysale, n'ont pas d'autre feu à leur service que la flamme subtile de l'esprit!..

En revanche, comme je l'ai dit, je détestais le théâtre Comte, où nous allions deux fois par an, grâce à un marché consenti à forfait, et où la pension continuait, car on nous y conduisait en rang, et une fois arrivés, le maître d'études, brutalement, nous empilait au fond du parterre, sous la galerie, dans la nuit et dans la poussière. Oh! combien les comédies enfantines qu'on y jouait blessaient ma petite âme déjà affamée du beau, avec leurs affabulations absurdes et leurs si nombreux calembours d'une simplicité primitive comme le ramage d'une troupe d'oies! Parlant du Calembour, Victor Hugo le nommait « la fiente de l'esprit », à une époque où il était d'usage de parler poliment; de quel terme se servirait aujourd'hui un écrivain ennemi des euphémismes qui, à propos de rien et sans provocation, désigne par leur nom officiel et technique ce qui n'est pas le cadavre des roses, et aussi les bateaux de fleurs — sans fleurs? Je ne pouvais voir sans épouvante la troupe des acteurs, éclos trop tôt dans une serre-chaude, où certaines plantes résistent, et d'autres pas; si bien que les garçons étaient tous devenus de petits nains rachitiques et difformes, tandis que les filles, énormes et superbes, avaient jailli comme des lys démesurés, et ressemblaient à des géantes guerrières. Car ce qui annihile et tue le mâle réussit fort bien à la femelle, et comme le médecin de Molière l'affirme à propos d'Aristote, Brantôme a dit là-dessus... de fort belles choses.

Enfin, je trouvais hideux le cri triomphal du garçon de café, qui, d'une voix de coq, annonçait dans les entr'actes, « Orgeat! limonade! de la bière! du cidre! » (*sic*). Car, pourquoi cette préposition DE, qu'il mettait devant les mots *Bière* et *Cidre*, tandis qu'il la refusait aux mots *Orgeat* et *Limonade* ?

Mais où commençaient véritablement mon enfer et mon supplice, c'était quand le rideau se levait sur la séance de prestidigitation de monsieur Comte, physicien du roi. Certes, les accessoires, les réflecteurs, les candélabres, les paravents et les écrans rouges, constellés d'ornements de cuivre, les velours de coton, les vases dorés, l'arrangement de la scène étincelante de mille feux m'offensaient par leur vulgarité ; mais ce n'est pas à eux que je devais ma plus cruelle souffrance. Mon malheur, c'est qu'alors, comme aujourd'hui, je possédais une très fidèle mémoire ; je savais entièrement par cœur les œuvres de Boileau, seul poète, hélas ! que j'eusse à ma disposition, et une phrase, un son, une disposition de mots que j'avais une fois entendus, étaient pour jamais fixés dans mon souvenir. Or d'une séance à l'autre, monsieur Comte récitait exactement le même texte, émaillé de calembours comme les comédies éducatrices qu'il jouait sur son théâtre, de telle façon que je savais la réplique, l'heure et le moment précis qui devait amener tel calembour. O ciel ! ce calembour, je l'avais entendu deux fois l'année dernière et toutes les années précédentes, et à un instant désigné que rien ne pouvait éloigner, j'allais l'entendre encore, amené et dit de la même façon ! et à la minute où il allait éclater, je souhaitais que la salle s'écroulât, que le monde finît, qu'un cataclysme inattendu, supprimant la race des hommes, vînt empêcher l'insupportable retour de la sensation redoutée ; mais, vœux superflus ! rien ne pouvait supprimer ni retarder l'inévitable calembour.

Il y avait au théâtre du passage Choiseul un acteur nommé Alfred qui fut célèbre, passa pour un petit Bouffé, et resta là très vieux, car il était bossu et minuscule, comme tous ses camarades. Pour les séances de prestidigitation, c'était lui qui, vêtu d'une livrée de fantaisie, représentait le domestique idéal du physicien du roi, sous le nom supposé de Benjamin.

A un certain moment, monsieur Comte, créant par ses maléfices des fleurs artificielles, les faisait jaillir d'un vase, au-dessus duquel la terre végétale était naïvement figurée par une rondelle de carton brun. Pendant que son maître avait le dos tourné, le domestique dérobait une de ces fleurs qui était un œillet rouge, la cachait dans son gilet, et lui réclamant sa fleur artificielle dès qu'il s'était aperçu du larcin, monsieur Comte lui disait d'un ton d'autorité et de reproche :

— « Benjamin! ton œillet rouge! »

Mais, feignant de croire qu'il s'agissait, non de l'œillet volé, mais de la couleur de son œIL, le faux Benjamin répondait, en regardant son image dans un miroir prétentieusement juché sur un pied doré :

— « Non, monsieur, il est noir. »

J'ai entendu ce calembour en dialogue deux fois par an, pendant huit années. Depuis ce temps-là, bien des événements ont eu lieu, et entre autres, le théâtre de feu le petit Alfred est devenu les Bouffes Parisiens. Mais je n'y entre qu'en frémissant, car je tremble toujours que, revenus par miracle sur cette scène pleine de leur souvenir, Alfred et monsieur Comte ne recommencent le calembour de l'œILLET. Et j'aimerais mieux entendre les strophes monotones que les Sorcières chantent sous les yeux transis de la Lune, en cueillant de rouges fleurs dont les corolles exhalent des sanglots, et des plantes assassinées, montrant leurs blessures qui saignent!

III

LE THÉATRE JOLY

Au passage de l'Opéra, dans la salle qui fut depuis occupée par divers physiciens et danseurs, il y eut jadis un théâtre d'enfants, qui fut d'abord appelé *Théâtre Joly*, du nom de son fondateur, et ensuite *Gymnase enfantin*. Il était si petit, si petit qu'il déroutait toutes les idées qu'on se fait des proportions d'un théâtre, et d'autant plus charmant. La foule y affluait, une foule très particulière de jeunes gens, de fillettes, d'enfants, de bonnes, de bourgeois curieux, ayant sa physionomie très spéciale, car les passages sont dans Paris des villes distinctes, vivant de leur vie propre, et n'arrivant jamais à s'amalgamer avec la ville bâtie à ciel ouvert.

Tout ce monde-là était ému, intéressé, conquis, et s'amusait franchement, par une raison très simple : c'est qu'il était empilé sur des banquettes, sans fauteuils ni stalles, de telle façon que les bras, les corps, les chevelures se touchaient, et que le magnétisme courait là-dedans sans obstacle. Là est tout le secret du succès ; vous n'avez pas plutôt dressé un fauteuil dans une salle de spectacle que vous avez créé un critique ; au contraire, des gens entassés les uns sur les autres sont toujours heureux, parce que la vibration de la vie qui les enveloppe et les pénètre leur fait trouver toutes les comédies belles et réjouissantes.

J'étais un enfant de sept ans à peu près, lorsque pour la première fois j'entrai dans la salle du théâtre Joly, où j'avais été conduit avec des élèves de ma pension. Si petit que je fusse moi-même, le théâtre me sembla démesurément petit. Il me fit l'effet d'un jouet que je pourrais mettre dans ma poche, avec les décors et les comédiens, et je ne l'en aimai que mieux. On jouait une féerie; les soleils tournants, les colonnes de lapis aux chapiteaux d'or, les grottes de paillon rouge, les fleuves de feu étalaient leurs surprenantes magies, et sur la scène il y avait un tas de Turcs.

Un de ces Turcs, qui était Aboul Hassan, avait dompté les génies au moyen de je ne sais quel talisman, et sur l'air de *Robert-le-Diable : O Fortune à ton caprice*, il chantait ces deux vers que je n'ai jamais oubliés : *Qu'un palais puisse paraître, Embelli par votre main!* Tout d'abord je m'intéressai à ce palais, songeant combien il serait dur et cruel pour lui de ne pas pouvoir paraître; mais Aboul Hassan m'intéressait encore bien davantage. Car j'ai dit qu'il chantait, mais j'ai parlé ainsi pour aller plus vite; le fait est qu'un chant parvenait jusqu'à moi, conforme aux sentiments fictifs du personnage à qui je l'attribuais. Mais quoique ce Turc remuât les lèvres et accordât ses gestes aux paroles que j'entendais, il semblait évident qu'elles n'émanaient pas de lui.

De même, il eût été difficile de dire si les autres Turcs parlaient ou ne parlaient pas. Ils avaient l'air de gens qui parlent, et on entendait les discours qu'ils étaient censés prononcer; mais il ne me semblait pas qu'il y eût connexion entre ces deux phénomènes. Et enfin, au sérieux et à l'application de ces Turcs, il était facile de voir qu'ils étaient voués à une besogne ardue et difficile, dont l'accomplissement exigeait strictement tous leurs soins.

J'eus bientôt l'explication de ce qui m'intriguait si fort; un voisin obligeant me la donna. En ce temps-là, au commencement du règne de Louis-Philippe, le privilège d'un nouveau théâtre était une grosse affaire; on ne l'accordait qu'à de pressantes influences politiques, et encore on l'entourait de toutes sortes de restrictions. C'est ainsi qu'au théâtre Joly, par une clause renouvelée de l'ancienne Foire Saint-Germain, où elle fit faire des miracles d'ingéniosité à Fuzelier et à Lesage, on permettait seulement dans chaque pièce deux personnages parlants. Or avec deux personnages on peut construire un délicieux proverbe comme : *Il faut qu'une porte soit ouverte ou fermée*, et non pas une féerie avec des califes, des odalisques, des mines d'or et ces mêmes génies qui font paraître des palais. Joly chercha un biais, et tortura jusqu'au sang la lettre de son privilège. Dans chaque pièce, en effet, il ne mit que deux personnages parlants; mais il en mit beaucoup d'autres qui semblaient parler, et qui mimaient, remuaient les lèvres et faisaient les gestes, tandis qu'on parlait pour eux dans la coulisse.

J'eus d'abord quelque peine à admettre ce système, qui donnait aux acteurs l'aspect d'êtres chimériques, de momies soudainement réveillées et jetées dans la vie avec des têtes stupéfaites; mais une fois que je m'y fus habitué, je ne tardai pas à le trouver infiniment supérieur à celui qu'on emploie ordinairement. Voyez-en tout de suite les avantages! l'acteur qui est en scène et celui qui parle dans la coulisse ne peuvent ni l'un ni l'autre prendre des temps, rompre le mouvement, presser ou ralentir le rhythme, sous peine de détruire brutalement l'illusion en manifestant leur désaccord; quel malheur qu'une telle nécessité de respecter le texte dans sa contexture exacte et dans son allure musicale ne protège pas sur toutes les scènes possibles les malheureux poètes dramatiques! Assurément, s'il en était ainsi, ils ne seraient pas à la merci des comédiens trop inspirés qui, au gré de leur caprice, ralentissent les vers et les font marcher comme des tortues ou les lancent dans un galop effréné, ou comme un escamoteur fait du mouchoir qu'on lui a confié, déchirent les tirades en mille morceaux, quitte à les faire retrouver ensuite tout entières sous l'aile d'un pigeon ou dans le ventre d'un lapin. Oui, je crois que tout serait sauvé, si nos grands comédiens voulaient se résoudre à faire seulement semblant de parler, et à permettre qu'on parlât pour eux dans la coulisse. Mais outre qu'ils ne sont peut-être pas assez raisonnables pour y consentir, un tel arrangement soulèverait aujourd'hui de grosses difficultés pratiques; car, par exemple, lorsqu'il s'agirait de décerner une récompense justement enviée, on ne saurait plus à qui on doit l'offrir, et si l'on doit décorer l'acteur qui fait semblant de parler ou celui qui parle.

J'admirais encore autre chose chez les comédiens du théâtre Joly; c'est que chacun d'eux, lorsqu'il entrait en scène, avait le teint rouge et animé sous le fard, et paraissait excité, passionné, essoufflé même, comme un homme qui vient de faire un travail de force, de telle façon que cette abondance de vie profitait au drame et lui prêtait une réalité saisissante. Il y avait là un nouveau mystère, que je parvins à pénétrer, et dont la genèse bizarre et inattendue n'est certes pas banale.

Au théâtre minuscule, la scène était si petite, si extraordinairement exiguë que, pour n'en rien perdre, on était forcé de coller littéralement contre le mur la toile de fond, derrière laquelle une souris n'aurait pas pu trouver le moyen de passer. A plus forte raison les acteurs, qui, bien qu'ils parussent des hommes dans ces palais en miniature, n'étaient pourtant que des enfants ornés de terribles barbes noires ; mais entre la muraille et la toile, il n'y avait pas la place d'un enfant ni aucune autre place ; à peine si la princesse Ariadne aurait pu y glisser le fil de son peloton.

Lors donc qu'un petit acteur sortait de scène par la droite et devait rentrer par la gauche, il lui fallait gravir une échelle, grimper jusqu'aux frises, et redescendre de l'autre côté par une autre échelle. Si l'intervalle entre sa sortie et sa rentrée était très court, il ne pouvait arriver à point qu'en se livrant à une gymnastique agile et rapide ; aussi ne songeait-il pas à s'écouter, à faire le beau, à substituer sa pensée à celle du poète ; mais encore tout palpitant d'avoir monté et descendu les échelles, il s'apprêtait à recommencer ce périlleux exercice, ce qui lui donnait une parfaite tenue et un sang-froid modeste. Je crois que l'art dramatique serait mieux respecté, si une telle corvée salutaire était aujourd'hui imposée aux acteurs des scènes véritables, qui alors se borneraient peut-être à bien réciter la prose et les vers qui leur sont confiés, sans vouloir les dénaturer et les embellir par leur propre génie. Mais il est peu probable qu'à moins d'une nécessité évidente, ils se résolvent à vivre ainsi dans les cintres, où les seuls ouvriers machinistes et les pompiers rêveurs planent mystérieusement au-dessus de l'humanité, comme les Anges.

Cependant, comme la perfection n'est pas de ce monde, le Théâtre Joly, qui prit le nom de Gymnase enfantin, devint bientôt un théâtre comme tous les autres, où l'on continua, il est vrai, à traverser la scène en passant par le cintre, mais où tous les acteurs parlèrent, et dès lors en prirent à leur aise, et furent persuadés de leur importance. Il y avait là, comme au théâtre rival de monsieur Comte, une jolie troupe de petits hommes qui, éveillés de trop bonne heure, ne devaient jamais grandir, et de fillettes qui, au contraire, croissaient comme des lys. La grande comédienne, la petite Mars de cette compagnie était mademoiselle Eugénie Saint-Marc, applaudie et fêtée, qui plus tard a créé la Marie des *Filles de Marbre*. Bien que les années aient peut-être passé pour elle comme pour nous même, et qu'aujourd'hui elle semble jouer parfois les rôles de mère, elle a été si foncièrement, si essentiellement jeune au Gymnase enfantin, qu'elle en a perdu la faculté de vieillir, et qu'elle aura toujours l'aspect d'une jeune femme affublée de cheveux blancs.

Tout se tient : en obtenant de faire parler tous ses acteurs, le petit théâtre s'était naturellement pris au sérieux; aussi il ne se borna plus aux enfantillages de la féerie shakespearienne, et comme ses grands confrères, il joua des pièces à thèse et à idées, voulant aussi moraliser les masses, les pauvres petites masses aux chevelures d'or et aux joues roses, qui sous une autre forme retrouvaient ainsi le pensum de l'école, mais qui s'efforçaient de rire tout de même, tout en mangeant et léchant leurs sucres d'orge.

Je me rappelle une de ces comédies imaginées en vue de corriger l'enfance, qui se nommait, à ce que je crois, *Le Petit Robinson*. Il s'agissait d'un enfant qui a pris un plaisir extrême à la lecture de *Robinson Crusoë*, et qui manifeste le désir de voyager quand il sera grand. Justement épouvantés de voir se développer une telle nature vicieuse, les parents du pauvre petit se proposent de lui infliger une bonne leçon, et ne la lui font pas attendre. En effet, l'ayant conduit dans une petite île des environs de Paris, probablement à Asnières, ils feignent de l'abandonner, et se cachent derrière des arbres. La nuit vient, l'enfant a peur; il essaye pour se réchauffer d'allumer du feu en frottant l'un contre l'autre deux morceaux de bois, et n'y parvient pas ; mourant de faim, il cherche en vain des racines pour se nourrir, et, découragé, il verse d'abondantes larmes. C'est alors que les parents se montrent, et que le vertueux père dit avec solennité : « Tu vois, mon fils, où mène la passion des voyages! » Certes, je n'ai jamais été grand voyageur, car depuis tantôt dix ans, je me propose de revoir les tilleuls et les briques roses de Moulins, ma ville natale, dont je suis à peine séparé par six heures de chemin de fer, et je n'en ai jamais trouvé le temps ou l'occasion. Cependant, je dois l'avouer, même alors, dans mon âge le plus tendre, la conclusion du père de famille me sembla excessive ; aussi ne fus-je pas médiocrement surpris lorsque bien des années plus tard, à la Comédie Française, je l'entendis formulée de nouveau, à peu près de la même façon, dans *Le Village* de monsieur Octave Feuillet! Non seulement celui des deux amis qui aime les voyages y est à peu de chose près assimilé à Tropmann, mais il est dit expressément que les voyageurs meurent toujours dans des hôtels garnis. S'il en était ainsi, dans combien d'hôtels garnis ne serait pas déjà mort monsieur de Lesseps, qui va en Afrique et en Amérique plus facilement que nous n'allons à Meudon, et qui pourtant n'a pas entièrement perdu l'estime de ses concitoyens! Mais il faut croire que ce pionnier intrépide a été plus heureux que le petit Robinson. Sans doute, dans les nombreux pays qu'il a parcourus, il a toujours trouvé des racines quand venait l'heure du dîner, de même qu'il est parvenu à allumer du feu en frottant l'un contre l'autre les deux morceaux de bois ; il faut bien qu'il en ait été ainsi, puisqu'il est revenu sain et sauf, et que ses parents n'étaient pas cachés derrière les arbres.

Toutefois, ce qui en général absout les pièces à thèse et les rend d'une innocuité parfaite, c'est que les trois quarts du temps le public, en les écoutant, comprend le contraire de ce que l'auteur a voulu dire, et cela arrive même pour les pièces qui ne prétendaient rien prouver du tout. Le critique sagace, le savant, l'éminent écrivain Auguste Vitu était tout au plus âgé de dix-sept ans, lorsque pour rien, pour le plaisir, pour le précoce amour du laurier, il fit jouer au Gymnase enfantin une petite comédie intitulée : *La Jeunesse de Sédaine*. Dieu sait qu'il l'avait écrite sans autre but que de faire une petite comédie et de jouer avec des pantins en chair et en os ! Comme ce petit ouvrage avait été furieusement applaudi d'un bout à l'autre, comme toutes les saillies avaient porté, comme on avait bissé tous les couplets sans exception, le petit auteur, après avoir complimenté ses interprètes, descendait l'escalier avec un sourire de joie, lorsqu'il fut abordé par un individu bizarre.

C'était une espèce d'Hercule, rouge comme une pivoine, vêtu d'une redingote longue, coiffé d'un chapeau bolivar, et dont les joues étaient violemment coupées par de noirs favoris à la Bergami. Il se planta devant Vitu, et l'interpellant d'une terrible voix de tonnerre, qui fit trembler tout le Gymnase enfantin :

— « C'est vous qui êtes l'auteur ? lui demanda-t-il.

— Oui, monsieur, répondit le petit Vitu.

— Eh bien, s'écria alors le colosse, en saisissant la main de l'enfant qu'il secoua de façon à lui désarticuler le bras, je vous fais mon compliment. Vous lui avez rudement dit son fait. Vous l'avez bien arrangé !

— Qui ça ? demanda Vitu.

— Eh ! fit le bousingot, ce polichinelle de Louis-

Philippe! Qu'on en fasse beaucoup comme ça, et il ne durera pas longtemps! C'est moi qui vous en flanque mon billet! »

Ainsi Vitu, sans le savoir, avait sapé le trône bourgeois et l'autel bourgeois! On ne l'aurait pas étonné davantage si on lui eût appris que, d'un clignement d'yeux, il avait à distance tué le mandarin ou détrôné le shah de Perse. Quelle meilleure leçon de théâtre pouvait recevoir un futur écrivain, qui, plus tard, devait avec tant de tact, d'esprit et de bon sens, juger ses confrères?

IV

ALFRED DE VIGNY

Lorsque l'ennui nous prend enfin d'être partout des étrangers, de parler une langue qui n'est comprise que par les génies et par les êtres simples et naïfs, et de vivre en exil même sur notre terre natale; lorsque notre âme succombe comme un être privé d'air respirable, qu'il est facile pourtant de nous consoler, et comme il faut peu de chose pour nous rendre la force et la joie! A un moment où le grand poète Edgar Quinet, attaqué, méconnu, oublié déjà quoique tout jeune, se décourageait presque, baissait son front humilié et se sentait prêt à se désintéresser de la lutte, un ami, qui avait des intelligences dans le palais des Tuileries, le mena visiter l'atelier de statuaire de la princesse Marie, fille de Louis-Phillippe, alors absente.

Après avoir admiré plusieurs œuvres d'une beauté charmante et pure, et dans lesquelles il semblait que la chasteté de l'artiste s'était ajoutée à la blancheur suave du marbre, le poète, ô extase, ô ravissement, ô baume divin appliqué sur ses saignantes blessures! se trouva tout à coup en face d'un bas-relief où la jeune fille avait traduit et représenté une des scènes de son poème : *Ahasvérus*. Alors les pleurs longtemps comprimés jaillirent, Quinet sentit son âme se détendre, il releva son front, et, fier désormais comme un héros, il s'en retourna à son travail, pour jamais fortifié et réconforté, et guéri des amères et secrètes souffrances. O ciel! dans ce monde où il se croyait seul, il avait trouvé une femme, une princesse, une jeune fille, qu'il ne devait jamais voir, mais en qui sa pensée trouvait une sœur enthousiaste et fidèle. Quel poète en demanderait davantage pour bénir sa destinée? En se voyant ainsi admiré et compris par une angélique créature, Edgar Quinet avait bu l'eau d'un Léthé délicieux : il ne se souvenait plus d'avoir mordu sinistrement dans les fruits amers, et d'avoir eu la bouche pleine de cendre.

Et moi de même, si j'ose parler de moi après avoir nommé un des génies de ce siècle, j'ai eu, tout au commencement de ma vie, un adorable instant qui par avance m'a vengé de tout, et dont le vivace et cher souvenir, au bout de tant d'années écoulées, suffit à me faire trouver douces les épreuves les plus amères et les plus cruelles morsures. Je venais de publier mon premier livre de poèmes; j'étais, comme je le suis encore, un romantique; c'est-à-dire que je cherchais *l'expression la plus récente de la beauté;* naturellement, je passais auprès des philistins par qui j'avais l'honneur d'être connu pour un être criminel et subversif, et comme j'ai toujours été extrêmement crédule et facile à persuader, je n'étais pas loin de penser de moi ce qu'ils en pensaient eux-mêmes. Il y avait des moments où, en me regardant au miroir, je croyais me voir tatoué comme un Indien Ioway ou comme Achille au siège de Troie, et portant attachées à ma ceinture des chevelures sanglantes.

Je lisais les chefs-d'œuvre de l'École du Bon Sens, qui se livrait alors à ses premiers exercices, et d'autant plus que je ne m'y efforçais pas, je désespérais d'atteindre jamais à ces archaïsmes figés, à cette monotonie de sons, à ces sourdes cacophonies, et à cette platitude obstinée des rimes qui ravissent les Revues bien pensantes, et pour elles constituent l'honnêteté littéraire. Accusé de tous les forfaits, j'étais bien près de m'avouer coupable, et de voir en moi un buveur de sang justement voué à l'opprobre; cependant, comme il me restait encore quelques doutes, je voulus en avoir le cœur net, et je me décidai à faire un violent coup de tête. Un matin, ayant pris et enveloppé de mon mieux un exemplaire de mon livre, je m'en allai, toujours courant, jusqu'à la rue des Écuries-d'Artois. Puis, ayant sonné à la porte du comte Alfred de Vigny, je remis le volume à un valet, après quoi je me sauvai à toutes jambes, épouvanté de ma propre audace. Jeune homme de dix-neuf ans, complètement imberbe et caché sous de longs cheveux blonds qui me fouettaient le visage, criminel rose comme une fille, j'avais si bien conscience d'avoir accompli une action énorme et démesurée que je n'osai pas rentrer dans Paris, persuadé que des Divinités vengeresses m'y attendaient pour voler au-dessus de ma tête, comme dans le tableau de Prudhon, en secouant des glaives nus et des torches fumantes.

D'un pas rapide je gagnai la campagne; je marchai tout droit devant moi, à travers les routes, les bois, les villages inconnus, essuyant la sueur de mon front, et ne m'arrêtant que tout juste pour allumer fiévreusement mes éternelles cigarettes. Ainsi je croyais fuir l'inévitable châtiment de mon audace; mais un moment arriva où je me sentis déchiré d'une telle faim que volontiers j'eusse mangé les cailloux; le soir tombait déjà dans le ciel pourpré, la nuit allait venir; bon gré mal gré, je repris le chemin de la ville, je regagnai mon quartier, je me glissai comme un voleur dans la maison où habitaient mes parents, et où je logeais aussi, dans une mansarde sous les toits, car en ce temps-là il y avait encore des mansardes ! Je sonnai chez ma mère, et tout de suite la servante qui m'ouvrit la porte me remit une carte sur laquelle je lus gravé en belles lettres anglaises ce nom : ALFRED DE VIGNY ! Et toute la carte était couverte de lignes écrites au crayon. Oui, le poète d'*Eloa*, de *Dolorida*, de *La Neige*, de *Madame de Soubise*, de *La Frégate la Sérieuse* était venu frapper à la porte de ma chambrette ! Après avoir lu les premières pages du livre, il était venu à la hâte ; il avait traversé tout Paris pour aller à la rencontre du jeune homme inconnu, et ne me trouvant pas, il avait écrit sur sa carte autant de lignes qu'elle en pouvait tenir, pour me complimenter, pour m'assurer de sa sympathie et pour me dire qu'il attendait ma visite.

Cette précieuse carte, je l'ai encore, et si quelque ennui m'assiège, il me suffit d'y jeter les yeux pour n'être plus étonné ni affligé de rien. Certes depuis lors, comme tous les hommes qui acquièrent un petit nom, j'ai été bercé par bien des flatteries ; mais celle-là, qui me vint de si haut et qui me fut si généreusement adressée à la première heure, est la seule dont mon orgueil ait voulu se souvenir. Cependant une bien autre et plus enivrante surprise m'était réservée pour le lendemain même, qui était justement le jour de réception du comte Alfred de Vigny. En l'attendant, ma nuit fut une nuit d'insomnie et de rêves délicieux ; il me semblait que je m'élançais dans les nappes aériennes, emporté par de blanches figures aux voltigeantes ailes, au milieu des fleurs de diamants et d'astres, écloses dans les jardins célestes.

Enfin le jour vint, la matinée s'écoula, avide, longue,

interminable, pendant laquelle j'eus le temps d'essayer toutes mes cravates, de lire toute ma petite bibliothèque et de faire beaucoup d'autres choses encore, car il me semblait que, tout à coup paralysées, les aiguilles de la pendule s'étaient endormies et ne marchaient plus : on voyait bien qu'elles n'étaient pas attendues, comme moi, chez un grand homme! Cependant, quoique si lentement et comme à regret, le temps s'enfuit goutte à goutte, le moment désiré arriva, et à l'heure la plus matinale où je pouvais le faire sans être indiscret, je me présentai et je fus accueilli chez le poète célèbre qui, si indulgent aux petits, n'avait pas voulu dédaigner le premier effort de ma jeunesse.

L'impression que me causèrent le décor, le salon silencieux et tranquille, madame de Vigny à laquelle je fus cérémonieusement présenté, j'essayerai tout à l'heure de la raconter; mais je veux dire tout de suite quel bonheur m'attendait, car aujourd'hui, rien qu'en y songeant, mon vieux cœur bat encore, envahi par la plus vive et la plus ardente émotion : c'est de la joie, de la reconnaissance, une sensation de bataille et de triomphe, et comme la revanche enivrée et glorieuse de tous les maux soufferts. Dans le salon se pressaient de nombreux visiteurs, dont l'attitude était pleine d'admiration et de respect; après s'être excusé auprès d'eux, le poète me prit à part, et m'ayant fait asseoir à côté de lui près d'une petite table, me montra, mit entre mes mains mon livre, d'un bout à l'autre ANNOTÉ et commenté par lui! Il avait écrit au crayon, non seulement dans les marges, mais en haut et en bas des pages, dans les blancs ménagés à la fin des paragraphes, et souvent même entre les lignes, et tout cela; cet immense travail de critique animée, passionnée, vivante, avait été écrit depuis la veille, et mille fois heureux, je pouvais revoir mon humble ouvrage dans un portrait merveilleusement ressemblant, mais mille fois plus beau que lui, car le poète avait ajouté à l'original, magnifiquement transfiguré, la grandeur et la subtile délicatesse de son propre génie.

Je lus, je dévorai, je relus passionnément ces notes écrites à propos de moi et pour moi, et dont je me sentais profondément fier d'avoir été le prétexte. L'auteur de *Cinq-Mars* les lisait avec moi, au besoin les complétant, mettant en lumière une intention, un point de vue, un mot décisif, et me faisant savourer longuement cette volupté d'avoir été pénétré et tout de suite connu par une âme fraternelle. Oui, chacun de mes petits poèmes avait été, en si peu d'heures, lu, étudié, regardé jusqu'au fond par le grand artiste qui mieux que moi comprenait et devinait ce que j'avais tenté de faire, et qui m'accordait ses encouragements d'un prix inestimable. Non assurément que tout fût approbation et louanges dans ce beau travail improvisé; mais le chanteur illustre avait fait mieux pour moi; au premier jour, à la première heure de ma vie poétique, il m'avait traité comme un égal qu'on discute, avec qui l'on ose être sincère, et si mon respect n'acceptait pas un tel excès d'honneur, du moins je m'en sentais heureux, réconforté, relevé à mes propres yeux. Dès ce moment-là, je ne réclamais plus rien, je trouvais que j'avais eu ma part légitime, j'étais pour toujours armé, invulnérable, vêtu d'une cotte de mailles à l'épreuve de tous les couteaux, et à l'avance j'étais consolé de tous les articles futurs, où pendant tant d'années, on devait me traiter de joaillier inconscient et d'inutile enfileur de perles, enivré par des sonorités et par des jeux de lumière tout au plus bons pour amuser un petit enfant. Et maintenant je bénis encore dans mon âme le généreux maître à qui j'ai dû une grande part de mon audace et de ma tranquille fierté.

Mais enfin, lorsque j'eus tout lu et relu jusqu'à la dernière syllabe, je regardai autour de moi, et j'admirai comme la maison du poète lui ressemblait parfaitement. Le salon était une chambre discrète, élégante, presque silencieuse, car personne n'y élevait la voix, meublée, comme celles de Trianon, d'antiques fauteuils aux moulures exquises, aux fleurons très purs, et couverts de soies effacées, harmonieuses, dont les gammes n'étaient troublées par aucune note criarde. Sur les murs quelques peintures d'un beau style, et dans un coin un grand piano à queue, fait d'un bois précieux et rare. Sur la cheminée était posée une pendule taillée dans le cristal de roche, et elle chantait les heures d'une voix de cristal si assouplie et si douce, si bien mariée au noble recueillement de cette demeure, qu'en l'écoutant je comprenais enfin le vers énigmatique de Sainte-Beuve : *Et Vigny, plus secret, Comme en sa tour d'ivoire, avant midi, rentrait.* Oui, il y avait là un parti pris de calme, de silence, quelque chose comme une protestation visible contre l'inutile tumulte affairé de la vie turbulente. Assise au coin du feu dans une bergère, la comtesse de Vigny sous ses dentelles princières, très bonne et affable, ressemblait bien à une fille de roi, et lui le poète, beau et souriant avec ses cheveux d'or, vêtu avec une élégance anglaise tout à fait correcte, et alors inusitée parmi les romantiques, il avait et montrait au plus haut degré le respect de lui-même. Non seulement il était un soldat, un gentilhomme, un comte, mais il paraissait tout cela et voulait le paraître, non certes par une vaine gloriole, mais par amour pour les poètes pauvres et misérables de tous les âges, dont il s'était fait le représentant et l'avocat, et parce qu'il forçait ainsi le stupide vulgaire à les honorer dans sa personne irréprochable. Alfred de Vigny, ce fut là un des côtés les plus saisissants de son originalité, sentit mieux que personne combien les poètes à travers le temps revivent en ceux qui leur succèdent, et sont solidaires les uns des autres. Dans sa pensée généreuse et profondément intuitive, les pauvres rhythmeurs si longtemps bafoués et humiliés autrefois, c'était lui-même, et il profitait de ce qu'il s'appelait maintenant d'un nom aristocratique et de ce qu'il portait une épée à son côté pour frapper en plein visage de sa cravache irritée et vengeresse ceux qui l'avaient malmené jadis, du temps qu'il était le vagabond affamé, sans coiffe et sans semelle.

Oui, je le revois, ce salon discret, abrité, mystérieux, où l'on parlait presque à voix basse et où toutes les paroles étaient dites par des gens ayant horreur des mots inutiles. Belle, majestueuse, ayant tout d'une fille de roi qu'elle était, même et principalement la simplicité et la douceur affable, la comtesse Alfred de Vigny était naturellement traitée comme une princesse, par tous et surtout par son mari. Chaque fois qu'elle devait quitter pour un instant le salon, pour veiller à quelque détail domestique avec ces façons de bonne ménagère qui se sont conservées chez les seules grandes dames, le poète lui offrait sa main et la conduisait jusqu'à la porte, comme à la cour, ou comme dans les comédies. De même, quand elle rentrait, il marchait vers elle, et après l'avoir saluée, la ramenait cérémonieusement à son fauteuil. Comme dans cette maison il ne venait pas d'imbéciles, nul ne songeait à s'étonner de ces façons, et à les trouver exagérées. Quant à moi, elles m'inspiraient un profond respect mêlé d'attendrissement, car en relisant et savourant les œuvres du maître, j'avais bien facilement deviné pourquoi il tenait à manifester avec évidence le grand air aristocratique et princier qui d'ailleurs lui était naturel.

Je l'ai déjà dit, et je vais tâcher de le redire plus clairement encore. A travers les âges, le poète est un seul être qui persiste, se transforme, renaît de lui-même, continue la même tâche et poursuit le même immortel dessin. Cela, Alfred de Vigny en avait non-seulement la conscience, l'intuition, mais aussi la certitude et le palpitant souvenir. Aussi il prenait, acceptait, réclamait pour lui les affronts, les souffrances, les misères vagabondes, les luttes cruelles des poètes qui l'avaient précédé. Il ne répudiait rien des épreuves qu'ils avaient subies, sachant que ces poètes jadis torturés, c'était sa propre chair et son propre sang. Ses pieds saignaient encore d'avoir marché nus par les chemins de l'Attique; il se souvenait d'avoir râlé sur les lits d'hôpital, et il sentait sur son cou le froid du couteau qui avait coupé la belle tête d'André Chénier. Mais cette fois, le sort apaisé sans doute lui faisait la partie belle; il avait pu renaître beau, gentilhomme, soldat, possédant tous les dons qui imposent le respect, et armé de cet or, plus méprisable que la boue, qui cependant excite la vénération agenouillée du stupide vulgaire. De tout cela il ne voulait se servir que pour venger ses frères bafoués et humiliés jadis; mais cette vengeance il la poursuivait sans trêve, avec une implacable sérénité et avec une âpre joie.

Imaginez ceci, qu'au moment où un grand poète, chanteur de ballades impérissables, un François Villon, maigre, émacié, vêtu d'un pourpoint troué, pris pour un voleur de grand chemin, a déjà la corde au cou et va être pendu à une potence par la main de Henry Cousin, bourreau de Paris, quelque puissant enchanteur survienne, transfigure le courageux supplicié en un riche seigneur, et vêtu d'or, de fourrure et de velours vermeil, le jette, sur un beau cheval écumant et piaffant, parmi le cortège du roi Louis, au milieu des ducs d'Orléans, de Bourgogne, de Bourbon et de Clèves, et des comtes de Charolais, d'Angoulême, de Saint-Pol, de Dunois, et des autres faiseurs d'exploits dans les batailles. Certes, alors, monté sur son coursier caparaçonné de damas et d'orfèvrerie, faisant sonner ses clochettes d'argent et ondoyer sur sa croupe des écharpes envolées, le patient de tout à l'heure, en sentant battre sur ses flancs une forte et solide épée, se dresserait le cœur subitement guéri, et si maître Cousin faisait mine de lui chercher noise, de son bel œil calme et farouche il le regarderait de façon à lui ôter l'envie de recommencer. Eh bien! avec le secours du temps, qui passe si vite et n'est qu'une vaine illusion, le tout-puissant hasard s'était chargé de réaliser une féerie pareille à celle-là. Le poète, cette fois, était gentilhomme et comte; il se nommait Alfred de Vigny. il avait été officier dans la garde royale, il savait intrépidement se servir d'une épée; il avait épousé une fille de roi. Dans tout cela, pas le petit mot pour rire; pas le plus mince prétexte pour justifier la méprisante ironie des quincailliers aristocrates et des marchands d'esteufs gonflés d'orgueil. Le poète, sans la moindre générosité, et en effet il ne fallait pas là de générosité! usa et abusa de la situation. Nettement, amèrement, en plein visage, il rendit aux persécuteurs (race éternelle aussi!) les insultes dont ils avaient accablé ses frères les poètes, et il leur jeta tous leurs vrais noms à la face!

A ce moment-là sans doute, les repus, les rassasiés, les rogneurs de pièces d'or, les vendeurs à faux-poids auraient bien voulu se servir de l'argument habituel et si commode, toiser leur interlocuteur d'un air dédaigneux, et comme ils en ont coutume, lui dire avec une insultante pitié : « Tu prêches, misérable, pour ton propre saint et pour ta propre indigence! Tu réclames pour tes frères un morceau de pain, dans le but intéressé d'en avoir ta part. Si ton âme s'émeut si facilement en faveur des vagabonds jetés sur les grandes routes, c'est que toi-même tu n'as pas d'autre auberge que l'hôtellerie de la belle étoile ; ta cave et ton broc uniques sont le ruisseau qui coule en murmurant sur les cailloux ; tu déjeunes d'un rayon d'aurore et soupes du clair de lune ; tu as de bonnes raisons pour compatir au sort des faiseurs de rhythmes, et si tu plains leurs souliers troués, c'est que les tiens éclatent de rire ! »

Oui, il eût été agréable de dire tout cela à l'avocat, au défenseur, au chevalier qui se portait caution pour les chanteurs affamés ; mais le moyen ? Il était trop évident au contraire que le comte Alfred de Vigny pouvait s'asseoir devant une table bien servie, qu'il portait de fort belles bottes et qu'il était vêtu comme Brummel ; il fallait donc chercher autre chose, et puis ce diable d'homme, si doux et affable aux petits, vous regardait au besoin d'un air qui tout de suite glaçait les mauvais plaisants et sur leurs lèvres étonnées figeait l'envie de rire. Mais pour défendre les siens, Alfred de Vigny n'était pas uniquement un soldat, il sut aussi se montrer négociateur et diplomate ; car songe-t-on ce qu'il lui a fallu de finesse et de ruse pour arriver à glorifier un poète mort de faim en pleine Comédie-Française, dans cette maison de Molière qui est aussi la maison de monsieur Scribe, et qui en toute occurrence a toujours si sincèrement aimé la richesse et le bonheur ?

Cependant, *Chatterton* fut joué là ; par quelle série d'astuces et d'artifices ? on frémit d'y penser. Quoi qu'il en soit, le public riche, confortable et bien pensant s'attendrit sur la dernière nuit de travail du poète, de l'enfant de génie tué par l'indifférence et par la haine, grelottant de froid dans son taudis, également torturé et mal protégé par les bourgeois et par les seigneurs, et qui serait mort aussi dans l'abominable solitude de l'âme, s'il n'avait été consolé par le pâle et triste sourire d'un chaste amour. Oui, ce public satisfait et occupé d'écus, non moins que John Bell, applaudit à l'ironie fouaillant en plein visage le féroce drapier et le lord-maire de Londres, et lord Talbot, et lord Kingston, et lord Lauderdale, et il frémit jusque dans ses entrailles lorsque la blonde Kitty dégringola l'escalier, se heurtant et se frappant la tête à la rampe de bois, après avoir vu, en ouvrant la porte, le jeune Chatterton mort et délivré enfin! Tous les soirs, à cette minute effrayante et sacrée, les fronts de la foule ondoyaient comme un champ d'épis, et parmi toutes ces têtes éperdues frissonnait je ne sais quelle horreur religieuse. La Comédie-Française, qui en ce temps-là n'en avait pas l'habitude, réalisait des recettes, encaissait de gros bénéfices; peu s'en fallait que les spectateurs ne fussent étouffés en faisant la queue sous les galeries, et qu'il n'y eût quelques portiers d'écrasés comme aux belles pièces de Molière.

Cependant l'illustre compagnie était inquiète comme une poule qui aurait couvé un œuf d'épervier; elle se tâtait la poitrine et les flancs, en se demandant si c'était bien elle qui se prêtait à l'apothéose du génie méconnu; elle tremblait de peur que l'argent de la recette, qu'elle avait palpé avec joie, mais qu'elle aurait mieux aimé devoir à des pièces plus honnêtes! ne se changeât dans sa caisse en cendre fine et en feuilles sèches, et elle se sentait à la fois heureuse, repue, rassasiée et stupéfaite.

Mais plus terrifiée et plus grande encore fut la stupéfaction de l'Académie, lorsqu'elle eut accueilli dans ce qu'on nomme *son sein* le poète triomphant de *Chatterton*. Car nommer un grand seigneur, auteur de poèmes exquis et délicats, qui avait fait rêver toutes les dames sentimentales en leur racontant les amours de l'ange-femme Eloa avec un Satan triste et beau, lui avait semblé d'abord la chose la plus simple du monde. Mais lorsqu'elle apprit à n'en pas douter que cet harmonieux rimeur était en même temps l'auteur de *Servitude et Grandeur militaires* et des *Consultations du docteur noir*; lorsqu'elle l'entendit plaindre le soldat et le poète; lorsqu'elle vit que sur ses talons tous les spectres des poètes misérables, l'écolier Villon, le valet Marot, et Théophile, et Saint-Amant relevant sa moustache en croc, et Cyrano brandissant sa grande épée, et Voiture le fils du marchand de vin, étaient entrés dans la salle des séances, et sans façon prétendaient s'asseoir sur les genoux tremblants des vrais immortels, elle se repentit de sa faute et jura, trop tard! qu'on ne l'y prendrait plus jamais; elle a tenu parole.

Dès lors, pas une persécution qui dans la docte assemblée fût épargnée à Alfred de Vigny. On évitait de le frôler, comme s'il eût été, à la façon du Paysan du Danube, chaussé de cuir de porc-épic, avec la saye de poil de chèvre et la ceinture de joncs marins. On le criblait de fines épigrammes émoussées, qui déjà du temps de Boileau avaient perdu leurs pointes à la bataille; avec une pitié protectrice, on feignait de croire qu'il *ne devait pas* savoir le latin, qu'il était un homme de trop peu de lettres pour pouvoir décliner *Rosa, la Rose*, et s'il s'agissait de quelque citation du plus bas étage, bonne pour les écoliers de huitième, choisie parmi celles qu'on rassemble dans la *Flore des Dames*, on avait soin de la lancer par-dessus la tête du poète, en disant avec le bon sourire académique : « C'est pour monsieur Villemain que je parle ! »

Il faut bien l'avouer, après avoir pris d'assaut, au nom de ceux qui avaient eu froid et faim ! la maison des périodes sonores, après l'avoir conquise, parce qu'il le fallait, Alfred de Vigny un peu écœuré n'y passa pas de longues heures, parce que là il se sentait trop irrévocablement et trop complètement SEUL. Certes, à la Comédie-Française, lorsqu'il y faisait jouer *Chatterton*, il était un étranger aussi, comme le poète est un étranger partout, excepté parmi les naïfs et les humbles ou parmi les génies ; mais du moins dans cet asile de la tragédie classique et de la comédie plus légère que la plume, la poussière, le vent, et la femme et rien du tout, il avait pour l'aider et combattre avec lui une sœur, une compagne, une complice, cette grande Marie Dorval qui sentait le vent de l'inspiration courir sur son sein frémissant et tourmenter sa chevelure. Ah ! pour imaginer, pour créer, pour animer une œuvre attendrie et vengeresse, ils savaient s'entendre et leurs deux génies étaient bien faits pour se pénétrer et pour se compléter l'un l'autre, lui le poète aristocratique et elle la comédienne, avec son visage éloquent, avec son geste éperdu, avec sa voix rauque et passionnée, peuple de la tête aux pieds et dans toute sa personne ardente et vibrante ; car à eux deux, l'une pour les avoir subies, l'autre pour les avoir devinées, ils connaissaient les misères du pauvre dans l'âme et dans la chair, et ils mêlaient dans un même sanglot déchirant l'intuition et la réalité.

Rien ne fut plus touchant que cette amitié entre deux êtres qui dans le domaine de la poésie se comprenaient si bien, mais qui rentrés dans leur vie réelle et matérielle ne parlaient plus la même langue, et cependant se plaisaient à parler ensemble, probablement parce que chacun d'eux entendait seulement ce que l'autre ne lui disait pas. N'ayant jamais su voir ce qu'il y avait de profondément original et imprévu dans la nature de la comédienne qui à la ville, âpre, bonne enfant, naïve et très peu femme, dès qu'elle touchait les planches paraissait transfigurée et devenait la proie saignante du drame, Alfred de Vigny s'était fait dans son imagination une Marie Dorval idéale et poétique, bien inférieure à la vraie.

Pendant des heures, assis près d'elle et rêvant, en de longs discours qu'elle écoutait avec une patience amie sans y comprendre un traître mot, il la costumait en Béatrice au voile de lumière, marchant sur les nuées et parmi les jardins d'étoiles, tandis que ses jolis pieds agiles se seraient si volontiers dégourdis en marchant et courant comme ceux d'une femme bien vivante et bien terrestre, qu'elle était plus que nulle au monde. — « Ah ! lui disait un vieil ami, cela doit vous ennuyer un peu que votre poète vous fasse planer ainsi comme un oiseau dans le bleu, vous qui croquez les fraises d'un si bel appétit, et qui ne dédaignez pas le petit mot pour rire et pour pleurer. — Hélas ! oui, dit-elle ingénuement ; mais il faut que ce soit comme ça pour qu'il puisse travailler et trouver ses belles inventions ! » En cette affaire, c'était la femme qui était la plus subtile et qui avait le beau rôle ; mais il en est toujours ainsi. C'est Dorval qui la première a dit : « Je ne suis pas belle, mais je suis pire ; » s'il convient à sa beauté, dont est fait le meilleur de notre pensée, ce mot trouvé ne s'applique-t-il pas encore mieux à la compréhensive et spirituelle bonté de la Femme ?

V

JULES JANIN

Il n'y eut jamais rien de plus amusant et de plus charmant que l'appartement de Jules Janin dans la maison située au coin de la rue Regnard et de la rue de Vaugirard, dont le rez-de-chaussée était occupé déjà par le célèbre café Tabourey. Tout jeune homme, le grand critique y habitait deux mansardes ouvertes directement sous le ciel, et si haut que les oiseaux envolés dans l'air entraient là comme chez eux.

Plus tard, quand il fut marié, il loua l'appartement situé au-dessous de ces mansardes, et auquel il les relia par un léger escalier à vis, construit dans la salle à manger. De partout, mais surtout des deux pièces lambrissées et tendues d'un gai papier glacé à fleurs bleues, on voyait le Luxembourg entier, les vertes frondaisons, les statues, les grandes nappes fleuries, et une vaste, une immense étendue de ciel, que l'écrivain semblait avoir, pour son usage personnel, taillée en plein azur.

Par les fenêtres ouvertes, on s'enivrait de parfums et de couleurs, et, au printemps, la forêt des lilas blancs, violets, bleus, rougissants, était une fête heureuse et triomphante, qui ne s'évanouissait que pour faire place aux fleurs d'or et de neige, et aux fleurs de pourpre.

Si, comme je le crois, le plus grand luxe et le plus difficile à réaliser consiste à posséder beaucoup de beaux livres, véritablement bien reliés par de bons artistes, nul roi de l'univers n'aurait pu lutter de somptuosité avec Jules Janin. Dans toutes les pièces de la maison, et même dans la salle à manger, couraient autour des murs d'étroites planches de chêne bordées d'une courte frange de soie, et sur lesquelles étaient posés les chers, les divins livres, habillés par les Capé, par les Thouvenin, montrant leurs tranches supérieures dorées, et leur dos pourpre, citron, vert prasin, vert aigue-marine, ornés de caractères idéalement purs et de filets irréprochables. Si l'on ouvrait un de ces livres, c'était une édition précieuse, rare, introuvable; si c'était simplement un ouvrage moderne, il était imprimé sur vrai papier de Chine ou de Hollande, orné d'un autographe de l'auteur et même d'un autre autographe de son amie, s'il en avait une, et d'un ou de plusieurs portraits originaux, dessinés à l'encre ou à la mine de plomb par l'un des plus grands peintres contemporains.

Mais, comme tous les hommes de 1830, Jules Janin était un grand tapissier, et il avait montré ce qu'il pouvait faire sans les livres, dans la chambre de madame Jules Janin, où grâce au ciel on n'eût pas rencontré un seul volume. Très peu de meubles, mais exquis : un lit délicatement sculpté, couvert d'étoffes antiques et de dentelles, quelques sièges pareils à ceux de Trianon, une très belle table du seizième siècle, à pieds tors et à frise mythologique où, sur une nappe de guipure, étaient posés des joyaux de pierreries, des ivoires, des émaux, des gobelets d'or, toutes sortes de jouets de déesse et de reine. Le plafond était, dans le sens de sa largeur, divisé en bandes égales, dont chacune était formée par un grand paysage de Watelet, et ces paysages succédaient les uns aux autres, sans autre séparation qu'une fine moulure dorée. Sur les murailles, deux très grands panneaux de Diaz, sans cadres, montraient ces potées, ces orgies de fleurs qui étaient de vibrantes symphonies de couleur, de lumière et de joie ; et sur la glace de la cheminée, ainsi que sur les vitres de la fenêtre, le même Diaz avait jeté, au caprice de la brosse, des fleurs, des brindilles, et sans aucun fond, rougissant sur la crudité du verre, la gloire extasiée des roses. Ailleurs, le grand pastel ovale où Antonin Moine avait représenté en pied madame Jules Janin, belle, jeune, souriante, vêtue à la Louis XV d'une robe couleur de rose, et portant dans ses longues mains blanches une brassée de fleurs. Le critique vous montrait bien un instant cette chambre royale et merveilleuse ; mais il fallait bien vite retourner au milieu de ses chers livres, et c'est là qu'il était véritablement chez lui.

Presque enfant encore, j'ai passé près de lui de longues heures, et je le vois encore avec son visage si semblable à celui d'Horace, avec sa belle chevelure bouclée, ses yeux vifs, son éternel sourire, et ses dents si blanches, dont il prenait un soin minutieux. Il était l'homme le plus heureux du monde, car non seulement il s'amusait comme un enfant avec ses livres, mais il s'amusait aussi avec les mots et les phrases, qu'il aimait pour eux-mêmes, pour leur sonorité, pour la grâce du mouvement, et pour l'enchantement virtuel qui est dans le Verbe. Il aimait aussi le murmure, les conversations, les vaines rumeurs des hommes, et c'est entouré de visiteurs, artistes, grands seigneurs, bourgeois quelconques, et de comédiennes aux simples ou riches, ou amusantes toilettes parisiennes, qu'il continuait sans fin son enivrante symphonie en prose, éternellement recommencée et interrompue.

A vrai dire, le mot, la phrase, le verbe rapide, l'épithète avec son front flambant sous les aigrettes, le menaient à leur fantaisie; au fond, il ne tenait pas beaucoup à dire telle où telle chose, et s'il y avait tenu, son espoir aurait été trompé, car il ne savait pas du tout résister au magique charme des syllabes, et c'étaient elles qui, s'égrenant comme un collier de perles dont le fil est brisé, s'en allaient mélodieusement à l'aventure, tandis qu'il les suivait d'une âme conquise et ravie. — « Ah! me disait-il une fois, si je pouvais écrire ce que je veux, je sens que je ferais un beau livre; mais quand j'ai décidé de marier mes héros, il se trouve que je les tue; et si je les ai condamnés à mort, tout de suite ils se marient, et ils ont beaucoup d'enfants! » Jules Janin a fait tout de même de beaux livres, mais *non voulus*, et c'est ainsi que *L'Ane mort et la Femme guillotinée*, qui, dans sa pensée primitive, devait être un pamphlet ironique écrit contre le romantisme, devint en réalité un livre romantique. Aussi cet homme charmant était-il toujours de bonne humeur, n'ayant jamais de lutte à soutenir contre lui-même, et ne subissant pas cet ennui profond que les hommes éprouvent de se soumettre à une règle. En effet, il suffisait qu'il se fût promis de faire une chose pour qu'il fît exactement le contraire, car une folle et enfantine Fantaisie habitait sous son crâne, où elle faisait sans cesse tintinnabuler des clochettes en délire, et il était distrait de tout, comme ces taureaux devant lesquels on agite des banderoles écarlates. Baudelaire a écrit que le droit le plus sacré de l'homme est de se contredire; Janin se contredisait, non pour exercer un droit, mais naturellement, spontanément, et comme on respire. Il posséda cette qualité essentiellement féminine au point d'étonner toutes les femmes, qu'il égalait par son manque absolu de logique, ayant en plus une gaieté invincible et les diamants, la flamme vive, les mille étincelles chatoyantes de l'esprit. Il était aussi inconséquent, aussi varié, aussi amusant qu'une femme, et son esprit ressemblait à ces chars de féerie aux flamboyantes roues d'escarboucles, entraînés dans la frissonnante lumière par un attelage de papillons éperdus.

Jules Janin avait donc arrangé sa maison avec le goût le plus ingénieux et le plus pur, et il se plaisait à dire que le mobilier d'un homme fait partie de son talent et de sa probité; après cela, étant donné qu'il possédait une si merveilleuse aptitude à se contredire, il était *donc* indispensable que son propre mobilier fût mis en pièces; mais comment cela pouvait-il se faire? Lui si soigneux, si ordonné matériellement, si ami de la propreté la plus raffinée, il n'aurait évidemment pas l'idée de souiller et de meurtrir les sièges en poirier naturel, aux fleurons vivants, couverts d'antiques et claires étoffes de soie à fleurettes, qu'il avait rassemblés dans son cabinet de travail! Cependant il trouva le moyen de résoudre ce difficile problème, car il installa à sa fenêtre, libre dans une cage ouverte, un magnifique perroquet, orangé et bleu comme un ciel de soleil couchant, et dont le bec formidable eût coupé une barre d'acier.

A plus forte raison, il venait facilement à bout des livres! Il volait sur les rayons, choisissait (comme un bibliophile!) les plus précieux, les plus rares, les plus impossibles à remplacer, et les portait sur le tapis, où il les déchirait avec une volupté féroce, coupant les pages en deux, mâchant les tranches, déchiquetant les reliures, dont les maroquins dentelés pendaient en languettes sinistres. Il s'acharnait aussi sur les sièges, dont il émiettait la soie et dont il tirait le crin, après les avoir éventrés; mais surtout il semblait éprouver une jouissance tout à fait raffinée à mordre, à briser, à manger les fleurons, à la place desquels il laissait de jolis trous, blancs, saccagés et funestes. En bonne logique, certes, Janin aurait dû être désolé ; mais, au contraire, il ne se sentait pas de joie en voyant ces massacres, et il ne se lassait pas de répéter avec une ironie turbulente et naïve :

— « Le perroquet, image du critique ! Il ne sait rien édifier et veut tout détruire. Va, Zoïle ! va, mon enfant, fais ton feuilleton ! »

Le perroquet n'était nullement sensible à cette bravade. Il la prenait au pied de la lettre, et faisait si bien son feuilleton qu'au bout de quelque temps la maison ressembla à une boutique de brocanteur qui aurait été prise d'assaut par les hordes d'Attila. Et toujours Janin répétait, en riant gaiement de toutes ses dents blanches : « Le perroquet, image du critique ! »

C'était en 1842, en ces temps mythologiques où, plus heureux que Louis-Philippe, l'esprit régnait et gouvernait. Enhardi par le voisinage, car j'habitais avec mes parents tout près du critique, je lui avais envoyé mon premier livre de poèmes, et il m'avait écrit une lettre de quatre pages, spirituelle, irritée, lyrique, paternelle, furieuse, illisible surtout, dans laquelle, tout en m'accablant de louanges mêlées d'objurgations et d'insultes, il me sommait de venir lui expliquer mes audaces romantiques. Je courus chez lui, je ne lui expliquai rien du tout, parce que c'est lui qui parla tout le temps, et nous devînmes amis, autant qu'un enfant de dix-neuf ans peut être l'ami d'un homme illustre, en pleine possession de la gloire. A toutes les premières représentations, il me gardait une place dans sa loge, et pendant la soirée je me grisais de sa prodigieuse causerie, admirant le grand critique lucide, sagace, d'un profond bon sens, caché dans ce faiseur de feuilletons, qui si souvent dédaignait et négligeait de mettre sa pensée dans ses feuilletons, où il chevauchait à travers l'idéal quelque fabuleuse Chimère enguirlandée de fleurs, de colliers et de sonnettes! Après le spectacle, nous revenions ensemble, à pied, et dans ces conversations où, redevenu laconique, il jugeait d'un mot les hommes et les choses avec une profonde justesse, j'ai pu apprécier le fond solide sur lequel il brodait ses éblouissants caprices de décors et d'arabesques.

Cependant, quel que fût mon filial respect pour le maître, sur un seul point nous n'étions pas toujours d'accord, ou plutôt nous ne l'étions jamais. Jules Janin, qui plus tard devait aimer tendrement Victor Hugo vaincu et exilé, ne l'aimait pas encore à ce moment-là; moi, au contraire, j'étais alors, comme je le suis aujourd'hui, un très humble admirateur du plus grand des poètes.

Un matin, nous avions repris cette discussion interminable, et Jules Janin, qui était en train de se raser devant un miroir rond accroché à la fenêtre, m'avait exaspéré en louant Béranger outre mesure. Moi, je le pressais, je le provoquais, j'entassais les arguments, les citations, les articles de foi, et enfin je lui demandais pourquoi il ne voulait pas, comme moi, adorer Victor Hugo.

— « Pourquoi? pourquoi? me dit Janin. Tenez, je me fais la barbe; je suppose que je suis seul, que vous n'êtes pas là. Eh bien, pour me distraire, je chante. Qu'est-ce que je chante? « *Allons, Babet, il est bientôt dix heures* »; ou bien : « *Lise, à l'oreille Me conseille* »; ou : « *Ma grand'mère, un soir, à sa fête.* » Mais je ne chante pas du Victor Hugo! »

Certes, ce raisonnement n'avait pas de quoi me

confondre. Cependant, il me trouva désarmé, parce
que, mettant la main à ma poche, je m'aperçus que
je manquais de ce qu'il fallait pour rouler ma cigarette. Donc, je ne répondis pas, et je sortis pour
aller acheter du tabac dans la rue de Vaugirard, au
débit du *Petit Suisse*. Quand je remontai l'escalier,
j'entendis une voix lancée à toute volée. En descendant pour quelque commission, la vieille servante
du critique avait laissé sa porte ouverte, et depuis
le deuxième étage on pouvait entendre Janin qui
chantait, ou pour mieux dire criait à tue-tête :

> O ma charmante,
> Écoute ici
> L'amant qui chante
> Et pleure aussi!

Je m'étais arrêté pour écouter ces vers que j'aime
passionnément. La voix de Janin reprit, avec plus
d'enthousiasme et d'allégresse encore :

> Tout frappe à la porte bénie;
> L'aurore dit : Je suis le jour!
> L'oiseau dit : Je suis l'harmonie!
> Et mon cœur dit : Je suis l'amour!

En rentrant dans le cabinet du maître, je ne lui
fis pas observer que ce qu'il chantait était précisément le poème XXIII° des *Chants du Crépuscule*, intitulé, comme on le sait : *Autre Chanson*. Lorsque les
gens sont en plein dans leur tort, on ne doit jamais
le leur faire apercevoir, et c'est un triomphe qu'il
faut toujours dédaigner, comme absolument trop
facile. D'ailleurs, un flot de gens venait d'entrer,
comme l'inondation envahit les demeures; la chambre
maintenant était pleine de seigneurs, d'académiciens,
de comédiennes, de flâneurs divers; Janin leur

répondait à la fois à tous, sans avoir écouté ce qu'ils lui disaient, et ses réponses, jetées au hasard, tombaient si juste que ses interlocuteurs avaient presque l'air d'avoir été spirituels.

On entrait en effet dans cette maison comme on voulait, comme dans une halle ou dans un palais de féerie, et cette hospitalité sans bornes amenait quelquefois des surprises délicieuses. Un cocher de cabriolet (il y en avait encore dans ce temps-là) fut ravi par la conversation de son *bourgeois*, qui parlait avoine, chevaux et carrosses, comme s'il eût été lui-même cocher ou palefrenier, et se familiarisa tout à fait avec ce collègue amateur. En passant devant la maison de la rue de Vaugirard, il leva la tête et dit au voyageur : « Ah! je connais bien le monsieur qui demeure là! c'est aussi un fier homme d'esprit, monsieur Jules Janin. Mais au fait, voulez-vous que je vous présente? » Cinq minutes après, le cocher, s'étant informé du nom de son client, entrait chez le critique, et sur le seuil du cabinet de travail, lui disait de sa bonne grosse voix respectueuse et familière : « Monsieur Janin, voulez-vous me permettre de vous présenter monsieur de Humboldt? » On devine si ce fut une belle causerie, entre le savant qui n'ignorait rien et le poète qui devinait tout! Quant au cocher, on l'avait attablé à la cuisine devant une bonne bouteille de Mercurey blanc; pendant ce temps-là son cheval ne s'impatientait pas dans la rue, parce que c'était un cheval parisien qui, s'il l'avait voulu, aurait fait des mots comme Bixiou, mais qui s'abstenait d'en faire, pour ne pas chagriner les petits journalistes, en leur rognant leur part d'avoine.

Mais si Janin était sans façon, il savait parfaitement bien garder son rang de prince, et ne permettait pas du tout à ses sujets de faire de l'embarras avec lui. Un matin, comme il travaillait dans la mansarde, il voit entrer une de ses amies, une jolie actrice folâtre, parée comme le printemps vermeil, et tenant dans sa main finement gantée une légère ombrelle couleur du temps. Il se lève pour aller à sa rencontre ; mais, arrivé devant la porte qui s'ouvrait sur l'antichambre, il voit que l'actrice s'était fait suivre par un groom fulgurant, doré sur toutes les coutures et galonné comme un hetman de cosaques !

C'étaient là précisément des façons que le bon critique ne pouvait pas souffrir. Il va droit au groom, et le saluant avec la plus obséquieuse politesse : — « Entrez donc, monsieur, lui dit-il, entrez, je vous en supplie. » Le groom rougit désespérément jusque dans les cheveux, et en vain protesta, voulut se défendre. Moitié de gré et de force, Janin le fit entrer, et l'assit dans un fauteuil en face de sa prétentieuse maîtresse ; puis se tournant vers la comédienne : — « Maintenant, dit-il, nous pouvons causer ! » Il gouvernait très bien ce monde-là. Tout jeune, avant d'être critique, il avait ardemment désiré une actrice, dont la beauté fut éternelle et eut le privilège d'échapper à la vieillesse. Elle avait fait la renchérie ; mais dix ans après, quand l'écrivain tint le haut du pavé, elle l'attira chez elle sous quelque prétexte, s'offrit nettement à son ancien adorateur, et, pour l'éblouir sans doute, lui montra ses richesses, notamment le fameux lavabo en argent massif. « Hélas ! dit Janin, vous êtes belle comme une jeune reine ; mais s'il faut vous parler avec franchise, j'aimais mieux le temps où le lavabo était en acajou ; et maintenant, puisque nous avons tant fait que de surseoir, je préfère attendre le moment où il sera en or ! »

VI

PRIVAT D'ANGLEMONT

Privat d'Anglemont, un des Parisiens restés légendaires, a été très mal connu, parce que tout en lui était invraisemblable. Quand je le vis pour la première fois, en 1841, c'était un très beau jeune homme, grand, svelte, élancé, aux traits réguliers et d'une distinction parfaite. Il avait du sang mêlé dans les veines; cependant ses mains et son visage, sur lequel courait une barbe légère, étaient extrêmement blancs, et ses yeux couleur d'or contrastaient bizarrement avec sa longue chevelure crépue, épaisse et noire. On a pris souvent Privat pour Alexandre Dumas père, auquel il ne ressemblait pas du tout, et discret jusqu'à la plus idéale délicatesse, s'il accepta quelquefois en riant ce quiproquo, ce ne fut jamais pour faire jouer au grand dramatiste un vilain rôle, au contraire. Il a été surtout célèbre comme bohême extrêmement pauvre, et comme menteur infatigable, inouï, d'une invention prodigieuse. Nous allons voir tout à l'heure que sa pauvreté voulue n'avait au fond rien de réel. Pour menteur, il le fut, au moins autant que le Dorante de Corneille, et, ainsi que le grand Honoré de Balzac, il parlait toujours dans un rêve. Mais encore faut-il dire pourquoi!

Privat d'Anglemont a donné à sa vie le résultat qu'il avait médité et choisi. Il l'a entièrement dépensée à faire les études nécessaires à son livre : *Paris inconnu*, qui reste pour l'avenir un ensemble de documents inestimables, et au dernier moment, avec une parfaite connaissance du sujet, vécu par lui minute à minute, il a écrit le livre, d'un style ferme et sobre. Mais si un Parisien avouait à ses interlocuteurs frivoles qu'il a conçu un grand dessein et qu'il veut pendant de longues années le porter dans sa tête et en préparer l'exécution, sans faire autrement œuvre de ses dix doigts, il serait lapidé pour le moins ; aussi Privat d'Anglemont avait-il dû, pour sa sûreté personnelle et pour la réussite de son œuvre, se réfugier dans le mensonge romanesque !

Avec cela, il était l'ami le plus sûr, le plus fidèle, le plus discret qui fût au monde. Pendant le règne de Louis-Philippe, il connut les secrets de ses compagnons les républicains illustres, et toutes les tortures ne lui auraient pas arraché un mot imprudent ; quant à ce qui n'est pas vrai, il le disait, au contraire, avec une intarissable et séduisante éloquence. Je me flatte d'être l'homme qu'il a le mieux aimé, et, pendant assez longtemps, il m'a fait le grand plaisir d'accepter l'hospitalité chez moi ; cependant, sur sa vie passée, je n'en ai jamais su plus que le premier venu. Vingt fois, dans ses moments d'effusion, il m'a dit qu'il obéissait à un besoin impérieux en me racontant son histoire, et il me la racontait, en effet, avec les détails les plus précis, ayant le caractère d'une évidente réalité ; seulement, elle était chaque fois différente ! Le seul fait qui semblait persister dans toutes les versions, c'est qu'il était le fils naturel d'un grand seigneur, assertion que confirmait sa tournure invinciblement aristocratique au milieu des plus noires misères, et qu'il avait aux colonies un frère très riche. Pour tout le reste, ce n'étaient que festons, broderies et arabesques, plus enchevêtrés et touffus que ceux d'un cachemire de l'Inde !

Moi pour qui le mensonge est exécrable, j'ai aimé tendrement ce menteur, parce que j'avais deviné son secret. Pour pouvoir, comme il l'a fait, connaître et étudier Paris dans tous ses replis, vivre dans les milieux les plus humbles et les plus redoutables, traverser tous les mondes et être accepté d'eux comme un être inoffensif, il avait fallu qu'il laissât ignorer de tous sa personnalité réelle, et pour plus de certitude il avait pris le parti radical de l'oublier, de l'ignorer lui-même. Il fallait aussi, pour se mêler aux déclassés, aux bohêmes, aux filous, aux vagabonds des carrières d'Amérique, aux industriels des métiers fabuleux, qu'il fût rigoureusement, absolument pauvre, sans un sou dans sa poche ; car un prince de Gerolstein, déguisé sous une blouse et cachant sur sa poitrine un portefeuille bourré de banknotes, n'a jamais l'air vrai ! Or, comme je l'ai dit, le hasard avait voulu que Privat d'Anglemont, qu'on a toujours connu si pauvre, ne fût pas réellement pauvre, et je crois bien que cette anomalie a été connue de moi seul.

Ce qu'il y a de certain, — et je parle ici en témoin fidèle, — c'est qu'à des intervalles de temps irréguliers, un correspondant inconnu, son frère sans doute, lui envoyait d'Amérique, en petites pièces d'or (il n'y en avait pas alors en France,) une somme qui d'ordinaire s'élevait à cinq mille francs. Privat tenait à se délivrer promptement de cet embarras, et il y parvenait sans aucune peine, car il était, non d'une manière théorique et paradoxale, comme le héros de Dumas fils, mais effectivement et au pied de la lettre, l'ami des femmes. Une fois, à la réception de son or, il avait ouvert pour elles à l'hôtel Corneille une *table d'hôte gratis;* mais cette longue fête, dont on remarqua seulement l'excentricité inattendue sans songer à ce qu'elle coûtait, avait cependant l'inconvénient de pouvoir donner l'éveil sur la richesse passagère de Privat, et il dut s'aviser d'un procédé plus simple.

Il y avait alors, au bas de la rue de la Harpe, un petit traiteur dont l'enseigne portait ces mots : *Au Bœuf enragé,* et dont le pauvre cabaret était bien la dernière étape de la misère humaine. On y mangeait pour des sous, pour bien peu de sous, des choses sans nom, accommodées en deux minutes, et de la façon la plus barbare. Non que le maître de cette hutte fût mauvais cuisinier; il s'en fallait de beaucoup, et il était même doué d'un certain génie; mais il manquait de tous les éléments nécessaires pour faire de la bonne et même de la mauvaise cuisine, et notamment de l'argent, qui le fuyait avec une obstination extraordinaire. Comme beaucoup de pauvres, ce misérable avait très bon cœur; ne pouvant, et pour cause, nourrir à ses frais les fillettes affamées, il leur permettait du moins de rester dans la salle, de s'abriter contre le froid glacé de l'hiver, et comme tout est possible, elles attrapaient de temps en temps un dîner, à condition pourtant qu'il vînt un dîneur pouvant payer pour deux, hypothèse invraisemblable et chimérique.

Les jours où Privat possédait son galion, nous allions au *Bœuf enragé,* et il disait aux fillettes qui étaient là, pâles et mal vêtues : — « Je vous invite à dîner, toutes! » Puis, après leur avoir fait servir un bouillon et une goutte de vin, pour apaiser la plus cruelle faim, il ajoutait : « Allez chercher toutes celles de vos amies qui voudront dîner! » Les pauvres petites s'éparpillaient alors comme un tas de moineaux tremblants, s'enfuyaient à tire-d'aile vers les endroits où l'on a faim, c'est-à-dire partout, et alors Privat mettait une poignée d'or dans la main du traiteur, qui, délirant de joie, allait acheter des nourritures et des chandelles.

Nous nous mettions dans la rue devant la porte du cabaret et, au bout d'un temps relativement très court, nous apercevions dans la brume, dans la nuit déjà tombée, sous la lueur rouge et incertaine des becs de gaz, une interminable foule de petites femmes en haillons, aussi nombreuse que le nuage de sauterelles par qui fut dévorée l'antique Égypte. Bientôt elles venaient, elles arrivaient, lasses, éperdues, pâles de faim et d'espérance; elles s'entassaient, tenaient par un prodige inexpliqué dans la pauvre salle, maintenant ruisselante de lumière ; il y en avait partout, autour des tables, sur les tables, par terre, sur l'escalier, à la cuisine, sur les meubles éclopés, jusque dans l'armoire. Les plats fumants étaient apportés, et en un instant nettoyés, lavés, rendus nets, comme s'ils sortaient de chez le marchand de faïence; tout le monde prenait part au festin, non seulement les petites invitées de Privat, mais aussi le traiteur, sa femme, ses filles, sa bonne, et même quelques gamins entrés on ne sait comment, et qui semblaient avoir poussé sur le parquet de la salle, comme des fleurs dans une prairie. Les pains de six livres s'engouffraient, disparaissaient à vue d'œil, les litres pleins se vidaient comme des gouttes d'eau jetées sur le sable au grand soleil, et toutes les pauvres filles, tout à l'heure blanches et déjà quasi mortes, reprenaient couleur, et devenaient vermeilles comme des tas de roses. Le repas durait tant qu'elles avaient faim, c'est-à-dire très longtemps, et lorsque enfin elles étaient sinon rassasiées, du moins lasses d'absorber des nourritures, Privat leur donnait la volée tout de suite, mais non sans les avoir invitées à déjeuner pour le lendemain, au même *Bœuf enragé*, ainsi que celles de leurs amies qui voudraient venir! Mais il ne les quittait pas sans leur avoir distribué de nombreuses monnaies, qui tombaient de sa main dans les leurs, comme les flots susurrants et diamantés d'un interminable ruisseau d'argent.

Le lendemain, une fois le déjeuner fini et le cabaretier payé royalement, nous nous acheminions, avec tout l'étrange troupeau, jusqu'à un café-jardin ouvert sur le boulevard Montparnasse, et tenu par la veuve d'un mameluck de Napoléon, dont le fils, devenu maintenant un compositeur applaudi, était un enfant brun et cuivré comme un petit More, avec de beaux et sombres yeux de diamant noir.

Là, parmi les fleurs, si c'était l'été, et même l'hiver, sous les arbres blancs de givre, après avoir bu le café et la liqueur si on en voulait, on jouait, on courait, on faisait des parties de tonneau, on fumait des cigarettes, et lorsque enfin l'heure de se quitter était venue, Privat disait aux fillettes de tendre leurs cottes où leurs tabliers, il y jetait ce qui lui restait des petites pièces d'or. Ainsi il était allégé, délivré, libre de rentrer dans sa chère misère, qui lui permettait d'étudier et de voir, non en spectateur ébloui, mais en acteur, les repaires, les antres parisiens, et les bouges plus affamés et désolés que le radeau de la Méduse. Mais comme ce sont les pauvres filles qui deviennent riches, et comme à un moment donné toutes les petites invitées de Privat avaient plus ou moins fait fortune et s'étaient répandues dans la vie, il se trouva qu'il connaissait personnellement à peu près toutes les femmes qui existaient sur la terre.

Il avait le voyage effroyablement facile ! Souvent il arriva que, partant pour un pays quelconque, je le priais de m'accompagner jusqu'à la diligence. Au moment du départ, je lui disais : « Viens avec moi? » et il venait sans nulle objection, n'ayant aucune autre affaire que de regarder et de pénétrer la vie. En chemin, il achetait un peu de linge et une valise, et serait allé comme cela au bout du monde. Dès que nous nous arrêtions dans une ville quelconque, si nous entrions dans un théâtre, dans un café, dans un bal, aussitôt vingt voix de femmes s'écriaient à la fois : « Bonsoir, Privat! » Un faiseur de mots dit alors que Privat d'Anglemont était le lien des sociétés modernes, et, à ce titre, avait remplacé le christianisme. Parmi ces femmes rencontrées au hasard du voyage, pas une qui ne fût heureuse d'écarter ses bons cheveux de laine et d'offrir à sa misère vagabonde un de ces baisers qu'il n'acceptait jamais les jours où il était riche, et c'est pour cela qu'il était réellement l'ami des femmes.

Tout de suite redevenu pauvre, il savait l'être avec élégance et avec une sobriété rare. Chez Crétaine, le boulanger de la rue Dauphine, où, passé minuit, on buvait du lait en mangeant des pains au lait brûlants et sortant du four, Privat était la joie, l'attraction, l'esprit de ces modestes soupers grignotés au retour du théâtre ou des longues promenades; et une fois qu'il était là, il n'y avait plus moyen de chasser les consommateurs, même après que tous les petits pains étaient dévorés depuis longtemps, et le lait bu jusqu'à la dernière goutte. Privat n'aurait jamais eu la pensée d'y prendre à crédit un gâteau ou quelque chose ayant une valeur quelconque; mais en revanche, comme il faut manger quand on a faim, il avait un compte ouvert pour les pains de seigle d'un sou, et une fois, ce compte avait fini par s'élever, de sou en sou, à la somme de six cents francs! Mais, bien loin de lui demander de l'argent, le très parisien et spirituel Crétaine lui en eût offert bien plus tôt, si, comme tout le monde, il n'avait su que Privat n'acceptait rien.

Cette discrétion absolue (j'y reviens) était une de ses qualités les plus précieuses et lui constituait une puissante originalité. Je l'ai connu très intimement lié avec un jeune duc plusieurs fois millionnaire, que je désignerai seulement ici par son prénom d'Edgard. Privat trouvait le moyen de vivre familièrement avec lui sans être jamais son obligé ; un tel problème à résoudre ne suppose-t-il pas des habiletés et des roueries supérieures à celles de Scapin ? Invité à dîner par le duc, qui voulait l'emmener au Café de Paris ou chez Bignon, Privat trouvait pour refuser un prétexte toujours ingénieux, absolument vraisemblable, et s'en allait dîner seul pour huit sous, à la crêmerie.

Par l'entremise de son notaire, qui affirmait l'excellence de ce placement, le duc Edgard avait prêté trente mille francs à un tailleur qui voulait faire grand, mais qui fut d'abord trahi par la fortune. Après des années écoulées, ce négociant dut avouer qu'ayant subi des pertes imprévues, il aurait grand'peine à rendre la somme en argent, et il pria instamment son noble créancier d'accepter un remboursement en marchandises. Mais ici une autre difficulté s'élevait. Habillé de temps immémorial par un tailleur qui avait la clientèle de sa famille, le jeune duc n'aurait pu se faire faire des vêtements ailleurs que chez lui, sans désoler ce brave homme, qui se regardait en quelque sorte comme un vieux serviteur. De tout temps, il avait seulement fait ses réserves pour les gilets, afin de pouvoir les choisir partout et les varier au gré de sa changeante fantaisie. Donc, pour concilier ces exigences diverses, il prit le parti de satisfaire son débiteur en lui achetant pour trente mille francs de gilets, et il pria son ami Privat d'Anglemont de l'aider à accomplir ce travail, décourageant comme celui des pâles Danaïdes.

A partir de ce jour-là, Privat arrêtait sur le boulevard les rêveurs habillés en pelure d'oignon, les poètes faméliques, les rapins coloristes, les gens sans coiffe et sans semelle, et leur disait : « Veux-tu un gilet? » Il les menait chez le tailleur, et comme il s'agissait de dépenser l'argent le plus vite possible, on choisissait les velours de Gênes, les satins fabuleux, les étoffes brodées d'or et d'argent, les piqués épais comme des planches, enfin tout ce que portent les vieux clowns, les Robert Macaire interlopes et les Brésiliens de vaudeville. Et, comme il avait froid dans son lit, Privat se fit un couvre-pied en cousant ensemble des gilets couleur de feu, d'aurore et d'améthyste, éclaboussés des plus éblouissantes broderies.

Une nuit, comme il se promenait dans la plaine Montrouge en bayant aux étoiles, le futur auteur de *Paris inconnu*, connu partout comme le loup blanc, fut arrêté par des voleurs. — « Mais, leur dit-il en éclatant de rire, je suis Privat! » En entendant ce nom célèbre comme synonyme de misère, les voleurs se mirent à rire aussi fort que lui, et, vu l'heure avancée, crurent pouvoir inviter le bohême à souper avec eux. Cette fois, Privat trouva bizarre d'accepter ; les quatre filous, parmi lesquels était une femme habillée en homme comme Rosalinde, le conduisirent près d'une cahute abandonnée, où ils avaient mis leurs provisions. On but du champagne sous les astres, on fuma longuement, et en contant ses belles histoires, Privat enchanta ses hôtes de rencontre.

Ils voulaient même le revoir et prendre rendez-vous avec lui, mais il leur répondit spirituellement : — « N'engageons pas l'avenir! »

Son livre écrit, Privat, qui avait tout vu, n'avait plus rien à faire ici-bas; il est mort phthisique, en créole transplanté, qui avait su se passer de tout, excepté de soleil.

VII

CHARLES BAUDELAIRE

Si l'on veut connaître Baudelaire, on le trouvera tout entier dans le livre que lui a consacré Charles Asselineau et dans l'admirable étude que Théophile Gautier a placée en tête de ses Œuvres Complètes. Je ne veux, moi, que noter mes impressions du jour où pour la première fois j'ai vu ce grand poète, dont je suis fier d'avoir été l'ami, et tenter de l'évoquer lui-même, tel qu'il m'est apparu à l'aurore de sa gracieuse et charmante jeunesse.

Si jamais le mot séduction put être appliqué à un être humain, ce fut bien à lui, car il avait la noblesse, la fierté, l'élégance, la beauté à la fois enfantine et virile, l'enchantement d'une voix rhythmique, bien timbrée, et la plus persuasive éloquence, due à un profond rassemblement de son être ; ses yeux, débordants de vie et de pensée, parlaient en même temps que ses épaisses et fines lèvres de pourpre, et je ne sais quel frisson intelligent courait dans sa longue, épaisse et soyeuse chevelure noire. En l'apercevant, je vis ce que je n'avais vu jamais, un homme tel que je me figurais que l'homme doit être, dans la gloire héroïque de son printemps, et en l'entendant me parler avec la plus affectueuse bienveillance, je sentis cette commotion que nous communique l'approche et la présence du génie. Puis, à mesure que s'écoulait son discours net et rapide, et d'un vrai Parisien, il me semblait que des voiles étaient tombés de dessus mes yeux, que s'ouvrait devant moi tout un monde infini de rêves, d'images, d'idées, de vastes paysages, et je ne pouvais me lasser de contempler les traits de ce poète, si hardis, si caractérisés, si fermes, bien que leur fauve pâleur laissât voir encore les roses de l'adolescence et qu'ils fussent à peine estompés par le noir duvet d'une barbe naissante.

Il n'est pas étonnant que Baudelaire ait paru bizarre aux niais désœuvrés et aux diseurs de riens ; pour eux, en effet, il devait être tout ce qu'il y a de plus bizarre, car il ne disait rien qui ne fût le contraire d'un lieu commun, et il avait nativement, il tenait de sa mère infiniment distinguée et d'une nature exquise, ces belles façons abolies, cette politesse à la fois raffinée et simple, qui déjà en 1842 pouvait troubler certains bourgeois et leur faire l'effet d'un anachronisme. Il possédait une érudition immense, savait tout ce que les livres enseignent, et n'aurait même pas eu l'idée de faire étalage de sa science ; mais on sentait que sur toute chose il était renseigné et ne parlait jamais à vide. Enfin, comme le raconte Gautier, ayant déjà vu les mers de l'Inde, Ceylan, la presqu'île du Gange, il avait gardé dans ses prunelles vibrantes le ressouvenir de la vive lumière et la claire immensité des horizons.

Comme il est facile de s'en convaincre en lisant les vers de Baudelaire, ce poète en réalité n'aima jamais qu'une seule femme, cette Jeanne qu'il a toujours et si magnifiquement chantée. C'était une fille de couleur, d'une très haute taille, qui portait bien sa brune tête ingénue et superbe, couronnée d'une chevelure violemment crespelée, et dont la démarche de reine, pleine d'une grâce farouche, avait quelque chose à la fois de divin et de bestial. Le hasard fit que l'ayant plusieurs fois rencontrée chez des amies à elle, je la connus avant d'avoir vu jamais le poète qui devait plus tard l'immortaliser, et qui lui-même était tout à fait inconnu. Coiffée, comme je la vois encore, d'un petit bonnet de velours qui lui seyait à ravir, et vêtue d'une robe faite d'une épaisse laine d'un bleu foncé et ornée d'un galon d'or, elle nous parlait longuement de *monsieur Baudelaire*, de ses beaux meubles, de ses collections, de ses *manies;* et de vrai, combien devait paraître maniaque à cette belle ignorante un homme possédé par l'amour absolu de la perfection, qui mettait le même soin à toute chose, et qui s'appliquait à polir ses ongles aussi minutieusement qu'à achever un sonnet!

Ajoutez que parfois ce contemplateur faisait asseoir Jeanne devant lui dans un grand fauteuil; il la regardait avec amour et l'admirait longuement, ou lui disait des vers écrits dans une langue qu'elle ne savait pas. Certes, c'est là peut-être le meilleur moyen de causer avec une femme, dont les paroles détonneraient sans doute dans l'enivrante symphonie que chante sa beauté; mais il est naturel aussi que la femme n'en convienne pas, et s'étonne d'être adorée au même titre qu'une belle chatte. De plus, Baudelaire, extrêmement riche alors, et qui par goût habitait un appartement très petit, avait adopté la coutume de faire emporter ses meubles, lorsqu'il en trouvait chez les marchands d'autres plus beaux, par lesquels il les remplaçait, de telle façon que ses portiers ne manifestaient aucune surprise, lorsqu'ils voyaient l'escalier encombré de commissionnaires occupés à exécuter ce déménagement et cet emménagement perpétuel. Rien de plus naturel assurément, chez un artiste, que cet appétit du beau et de la diversité ; mais on comprendra que ces allées et venues devaient jeter un trouble dans l'esprit de la belle fille noire.

Aussi ne tarissait-elle pas sur ce sujet ; mais elle avait tout à fait négligé de nous rien dire sur la position sociale et sur l'âge de *monsieur Baudelaire;* c'est pourquoi, d'après ses fantasques récits, je me le figurais comme un vieillard d'au moins soixante-dix ans, à coup sûr vêtu d'une douillette de soie puce, blanc, rasé, ironique, prenant du tabac d'Espagne dans une tabatière d'or, et ayant vécu en plein dix-huitième siècle. Or, par un tiède et charmant soir d'été, plein de joie, de parfums, de brises amies, où il faisait bon respirer et se sentir vivre, je me promenais au Luxembourg avec Privat d'Anglemont qui, me montrant à deux pas de nous un jeune homme de vingt ans, beau comme un dieu, me dit d'un ton gai, comme heureux de rencontrer un camarade :

— « Tiens, voilà Baudelaire !

— Quoi ! fis-je, est-ce donc un parent de ce *monsieur Baudelaire* dont la belle Jeanne parle si souvent ?

— Mais, dit Privat en éclatant de rire, c'est lui-même ! »

Et sans filer la scène, comme n'eût pas manqué de le faire un personnage de monsieur Scribe, il nous présenta tout de suite l'un à l'autre. Jamais choc ne fut plus vif, plus absolu, plus spontané. De cet instant, de cette seconde, avant d'avoir échangé une parole, nous étions amis comme nous devions l'être pendant la vie et par delà la mort. Nous ne faisions pas connaissance ; il ne serait même pas exact de dire que *nous nous retrouvions;* nous reprenions une conversation commencée, (où ? dans quelles étoiles ?) conversation sans tirades, sans périodes, vraiment parisienne, où parfois un seul mot, un geste ébauché, un clin d'œil contenait des tas de faits, de pensées, d'aperçus profonds subitement dévoilés. Bien entendu, Baudelaire ne me dit pas du tout qu'il était poète, mais du premier coup je l'avais deviné, à tous les signes de race. La nuit était venue, claire, suave, enchanteresse ; nous étions sortis du Luxembourg, nous marchions sur les boulevards extérieurs et dans les rues, dont le poète des *Fleurs du Mal* a toujours chéri avec curiosité le mouvement et le mystérieux tumulte ; Privat d'Anglemont marchait en silence, un peu éloigné de nous, comprenant qu'il était inutile dans notre entretien, car, prodigieusement intuitif et devinant tout, il vit bien qu'il ne fallait pas troubler le naïf échange de ces deux âmes, avides de se posséder et de se pénétrer l'une l'autre. Pendant cette nuit qui est restée le meilleur souvenir de ma jeunesse, Baudelaire prodigua pour moi seul tous les trésors et les incalculables richesses de son esprit, et fut pareil à cette princesse des contes de fées qui de ses lèvres entr'ouvertes laisse tomber un flot de diamants et de pierres précieuses.

Nous devions continuer à être unis par une fraternelle amitié, et depuis lors que de bonnes et longues soirées nous avons passées avec Pierre Dupont, Émile Deroy, et d'autres encore, dans la chambrette que j'occupais chez mes parents, dans la maison Jean Goujon, rue Monsieur-le-Prince, à causer art, femmes, poésie, peinture, et à entendre chanter des chansons populaires dont nous aimions les sauvages et caressantes mélodies et les vers pleins de subtiles et délicates assonances ! Mais tout ce qui me charma dans les intimes causeries du poète n'était que le développement et les variations infinies des thèmes primitifs dont il m'avait d'abord enivré ; car, je le répète, il m'avait tout de suite ouvert le jardin de ses idées et de ses rêves, plein de grandes fleurs écarlates, de tranquilles eaux dormantes, de per-

7.

spectives inattendues et de frémissantes verdures, comme un vaste paradis.

J'en reviens à cette nuit féerique ; elle avait fui d'un vol agile, tandis que nous parlions, laissant traîner ses voiles d'azur et ses ceintures d'étoiles, et je ne sais quelle heure il était lorsque tous les deux à la fois nous nous sentîmes en même temps déchirés par une faim de cannibales. Privat d'Anglemont, qui connaissait Paris maison par maison, comme s'il l'avait fait, trouva juste à point un cabaret encore ouvert, et précisément le cabaret qu'il fallait, intime, peu connu, ignoré des profanes, où on vendait du vrai vin de raisin et des nourritures succulentes.

Nous nous mîmes à table, et alors ce fut à son tour de parler, de nous charmer par ses saillies inattendues et par des historiettes en trois mots pleines de romans ; il sentait qu'à force de s'être grisées d'extase et d'avoir escaladé les cimes, les âmes de ses deux amis se briseraient, s'il ne les remettait rapidement dans le courant de la causerie amusante et frivole, et c'est ce qu'il fit avec un tact merveilleux. Alors je goûtai le plaisir d'entendre causer deux hommes parfaitement spirituels, et comme le Palémon de l'églogue, d'écouter deux flûtes d'une égale justesse chanter alternativement et se répondre, avec des notes jumelles, des gammes nettement envolées, et des trilles d'oiseau découpant leur folle broderie d'or. Dans les sujets les plus familiers, Baudelaire était le même homme supérieur que dans les conceptions grandioses ; en mangeant les andouilles fumées du cabaretier, et sa dinde froide assaisonnée d'une rémoulade qui eût fait revenir un mort, nous en vînmes à parler cuisine ; le poète se connaissait à cela comme à tout ; il avait appris dans l'Inde, à Bourbon, à l'île Maurice, des recettes extraordinaires, et il les expliquait avec une séduction irrésistible. Dans je ne sais plus quel pays d'Afrique, logé chez une famille à qui ses parents l'avaient adressé, il n'avait pas tardé à être ennuyé par l'esprit banal de ses hôtes, et il s'en était allé vivre seul sur une montagne, avec une toute jeune et grande fille de couleur qui ne savait pas le français, et qui lui cuisait des ragoûts étrangement pimentés dans un grand chaudron de cuivre poli, autour duquel hurlaient et dansaient de petits négrillons nus. Oh! ces ragoûts, comme il les racontait bien, et comme on en aurait volontiers mangé! Mais il n'aurait pas fallu aller demander cela dans les restaurants à la mode, où le garçon vous aurait répondu selon son habitude invariable : « Il y a, monsieur, tout ce que vous voudrez : côtelettes, biftecks!.»

A quelques jours de là, j'allai voir Baudelaire chez lui; son logis, et pour employer l'expression pittoresque de Théophile Gautier, *ce qu'il avait sécrété autour de lui*, était bien l'exacte image de lui-même; je ne me souviens pas d'avoir jamais vu une maison qui ressemblât mieux à son propriétaire. Le poète habitait dans l'île Saint-Louis, sur le quai d'Anjou, ce vieux et célèbre hôtel Pimodan, superbe et triste, dont les peintures décoratives ont été transportées au Louvre. Il y avait dans cette noble demeure des appartements princiers, notamment celui où le peintre Boissard s'enorgueillissait avec raison d'un piano peint tout entier de la main de Watteau! qu'il avait acheté douze cents francs, et qui aujourd'hui ne pourrait être payé que par un Rothschild. Mais Baudelaire, lui, avait choisi un logement exigu, aux murailles très hautes, composé de plusieurs petites pièces sans attribution spéciale, dont les fenêtres laissaient voir la verte et large rivière. Elles étaient toutes tendues uniformément d'un papier glacé aux énormes ramages rouges et noirs, qui s'accordaient bien avec les draperies d'un lourd damas antique. Sur ces fonds d'une élégance voluptueuse et farouche, réchauffés çà et là par de vieilles et fauves dorures, était accrochée, mis sous verre et sans cadres, toute la série des Hamlet lithographiés de Delacroix, et aussi une tête peinte par Delacroix, d'une expression inouïe, intense, extra-terrestre, qui représentait la Douleur.

Fauteuils et divans, les meubles pour s'asseoir, couverts de housses en toile glacée, étaient gigantesques, faits à ce qu'on eût pu croire, pour donner l'idée d'une race de titans, comme ces écuries et ces palais que laissa derrière lui, en quittant l'Inde, Alexandre roi de Macédoine. Mais ce qui me frappa surtout, ce fut la table, également immense, qui servait à la fois pour manger et pour écrire. Taillée dans le noyer massif, c'était un de ces meubles de génie, comme en trouva le dix-huitième siècle, mais que les menuisiers modernes sont impuissants à imiter et à reproduire. En effet, l'ovale en était sans cesse transformé par des inflexions, en apparence capricieuses et quelconques, mais qui, au contraire, étaient le résultat de profonds calculs. Non seulement cette ligne sans cesse ondoyante charmait par son gracieux caprice; mais elle était imaginée de telle façon que n'importe comment on s'assît devant la table, le corps se trouvait soutenu, emboîté mollement et sans raideur. Certes, je ne crois pas qu'à cette table là tout le monde aurait trouvé *Les Fleurs-du-Mal;* mais il eût été bien difficile d'y écrire des choses communes et vulgaires.

En parcourant l'original et amusant logement de Baudelaire, je fus un peu étonné de n'y voir ni rayons, ni armoires vitrées, ni rien qui ressemblât à une bibliothèque, si bien que je ne pus m'empêcher de le lui dire.

— « Est-ce que vous n'avez pas de livres? lui demandai-je.

— Si fait, me dit-il, j'en ai quelques-uns. » Et il ouvrit, à côté de moi, un profond et vulgaire placard, où étaient non pas droits, alignés et mis en rang comme des soldats, mais posés à plat sur les rayons, une trentaine de volumes. C'étaient de vieux poètes français, et des poètes latins, surtout ceux de la décadence, la plupart dans des éditions anciennes et précieuses, et magnifiquement ornés de reliures pleines exécutées par de grands artistes, mais dont les dos étaient cousus sur nerfs et pouvaient s'ouvrir! Par une association d'idées on ne peut plus simple et naturelle, dans le même placard étaient enfermées quelques bouteilles des grands vins du Rhin, et des verres couleur d'émeraude. Quant aux lexiques, aux dictionnaires et aux encyclopédies, aux fatras de toute sorte dont la légende s'est plu à entourer Baudelaire, je dois dire qu'on en eût en vain cherché la moindre trace. Comme Théophile Gautier, qui toujours voulut le traiter comme son égal et comme son ami, et que le poète des *Fleurs du Mal* s'obstina respectueusement à honorer comme son maître, Baudelaire possédait en effet tous les lexiques, mais dans sa tête, dans son vaste cerveau, et il n'en encombrait pas son appartement. Cependant lorsqu'il traduisait Edgar Poe, on put le voir en effet se servant d'atlas, de cartes, d'instruments de mathématiques nettoyés avec soin, car toujours par l'amour de la perfection, (qui fut son unique règle!) il vérifiait les calculs nautiques de Gordon Pym, et voulait s'assurer personnellement de leur exactitude. Mais une fois que ces outils de travail eurent accompli leur tâche, le poète les fit disparaître, et retrouva l'élégante simplicité de sa vie d'artiste.

Donc chez lui, à l'hôtel Pimodan, quand j'y allai

pour la première fois, il n'y avait pas de lexiques, ni de cabinet de travail, ni de *table avec ce qu'il faut pour écrire*, pas plus qu'il n'y avait de buffets et de salle à manger, ni rien qui rappelât le décor à compartiment des appartements bourgeois; car dans les murailles du vieil hôtel, profondes comme celles d'un château féodal, il avait été facile de percer des placards assez profonds pour y cacher les verreries et les vaisselles. Pourtant celles dont se servait Baudelaire étaient curieuses et fort belles à voir; mais il eût trouvé inique de leur abandonner une de ses chambres, qu'il désirait garder toutes pour lui seul. Il m'invita à déjeuner; et tout de suite, comme par enchantement, le couvert se trouva dressé et une chère succulente fut servie par les soins d'un valet silencieux.

Baudelaire était partout et en toute occasion un incomparable charmeur, sachant amuser les femmes, les toucher par son respect, en même temps qu'il tenait leur esprit en éveil par des idées des plus étrangement féminines, et sachant aussi ravir les hommes par ses hardiesses de pensée, dues au mépris de toute convention et à une absolue sincérité. Mais chez lui surtout, il avait cette grâce particulière que les princes ont souvent possédée jadis, et dont le secret est un peu perdu.

Dire qu'il savait vous mettre à votre aise, rendrait bien imparfaitement ma pensée; son geste, son regard, sa manière d'être exprimaient clairement que, pareil à un seigneur prodigue, il vous donnait sa maison, et qu'il eût souri de contentement s'il vous avait plu de prendre les joyaux et les objets précieux et de les jeter par la fenêtre. Pendant la nuit que nous avions passée à nous promener, Baudelaire m'avait enivré de sa causerie plus variée et diverse qu'une belle étoffe d'Asie déroulée sans fin; mais à ce repas, c'est moi qu'il voulut entendre causer, et il trouva le moyen de me faire dire ce qu'il fallait pour sembler très supérieur à ce que je suis en effet. Car ce magicien savait vous prêter sa force, exciter toutes vos facultés de façon à leur communiquer un affinement exquis et subtil.

On a dit que les femmes, les rois et les voleurs ont le privilège d'être partout chez eux; par un don plus admirable encore, le poète possédait cette merveilleuse qualité d'être partout à sa place, et de ne paraître nulle part étonné ou dépaysé; il pouvait quitter soudainement le salon d'un grand seigneur pour la table d'un cabaret, et ici et là se trouver également à son aise, toujours protégé par l'armure de son irréprochable politesse. Il fréquenta en effet les cabarets, et surtout ceux où flânent les cochers et les palefreniers, lorsqu'il traduisait son cher Edgar Poe. Car il savait l'anglais à fond, et c'était pour moi une volupté délicate de lui entendre par exemple réciter *Le Corbeau* de sa voix ferme, pure et musicale; mais il trouva alors qu'il ne savait pas assez l'anglais du peuple, et il l'étudia chez ces hôtes de la rue de Rivoli, aux petites tables où on boit du sherry ou de l'ale, et où il trouva moyen d'apprivoiser les jockeys, de même que les autres hommes. Il savait faire obéir la vie et les êtres, comme les dompteurs à l'œil bleu savent faire obéir les lions; mais il avait assez voyagé et payé pour cela, ayant vu les mers, les continents et les étoiles, et de très bonne heure ayant acquis un profond et absolu mépris de l'argent.

Je l'ai connu très riche, et relativement pauvre, et je l'ai toujours vu, dans l'une et l'autre situation, aussi détaché des choses matérielles, et supérieur au caprice des circonstances. Pauvre au pied de la lettre, il ne le fut jamais, puisqu'en mourant il laissa encore cinquante mille francs nets et liquides, mais il est très vrai qu'à l'âge de vingt-cinq ans il avait dépensé trois fortunes, prodigalité infiniment sage pour un artiste qui veut peindre la vie d'après ses réelles impressions, et non par ouï-dire! Il y avait gagné cela de savoir l'exacte valeur de tout ce qui se vend et s'achète, de n'envier jamais rien, d'aimer d'autant plus les choses supérieures et idéales, et de garder au milieu des traverses les plus inattendues l'ineffable sérénité de celui qui a possédé tout.

Sa toilette comme ses mœurs furent toujours d'un parfait dandy. Mais le grand lyrique ému qui devait écrire *Le Vin des Chiffonniers* et *Le Vin de l'Assassin*, comme *Le Cygne*, *L'Aube spirituelle* et *L'Invitation au Voyage*, s'était cru le droit de se mêler à toutes les vies parisiennes, et il avait pu le faire sans risquer de souiller jamais son esprit invinciblement épris du beau, ni sa pensée essentiellement chaste.

D'ailleurs, à ce moment où Baudelaire brillait dans l'éclat de sa fière et insoucieuse jeunesse, les mœurs des artistes, encore très particulières, étaient fort différentes de ce qu'elles sont aujourd'hui. Dans l'île Saint-Louis, dont ils s'étaient emparés sans rien dire, parce qu'elle n'appartenait à personne, il n'était pas rare de voir les Moine, les Feuchères, tous les Cellini d'une nouvelle Renaissance, aller l'un chez l'autre sans prendre la peine de quitter le costume d'atelier. Sans offenser les yeux d'une foule absente, ils pouvaient flâner en négligé sur le quai Bourbon et sur le quai d'Anjou, si parfaitement déserts que c'était une joie d'y regarder couler l'eau et d'y boire le soleil, et que les amants de Molière, Valère et Marianne ou Éraste et Lucile, auraient pu y jouer leur scène d'amour, comme dans un décor vide.

Or, un jour, précisément, Baudelaire vêtu à son ordinaire comme un seigneur, mais tête nue, coiffé uniquement de sa noire chevelure, et ayant remplacé son habit par une blouse, humait le soleil d'été sur le quai d'Anjou, tout en croquant de délicieuses pommes de terre frites, qu'il prenait une à une dans le cornet où les lui avait vendues la friteuse, lorsque vinrent à passer, en calèche découverte, de très grandes dames, amies de sa mère l'ambassadrice, dont les toilettes riantes ressemblaient à un triomphe de fleurs, et qui s'amusèrent beaucoup de voir ainsi le poète picorer librement sous le ciel. L'une d'elles, une duchesse extrêmement jeune, dont la beauté faisait fanatisme dans le faubourg Saint-Germain, fit arrêter la voiture, et du bout de son doigt impérieux et charmant appela Baudelaire, et lui fit signe de venir lui parler. Puis, lorsqu'il eut obéi :

— « C'est donc bien bon, dit la grande dame, ce que vous mangez là ?

— Goûtez, madame ! » fit le poète, qui contenta ainsi la secrète envie des belles promeneuses, et leur fit les honneurs de son cornet de pommes de terre frites avec une grâce suprême, comme il les aurait obéies et servies à la cour d'un prince. Et, tandis que ces Èves savouraient leur régal inattendu, il les amusait si bien par sa conversation qu'elles seraient restées là jusqu'à la fin du monde ; mais lui, très sage, sut s'en aller à temps, exécutant ainsi en plein quai d'Anjou une sortie dont la difficulté aurait embarrassé peut-être le grand comédien Menjaud, et même son frère l'évêque.

Les dames avaient conservé de leur dînette en plein vent le plus affriolant souvenir ; aussi, quelques jours plus tard, la jeune duchesse rencontrant Baudelaire dans le salon d'une vieille parente à elle, lui demanda s'ils n'auraient pas l'occasion de manger encore des pommes de terre frites.

— « Non, madame, répondit finement le poète, car elles sont en effet très bonnes, mais seulement la première fois qu'on en mange. »

Baudelaire, qui fut sincère dans la pensée autant que dans l'expression, exécrait jusqu'au dégoût la romance, les cascatelles, le vague à l'âme, les amours sentimentales et toute la friperie poétique. Très dédaigneux de ces billevesées, il ne croyait qu'au travail patient, à la vérité dite en bon français, et à la magie du mot juste. Sa conversation était nette, précise et parfaitement simple, en dépit des récits qui lui prêtent une préciosité raffinée et des affectations voulues ; ce qui est vrai, c'est qu'il avait horreur de la platitude aussi bien que de l'emphase inutile, et qu'il regardait la langue française comme une chère maîtresse, qu'il faut caresser avec des mains robustes et des lèvres hardies.

Parfois les innocents Jocrisses (dont la race est impérissable!) ont pris au pied de la lettre les saillies un peu excessives au moyen desquelles le poète se débarrassait d'un importun ; mais en ces vives boutades, il ne parlait pas au sérieux, non plus que le doux et sage Théophile Gautier, lorsqu'il menaçait un visiteur obstiné et vissé à son fauteuil, de lui *dévider les entrailles jusqu'au fond du jardin*. Et encore les aphorismes ironiques dont il régalait ces diseurs de riens auraient-ils pu leur servir souvent de leçon à méditer et de règle de conduite. Un très joli pantin de salon, qui était venu visiter le poète et le voir à l'œuvre, comme les Anglais visitent les monuments, allait, venait, tournait sur lui-même avec tous les signes d'une curiosité déçue, et finalement disait au rimeur avec une commisération plaintive : « Mais enfin, vivant dans une retraite si austère, comment parvenez-vous à ne jamais vous ennuyer? — Monsieur, dit Baudelaire, qui s'était mis à jouer au bilboquet avec l'adresse d'un jongleur indien, c'est en m'appliquant parfaitement à tout ce que je fais. »

Un autre gobe-mouche, poète amateur, un de ceux

qui tutoient l'ouragan et baignent leur front dans les étoiles, voulait absolument que le jeune maître lui expliquât ce que c'est que l'Inspiration. — « L'Inspiration, dit sèchement le poète, c'est de travailler tous les jours! » Par son amour de la clarté, de la netteté, de la phrase bien attachée et logique, Baudelaire appartenait à la bonne et vieille tradition française, ce qui ne l'empêchait pas d'être aussi un romantique, car, ainsi qu'il l'a excellémment défini lui-même, *le Romantisme, c'est l'expression la plus récente de la Beauté*. Ce n'était pas sa faute si parfois ses interlocuteurs, pris d'une curiosité malsaine, s'amusaient à enfoncer trop d'épingles dans sa chair saignante. Le poète, qui n'avait jamais rien sollicité ou accepté pour lui-même, était allé une fois au ministère, où, très bien accueilli, comme c'était son droit, il obtint sans difficulté un secours d'argent pour un de nos confrères malheureux. Comme il voulait se retirer, le haut fonctionnaire à qui il s'était adressé le retenait toujours, voulant évidemment lui demander quelque chose et n'osant pas, si bien qu'enfin Baudelaire eut pitié de lui, et l'encouragea à parler.

— « Eh bien! dit alors l'homme de bureau, je voudrais savoir pourquoi avec votre magnifique talent, avec ce don que vous avez de créer l'harmonie et de susciter la plus puissante illusion, vous choisissez des sujets si...

— Si quoi? demanda froidement Baudelaire.

— Mais, reprit le fonctionnaire, si atroces! » Et se reprenant aussitôt: « Je veux dire: si... peu aimables.

— Monsieur, dit le poète d'une voix aiguisée et coupante comme le tranchant d'un glaive, C'EST POUR ÉTONNER LES SOTS! »

Si Baudelaire a étonné les sots, il a étonné bien

plus encore les gens d'esprit, en laissant le livre immortel où la douleur et l'amour, comme de pénétrantes essences, exhalant leurs enivrants parfums; et ces vers dont les notes attendries et désolées font vibrer tout l'être humain dans une commotion de volupté et d'épouvante. Son œuvre, comme la vie elle-même, est souillée par des taches de sang; mais leur effrayante pourpre est jetée sur une riche étoffe chatoyante, dont les capricieuses broderies, étincelantes de mille feux caressants, font songer au flamboiement et au resplendissement des astres célestes.

VIII

ÉMILE DEROY

Un jour de mars 1845, en passant dans une vieille et étroite rue du Quartier Latin, qui depuis longtemps n'existe plus, je fus frappé d'admiration par un spectacle dont mes yeux ont longtemps gardé le divin enchantement. Une enfant, une fillette aux grands yeux, aux traits raffinés, charmants et délicats, rose, avec une chair nacrée et des lèvres rouges comme une grenade, couronnée d'une longue chevelure fauve, emmêlée et crespelée tombant sur ses épaules, chantait en jouant de la guitare, dans un beau rayon de soleil. Je la contemplai longtemps, comme une apparition d'une étonnante suavité, et le soir même de ce jour-là, je fixai de mon mieux cette impression dans une ode intitulée : *A une petite Chanteuse des rues*. Ce petit poème, très souvent mis en musique, a eu l'avantage d'inspirer de très attrayantes mélodies, et sur la fin de sa vie, le comédien Mélingue, si artiste, la traduisit dans une aquarelle gracieuse et d'une très jolie couleur, qu'il vint m'offrir de la plus aimable façon, et que je garde comme un précieux souvenir.

Quelques mois après le jour où j'avais rencontré la petite Chanteuse, je vis tout à coup, à la porte d'un marchand de tableaux dont la boutique était située en face des Bains Chinois, une peinture qui la représentait parfaitement. Oui, c'était bien elle, telle que je l'avais vue dans la petite rue ensoleillée ; mais c'était elle éclatante de joie ingénue, parée d'une jeunesse immortelle, transfigurée par le génie d'un grand artiste. La toile n'était pas signée ; il était impossible de la regarder sans songer à Delacroix et à Lawrence ; mais surtout elle donnait l'idée impérieuse d'un artiste nouveau, coloriste comme ces maîtres, mais ayant un autre idéal que le leur et déjà en possession d'une manière très personnelle. C'était un bouquet de couleurs, mille fois plus séduisant qu'un bouquet de fleurs épanouies et riantes, une symphonie de clarté et de lumière qui vous enivrait de ses chastes et glorieuses harmonies. Tout de suite je fus conquis, dompté, possédé par cette radieuse image, qui dès l'instant où je la connus fit partie de ma vie. Certes je n'avais pas songé à aimer la petite Chanteuse qui, ainsi que je l'ai dit, était une enfant, et que d'ailleurs je ne devais jamais revoir ; mais je fus sérieusement épris de la tête ravissante que l'artiste avait créée d'après elle. En ce temps-là j'étais fort pauvre, et la pensée d'acquérir une peinture à prix d'or n'aurait pas pu me venir davantage que celle d'acheter la lune. Je ne songeai donc nullement à cette combinaison impraticable ; mais tous les jours, sans exception, j'allais passer de longues heures devant la boutique du marchand, occupé à admirer mon idole, et comme j'étais déjà plein de sagesse et d'expérience, je pensai que les Dieux, comme c'était leur devoir, imagineraient un moyen de satisfaire mon désir, et l'événement me donna raison, ainsi qu'il arrive toujours lorsqu'on a fait un raisonnement juste.

Non, il n'y eut jamais rien de plus romanesque et, par conséquent, de plus naturel ! Un matin, comme je me livrais à ma contemplation habituelle, je fus soudainement interpellé par un jeune homme très brun, au col héroïque, à la légère barbe noire, qui aurait ressemblé au jeune Hercule, si on avait pu se figurer ce dieu vêtu d'une assez vilaine redingote en castorine.

— « Monsieur, me dit-il, vous aimez donc beaucoup cette peinture?

— Oh! monsieur, répondis-je, à un point qui vous étonnerait. Je l'aime plus que tout! »

L'étranger ne répliqua absolument rien, et entra dans la boutique. Puis, quelques secondes après, il en sortit, tenant dans sa main le portrait de la petite Chanteuse, me le mit sous le bras, et s'éloigna d'un pas si rapide que je n'eus même pas le temps de placer un monosyllabe. Je l'ai dit souvent, il n'est pas dans ma nature d'être étonné par les choses étonnantes, car j'ai toujours vu que les événements qualifiés d'ordinaires sont une pure illusion de notre esprit et n'arrivent jamais.

Fier comme un roi, j'emportai chez moi ma petite amie, je l'accrochai au-dessus de la table sur laquelle j'écrivais, et dès lors nous fîmes le meilleur ménage du monde. Quand le vers venait bien, elle était contente, ses cheveux flambaient et son joli visage s'illuminait des plus belles clartés roses; s'il manquait de joie et de sonorité, la petite Chanteuse faisait la moue, et docilement je chiffonnais et jetais dans le feu le poème commencé. Ainsi je jouissais de mon bonheur avec une sérénité sans mélange, lorsqu'une après-midi, traversant le jardin du Luxembourg, j'aperçus à quelques pas de moi, sous les arbres, mon inconnu du boulevard des Italiens, qui se livrait à un amusement en apparence bizarre. Il levait en l'air et secouait, tantôt avec lenteur, tantôt d'un mouvement rapide, un tas de bouts d'étoffes de couleurs vives ou tendres, enfilés par une ficelle, puis à certains moments s'arrêtait et semblait alors savourer un ineffable plaisir. Je sus plus tard que je ne m'étais pas trompé en supposant qu'il cherchait ainsi des harmonies imprévues, contraignant le hasard à imaginer des chefs-d'œuvre, et de la sorte s'amusant beaucoup mieux qu'un Rothschild, et à meilleur marché. Il aurait fallu être plus féroce que Thyeste pour troubler un homme occupé de tels soins; et je n'aurais jamais voulu ni osé aborder mon bienfaiteur, si une circonstance absolument nouvelle ne fût venue changer du tout au tout la face des choses.

Bientôt il s'arrêta, cacha dans son sein les bouts d'étoffes et, avec un geste auquel je ne pouvais me tromper, moi éternel fumeur de cigarettes, mit ses mains dans les poches de sa redingote. Puis il en tira, et tourmenta dans ses doigts agiles des éléments par trop insuffisants. Il avait beau faire, avec cette unique feuille de papier usée, chiffonnée et crevée, et avec cette imperceptible pincée de tabac en poussière, il était tout à fait impossible de fabriquer une cigarette ayant, ou même n'ayant pas le sens commun, et le visage du fumeur pris au dépourvu exprima une vive déception. Car alors, pour que cet amant des couleurs ravi par le chant des bouts d'étoffes n'eût plus rien à désirer, il ne lui fallait que du tabac et du papier de fil; mais évidemment, il n'en avait pas.

— « J'en ai, moi! » dis-je, en m'approchant, et, comme on le voit, en me servant exactement des mêmes paroles que La Tisbe adresse à Angelo Malipieri, lorsque ce podestat se plaint de n'avoir pas chez lui un poison rapide. Et pour employer, ou à peu près, la phraséologie de monsieur Scribe, je lui tendis tout ce qu'il faut pour... fumer, y compris la petite boîte d'allumettes. En même temps je voulus lui exprimer ma reconnaissance pour le magnifique présent qu'il m'avait fait avec la générosité d'un roi d'Asie, mais il m'arrêta au premier mot, jugeant ces paroles inutiles. Telle fut ma seconde rencontre avec Émile Deroy, dont j'appris alors le nom, et auquel m'unit dès ce moment-là une tendre amitié. En nous promenant longuement, nous nous racontâmes nos rêves, qui étaient les mêmes. Ce peintre extasié comprenait la Couleur comme moi-même je comprenais la Rime, c'est-à-dire non pas uniformément éblouissante et riche, (selon l'idée que nous attribuent les sots,) mais variée, diverse, amoureusement unie à la pensée, se transfigurant du tout au tout selon la nature du sujet traité, et ne voulant se ressembler à elle-même que par la fidèle et constante recherche de la justesse harmonique.

Comme Delacroix, que sans le connaître il avait choisi pour un de ses maîtres, (il était aussi très préoccupé des Anglais,) il voulait qu'un tableau, vu de trop loin pour qu'on pût se rendre compte du sujet représenté, sût déjà, par des qualités toutes *musicales*, mettre l'âme du spectateur dans l'état où le désire le peintre. Mais quoiqu'il admirât de toutes ses forces le sublime coloriste de *La Barque du Dante*, Émile Deroy voulait chercher sa symphonie, non, comme lui, dans l'orage du drame, mais dans la mélancolique tranquillité de la vie heureuse. Il savait voir l'infinie tristesse de Watteau dans *L'Embarquement pour Cythère*, et il songeait surtout à faire des portraits où, comme chez les Myrtils et les Silvandres du peintre des *Fêtes Galantes*, les amertumes de la vie se devineraient sous le calme élégant dont ne doivent pas se départir les modernes acteurs de la Tragédie Humaine.

Au cours de la conversation, j'avais appris qu'Émile Deroy était lié avec Baudelaire (un bonheur n'arrive jamais seul!) et, dès que je fus libre, je m'empressai d'aller trouver le poète pour causer avec lui de notre ami commun. Baudelaire, dont l'œil perçant lisait dans les âmes et dont le diagnostic était infaillible, voyait franchement en Deroy un homme de génie, et l'événement lui donna raison, bien que ce peintre exquis dût mourir à vingt-trois ans, brisé, quoique si fort et si intrépide, par une lutte impossible. Jugez-en! il n'avait pas un sou, il cherchait tout ce que les artistes nouveaux ont cherché trente ans après lui, et aussi bien pour les marchands que pour son excellent père, lithographe, artiste de mérite, appartenant déjà au passé évanoui, sa peinture était alors lettre close. Lorsqu'il succomba en pleine jeunesse, la mort s'approcha de lui non pas désolée et sinistre, mais escortée d'une immense joie et d'un ineffable ravissement.

Ce que sur la terre il avait en vain cherché avec une furie d'amour extasié, il le possédait, il en savourait l'ivresse, il voyait enfin distinctement ces harmonies tant désirées que ne trouble aucune dissonance, et par avance déjà il contemplait en face les spectacles délicieux dont notre âme est avide. Il quittait la vie sans arrachement, sans regret, mais au contraire avec une volupté débordante de désir assouvi, comprenant clairement qu'il entrait dans l'évidence radieuse et dans la certitude. Il n'avait fait ici-bas qu'un rapide et cruel séjour, et il s'en allait ravi, non pourtant sans laisser parmi nous des traces de son passage. Au milieu d'un flot d'esquisses, de projets, de paysages, il avait peint quelques toiles qui sont réellement d'un maître, et dont l'absolue beauté empêchera son nom de périr. Ce furent surtout le portrait de Pierre Dupont, trouvé dans une gamme heureuse et claire, et le portrait tourmenté et tragique de Baudelaire à vingt ans, en habit noir et cravate blanche, avec ses grands yeux sombres, sa fine barbe légère, sa longue chevelure noire de Paganini, sa main crispée et frémissante, et où le fond lui-même, d'un gris strié et mâchuré de noir, semble irrité et sarcastique comme le poète des *Fleurs du Mal.* En ces effigies, qui souffrent et vivent comme nous, la Peinture est une PERSONNE, qui ne se désintéresse pas de nos maux et de nos désirs, et qui au contraire s'y associe de toute son âme. Mais (cela est la question !) aurait-on pu pratiquer pour de l'argent un pareil art sincère et mortel, qui pour en faire sa propre substance exige le sang et la chair de l'artiste ?

Surtout Émile Deroy peignit encore un autre portrait dont je ne puis parler qu'au milieu de mes plus chères larmes. Celui-là, qui représente un vieillard doux, résigné, aux beaux traits virils, au fin sourire ami, est celui de mon père. L'artiste et moi, je rougis de le dire, nous étions comme un peu brouillés, sous je ne sais quel prétexte futile, lorsqu'un soir, au concert de la Chartreuse, il vint à moi résolûment.

— « Tantôt, me dit-il, je vous ai vu dans le Luxembourg avec votre père, qui semble bien fatigué et souffrant. Je crois que je ferais un beau portrait de lui, et si vous le voulez, je vous offre de le faire. »

Il fut peint en effet, ce portrait, inestimable chef-d'œuvre où mon père est vivant et qui est ce que je possède de plus précieux au monde. Mais, hélas ! il n'était pas même achevé, le visage seul était complètement fait, et les vêtements étaient ébauchés à peine, lorsqu'en peu de semaines, le peintre et le modèle furent tous les deux emportés, à peu de distance l'un de l'autre. J'allai chez les parents d'Émile Deroy, et je leur demandai tout de suite le portrait de mon père, qu'ils s'empressèrent de mettre à ma disposition ; mais ils désirèrent que je leur rendisse la tête de la petite Chanteuse des rues. Je n'avais aucune objection à faire, et c'est ainsi que je fus séparé de l'adorable petite amie, n'ayant même pas le droit de la regretter. Quant à Émile Deroy, j'ai toujours vécu avec son souvenir.

Il a senti ses lèvres touchées par le charbon de feu du génie, et il n'a pas bu le vin amer de la gloire avec sa lie et ses dégoûts ; sa part n'a-t-elle pas été la meilleure? Car travailler, lutter, souffrir, espérer, ce n'est rien ; mais qui dira jamais les rancœurs et les abominables angoisses du triomphe?

IX

LE JARDIN DU LUXEMBOURG

Si vous voulez admirer un des plus beaux spectacles du printemps, allez voir au Luxembourg les arbres fruitiers tout fleuris, dont le savant et féroce arboriculteur a tordu, étendu, étagé les rameaux, pour les obliger à former des rotondes, des palais, des corbeilles, des éventails, des urnes, dont les lignes sont dessinées par les fleurs blanches ou roses, éclatant impérieusement, comme des points de lumière. Certes, c'est la nature, non plus spontanée et libre, mais violée, torturée, terrifiée; et, cependant, ces classiques folies sont charmantes; car n'est-ce rien que d'avoir pu construire avec des fleurs frissonnantes et vivantes des vases du style le plus pur, de les avoir pliées à la symétrie, et de les avoir assujetties à un rhythme régulier et musical, comme des strophes d'ode? Ah! ne médisons pas de cette gracieuse tyrannie; car la grandeur la plus évidente de l'homme, c'est le don qu'il a reçu d'imposer à toutes les choses le caractère de son génie et de sa pensée. Il dompte la sève, la force productrice, l'éclosion des plantes, comme une belle nymphe vigoureuse et échevelée que le faune saisissait dans les bois profonds, et à qui il fermait la bouche avec un baiser, sans s'inquiéter du gémissement du vent dans les branches et du murmure douloureusement indigné des fontaines.

Ces arbres fruitiers énormes, qui étendent désespérément leurs bras comme Laocoon et ses fils embrassés par les serpents, fleurissent maintenant au milieu des vastes pelouses du nouveau jardin anglais ; ils ornaient autrefois ces admirables pépinières du Luxembourg, qu'il a fallu détruire pour ouvrir des rues entre la rue d'Assas et le boulevard Saint-Michel, et permettre ainsi aux habitants d'un même quartier de ne plus être, dès sept heures du soir, séparés les uns des autres par un abîme fermé, infranchissable et plein de nuit. C'était une nécessité évidente ; mais quel sauvage, étrange et délicieux paradis on a détruit là !

Ces pépinières, c'était un pêle-mêle de tout, arbres, fleurs, labyrinthes, collines et descentes, allées d'épais lilas formant berceaux, et dans ces chemins verdoyants et fleuris où passaient dans les brises de douces haleines de parfums, se pressait une foule de fillettes, de jeunes gens rêveurs, de couples amoureux, de vieux savants qu'on eût pris (non sans raison) pour des pauvres, n'eût été la rosette rouge qui brillait à la boutonnière de leur humble vêtement. Avec les pavillons ornés de vieilles sculptures, les statues mythologiques, les urnes brisées et noircies par le temps et les farouches ombrages au feuillage noir, cela tenait du coin de forêt et du jardin de province, et là, dans l'éternelle fête de la jeunesse, dans le tumulte harmonieux des couleurs, on était à mille lieues des préoccupations et des niaiseries affairées de la ville.

A l'étudiant comme au poète, il n'en coûtait pas un sou pour aller dans la plus luxuriante des campagnes : l'un y venait avec son livre, non pas relié par Thouvenin ou par Capé, ni par tout autre relieur ;

l'autre avec sa maîtresse, coiffée, comme Lucinda, d'un bonnet de six sous, et vêtue d'une robe de rien du tout, qui aurait pu passer par le trou d'une aiguille. Les écoliers savaient et voulaient être pauvres, et se trouvaient très beaux en béret écarlate ou blanc, pour chanter leur églogue; abnégation difficile à comprendre, aujourd'hui que tout le monde est riche! Ils vivaient dans leur jardin, sans avoir plus envie de connaître le boulevard des Italiens que d'aller chez les Turcs, et ils croyaient au chapeau de soie en forme de tuyau de poêle, comme on croit aux miracles, sans en avoir vu, et uniquement par respect pour ce qu'ils regardaient comme une légende fabuleuse.

Dans ces pépinières pleines d'ailes, d'oiseaux chanteurs, de vols de colombes blanchissant le ciel, il y avait une des plus grandes curiosités de la France et du monde : c'était une collection absolument complète de toutes les vignes de l'univers, à laquelle pas une ne manquait, et montrant réunis tous les ceps, tous les raisins qui produisent les vins que l'homme a bus; ceux de la Bourgogne, ceux de la Gironde, ceux de la folle Champagne, ceux de l'Orient, de la Perse, de l'Asie, des bords du Rhin, de la Grèce natale; c'était comme si l'on eût vu réunies toutes les Évantes et les Thyades qui suivirent à la conquête de l'Inde le dieu Bakkhos coiffé de sa mitre écarlate, en choquant éperdument leurs cymbales d'or!

Il y avait aussi un rosier célèbre, si vieux que les vieillards caducs en avaient entendu parler à leurs grands-pères. Le tronc noueux, rugueux, tourmenté, énorme, était bossu et farouche comme celui d'un grenadier, et les longues, les vastes, les innombrables branches, trop chargées de fleurs, précipitaient une avalanche de roses vermeilles et rougissantes jusque sur le sol, où elles rampaient, foisonnaient, se multipliaient encore, et cachaient fastueusement la terre noire sous un riche et flamboyant tapis de roses. Cet arbre illustre, quand il fallut l'arracher pour la transformation du jardin, fut pleuré comme un aïeul. Cependant, il ne mourut pas tout de suite ; transplanté dans les nouvelles pelouses, il s'étiola, diminua, chaque jour perdit de sa vie et de ses forces, et à la fin ne fut plus qu'une effrayante ruine de bois mort, dont le front semblait calciné et noir, comme s'il avait été brûlé par le tonnerre.

Dans ces jardins où tout enfant j'épelais les vers de mes maîtres, où vieillard je les relis encore avec une religion fidèle, j'ai vu tous les poètes, tous les amis de ma jeunesse, Baudelaire alors beau comme un dieu, avec ses sombres yeux et sa noire chevelure, Pierre Dupont blond, rose, fort comme un athlète, improvisant ses premières chansons, et qui alors mangeait à son dîner deux gigots de mouton, et assortissait les autres exploits à cet appétit de jeune Hercule. Vers sept heures du matin, un géant ivre de joie et coiffé d'une vivante flamme, qui déjà avait deux ou trois fois enjambé tout Paris, apparaissait sous les lilas bleus et rouges et sous les ébéniers en fleur, cherchant, en qualité de romancier et de caricaturiste, quelque proie à dévorer : c'était Nadar !

Murger écrivait au jour le jour pour *Le Corsaire* ses *Scènes de la vie de Bohême,* et on les lui payait (ô candeur de ces âges envolés !) à raison de six centimes la ligne, de telle façon qu'un feuilleton de trois cents lignes représentait en son ensemble la somme intégrale de dix-huit francs. Dans ces conditions, qu'on peut nommer étroites sans se donner la peine de chercher un autre qualificatif, le jeune romancier, ne pouvant ni payer le chemin de fer pour aller voir des paysages, ni commander un habit noir pour aller dans le monde et étudier les mœurs, avait pris le parti de raconter naïvement sa propre vie, à laquelle l'intensité de ses sensations et sa prodigieuse faculté d'imager prêtaient d'ailleurs toute l'étrangeté voulue, sans compter que toute vie est étrange, quand on sait la voir et la peindre. Un jour il passait dans l'allée de l'Observatoire avec sa chère Mimi, pâle, étiolée, souffrante comme une vraie Parisienne, et roulant comme de pâles étoiles dans le triste ciel de ses yeux bleus, lorsqu'ils vinrent à croiser un promeneur pensif; c'était Victor Hugo, qui adressa à Mimi un beau salut. Le souvenir de cette minute, que la pauvre fille regarda comme la gloire de sa vie, fournit à Murger un de ses plus charmants feuilletons, car la nécessité de faire de la copie inspire quelquefois des chefs-d'œuvre, mais surtout à ceux qui étaient nés pour en faire.

Un autre homme qui toute sa vie, en allant à l'atelier ou en revenant, arpenta fiévreusement les allées du Luxembourg, c'est le statuaire Préault, fidèle jusqu'à la fin aux jardins de fleurs, aux noirs ombrages et aux arceaux de verdure que tout jeune il avait aimés. Et même, à présent qu'il s'est endormi, las d'une lutte si longue et sans trêve, on croit encore voir sous la feuillée sa face vivante, convulsée, bizarre, ses yeux irrités enthousiastes, ironiques, ses grosses lèvres rabelaisiennes, sa chevelure rare et envolée pourtant, sa barbe courte et toute sa physionomie faunesque, où il y avait quelque chose de bestial et de divin. Comme presque tous les hommes de 1830, Préault n'avait pas eu beaucoup le temps d'apprendre son métier; mais il avait le génie et l'appétit du génie et un esprit d'enfer, et lorsqu'il se trouvait arrêté par une difficulté, capitale pour lui, il se tirait d'affaire en étant sublime! Comme il adorait tout ce jardin où toujours il avait causé avec des mots de flamme et d'étincelles, en 1848, ses amis, arrivés au pouvoir, le nommèrent *conservateur des statues du Luxembourg!*

Et, de fait, il les conservait très bien! Car pour conserver des statues, autant que faire se peut, il suffit de ne pas les casser avec un maillet de fer. L'auteur de la *Tuerie* et des *Parias* qui, le matin, venait leur faire sa visite à l'heure où les oiseaux s'éveillent et chantent, aurait bien cassé, à ce que je crois, ces tristes blocs inertes qui veulent représenter des reines de France en costume d'apparat, s'il n'en eût été empêché par le sentiment des convenances. Mais, ne pouvant prendre ce parti sommaire, il voulut du moins montrer aux statuaires qui les avaient faites ce qu'est une figure décorative, et il modela sa Clémence Isaure, maigre, émaciée, ondoyante, plus tordue que le tronc de laurier sur lequel elle s'appuie, coiffée de cheveux désolés et parée d'une ceinture découragée, mais gracieuse, affectant une autre forme que celle d'un cube, et dessinant sa belle ligne serpentine sur les sombres masses de verdure!

Au Luxembourg, par une convention tacite fidèlement observée, la terrasse de l'est appartient aux familles, au monde régulier; c'est là que viennent s'asseoir les mères et les jeunes filles, que s'ébauchent les chastes romans; et les jeunes insensés, les fillettes en délire (du temps qu'il en existait encore!) faisaient volontiers un grand détour pour ne pas empiéter sur ce domaine réservé aux gens sérieux. Par une juste réciprocité, les graves parents ne voulaient pas voir et ne voyaient pas les essaims fous voletant dans les allées et sur les terrasses; respect et indulgence bien faciles à comprendre, puisque les vieillards assis sur des chaises étaient d'anciens écoliers, comme les écoliers étaient les savants, les docteurs, les pères de famille de l'avenir. A présent que l'élégance anglaise a passé sur le monde moderne un ton uniforme, toute cette tolérance est devenue inutile, car un étudiant en bonne fortune ressemble parfaitement à un magistrat qui se promènerait avec sa cousine, et sa cousine elle-même porte une toilette aussi irréprochable que si elle était une dame patronnesse de quelque œuvre pie. Grâce à l'égalité du luxe, que nous avons tristement conquise, nous voilà revenus au temps du paradis terrestre où il n'y avait qu'un homme et qu'une femme; un veston en vaut un autre, et la première dame venue, honnête ou frivole, n'a pas plutôt dépensé trente billets de mille francs qu'elle est vêtue comme tout le monde, et de façon à ne pas se faire remarquer.

Mais autrefois, quelle fantaisie! Il eût été facile de rencontrer des gens qui n'étaient plus riches, et il y avait même des pauvres! Enfant encore, j'ai connu dans le Luxembourg une tribu de jeunes sauvagesses, n'ayant pas encore atteint l'âge de déraison, qui, au mépris des lois, vivaient sous les ombrages, sans appartenir à aucune catégorie sociale, et qui n'exerçaient aucun métier, honnête ou malhonnête. Comme elles étaient folles et absurdes, mais très paisibles, j'imagine que les gardiens étaient désarmés par la gaieté de leurs rires ingénus, et je vois encore celle qui semblait leur reine, avec ses cheveux dans ses yeux et sa robe dont le haut était en mérinos bleu turquoise et le bas en velours noir. Comment se procuraient-elles les pittoresques haillons qui les couvraient, et comment se nourrissaient-elles? Je crois qu'elles cherchaient leur pâture à la façon des petits oiseaux; pour ma part, j'ai quelquefois avec cinq ou six sous régalé toute la bande; car ces fillettes, qui ne songeaient pas à mal, m'honoraient de leur confiance, ayant reconnu en moi un être inutile et purement lyrique. Et, pour moi, j'étais touché de voir ces petites créatures qui vivaient parmi les gazons et les fleurs, avec la sereine innocence des bêtes.

Le bal vers lequel le Luxembourg conduisait naturellement ses hôtes turbulents et rieurs, comme le ruisseau conduit ses flots à la rivière, ce bal que Privat d'Anglemont baptisa : *Closerie des Lilas*, et qui reprit le nom de l'ancien *Prado* quand fut démolie la salle située en face du Palais de Justice, se nommait alors la *Chartreuse*. En tant que bal, il était assez semblable aux autres sauteries du même genre ; mais le propriétaire de ce jardin fantasque inventa pour les jours intermédiaires quelque chose de véritablement curieux. Ces jours-là, il ouvrait ses portes, et sans faire la dépense d'aucuns musiciens, livrait à son public l'estrade, les pianos et les instruments de l'orchestre. Récitait et chantait qui voulait ; les étudiants qui se sentaient quelque génie musical et poétique exécutaient librement leurs compositions, dont l'effet était très grand sur une foule à la fois lettrée et instinctive. J'ai entendu là des choses tout à fait amusantes, d'une originalité inattendue et bizarre ; mais la police s'émut, et défendit ce très calme et très honnête divertissement. En effet, que peut faire une Censure si elle ne censure pas ? et nous vivons dans un pays qui a le goût, l'appétit, la passion de la censure aigue et chronique. Ces vers que les écoliers improvisaient pour chanter leurs amourettes n'avaient pas été revêtus d'un visa à l'encre rouge, pesés dans la balance du goût et examinés avec des besicles. C'était là leur crime ; on le leur fit bien voir.

Une des cantatrices de ces concerts à la diable était celle qui devint la fameuse Rigolboche. Les chansons qu'elle disait avec infiniment d'esprit et de verve imprévue lui appartenaient, paroles et musique, et elles étaient d'un tour étrange et séduisant. Tout Paris a connu la belle fille, nageant à Bougival comme une Naïade et éblouissant Mabille de ses traînes orgueilleuses ; mais hors moi, qui se souvient de Rigolboche poétesse ? Elle était alors maigre, pâle, et pauvre comme Job. Je la voyais chez Privat d'Anglemont, dans une chambrette de la rue des Maçons-Sorbonne, où elle suppliait qu'on la laissât s'asseoir par terre dans un coin, pour raccommoder ses nippes. Et le soir, ayant obtenu avec son aiguille de fée quelque chose qui ressemblait à l'apparence d'une robe, elle chantait à la Chartreuse ! Elle ne savait pas la composition ni la prosodie, mais elle les devinait, et ses couplets avaient parfois la grâce ingénue et primitive des chansons populaires.

X

LE CAFÉ-SPECTACLE

Tout le monde sait et saura longtemps par cœur l'amoureuse et touchante musique, étrangement vivante, qui fut écrite sur la chanson de Murger : *Hier en voyant une hirondelle,* par le peintre et miniaturiste Alfred Vernet. De lui il reste aussi (heureux qui laisse après lui deux chansons!) des couplets d'une ironie entraînante et farouche, dont le refrain commence par ces mots : *Vous êtes beau garçon!...* Je veux dire où j'ai connu cet artiste ingénieux et divers, qui avait reçu en naissant les dons les plus variés, et qui est mort, hélas! photographe, comme tout le monde.

Du temps que les bêtes parlaient et que la reine Berthe filait, avant donc la naissance du monde, vers 1841, bien avant les Eldorados, les Alcazars et tous les cafés-concerts, il y avait, sur l'emplacement occupé aujourd'hui par les bazars de *la Ménagère,* un théâtre que son fondateur, le capitaine Legras, avait intitulé : *Café-Spectacle.* C'était une très jolie salle, avec des galeries bien ornées, et dont le rideau, représentant une large et soyeuse draperie de satin blanc, aux plis magnifiquement cassés, faisait belle figure sous ses cordes et ses broderies d'or. On jouait là uniquement des vaudevilles en un acte, renouvelés sans cesse, et avec d'autant plus de facilité qu'ils étaient habituellement imités, avec des ciseaux, des anciennes farces de Legrand et de Hauteroche.

L'originalité de ce théâtre, qui aujourd'hui n'en serait plus une ! c'est que les fauteuils y étaient remplacés par des tables de marbre entourées de chaises cannées, et qu'au lieu de payer sa place à un contrôle absent, on y voyait gratuitement la comédie à la condition d'y absorber, moyennant finances, des breuvages très supérieurs à ceux que nous offrent, pour un prix modique, les modernes bateaux de fleurs.

C'était une figure intéressante que celle du capitaine Legras. Ce géant, d'une tenue correcte, mordait, mangeait et dévorait sans repos sa moustache, en faisant de perpétuelles allusions au seul événement qui eût compté dans sa vie. Il paraît qu'à une époque oubliée et mythologique, ce vieux héros avait eu l'honneur de souper avec la célèbre Déjazet. Même, par un mouvement de lèvres discret et par un coup d'œil effroyablement malin, il semblait vouloir faire supposer que tout ne s'était pas borné là, et que peut-être des brins de myrte avaient été cueillis autour de la corbeille parfumée qui ornait le dessert; mais, s'il faut en croire les meilleurs historiens, c'était vanterie pure, et le fameux souper avait été sans plus un souper, où la jeune comédienne s'était montrée, comme à son ordinaire, spirituelle jusqu'au bout de ses ongles roses.

Mais ce joli festin avait laissé dans l'âme du capitaine Legras un tel souvenir flamboyant, une telle trainée de feu, qu'il en avait fait une HÉGIRE, et il avait adopté la coutume de raconter non seulement les accidents de sa propre vie, mais les faits d'un intérêt général, les éclosions de chefs-d'œuvre, les événements politiques, en les rapportant sans exception à cette date chère et fatale. Il rappelait l'assassinat du duc de Berry, l'exécution de Louvel, la découverte de la Vénus de Milo, la révolte d'Ali-Pacha, la présidence de Bolivar, le suicide de Castlereagh, l'expulsion de Manuel, les poursuites contre Lamennais, la chute de Villèle, en disant : « C'était un an' avant », — ou : « c'était trois ans après mon souper avec Déjazet. »

Et il était tout à fait heureux lorsqu'il pouvait dire : « Il n'y avait pas plus de quinze jours que j'avais soupé avec Déjazet, quand le ministère... » Dans ces cas-là, il avalait sa moustache, comme l'Océan avale un petit fleuve. La mémoire de cette bonne fortune, sans cesse invoquée, avait inspiré au capitaine Legras le désir et l'espoir de réussir par les femmes. Il s'était laissé conter que, pendant la Révolution, on avait joué à la Porte-Saint-Martin, une *Chaste Suzanne*, dans laquelle l'actrice, qui était belle comme le jour, se montrait complètement, exactement, littéralement NUE, sans plus de maillot qu'une nymphe de marbre, brûlait tout le sang de Paris, et réalisait des recettes énormes. Or, le bon capitaine avait rêvé de recommencer ce succès ; du matin au soir il assiégeait le ministère dans le but d'être autorisé à montrer une femme nue, et il se flattait d'obtenir une telle permission sous le roi Louis-Philippe, si pudique et austère qu'il couchait dans un tiroir !

Bien entendu, la permission ne venait pas ; mais, en l'attendant et pour ne pas être pris sans vert le jour où il la décrocherait enfin, il avait réuni une troupe de femmes très jeunes et extraordinairement belles. Il y avait Élise Bobin, mince, pâle, transparente, pareille à une châtelaine de missel ; une Jenny aux yeux de feu, aux épaisses lèvres écarlates, taillée en néréide de Rubens, et qui semblait la joie, la symphonie et le triomphe de la Chair ; Adèle Courtois, à qui plus tard Victor Hugo, dans une minute de distraction, promit de lui faire créer un rôle dans l'un de ses drames, et à laquelle il donna en effet le petit page de *Ruy Blas*, qui dit : *Je vous suis dévoué. Vous êtes un bon maître.* Enfin il y avait la toute jeune, distinguée, délicate et charmante comédienne qui plus tard au Gymnase et à la Comédie-Française... mais pourquoi lui rappeler ce temps évanoui? Je la vois encore, vêtue d'une redingote en cachemire blanc bordée d'une bande de satin rose, et chantant de la plus aimable voix du monde : *Oui, fils d'Olivier Basselin, Je suis le Vaudeville!*

Mais le capitaine Legras avait beau répéter : « Le chef du cabinet a été très aimable pour moi; il me connaît parfaitement! Je lui ai été présenté environ dix ans après le souper que j'ai eu le plaisir de faire avec Déjazet! » on l'autorisait moins que jamais à exhiber Suzanne costumée en plat d'argent, et pour tromper l'attente, il avait fait imprimer son prologue d'ouverture, agrémenté de divers madrigaux, et portant cette mention d'une caressante et fière tournure : *Cette brochure est offerte aux dames par le capitaine Legras, et ne se vend pas.*

Non, elle ne se vendait pas ; mais le reste non plus. A l'imitation de la loge infernale de l'Opéra, il y avait bien une *table infernale* où le punch coulait à flots, et où quelques jeunes gens épris d'art venaient admirer les belles formes féminines. Un public clairsemé de dandies, de flâneurs, de Parisiens raffinés y faisait bien de courtes apparitions, mais la vraie foule ne se souciait guère d'un régal de petites pièces jouées par des actrices qui ressemblaient à des déesses, et qui ne savaient pas le premier mot de leur état. Cependant on ne pouvait songer à changer de pareils chefs-d'œuvre; aussi le capitaine s'avisa-t-il de renforcer dans sa troupe l'élément masculin; il eut des jeunes premiers et des comiques, jeunes, inconnus, mais non dépourvus de talent, et parmi lesquels se distingua au premier rang Alfred Vernet, dont le succès imprévu et prodigieux s'éleva presque à la hauteur d'un événement parisien.

Un comédien? Non, quelque chose de moins et quelque chose de plus. Peintre déjà, Vernet poussa aussi loin que possible l'art d'inventer et de jouer des scènes d'atelier, de représenter des types avec une verve de caricaturiste, et de se grimer, de se figurer et défigurer, d'entrer dans la peau d'un personnage, avec ce génie de Protée que Balzac prête au facétieux Bixiou. Alors âgé de dix-huit ans, Alfred dans son atelier et à la ville comme au théâtre, pouvait être à son gré un jeune élégant, un riche Anglais, un sexagénaire, un enfant, un homme dans la force de l'âge, un duc, un épicier, un diplomate ; dans cet art des transformations, je n'ai connu que Lesueur, le créateur de *Monsieur Poirier* et de *Don Quichotte*, qui ait été aussi fort que lui. Mais, à ce point de vue, il avait de qui tenir ; son oncle était le vieux Vernet des Variétés. Celui-là, comme on le sait, fut un grime si extraordinaire, supprimant un de ses yeux ou effaçant sa bouche, pour se peindre au milieu du front et de la joue un œil et une bouche postiches, que souvent lorsqu'il descendait costumé sur la scène, un soir de première représentation, ses plus anciens camarades ne le reconnaissaient pas.

Alfred Vernet pouvait, tant qu'il le voulait, renouveler ce prodige ; il avait le corps, l'allure, le visage, le regard, le son de voix qu'il lui plaisait d'avoir, et s'il eût été policier au lieu d'être acteur et peintre, il eut joué sous jambe Corentin et Peyrade.

Il avait reçu tout cela en héritage, et non pas seulement de son oncle. Son père Jules Vernet, peintre de portraits d'un réel mérite, était un ami de Henri

Monnier et, comme le grand inventeur des *Scènes populaires*, faisait, lui aussi, tout ce qu'on peut faire avec un crayon et une plume; car les artistes de cette école avaient le diable au corps, et après les avoir jetés sur le papier, réalisaient et vivaient leurs croquis sur la scène. Auteur et acteur comme son ami, Jules Vernet avait composé des comédies, de nombreux vaudevilles, et il avait joué lui-même au Palais-Royal deux de ses pièces : *Le Singe et l'Adjoint* et une farce à tiroirs intitulée : *Trois Têtes dans un Bonnet*, où il effaça presque en ses travestissements inouïs et vertigineusement rapides ceux qui avaient fait la gloire de *La Famille improvisée*. Alfred Vernet, entre ce père et cet oncle, avait appris à se grimer et aussi à tenir un pinceau, à l'âge où d'ordinaire un enfant ne connaît que le sucre d'orge et les billes ; aussi, avec ses dix-huit ans, était-il déjà un vieux, très vieux comédien, expert dans tous les exercices de son métier, lorsqu'il arriva au Café-Spectacle, et il sut bien le montrer tout de suite.

Il débuta par le personnage d'un gendarme, qui venait mettre le holà dans je ne sais plus quelle bagarre. Ce rôle avait été tenu avant lui par un autre comique, appelé à de plus hautes destinées, et qui venait d'être engagé dans un théâtre de genre. Celui-là robuste, énorme, colossal, taillé en Hercule, large d'épaules, coiffé naturellement d'une tignasse de nègre, faisait à son entrée le plus grand effet, en s'écriant d'une tonitruante voix d'airain : « *Faudra-t-il employer la force!* » Alfred Vernet, mince, transparent, maigre, pareil à une feuille sèche que le vent emporte, se trouvait fort empêché, et ne savait comment lutter avec les formidables poumons de son prédécesseur; mais c'est alors qu'il eut une idée de génie, car il retourna la question, comme un gant. Il imagina un gendarme spectral, émacié, pâle, funèbre, un vague et tremblant fantôme de gendarme ployé en deux, qui entre deux quintes de toux, agitant ses bras débiles, soupirait d'une voix étouffée par l'asthme : « *Faudra-t-il employer la force!* » Salué par un rire inextinguible, il eut un succès fou ; la vogue s'en mêla ; tout Paris s'amusa de cette caricature inouïe, et il fut de mode expresse d'aller au Café-Spectacle vers dix heures et quart, « pour voir le gendarme ! »

On y alla même tant qu'on n'y vit plus rien du tout, car les comédiennes et les plus jolies femmes, attirées par cette vogue, voulurent toutes se faire peindre par Alfred Vernet, qui, par la force des choses et sans l'avoir voulu, retourna à son atelier et quitta les planches de la petite scène. Il se lia alors avec des artistes, avec des poètes, composa entre temps de la musique, chanta ses jolies chansons, et mena l'heureuse vie d'un peintre qui gagne de l'argent en faisant ce qui l'amuse.

Mais, élève de son père et peintre de portraits comme lui, il craignit de le *recommencer* trop exactement, et se consacra tout entier à la miniature ; il fit même, en ce genre aboli et charmant, de véritables chefs-d'œuvre. Comme on le sait, un moment arriva où l'art délicat de la miniature fut supprimé et tué par la photographie. Vernet, qui alors s'était marié et avait des enfants à nourrir, n'eut pas le choix et dut se faire photographe. Non certes sans regret ; mais de quel droit aurait-il voulu se soustraire à cette conscription, devenue aussi impérieuse que celle du service militaire, et se distinguer audacieusement de la majorité des Français? On ne sait guère plus qu'Alfred Vernet a été peintre ; tout le monde ignore qu'il a fait fanatisme au Café-Spectacle ; mais longtemps encore la *Chanson de Musette* palpitera et battra des ailes sur les lèvres des amoureux, lorsqu'ils s'en iront en mai dans les bois de Chaville, marchant voluptueusement sur les mousses, et ayant sur leurs fronts l'ombre transparente des feuilles, où le soleil jette et secoue ses folles perles d'or.

XI

LA CHAUMIÈRE

La Chaumière, presque aussi célèbre et aussi mal connue que le siège de Troie, et dont Paris a aujourd'hui rangé le souvenir parmi ses traditions mythologiques, était encore un bal où cela sentait le gazon, les fleurs et la verdure, qui pouvait sans hyperbole imprudente être appelé : champêtre, et où il y avait dans les arbres des feuilles vivantes et frémissantes, non attachées aux branches avec des fils, et des oiseaux chanteurs qui n'étaient pas loués à la soirée, comme des pianistes.

Selon la vieille mode, on y laissait la nature travailler à sa guise, en se bornant à l'aider un peu et à l'embellir, et dans ses parterres il y avait des roses au cœur rouge et délicieux, qui réellement exhalaient le parfum des roses. C'est plus tard seulement que, dans les bals nouveaux et plus fastueux qui succédèrent à celui-là, pour obéir au progrès des mœurs, on adopta la coutume d'apporter la nature toute faite, un quart d'heure avant l'ouverture des portes, et de plaquer sur la terre nue des perruques de gazon et des fleurs fatiguées, qui avaient eu des malheurs. Plus tard encore, on prit le parti de substituer à ces paysages ambulatoires une forte et solide végétation en zinc verni, qui du moins avait l'avantage de pouvoir être sans cesse repeinte à neuf et maquillée, comme les visages même des filles qui étalaient leurs fauves perruques sous les fleurs de feu de ces feuillages métalliques.

Mais la Chaumière, je le répète, cela sentait le printemps et la campagne ; j'y ai admiré bien souvent les étoiles, qui ne dédaignaient pas de briller dans l'azur au-dessus de ce bal primitif, et j'y ai vu aussi de beaux visages de fillettes lavés à l'eau pure, c'est-à-dire ce que les héros de Jules Verne auraient de la peine à rencontrer dans ces interminables voyages qui leur coûtent si peu et qui nous font tant de plaisir. La Chaumière m'a laissé un vif, profond et voluptueux souvenir, car j'y allais très souvent ; mais pour dire le vrai, d'une manière inusitée et frauduleuse, peu régulière au point de vue des conventions sociales, et en somme tout à fait répréhensible ; mon excuse, c'est que j'étais alors un jeune poète sauvage, mal éclairé sur la nature de mes droits et de mes devoirs. J'étais très lié avec le tout jeune Michel Carré qui, n'ayant pas ses parents à Paris, avait été confié par eux à Bouchet, l'acteur de la Comédie-Française, chez lequel il demeurait. Or Bouchet habitait, sur le boulevard Montparnasse, un joli hôtel, dont le jardin, contigu à celui de la Chaumière, en était séparé, il est vrai, par une assez haute muraille ; mais comme les deux jardins, exhaussés vers le fond, se terminaient l'un et l'autre par une espèce de monticule, il était facile à cet endroit là d'enjamber le mur devenu tout petit, et de se trouver, au gré du caprice, transporté de l'un ou de l'autre côté, avec une rapidité féerique.

Rien de plus amusant que de s'offrir ces changements à vue shakespeariens, et de se promener tour à tour du jardin silencieux au tumulte de la fête. Nous ne nous en faisions pas faute, et vingt fois par soirée nous recommencions ces incursions hardies, sans prendre aucun souci de les justifier, non plus que le peuple romain ne justifiait les siennes, dans la première effervescence des âges héroïques.

Tantôt nous étions au milieu des promenades galantes, des quadrilles, des valses envolées qui s'enfuyaient avec ravissement, tandis que pleins de rires et de chevelures dénouées, les chariots dégringolaient sur les montagnes russes avec le fracas horrible du tonnerre; nous regardions les écoliers et les écolières s'égarer les mains dans les mains et les regards chargés de désirs et de promesses, et d'autres s'élancer parmi la danse éperdue au milieu du farouche déchaînement des clairons et des flûtes; tantôt nous étions de retour dans le jardin de la maison tranquille, où la nuit bleue flottait comme un transparent voile. Le cabinet de travail de Michel, meublé de livres, de chevalets (car il était peintre aussi) et d'un divan à la turque, était situé au rez-de-chaussée et s'ouvrait sur les bosquets sombres; là, sous la clarté de la lampe amie, nous lisions Shakespeare dont nous étions fous, et plus tard nous fûmes assez heureux pour que ni l'un ni l'autre de nous deux ne guérît de cette folie. Ou bien Bouchet, qui revenait du théâtre, nous récitait lyriquement de sa belle voix émue et grave quelque tirade d'*Hernani* ou du *Roi s'amuse* que nous écoutions comme des nababs, en fumant du tabac d'une exquise couleur, blonde et en savourant des sorbets à la neige.

On se demandera comment ce comédien possédait un hôtel et un parc! Quoique plein de talent, Bouchet végétait à la Comédie-Française, où tous les soirs de première représentation il jouait, à sept heures précises, le rôle de Léandre dans *Les Plaideurs*, hélas! condamnés à lever le rideau, lorsque subitement son destin changea. D'abord vaincus par sa contagieuse ardeur, les poètes le remarquèrent et lui confièrent des rôles; puis comme un bonheur en appelle un autre, il fut distingué, aimé, adoré par une femme comme il y en avait dans ce temps-là, éprise de poésie et d'art, qui dans sa main amie et fidèle lui apporta vingt mille francs de rente, c'est-à-dire une fortune, car les petits pains d'un sou ne se vendaient pas encore vingt-cinq francs. Elle chérissait son mari avec une telle idolâtrie qu'ayant acheté à une vente des bandeaux, des diadèmes, des manteaux de pourpre qui avaient appartenu à Talma, elle se plaisait à l'en revêtir et à s'agenouiller devant lui, extasiée. L'excellent Bouchet, plein de bon sens et passionné pour son art, aimait sa bonne femme, se laissait admirer par elle, mais ne s'admirait pas lui-même, et continuait à travailler de toutes ses forces, car il trouvait avec raison qu'on ne sait jamais assez bien son état. D'ailleurs il vivait dans sa maison comme un sage, à mille lieues du boulevard des Italiens, au milieu de ses livres, de ses oiseaux et de ses fleurs, et nous récitait avec une admiration éperdue les vers de Hugo, ce qui vaut mieux que d'aller au cabaret, et même à la cour.

Quant à Michel Carré, le futur auteur de tant de poèmes d'opéras, qui plus tard devait entrer la hache à la main dans la forêt magique et faire envoler, comme un essaim de corbeaux, les rimes effarouchées de monsieur Scribe, c'était un romantique de dix-neuf ans, à la fois peintre et poète, très semblable à Van Dyck avec sa longue chevelure, ses yeux bleus et sa moustache blonde, qui était parti de l'imitation de Musset, mais pour jeter ensuite pardessus les plus invraisemblables moulins des bonnets bien autrement enragés et fous que ceux de son jeune maître.

Il venait de publier un volume, devenu introuvable! intitulé *Folles Rimes et Poèmes*, et qui contenait, entre autres poèmes, la plus fantasque, la plus délirante, la plus romanesque aussi de toutes les comédies. *La Femme de l'Alcade*, ainsi se nommait cette œuvre de sac et de corde, qui avait au corps cinq cents diables amoureux; elle se passait dans la chimérique Espagne qui fut seulement connue en 1842, et ensuite s'évanouit et se dissipa dans l'ouragan qui emporte les anciens rêves. Non, jamais dans une autre pièce que celle-là il n'y eut tant de manteaux noirs, de chaînes d'or, d'éperons qui sonnent, de moustaches en croc, de baisers, d'échelles de soie, de bras blancs mis à nu et pillés, et de soldats du guet massacrés et navrés dans les aventures.

Le héros est un certain Rafaël, traqué, chassé, couvert de dettes, ami du truculent Gil Iaquez, auprès duquel Goulatromba est une demoiselle, et qui lui-même n'a d'autre mérite que d'être parfaitement beau ; c'en est assez pour que la belle Aurore, femme, entièrement exempte de principes, du vieil alcade Nunez, et dont la suivante Narcisa ne vaut pas cher, l'adore et le baise avec frénésie, et pour le suivre au bout du monde s'habille en garçon comme Rosalinde, avec une lourde épée qui bat ses flancs charmants. Cependant l'Alcade, un peu découpé déjà sous la pluie par Gil Iaquez, arrive un peu trop tôt avant que les amants se soient enfuis, et naturellement se montre désireux d'obtenir quelques explications. *Vous êtes un coquin, recevez ce soufflet,* ainsi lui répond le pimpant Rafaël, et je dois dire que cet alexandrin net et limpide m'a toujours comblé de joie. On attache Nunez au pied du lit avec une embrasse de rideaux, Rafaël et Aurore s'envolent comme deux grives en délire ; quant à la bonne pièce de Narcisa, restée seule avec l'infortuné vieillard, elle lui déclare qu'elle le laissera parfaitement mourir

de faim, s'il ne consent à l'épouser. Pour célébrer
ces justes noces, elle compte même aller chercher
un prêtre de ses amis fort honnête homme, à ce
qu'elle affirme, et qui « sera l'ami de la maison ».
C'est complet ; et, comme le dit avec une sobre éloquence l'indication de scène qui termine la comédie,
« *l'Alcade grogne sourdement et s'affaisse sur lui-même
avec désespoir* ».

Certes, cette pièce de théâtre manque un peu du
côté raisonnable, et, comme je l'avoue facilement,
la question de l'adultère n'y est pas traitée avec tout
le sérieux qu'elle comporte. Elle n'est pas morale,
mais elle n'est pas aussi plus immorale que le drame
de Polichinelle, ou que les saynètes improvisées
dont les moineaux bavards nous régalent sous les
premiers lilas d'avril. Cependant, Michel Carré travaillait à des comédies plus sérieuses, qu'il destinait
à l'Odéon où son ami Bouchet venait d'émigrer, et
qui y furent, en effet, représentées à quelque temps
de là. Il m'en lisait des tirades et des scènes sur les
feuillets encore humides, et quand nous nous étions
bien grisés de mots éblouissants, d'aventures et de
rimes, nous enjambions de nouveau le petit mur,
avec une effronterie A *faire damner les Alcades De
Tolose au Guadaleté*, et envahissant le jardin voisin,
nous retournions voir la vie amoureuse telle qu'elle
est et se comporte, sans épées à poignées d'or ni
pourpoints de velours.

Si on ne voyait rien de tout cela à la Chaumière,
contrairement à la tradition généralement admise, on
n'y voyait pas non plus le bonnet de tulle de la gri-
sette, ni le béret rouge du libre écolier, car c'était
un bal relativement aristocratique, pour lequel *on
faisait de la toilette ;* les pauvres n'y allaient pas, et
devaient promener leurs espérances à travers de plus
humbles jardins. Les cavaliers, en redingote élégante

ou en habit de couleur, portaient des gants, de petites cannes turbulentes et des chapeaux cylindriques, noirs comme des abîmes et brillants comme les soleils; les femmes, évidemment, n'étaient pas vêtues comme celles d'aujourd'hui, dans un temps où les seules archiduchesses régnantes balayaient de leurs traînes les flamboyants degrés des trônes; mais elles servaient de moules charmants à ces gracieuses et simples robes de soie dont nous retrouvons la coupe dans les dessins du premier Gavarni.

Enfin, il y avait encore là des madrigaux et de l'esprit; l'amour s'y comportait à la française, tâchant de toucher, de persuader et de plaire; il n'avait pas encore été américanisé, c'est-à-dire réduit à la simple loi économique de l'équilibre entre l'offre et la demande. Le maître du jardin, qui se nommait alors Lahire, ni plus ni moins que le compagnon de Jeanne d'Arc, Étienne Vignoles, vainqueur de Crespi et de Patay, et qu'on appelait *le père* Lahire, sans doute à cause de l'innombrable quantité d'enfants dont il avait adopté la luxuriante jeunesse, était un correct géant, rasé de frais, toujours vêtu d'un habit bleu à boutons d'or, dont le long visage aux traits violents et majestueux semblait avoir été coloré avec un rouge violet d'aquarelle. Si, par quelque hasard impossible, un de ses petits donnait à la danse un caractère excessif et désordonné, sans invoquer le municipal inutile, il le prenait dans ses bras, comme eût fait Hercule, et l'emportait sur le boulevard, dans quelque endroit écarté, où il le laissait libre de se calmer, sous le baiser rafraîchissant des étoiles.

Quant à la jeune reine de la Chaumière, — tout un peuple désirait la Chaumière et son cœur! — c'était cette Clara Fontaine qui eut à ce moment-là, et même plus tard encore, ses heures de célébrité. Jeune, bien faite, coiffée en bandeaux plats avec un visage rond et très pâle, elle avait l'air d'une petite déesse lunaire. Un soir, ayant rencontré dans le bal quelques-uns de mes amis qui allaient prendre des glaces en compagnie de plusieurs demoiselles dont elle faisait partie, je fus appelé à l'honneur de lui donner le bras pendant un instant, et de faire un tour de jardin avec cette personne illustre. A ma grande stupéfaction, elle me raconta qu'elle avait un très aimable amoureux, nommé... Théodore de Banville! qui avait écrit pour elle de fort jolis vers. Je demandai à voir les vers, elle les avait justement dans sa poche. O bonheur! ô probité fabuleuse et rare! c'étaient bien des vers de moi, copiés en belle écriture, et si le jeune inconnu m'avait emprunté mon nom, du moins il ne m'avait pas attribué des rimes indigentes; ce délicat procédé me toucha jusqu'aux larmes. Je me gardai bien de détromper l'aimable Cidalise, et de lui dire que moi aussi j'avais quelque titre à me nommer Théodore de Banville; et puis, de quel droit aurais-je critiqué son industrieux amant? Car puisque moi-même je m'introduisais dans la Chaumière par une méthode irrégulière et subreptice, n'aurais-je pas eu mauvaise grâce à blâmer la ruse qu'il avait ourdie pour s'insinuer dans le cœur de mademoiselle Clara Fontaine?

XII

L'ACTEUR BIGNON

Aux temps héroïques de l'Odéon, la direction d'Auguste Lireux offrit les caractères d'une étrange audace. Culte absolu de la poésie, pas ou peu de subvention et recettes chimériques, tel fut le bilan de cette exploitation, qui a laissé de très beaux souvenirs, car, contrairement à ce que croient les directeurs, il suffit de fourrer la main au hasard dans un tas de manuscrits pour en tirer des œuvres, et même des chefs-d'œuvre. A ce théâtre enfiévré, non seulement on accueillait les rimeurs et leurs manuscrits, mais, ayant ouvert les écluses romantiques, on jouait Euripide, Calderón, Shakespeare, Sophocle avec les chœurs, l'autel de Bakkhos et un enfant vraiment nu guidant les pas du devin Tirésias ; enfin, on avait le diable dans le ventre ! Les dimanches, on donnait trois drames en vers ; on en aurait donné dix que les acteurs n'auraient pas murmuré une plainte, au contraire, car ils avaient la bravoure et la folle témérité des gens qui ne gagnent pas d'argent.

Dans tout cela, il n'y avait qu'une difficulté ; c'est qu'on risquait de passer l'heure de minuit, et par conséquent d'avoir à payer l'amende réglementaire. Or, il eût été plus facile à Lireux de décrocher les étoiles que de payer cette amende ; quelquefois il était minuit moins dix, il restait trois ou quatre actes à jouer, et pantelants, ivres d'alexandrins, la tragédienne et le tragédien qui étaient en scène se seraient fait hacher menu comme chair à pâté plutôt que de passer la moitié d'une virgule. Alors le directeur n'y allait pas par quatre chemins ; il poussait en scène le capitaine des gardes de la tragédie, et lui ordonnait de saisir et d'emporter ces héros, en dépit de leurs protestations et de leurs cris, inaugurant ainsi un dénoûment entièrement nouveau et aussi original que le : *Madame, on a servi sur table*, de Molière.

Ainsi on faisait de l'art, et quelquefois du meilleur, mais quant à l'argent monnoyé, il n'en fallait pas caresser le rêve ; le directeur, les comédiens, les auteurs eux-mêmes et leurs amis étaient également exempts de l'incommode richesse. Si bien qu'un jour, au milieu de la répétition, la portière, appuyée sur son balai comme sur un sceptre, ayant apporté une lettre non affranchie, nul des assistants ne put en acquitter le port, et que la portière, inexorable comme l'avare Achéron, remporta la lettre. Un vieil acteur célèbre par ses farces épiques venait répéter avec une longue canardière, dont il fourrait le canon dans les yeux et dans la poitrine de ses interlocuteurs, prétendant qu'il devait, pour nourrir ses petits et sa femelle, aller tuer des oiseaux dans la plaine Saint-Denis. Au moyen de cette bizarre fiction, il espérait se faire attribuer un à-compte ; mais comment l'aurait-on tiré d'une caisse où Arachné filait librement sa toile, comme au fond de la pensée obscure du roi Zeus !

A ce théâtre fantaisiste, les grands premiers rôles étaient joués par un beau garçon nommé Bignon, chevelu et fort comme un Titan, qui avait des mâchoires à dévorer le bœuf entier servi sur un plat d'or et le plat d'or avec. Une voix de bronze, une superbe énergie, un violent et libre génie dramatique faisaient de lui un comédien non vulgaire ; mais il n'avait jamais vu une pièce de cent sous et il demeurait place de l'Odéon, dans un petit grenier sous les tuiles, percé d'une petite ouverture sans châssis, où toute maçonnerie avait été dédaignée, et où il y avait tout juste la place du grabat. Parfois, en causant de minuit à une heure du matin avec une éloquence entraînante, et en tenant des discours plus ingénieux que ceux du sage Ulysse, Bignon obtenait une bouteille de vin à crédit, soit au café Tabourey, soit chez le restaurateur Duval ; alors il l'emportait dans son nid sous les cieux; et couché sur son lit affreux, la buvait à la régalade pour consoler ses longs jeûnes, après quoi il passait la bouteille par l'étroite ouverture et la rangeait avec les autres sur le toit, où, les jours d'orage, l'ouragan roulait les unes sur les autres ces bouteilles vides, dont il tirait une pénétrante et sauvage musique.

Cependant, Bignon prenait ses repas régulièrement, mais chez l'honnête mère Cadet, où son corps de géant ne trouvait qu'une insuffisante nourriture ! Cabaretière sur le boulevard Montparnasse, cette mère Cadet était dans son genre une héroïne dont le nom mérite de passer à la postérité la plus reculée. Elle nourrissait sans exception tous les acteurs de la banlieue, du théâtre Montparnasse, et au besoin (car sa charité était angélique et inépuisable !) des artistes et même des poètes, et, pesez bien ces mots, ne demandait JAMAIS d'argent à ceux qui ne pouvaient pas lui en donner. Le crédit durait un an, deux ans, dix ans, vingt ans, ce qu'il fallait, et jamais la mère Cadet ne proférait une plainte, ne disait une parole ironique ou ne se montrait moins aimable un jour que les autres jours. C'était à elle de se procurer, comme elle le pouvait, de tirer de son sein et de son génie ces plats biftecks, ces étiques poulets, ces lapins mal définis, ces œufs vieillis sous le harnois au moyen desquels elle empêchait ses clients de mourir !

D'ailleurs, elle n'y mettait pas de malice ; on entrait par la cuisine, où les mets non accommodés encore étaient rangés sur une table, exposés aux yeux de tous, comme au café de Paris ou au café Riche ; c'était à prendre ou à laisser. Et qui eût songé à les laisser, bon Dieu ! parmi ces consommateurs uniquement munis de désespoir et d'espérance, pour qui ils représentaient la manne tombée du ciel ? Quant à la personne même de la mère Cadet, elle était vêtue à la diable d'une robe d'indienne et d'un bonnet quelconque. Son luxe, c'était le ventre plein de ses convives ; tel Napoléon se plaisait à grouper autour de lui un état-major écrasé de broderies, et personnellement se contentait avec simplicité de son vieux petit chapeau et de sa redingote grise.

Ce fut une vie étrange quand Bignon répéta *Les Ressources de Quinola*. Selon sa coutume, la nuit venue, l'auteur de *La Comédie Humaine* ne quittait pas son acteur, qui alors devait, marchant comme le Juif-Errant, reconduire Balzac, dont l'étincelante conversation ne tarissait pas, à tous les domiciles divers que ce grand homme possédait, comme on le sait, aux cent coins de Paris. Cette interminable causerie roulait exclusivement sur les millions, dont l'idée essentielle ne pouvait gêner aucun des deux interlocuteurs, par cette raison que Balzac, par la grâce de son génie, enfantait, produisait, prodiguait les millions, sans nul effort, et que Bignon ne savait pas ce que c'était. De temps en temps, le comédien essayait de parler de sa propre vie, et sans l'écouter le romancier illustre poursuivait son improvisation ; cependant le nom de la mère Cadet, revenant sans cesse dans les discours de Bignon, avait frappé Balzac comme une belle association de syllabes, et s'était impérieusement logé dans un coin de sa cervelle. Plus tard, à un moment décisif, ce nom retenu en dehors de son sens et par une obsession purement euphonique, lui revint à la mémoire, et c'est pourquoi, lorsqu'il voulut baptiser le frère immortel qu'il avait donné à Robert Macaire et à Bilboquet, semblable à eux, mais avec l'éloquence littéraire en plus, Balzac nomma cet illustre faiseur : MERCADET.

Qui le croirait? Jouant et répétant dans un théâtre où la Muse était l'esclave de la portière, et le reste du temps n'ayant d'autre logement que le petit grenier sous les toits, Bignon trouvait le moyen d'être non seulement un bel acteur, mais aussi un poète et un écrivain, car il composait des chansons où tout était de lui, paroles et musique, et aussi des comédies. Cela tient à ceci, qu'il avait, comme nous tous alors, pour jardin, pour salon et surtout pour cabinet de travail, le délicieux Luxembourg, avec ses marbres, ses ombrages, ses verdures et ses bancs perdus dans la Pépinière où on pouvait travailler sans entendre autre chose que le gracieux babil des fillettes amoureuses et des oiseaux.

Comme rien n'est invraisemblable, excepté la vraisemblance, ce fut précisément grâce à sa littérature que Bignon échappa à la misère. Madame Albert, célèbre alors comme comédienne et comme cantatrice, avait gagné par son talent la renommée et la fortune ; à une représentation donnée à son bénéfice sur le théâtre du Vaudeville, Bignon joua lui-même une comédie en trois actes, intitulée *Sous les Arbres*, dont il était l'auteur ; l'actrice illustre fut charmée par le talent, par la beauté virile, par l'inépuisable bonne humeur du proscrit de l'Odéon, et l'épousa.

Nous vîmes alors Bignon chez lui, où il nous donna un festin magnifique, dans un logis somptueux où les piles de draps, blanchis à la maison et sentant l'iris, étaient entassées dans de spacieuses armoires, de même que les piles de mouchoirs de batiste étaient soigneusement rangées sur des papiers découpés en dentelles par l'industrieux ciseau de la maîtresse de la maison, aussi bonne ménagère que grande artiste. Bignon écrivait dans un cabinet meublé et orné avec le luxe le plus sévère, dont le milieu était occupé par un grand bureau Louis XIV en ébène, et où sur les murs couverts d'une tenture sombre étaient attachées à même des gravures de prix non encadrées. Après le dîner, on y prit le café, et aussi les liqueurs enfermées dans une innombrable quantité de flacons et de bouteilles qu'on pouvait vider à loisir; seulement, on ne les rangeait plus sur le toit!

Cependant, avant de s'installer dans ce palais, Bignon, coiffé d'un chapeau gris, vêtu d'un habit bleu à boutons d'or, monté sur un cheval fougueux, et faisant siffler dans sa main une élégante cravache, était allé payer ses dettes sur la place de l'Odéon, et surtout au boulevard Montparnasse, chez la brave mère Cadet. Là il commença par donner en guise de pourboire et comme don de joyeux avènement un tas de pièces d'or; puis ensuite seulement, il demanda le chiffre de sa dette et, sans vérifier ni examiner rien, le paya en or aussi, après quoi, ayant baisé la mère Cadet sur les deux joues, il s'envola au galop de son cheval. Mais, sans qu'il s'en aperçût, la bonne femme avait couru après lui; rouge, étouffée, brisée, sans haleine, elle parvint à la fin à faire entendre ses cris.

— « Qu'y a-t-il? demanda le comédien en s'arrêtant.

— Mais, monsieur Bignon, dit la vieille, il y a que vous m'avez donné un louis de trop!

— Gardez-le pour acheter un bonnet!

— C'est que, dit-elle, j'avais déjà compté ce qu'il faut pour mon bonnet, sans vous le dire.

— Eh bien! s'écria Bignon, qui piqua des deux en saluant de la main la mère Cadet, après lui avoir encore donné quelques pièces d'or, ça vous fera plusieurs bonnets! »

Quelque temps après, il débuta au Théâtre-Français, dans les grands rôles de la comédie, où il se montra très remarquable, mais où on ne lui pardonna pas ses allures romantiques, et le luxe de costumes qu'il avait déployé, à un moment où ces prodigalités n'étaient pas encore admises dans la maison de Molière. En effet, à l'acte du souper avec le Commandeur, il avait habillé don Juan d'un pourpoint de damas blanc et d'un ample et flamboyant manteau de damas rose, et il l'avait coiffé d'un chapeau tout débordant de grandes plumes triomphales, ce qui parut alors excessif. Il ne resta pas à la rue de Richelieu; cependant, lorsqu'il s'agit de représenter le personnage de Danton dans *Charlotte Corday*, il fallut bien qu'on retournât chercher Bignon qui, suivant ses propres paroles devenues célèbres, était seul capable d'*entrer carrément dans la peau du bonhomme*.

A la rigueur, il se fût accoutumé aux façons de la grande maison rigide; mais après qu'on a tant souffert, coucher dans un bon lit moelleux, manger confortablement à des heures réglées, écrire dans un cabinet sérieux au milieu de livres reliés en maroquin du Levant, et surtout, meurtri par la solitude, posséder près de soi une femme, une compagne, une amie, tendre, attentive, divinement maternelle, c'est à quoi il est difficile de s'habituer, car, ainsi que l'a dit Jules Lefèvre-Deumier en un vers admirable : *On meurt en plein bonheur de son malheur passé.* C'est pourquoi Bignon est mort jeune, laissant le souvenir d'une belle nature d'artiste, originale et poétique.

XIII

BACHE

Il y avait une fois à l'orchestre de l'Opéra un violoncelliste, excellent musicien et virtuose, qui tenait son emploi en consciencieux et véritable artiste. Il semblait que rien n'eût dû l'empêcher d'être heureux, car avec cela, doué d'un esprit fantastique et sauvage, il étonnait ses confrères par des ironies à la troisième puissance, débitées avec un flegme invraisemblable. Svelte, grand, très élégant de formes, rasé comme Napoléon, toujours cravaté de blanc et vêtu d'un habit noir que la mode permettait alors, il avait la grâce compliquée et délicate d'une figure de Watteau, et il stupéfiait les gens naïfs en proférant des paroles violentes, avec les belles façons que Balzac a prêtées à son chevalier de Valois. Mais il y a toujours eu une mauvaise fée oubliée au baptême de tout le monde, et qui se venge par un don absurde! L'incurable malheur du violoncelliste que j'évoque ici et qui plus tard devait être le comédien Bache, c'est que, par un jeu cruel et dérisoire, la Nature s'était plu à lui donner un visage tout pareil, tout semblable, exactement identique à celui du grand mime Deburau.

Oui, c'étaient bien les mêmes traits accentués et fins, le même regard rapide et compréhensif, la même bouche expressive, les mêmes muscles faciaux impressionnables comme une sensitive, et tout ce visage musical et tranquille, frémissant et vibrant comme une lyre! Cela n'a l'air de rien; cependant imaginez quel supplice cela doit être de vivre dans la peau d'un autre, de représenter au vif un personnage connu de tous, et de devoir renoncer à posséder pour son propre compte une personnalité quelconque. Sans cesse montré et désigné du doigt dans les rues, Bache n'avait que trop bien appris à deviner au seul mouvement des lèvres ces mots prononcés sur son passage : « Tiens! Deburau! »

Et il se consumait à chercher un moyen de se différencier du fameux Pierrot des Funambules; mais à moins de se couper le nez, les paupières et les lèvres comme Zopyre, il n'avait aucune chance d'obtenir ce fabuleux résultat. Cependant le ciel sembla lui venir en aide. Bache perdit son vieux, vieux, vieux grand-père, qui le fit son héritier, et entre autres choses lui légua sa garde-robe. Saisi d'une inspiration soudaine, Bache se mit à porter ces vêtements d'un autre âge, ces défroques abolies, ces vestes brodées qui lui descendaient jusqu'aux genoux, supposant avec raison que son ennemi Pierrot ne se promènerait peut-être pas avec des habits du dix-huitième siècle. Tout ce qu'il y gagna, c'est qu'il entendait maintenant murmurer autour de lui : « Oui, c'est bien Deburau; mais pourquoi diable s'est-il déguisé en vieux? »

Enragé de vieillesse, Bache poussa l'exagération jusqu'à voiler et cacher sa chevelure en mettant sous son chapeau un bonnet de soie noire : le dernier bonnet de soie noire! Mais ce fut peine perdue; et dans toutes les prunelles fixées sur lui il lisait distinctement le mot Pierrot écrit en lettres de flamme. Découragé d'une lutte inutile et voyant à quel point il lui était impossible de ne pas être Deburau, il prit le parti de l'être à cœur joie, pour s'amuser, et pour se faire du bon sang aux dépens des philistins. Ce sentiment explique l'historiette qui va suivre. Avant de se manifester avec ses gants blancs et sa vareuse écarlate pareille à la pourpre des Dieux, en un mot avant d'être riche, Nadar avait été pauvre, comme tout le monde. Mais, à peine entré dans la vie, il connaissait déjà tous les mortels, y compris les Lapons et les Cafres, et il sentait déjà en lui cet intrépide esprit d'aventure qui, plus tard, devait le pousser à aller tutoyer de près les étoiles.

Quand je le vis pour la première fois, (il y a belle lurette!) il avait quelque chose comme dix-neuf ans, et il habitait dans la rue Montmartre une petite chambre d'hôtel qui n'était peut-être pas modeste, mais qui aurait eu toutes les raisons de l'être. C'est là qu'il imagina de donner une grande soirée, à laquelle il avait invité un grand nombre de célébrités, et notamment tout Paris. Comme ce grand diable d'homme, mon vieux et bien cher ami, a toujours eu le don de créer l'agitation et de mener à bonne fin tout ce qu'il lui a plu d'entreprendre, sa soirée réussit parfaitement, sans aucune anicroche; mais il serait superflu de dire qu'elle eut lieu surtout dans l'escalier de l'hôtel et sur le trottoir de la rue Montmartre. Comme Nadar a été en naissant le spirituel dessinateur et l'humoriste que vous savez, il avait rédigé et orné de vignettes bizarres un programme annonçant, entre autres surprises, que l'illustre mime Deburau assisterait à la fête.

Deburau, c'était Bache! Tous les invités du très jeune Nadar avait vu cent fois sur la scène l'incomparable Pierrot; cependant, en se trouvant en face de Bache, pas un d'entre eux ne s'avisa de penser qu'il ne voyait pas en effet Deburau; car, le moyen de récuser le témoignage de nos yeux? Dans ces cas-là, notre raison nous sert à si peu de chose que nous en perdons l'usage le plus élémentaire. En effet, nul ne se souvint qu'à cette heure-là même avait lieu la représentation des Funambules, car, se fiant à l'absurdité de son destin, Bache n'avait pas même pris la précaution d'arriver assez tard pour rendre son incarnation vraisemblable.

Les Dieux, le hasard, la fortune, l'ingénieux concours de circonstances qui préside à la naissance et à l'allaitement des Chimères, voulaient qu'il fût Deburau ; pendant toute la nuit il le fut, et cent fois plus que n'aurait pu l'être Deburau lui-même. Agile, gracieux, muet comme un inflexible roi d'Asie, à ceux qui lui parlaient il répondait d'un imperceptible mouvement de lèvre, d'un froncement de sourcil, d'un frisson de la paupière, d'un sursaut du front soudainement plissé et apaisé, et si par hasard, à de très rares intervalles, il rompait cet éloquent silence, c'était, comme le vrai Deburau, par un unique mot, le plus souvent monosyllabique, prononcé de cette voix surnaturelle et extra-terrestre que Pierrot employait à dessein, pour montrer à son parterre enchanté que s'il parlait, c'est comme l'oiseau marche ou comme le rimeur écrit en prose, par une étrange dérogation à sa propre nature.

Mais tout n'est pas rose dans les farces! Depuis le commencement de la soirée, Bache était en proie aux obsessions d'un bourgeois qui, sous tous les prétextes et même sans prétexte, l'assiégeait, se collait à lui, entamait la conversation par tous les bouts, et vingt fois déjà eût interrogé le faux Pierrot, si ce rusé personnage ne l'eût arrêté court, d'un geste épouvanté et mystérieux. Le violoncelliste, qui connaissait de réputation cet importun comme un fanatique spectateur de la cour d'assises et comme un amateur effréné de procès criminels, avait deviné tout de suite que sa curiosité s'adressait non pas au comédien, mais au meurtrier. On sait que dans sa première jeunesse Deburau, si doux, si honnête, si essentiellement pacifique, avait eu le malheur de tuer un homme.

Ayant au bras sa chère femme, il se promenait tranquillement dans la campagne, lorsqu'il fut insulté par de mauvais drôles, rôdeurs de barrière, qui se mirent à crier : « Ohé! Colombine! Ohé! Paillasse avec sa Colombine! » Comme Deburau ne répondait rien, les misérables s'enhardirent, jetèrent des pierres dont l'une blessa légèrement madame Deburau, et coururent vers le couple comme des furieux. Alors, pour protéger sa compagne, le mime se décida à faire le moulinet avec le bâton qu'il tenait à la main, et un des assaillants, un imbécile, aussi malavisé que Polonius, se jeta de lui-même sous le bâton et se fit casser la tête.

Deburau, qui passa en cour d'assises, fut acquitté; non seulement son avocat n'eut pas de peine à démontrer sa parfaite innocence, mais une coïncidence étrange se produisit par surcroît en sa faveur. Les médecins constatèrent que l'insulteur était un pauvre être manqué, inachevé, non destiné à vivre, et que les os de son crâne, minces comme du papier et sans consistance, avaient été brisés par un coup de bâton involontaire, relativement très faible, qui eût à peine suffi à blesser un autre homme. Ce malheureux, possesseur d'un crâne dérisoire, avait mal choisi ses passe-temps et négligé une belle occasion de rester chez lui!

Tels étaient les faits sur lesquels le bourgeois indûment invité par Nadar (mais on ne s'avise jamais de tout!) brûlait d'interroger celui qu'il croyait être le vrai Deburau. Tant que dura la fête, Bache esquiva avec soin ce sujet de conversation, mais dans son sein il se proposait de se réjouir tout son saoul, et quand vint le moment du départ, il résista mollement aux instances du béotien qui lui proposait de le reconduire, et en fin de compte accepta sa compagnie. Fendu comme un immense compas, il arpentait les rues, les boulevards, les places avec une rapidité fulgurante; son acolyte, petit, ventru, essoufflé, avait assez à faire de le suivre, et ne pouvait articuler un mot. Enfin sorti de Paris, arrivé dans une plaine alors déserte, Bache, à dessein, ralentit le pas, et son indiscret ami profita de son changement d'allure pour aborder le sujet qui lui tenait au cœur.

— « Mon Dieu! dit-il à brûle-pourpoint, vous avez dû être bien contrarié quand vous avez eu le désagrément de... »

— De quoi? fit Bache qui parut alors tressaillir comme s'il eût été en proie à une vive affliction.

— Mais, reprit le bourgeois, de tuer à coups de bâton ce monsieur qui... »

A ces mots, le mystificateur éclata en sanglots. Il pleura, gémit, poussa de grands soupirs, tordit convulsivement ses bras désespérés.

— « Ah! dit-il enfin, c'est bien mal, ce que vous avez dit là! Réveiller ce cruel, cet amer souvenir, qui me dévore! Non, non, continua-t-il en sanglotant plus fort, je n'y survivrai pas! » Comprenant qu'il était allé trop loin, son interlocuteur faisait mille efforts pour le calmer. — « Cher monsieur Deburau, disait-il, ne vous désolez pas... Il y a des rencontres indépendantes de notre volonté... Ces choses-là arrivent à tout le monde... tous les jours on tue un homme... »

Cependant Bache s'était redressé, terrible et menaçant; le vent s'engouffrait avec fureur dans les plis de son manteau, et son pâle visage éclairé par un rayon de lune avait pris l'expression d'une férocité implacable.

— « Misérable ! s'écria-t-il d'une voix brève et résolue, tu as prononcé des mots qui ne devaient pas être dits. A présent l'un de nous deux est de trop sur la terre, et celui-là c'est toi. Tu vas mourir. »

En même temps Bache avait ouvert ce large couteau catalan qu'on lui a connu et qui ne le quittait jamais. A son tour le bourgeois, qui s'était jeté à genoux, pleurait et sanglotait. Il exprimait qu'il ne voulait pas mourir, qu'il aimait la flânerie, le soleil, la partie de dominos à son café, et qu'il avait dans la rue aux Ours une fille mariée, chez laquelle il mangeait tous les dimanches une gibelotte faite à la vieille mode avec un lapin et une anguille, dont monsieur Deburau lui-même, s'il y avait goûté, se lécherait les doigts.

— « Écoute, dit Bache, je te pardonne en faveur de ta lâcheté ; mais songe à m'obéir fidèlement, sans quoi rien ne saurait te soustraire à ma vengeance. C'est aujourd'hui lundi ; rentre chez toi, mets ta bonne à la porte sous le premier prétexte venu, évite sous peine de mort toute communication avec tout être humain, quel qu'il soit ; reste calfeutré dans ta chambre, et n'en sors que vendredi prochain, à quatre heures et demie ! »

C'est ainsi que pour rien, pour le plaisir, le fantasque violoncelliste, qui, dans son esprit biscornu, confondait la Farce et la Vie, s'amusait tragiquement à faire le Pierrot dans une plaine déserte, au clair de la lune.

Nul ne peut éviter sa destinée. Le violoncelliste Bache ressemblait trop exactement à Deburau, il était son portrait trop fidèle, sa photographie trop servile pour ne pas finir par paraître sur un théâtre, costumé en Pierrot et jouant Pierrot, comme Deburau lui-même, et c'est ce qui arriva tout naturellement. Théophile Gautier avait eu une idée folle, absurde, violente, divine, effroyablement audacieuse, celle de forcer l'alexandrin — l'outil de Blin de Sainmore et d'Alexandre Duval — à exprimer les bouffonneries, les nuances, les subtibilités, les délicats sous-entendus de la Pantomime et à les transporter dans le Verbe : il avait écrit son admirable comédie : *Pierrot posthume!* Certes, pour tenter un pareil tour de force, une telle récréation de dieu déguisé en clown, il fallait avoir le feu dans le cerveau et le diable dans le ventre ; il fallait empoigner par les cornes le plus terrible des taureaux ; mais, avec son air de n'y pas toucher, Théophile Gautier y touchait, d'une forte main de géant et d'athlète. La pièce faite, il fallait un acteur pour la réciter ; où trouver cet artiste qui serait compréhensif, intelligent, divinateur, spirituel, ingénu comme un muet, et qui cependant parlerait ? Comme Gautier et les directeurs cherchaient ce rarissime oiseau, une voix obstinée, unanime, impérieuse, faite de tous les murmures de Paris à la fois, répondit à leur secrète pensée et leur cria : Bache !

Bache endossa donc le redoutable costume et parut sur la scène du Vaudeville. *Ego nominor Pierrot!* Quand il entra, ce ne fut qu'un seul cri ; il était Pierrot, il était Deburau, il l'était trop ; il avait volé le visage, le fin sourire, l'allure, l'attitude, le geste sobre, gracieux et décisif du grand mime. Quand il parla, il fallut en rabattre, et presque tout et même tout ; car le genre de comique si particulier qui faisait de Bache à la ville un bouffon démesuré et irrésistible, était inapplicable à la scène. Il consistait à exprimer les théories les plus féroces et les plus sceptiquement sauvages avec le flegme, les belles façons et l'élégance hautaine d'un seigneur de la vieille roche; tel ce morceau de glace que l'entremetier enveloppe rapidement dans la pâte et jette dans la friture bouillante, afin de vous servir ce régal invraisemblable et délicieusement cruel qui se nomme : une glace frite!

Bache vous disait des choses à faire rougir le coquelicot dans les blés et le feu dans la fournaise, en souriant avec l'amoureux charme d'un Lauzun ou d'un Richelieu. Faites donc du théâtre avec un tel mélange de chair sanglante et d'essence de bergamote!

Cependant Paris s'obstina; on ne voulait pas renoncer au comédien idéal qu'on avait imaginé, et on s'acharnait à ce rêve. A ce que je crois bien, c'est par mes soins que Bache fut engagé à la Comédie-Française. Arsène Houssaye, qui ne rêvait que plaie et bosse, et qui adorait non-seulement Tartuffe et Alceste, mais aussi les masques et les bouffons de Molière, fut enchanté d'accueillir un pantin animé, qui semblait fait exprès pour représenter les Suisses, les muftis, les Polichinelles, les médecins chantants et dansants, et les avocats, et les philosophes, et le Barbouillé, et tous les monstres excessifs créés par le caprice du Contemplateur.

Bache joua dans une comédie de Plouvier un bouffon romantique à qui il sut donner une tournure assez étrange, et sous les habits paysans, dans le Lubin de *Georges Dandin,* il joua la scène de la lanterne en papier qui s'allume, presque aussi bien qu'elle était exécutée aux Funambules.

Mais enfin, il fallait bien en convenir : Bache était un mime surnaturel, mais un diseur médiocre; il n'était pas un acteur, il était bien pis, un personnage de la farce lancé en pleine vie réelle et étonnant la nature par son intensité et par son outrance glaciale. S'il parut un peu incolore et gris sur la scène, en revanche il ne manquait pas son effet désordonné et abominable dans le foyer des comédiens..

Car il y arrivait en tenue de soirée, habit noir et cravate blanche, s'inclinait très bas devant les dames en leur faisant un salut qu'on eût pu croire réglé par Vestris, mais en même temps leur murmurait à l'oreille des madrigaux à étonner le hussard de la chanson, celui-là même qui *fit un grand boucan chez un apothicaire!* Stupéfaites de s'entendre dire des choses que la grosse Margot de Villon eût trouvées légères, les comédiennes avaient envie de crier, de hurler ; mais tout de suite réfléchissant que de loin l'attitude agenouillée du détestable plaisant devait sembler correcte et parfaitement respectueuse, elles aimaient mieux ne pas avouer qu'elles avaient subi des plaisanteries si grossières, et en enrageant gardaient le silence.

C'est bien là-dessus qu'avait compté leur persécuteur, dont les farces énormes et farouches étaient taillées à la hache. Au Vaudeville déjà, il avait bien préludé ; mais son historiette avec Ancelot est très connue. Un jour, comme cela arrive souvent dans le feu du travail sans qu'il en résulte aucune conséquence fâcheuse ou quelconque, le digne académicien Ancelot, faisant répéter une pièce, commit là dangereuse imprudence de dire à son pensionnaire : « Non, pas cela ; passe à gauche ! — Comme tu voudras, » répondit tranquillement Bache, et un frisson passa dans les veines de l'académicien, qui eut le pressentiment de ses souffrances futures. Tutoyé par son souverain, Bache s'était de sa propre initiative élevé au rang de grand d'Espagne ; et dès lors il méditait une *scie* dont les dents aigues devaient bien longtemps faire crier et grincer les os de sa victime.

A quelques jours de là, madame Ancelot donnait un grand dîner, et recevait des hôtes illustres ; Bache malheureusement en fut informé. Comme on allait se mettre à table, il parut dans le salon, plus beau, plus svelte, plus exquis et Watteau que jamais, courut vers Ancelot, et lui tapant sur le ventre : « Ma vieille, dit-il, tu ne m'attendais pas, mais liés comme nous le sommes, je sais que je te ferai toujours plaisir en venant te demander à dîner! Car nous nous tutoyons! » ajouta-t-il en guise d'explication, en se tournant vers les convives, qu'il semblait, avec une caressante grâce, vouloir mettre dans sa confidence. Il y avait une solution tout indiquée ; c'était de faire jeter à la porte cet insolent ; mais ahuri et médusé comme s'il eût vu la statue du Commandeur, l'académicien n'y songea même pas ; et quant aux laquais, ils sentaient en Bache un valet de comédie d'un ordre supérieur, n'osaient pas s'y frotter, et devinaient le coutelas de Scapin caché dans sa poche.

Le convive inattendu s'assit à une place d'honneur qui certes ne lui était pas destinée, tint les discours les plus subversifs, tutoya son ennemi jusque dans la moelle des os, et dès lors organisa vis-à-vis de lui le système de sévices qui ne devait même pas s'arrêter à ses obsèques, où Bache se joignit indûment aux membres de la famille! Pendant longtemps, chaque fois qu'une porte de salon s'ouvrait, monsieur Ancelot craignait de voir surgir Bache, qui parfois surgissait en effet, et faisait des entrées plus fantastiques les unes que les autres.

A ses autres bizarreries excessives le Sosie de Deburau joignait celle-ci : il était le propre cousin de monsieur de Montalivet, le ministre de Louis-Philippe. Un soir, il arrive, l'œil morne et la tête baissée, comme les chevaux d'Hippolyte. — « Vous me trouvez, dit-il, un peu battu de l'oiseau! C'est que je viens de chez mon cousin, et comme c'est aujourd'hui le 21 janvier, je l'ai laissé très mal en point, à cause de l'accident arrivé autrefois au serrurier Capet! » Une autre fois, il se présente, las, éperdu, essuyant avec un fin mouchoir de batiste son front mouillé de sueur. Il raconte qu'étant entré par hasard dans une maison de la place des Petits-Pères où était réunie une grande assemblée de gens, il avait été assez heureux pour apaiser une violente querelle qui s'était élevée entre deux messieurs couverts de vêtements inconnus et magnifiques. Bache jouait la scène, la mettait en action, imitait les voix des interlocuteurs, et on s'aperçut avec stupéfaction que ce qu'il avait pris pour une discussion acharnée était la messe elle-même et ses répons; c'était le prêtre et son servant que, par une bouffonnerie effrénée, il représentait comme deux adversaires irrités l'un contre l'autre, et que, prétendait-il encore, il était parvenu à séparer, en leur adressant des admonestations pacifiques !

On ne pouvait, en effet, accuser Bache d'être clérical, ni même philosophe, et non plus d'avoir fait un choix entre les diverses morales, qu'il remplaçait toutes par le manque absolu de morale! Un matin, j'avais déjeuné avec mon cher et regretté ami Philoxène Boyer, dans une grande pièce située au premier étage du Café des Variétés où nous pensions être seuls, et où nous avions longuement causé histoire, philosophie, religions, parlant librement et à cœur ouvert. Mais un garçon vint appeler Philoxène que demandait en bas un éditeur à qui il avait donné rendez-vous. Alors je vis se lever, se dresser Bache, qui était assis tout près de nous, mais que le grand poêle carré nous avait caché. Il s'avança vers moi, et faisant un de ces jolis gestes descriptifs qui le faisaient ressembler à un marquis de Versailles, attendant le lever du roi :

— « Votre ami, me dit-il, est un homme supérieur,

un génie; il sait de fort belles choses, il est plein d'idées, il s'exprime avec une éloquence magnifique, seulement... c'est un *daim!* »

Un daim! A ce moment-là, je ne songeais pas à l'argot; je me représentai Philoxène en robe fauve, fuyant les chasseurs avec des larmes dans son œil bleu, laissant tomber ses pleurs dans le cristal des sources, et je ne comprenais pas bien à quoi Bache voulait en venir.

— « Oui, reprit-il, un *daim!* » Et comme il voyait sur mon visage l'expression d'un étonnement profond, il ajouta avec bienveillance, en guise de commentaire, comme voulant bien se mettre à la portée d'un être qui n'est pas au courant : « Parce qu'il donne encore dans ce vieux godant appelé Dieu, inventé pour en imposer aux masses! »

Théodore Barrière, qui avait un grand nombre d'amis, et qui donc ne l'eût aimé! invitait beaucoup d'entre eux à dîner, le jour de sa fête. A l'un de ces festins, il y avait tant de convives qu'on dut allonger la table, la continuer jusque dans le jardin. Comme quelques dames ornaient la fête, les invités étaient venus tous en habit noir; c'en fut assez pour que Bache, lui, qui d'ordinaire ne quittait pas l'habit noir, vînt avec des loques de brigand, la tête enveloppée d'un mouchoir affreux, chaussé d'alpargates, et tenant ouvert à la main son fameux couteau.

— « J'ai faim, dit-il à Barrière, je veux manger. »

L'auteur des *Faux-Bonshommes* était toujours à la réplique. Il posa devant Bache un pâté énorme, géant, fabuleux, qui eût suffi à nourrir une armée, et lui dit en souriant :

— « Mange, imbécile! »

L'Opérette, hélas! avait troublé l'héroïque farceur et l'avait rendu mélancolique; il avait la nostalgie de Molière, et aurait voulu se débarbouiller dans l'ambroisie de la vraie farce. Un imprudent ami lui en fournit l'occasion. Cet Alcibiade fantaisiste voulut effrayer sa charmante femme, dont il était séparé, et qui s'amusait un peu trop à faire semblant de jeter sa mantille par-dessus le Moulin Rouge; dans ce but, il fit déguiser Bache en commissaire. Le comédien joua admirablement son rôle, adressa à la dame des remontrances paternelles, et fut aussi touchant que peut l'être un faux magistrat. Mais les vrais magistrats prirent mal la chose; le pauvre Bache fut appréhendé, jugé, et, je suis heureux de le dire, acquitté; mais il avait risqué de bien près la prison vengeresse, déconvenue dont il ne se consola jamais et dont il finit par mourir, avec juste raison. Car jeter un nourrisson de la Fantaisie dans une prison moderne, réelle et prosaïque, n'est-ce pas un crime de lèse-Thalia !

A la bonne heure si c'était dans un de ces jolis bagnes de la comédie où l'œil s'enivre des flots de saphir et d'aigue-marine, où l'on entend chanter et murmurer la mer de Sicile, et d'où Scapin et Mascarille sortent avec un habit rayé de rose tout flambant neuf, qu'ils ont pris on ne sait où, peut-être dans leur âme; car c'est sans doute leur propre pensée qui les coiffe de bérets fous, et qui les revêt d'habits envolés, chatoyants et couleur de rose !

XIV

LE DUC D'ABRANTÈS

Comme je venais de tirer à la conscription et que je descendais de l'estrade avec un bon numéro, tandis que mon père anxieux m'attendait encore, je me sentis serré, pressé entre deux bras robustes et baisé sur les deux joues. Celui qui de la sorte me félicitait avec effusion de ne pas être soldat, c'était le fils de Junot, le duc Napoléon d'Abrantès. Certes, il y avait là une apparente anomalie; mais, sous le règne de Louis-Philippe, on était un peu las de la gloire militaire. Épris d'un autre idéal, on rêvait d'avoir du génie, et quelques hommes de la génération de 1830 ont même pris ce rêve assez au sérieux pour acquérir beaucoup de talent. Homère, Eschyle, Dante, Shakespeare, Michel-Ange, Mozart dans le passé, dans le présent Hugo et Delacroix étaient nos dieux, et quant à moi, je dois dire que sur ce point je n'ai pas changé d'un iota. Notre doctrine était celle de l'Art pour l'Art; nous pensions qu'en dehors de son devoir absolu qui est d'être beau, un poème n'est nullement tenu à être d'une utilité immédiate, et je suis resté fidèle à cette théorie, même après que les plus éminents esprits l'ont désertée.

Sans m'avoir jamais vu, le duc d'Abrantès, qui était entre autres choses un compositeur exquis et charmant, avait mis en musique (sans offenser les paroles!) quelques-uns de mes poèmes de jeunesse; aussi la connaissance entre nous fut-elle bientôt faite, et très naturellement, d'autant plus que le duc habitait comme moi le quartier Latin, ou plutôt le jardin du Luxembourg, où il vivait comme un sage, content de peu, heureux de penser dans la solitude, et pour dire un mot décisif, revenu de tout. Cela tenait à ce qu'il y était allé! Naturellement, il avait été d'abord officier dans l'armée; mais il y avait eu dans le régiment dont il faisait partie une conspiration bonapartiste, et dans une telle circonstance, son nom seul, à défaut du reste, lui aurait fait une obligation étroite de ne pas s'abstenir. Néanmoins, il fut condamné à mort, comme c'était inévitable, et sa grâce ayant été obtenue à grand'peine, dut quitter l'armée.

Tout jeune alors, que pouvait-il faire? Un duc d'Abrantès ne saurait devenir épicier ou papetier! Aujourd'hui, il trouverait sans doute à se caser dans les chemins de fer ou dans les affaires industrielles; mais alors rien de tout cela n'existait, et on n'avait pas encore imaginé de mettre les noms illustres sur des prospectus. Le jeune Napoléon ne pouvait donc faire mieux que de mener la grande vie, d'éblouir Paris par son luxe, par son faste, par la beauté de ses équipages, et de plaire aux femmes. Sur ce dernier point surtout, il se montra irréprochable, car riche et prodigue, spirituel, hardi et beau cavalier, écrivain et musicien, artiste jusqu'au bout des ongles, il avait la fantaisie d'un magicien aux mille prestiges, et possédait, en outre, qualité infiniment appréciée dans le grand monde où les maris sont souvent des vieillards cacochymes, une force de taureau, comme le moine Amador dont Balzac a raconté l'histoire, ou comme Héraklès lui-même.

On sait que les cinquante filles de Thestios, roi des Thespiens, eurent chacune des enfants du héros, à qui une nuit suffisait pour créer un peuple ; pour en faire autant, il manquait au duc d'Abrantès une chose, c'était de rencontrer un père qui eût cinquante filles ; mais le reste ne l'eût nullement embarrassé. Ayant dans ses veines, mêlés et confondus, le sang du sergent Junot et celui des Comnène, des empereurs d'Orient, il possédait le don de commander, de soumettre, et d'autre part il était musclé et râblé comme un athlète : aussi dut-il obtenir d'immenses succès parmi les duchesses romantiques et vaporeuses, diaphanes, qui n'ont que le souffle, mais qui après six nuits passées au bal se retrouvent fraîches comme une rose, et avides de plaisirs.

Il en obtint tant et tant qu'il y dépensa non sa santé, absolument indélébile et féroce, mais ses fortunes jusqu'au dernier sou, de sorte qu'enfin il ne lui resta plus que le tas de créanciers dont parle don César, hurlant après ses chausses. Il leur donna tout l'argent qu'il avait et pouvait avoir, et pour le reste de bonnes paroles et des mots spirituels, dont il avait dans l'esprit une fabrique inépuisable. Puis, il se retira, comme je l'ai dit, dans la solitude, car s'il n'avait plus de terres, ni de prés, ni de bois, ni d'or monnoyé, il avait acquis, d'une manière définitive, le trésor précieux entre tous : la sagesse.

Je n'ai jamais vu d'homme si aimable, si bon, si affable, si pitoyable, non seulement à toutes les misères, mais aussi à toutes les folies et à tous les caprices, car il avait assez vécu pour tout excuser et tout comprendre chez les autres, alors même qu'il ne désirait plus rien pour son propre compte. En somme, les seules gens qui ne soient ni curieux ni envieux sont ceux qui ont tout vu et tout possédé. Lire, composer de la musique, causer avec quelques jeunes gens pour qui il était un ami et un incomparable conseil, et enfin jouir éperdument des ombrages, des gazons, des fleurs de ce Luxembourg, qui est un immense paradis dont la possession ne coûte rien, cela suffisait à ce grand dépensier, à ce don Juan abreuvé de flatteries, et d'ailleurs il avait été assez aimé pour ne plus trop se soucier des femmes, et pour n'avoir gardé que le culte simple et initial de LA FEMME ! Sa conversation était un enchantement et un enseignement ; avec son expérience et son esprit rapide, pas une personne, pas une situation, pas un cas si ardu et embrouillé qu'il ne sût définir et juger d'un mot. Dans une circonstance si compliquée et difficile qu'on la suppose, il pouvait toujours vous dire : « Voilà ce qu'il faut faire », et en lui obéissant, on était assuré de se tirer de peine.

Napoléon d'Abrantès avait mangé tout son avoir ; il eût mangé le Pactole avec, et la Lydie, et la Californie, si elle avait été connue ; mais il lui restait une suprême ressource à laquelle il n'avait pu toucher, un de ces majorats créés par la prévoyance tutélaire de l'empereur, trop intuitif pour n'avoir pas deviné que s'il n'y mettait ordre, les fils de ses maréchaux se trouveraient un jour sans coiffe et sans semelle. Cela représentait cinq cents francs par mois, incessibles, insaisissables, et sur lesquels le diable même n'aurait pas pu mettre la griffe ; cette somme relativement modique suffisait parfaitement à l'ancien et héroïque viveur, et voici comme il l'employait.

Il habitait rue des Grès, aujourd'hui rue Cujas, chez un logeur nommé Grosfils, qui pour rien, pour des sous, lui donnait le vivre et le couvert, et encore en lui faisant toujours un crédit imputable sur le mois suivant. Le premier du mois, lorsqu'il avait touché ses cinq cents francs, il commençait par payer son hôtelier ; puis il tirait d'une commode des

vêtements précieusement conservés, s'habillait en
dandy irréprochable, mettait dans ses poches ce qui
lui restait d'or, et s'en allait de l'autre côté de l'eau.
Là, pendant un, deux ou trois jours, selon qu'il était
plus ou moins riche, il se promenait une fleur à la
boutonnière, dînait au Café de Paris, et passait sa
soirée aux Italiens, où merveilleusement ganté et
cravaté, beau comme naguère, il allait de loge en
loge saluer les femmes qui l'avaient aimé, c'est-à-dire
une quantité innombrable de femmes!

Lorsque de la sorte il s'était bien *débarbouillé au
ciel avec de l'ambroisie*, il s'en revenait au quartier
Latin, sans un regret, sans un soupir; il recommençait à manger chez Grosfils, reprenait ses habits de
Luxembourg, et pendant les longues heures causait
avec nous, qui étions si heureux de l'entendre. On
dit que l'expérience des autres ne nous profite pas;
cette vérité axiomatique n'a pas été une vérité pour
moi. Au début de ma vie, j'ai eu le bonheur de rencontrer quelques-uns de ces hommes qui savent le
fin mot de tout; ils ont eu la bonté de me le dire
sans ambage et sans périphrase, et je me le suis tenu
pour dit. Après avoir donné, dépensé et jeté tant
d'or, le duc d'Abrantès m'affirmait avec conviction
que tous les plaisirs sont peu de chose auprès de
celui que nous donnent les beaux vers, et celui qui
les fabrique n'a, me disait-il, ni de supérieur ni d'égal
au monde. Il m'expliquait le néant des honneurs, le
profond ennui des salons, l'inutilité des voyages, la
niaiserie de la politique, et tout de suite je l'ai cru
sur parole, estimant comme lui qu'apprendre à rimer suffit parfaitement pour occuper la vie d'un
homme, et que pourvu qu'on puisse se promener
dans un beau jardin, il est oiseux d'aller chercher
sous des cieux lointains des bougies à un franc
cinquante la pièce et des punaises inconnues.

Ainsi aimant profondément la poésie et la musique, et jugeant les biens terrestres à leur juste valeur, le duc d'Abrantès eût été parfaitement heureux si, chose impossible! il lui eût été donné de dompter en lui cette force hérakléenne qui lui permettait de plier en deux une pièce de cent sous comme Arpin, ou un fer à cheval, comme Maurice de Saxe. Tant qu'il avait eu affaire aux frêles grandes dames, sensitives que nul ouragan n'étonne, ce défaut avait pu être considéré comme une grâce de plus, et il savait que ces pensives Ophélias sont invincibles comme le diamant. Mais, manquant en général des deux cent mille francs de rente qui donnent la rafraîchissante oisiveté, les fillettes, les grisettes, les modèles, les vagabondes, les folles danseuses, les filles de joie et de douleur sont forcées d'économiser dans une certaine mesure ce que Dumas fils pourrait aussi et à plus juste titre nommer leur *capital;* aussi, avec ses façons de héros tueur de loups, le duc d'Abrantès était-il arrivé à jeter parmi elles une véritable épouvante. Comme il était doué des plus aimables façons et de l'éloquence la plus persuasive, elles savaient très bien que si elles l'écoutaient, il en viendrait, de fil en aiguille, à leur défiler tout son chapelet, et qu'il les laisserait alors lassées et au contraire de l'impératrice Messaline, parfaitement rassasiées, à n'avoir pas faim de quinze jours. C'est pourquoi dès qu'il paraissait au bal ou dans quelque café d'étudiantes, ces hirondelles effarouchées s'écriaient à l'envi :

— « Sauvons-nous, voici le duc ! »

Par exemple, celle qui ne se sauvait pas, et qui imprudemment prêtait l'oreille, était sûre de se retrouver le lendemain matin calmée comme ne le fut jamais la Méchante mise à la raison du bon Shakespeare, et de rester dans quelque fauteuil, immobile comme la Sphinge du désert, qui, d'une prunelle morte, boit l'aveuglant soleil et regarde stupidement l'immense étendue.

A tous ses autres mérites, le duc d'Abrantès joignait celui d'être l'homme de son temps le plus savant dans l'art de la cuisine, et voici comment il l'avait acquis.

Napoléon, qui voulait que tout autour de lui fût pompe, éclat et splendeur, avait exigé que son ami Junot eût pour cuisinier l'illustre Carême. On sait que cet artiste, à la fois créateur et virtuose, a été, dans toute l'acception du mot, un grand homme, et que ses ouvrages, où il s'est montré écrivain supérieur comme tous ceux qui parlent de ce qu'ils savent bien, sont des livres pleins de faits et de lumineuses théories, qui ouvrent à la pensée d'immenses horizons. Or Carême dépérissait, mourait de chagrin et d'ennui chez Junot, et se fût volontiers passé son épée au travers du corps, s'il eût été homme à déserter son devoir, comme le faible Vatel. En effet, son légitime orgueil était soumis à de bien dures épreuves! Souvent les nécessités si exigeantes du service des Majestés Impériales divisaient pour un temps la famille du héros, et il n'était pas rare que le vainqueur de Nazareth, le gouverneur de Paris, l'ambassadeur à Lisbonne, le commandant de l'armée dirigée contre le Portugal, se trouvât seul dans quelque hôtel ou dans quelque palais, avec son jeune fils Napoléon, dont il n'avait guère le temps de s'occuper, pris qu'il était par mille soins et par ses hardis et rapides projets d'administration, de gouvernement, de guerre et de conquête.

C'est alors que le grand Carême subissait les plus amères et les plus douloureuses blessures. Tous les matin, il venait à l'ordre, et, devinant par avance l'abominable réponse qui devait lui être faite, demandait à monsieur le duc ce qu'il désirait pour son déjeuner. Or, Junot lui répondait, et cela invariablement :

— « Une côtelette et des haricots ! »

O horreur ! horreur ! horreur ! Employer le génie de Carême à griller une côtelette de mouton, et à accommoder au beurre, tout simplement, de vulgaires haricots blancs, que le maréchal n'eût pas même compris s'ils eussent été savamment cuits dans un jus savoureux, n'était-ce pas le même sacrilège que si Napoléon, empereur des Français, roi d'Italie, protecteur de la Confédération du Rhin, eût été occupé à faire manœuvrer quatre hommes, en qualité de caporal ?

Cependant Junot n'y mettait pas de malice. Emporté aux premiers jours de sa jeunesse dans le tumulte éblouissant des Victoires, il avait, comme tous ses contemporains, trouvé le moyen de s'instruire seul, de méditer, de reconstituer les conquêtes d'Alexandre, les batailles de César et de Pompée, la guerre des Gaules ; il eût raconté en historien la retraite des Dix Mille ; mais il n'avait pas eu le temps d'apprendre à manger ; en tout et pour tout, il n'aimait que les côtelettes et les haricots, et il le disait naïvement.

Certes, dans les grandes occasions, quand il s'agissait de traiter les rois, les princes, les ambassadeurs, les capitaines, et ces charmantes femmes dont les rapides amours étaient si souvent traversées par la mort, Carême avait carte blanche et pouvait alors composer des menus que ses successeurs se contentent d'imiter servilement ; mais jamais il n'avait la joie d'imaginer pour Junot un de ces plats exquis, délicats, subtils, destinés à une personne seule, que l'artiste trouve, par exemple, pour un archevêque érudit, qui s'en léchera les babines et s'en souviendra pendant tout le reste de ses jours. Un de ces plats dont on combine les voluptueuses saveurs pour un maître du monde, pour une femme aimée, pour un Orphée gourmand comme le fut Rossini, et qui valent non-seulement un long poème, mais aussi un sonnet sans défaut! Le pauvre grand homme ressemblait à un Benvenuto, sachant soumettre à ses caprices l'argent et l'or et les pierres précieuses, qu'on condamnerait à casser des morceaux de roche et des cailloux, sur la grande route.

Il étouffait de son inspiration rentrée, de ses desseins avortés, de ses idées qu'il ne pouvait confier à personne. Cependant, en observant le jeune Napoléon d'Abrantès, qui souvent se promenait en désœuvré par les corridors, il remarqua le visage intelligent de cet enfant, sa lèvre où la lumière se posait amoureusement comme une abeille, son vaste front, son regard extraordinairement intuitif. En causant avec le fils de Junot, Carême put facilement se convaincre qu'il ne s'était pas trompé lorsqu'il avait cru deviner en lui un esprit et une âme; aussi il s'attacha au petit Napoléon, et, avec une généreuse et paternelle tendresse, fit de lui son élève.

Il lui enseigna la Cuisine, c'est-à-dire tout! l'histoire, la géographie, l'histoire naturelle, l'anthropologie, la physique, la chimie, et surtout la philosophie la plus raffinée, car pour connaitre son art complexe entre tous, le Cuisinier ne doit rien ignorer, et il faut qu'il possède, dans sa théorie et dans ses applications, la science de tout l'Homme et de toute la Nature.

Mais imaginez qu'un tel cuisinier gouverne, impressionne, façonne à son gré le convive dont il dispose, et, de même que le musicien chez son auditeur, éveille en lui, comme il lui plaît, les rêves, les sensations et les pensées, et joue de son âme, comme d'une lyre docile! Carême avait trouvé en Napoléon d'Abrantès un disciple merveilleusement apte à le comprendre, et peu à peu, lui avait dévoilé les suprêmes arcanes dont le vulgaire ne soupçonne même pas l'existence. C'est ainsi que le duc avait acquis les talents, en apparence inexplicables et surnaturels, que nous admirions chez lui, et grâce auxquels furent opérés, en pleine vie parisienne, de véritables miracles.

Ainsi, lorsqu'un des amis du duc d'Abrantès, épris d'une femme quelconque, fillette, dame mariée, courtisane, comédienne, avait obtenu de cette femme la promesse qu'elle dînerait avec lui, si loin qu'il fût du quartier Latin, il prenait une voiture (dont, certes, le prix ne devait pas être perdu!) et en grande hâte venait consulter l'élève de Carême. Alors il fallait lui parler comme à un confesseur, ne rien lui cacher, lui raconter tout le petit roman, lui dire bien juste à quel point on en était, et lui décrire la femme dont il s'agissait, en expliquant son tempérament, son caractère, son éducation, et même son âge, s'il était possible! Selon que la femme était brune ou rousse, bonne, méchante, folâtre, cruelle, simple, froide, aimante, romanesque, le duc d'Abrantès composait et écrivait de sa main la carte du dîner qui devait lui être offert. Il disait aussi, selon l'argent que possédait l'amoureux, à quel cabaretier il devait s'adresser, et il n'y eut pas d'exemple que ses instructions, fidèlement obéies, ne fussent pas suivies d'un plein succès. Il savait encore rédiger le menu du dîner que l'écolier insoumis doit offrir à son père, venu exprès à Paris pour le gronder, et de celui que le neveu, déconsidéré par une vie de Polichinelle, peut faire servir à l'oncle dont il prétend une fois de plus alléger le portefeuille. Car en leur faisant manger telle ou telle chose, il savait mettre les gens dans l'état d'esprit ou il voulait qu'ils fussent, de même que nos pensées sont influencées diversement par la lumière tamisée à travers des cristaux bleus, orangés, violets ou roses.

Mais le duc d'Abrantès réalisait des prodiges plus étonnants; par son art merveilleux il arrivait avec certitude à faire manger le malade anémique, résolu à mourir de l'air du temps, comme j'ai eu souvent l'occasion de l'éprouver par moi-même. Je le rencontrais, entrant avec un ami dans un de ces petits restaurants du quartier Latin dont la cuisine était redoutable, mais où lui seul pouvait se tirer honnêtement d'affaire, car selon la saison, le moment de l'année ou l'on était, le temps qu'il faisait, et au moyen de sa connaissance approfondie et impeccable de tous les objets comestibles, il devinait avec une sûre intuition quels mets le traiteur pouvait offrir à son public sans être tenté d'en falsifier les éléments. Il m'invitait à l'accompagner, et j'acceptais, à la condition expresse que je ne mangerais rien, car, tout à fait malade et brisé, je sentais un insurmontable dégoût pour toute espèce de nourriture.

Le duc se gardait bien de me contrarier; mais au bout d'un moment, il demandait un plat particulier, soit un poisson cuit dans un certain court-bouillon indiqué par lui, et servi chaud sans aucune sauce. — « Cela, me disait-il, vous pouvez en manger une bouchée. Essayez, je vous prie! » Il me servait lui-même cette bouchée, choisie dans l'endroit le plus engageant, et présentée de façon à m'en donner envie. Or, (voilà où est le mystère, le grand secret!) une fois que le malade privé d'appétit a goûté de ce plat, il y a un autre plat qu'il peut manger, que mathématiquement il doit désirer; et c'est ainsi que par une gradation adoucie, insensible, mais en même temps nécessaire et fatale, le duc d'Abrantès m'amenait triomphalement, sans que j'eusse pu résister, du poisson bouilli au réconfortant et sanglant roastbeef. Et pour ce jour-là l'accablement, la faiblesse, l'affreuse souffrance étaient vaincus!

De même, dans les rosaces de soie colorées dont il dispose habilement les nuances infinies, le savant Chevreul les fait passer du gris au rouge écarlate, sans que l'œil du spectateur, charmé par les rayons du spectre solaire, ait pu saisir le moment où une couleur fait place à une autre. Telle aussi se déroule l'immense chaîne des Êtres, depuis les organismes vagues et confus jusqu'à l'Homme au visage sublime, et jusqu'aux Êtres supérieurs dont le vol silencieux se mêle aux ardents resplendissements de la pure lumière.

Si les médecins n'ignoraient pas ce que savait si bien le duc d'Abrantès, au lieu de droguer leurs malades, ils pourraient les nourrir et par conséquent les guérir; mais encore, étant admise cette invraisemblable hypothèse, ne devraient-ils pas laisser subsister l'ancien état de choses, ne fût-ce que par égard pour les pharmaciens, dont le commerce deviendrait inutile, et qui seraient forcés, pour vivre, de s'établir photographes, ou de brouter l'herbe des chemins? Et supposez un Louis XI, un Richelieu, un Bismarck possédant un tel moyen de dominer les hommes! Il est bien évident que si on avait eu l'idée de faire de Napoléon d'Abrantès un premier ministre, il lui aurait suffi d'inviter à dîner les ambassadeurs et les membres de l'opposition, pour les obliger à penser et à vouloir ce qu'il aurait résolu, et pour modeler leurs cerveaux à sa fantaisie, comme un statuaire pétrit l'argile. Mais qui pouvait s'aviser d'une telle combinaison? Ce n'était pas ce brave Louis-Philippe, cet honnête roi en pantalon blanc qui naïvement, par économie, faisait venir son dîner de chez le traiteur, à raison de six francs par tête, tandis que dans les cuisines des Tuileries, éteintes et gelées, le néant, le chimérique : rien du tout — était fricoté, dans des casseroles pleines de silence et d'ombre, par les vagues marmitons de la Solitude !

XV

LE PRINCE EURYALE.

Il m'est arrivé quelquefois de voir représenter en province l'admirable *Pierrot posthume* de Théophile Gautier, et j'ai été douloureusement affecté de la niaiserie et de la lourdeur avec laquelle est tenu le rôle de l'Arlequin, car le sens de ce personnage est perdu! L'acteur marchait bourgeoisement, les bras ballants, les pieds lourdement appuyés au sol, comme heureux d'être solidement soudé et vissé au plancher des vaches, tandis qu'il aurait dû ondoyer comme un serpent, voleter comme un oiseau, bondir comme un jeune faon dans les bois! En effet, l'ancien Arlequin de la Comédie Italienne, qu'on ne se figure même plus, était aussi agile, aussi naïf, aussi rusé qu'une bête, et sans cesse agité et brûlé par une flamme intérieure, ne restait jamais en repos, fût-ce pendant une seconde. Il était un être dansant, emporté et balancé dans un rhythme invisible; ses pieds, ses jambes, ses bras, son torse de vif-argent remuaient toujours, avec une grâce musicale et comique, et pris lui-même dans ce mouvement perpétuel, son masque immobile s'animait et semblait vivre.

Dans une scène muette, où il devait accomplir une action indifférente, Arlequin par ses lazzi communiquait alors aux spectateurs une gaieté qui se traduisait par le fou rire, et s'il rompait le silence, ses paroles fuyaient et s'envolaient comme un tumulte d'oiseaux fous. Hélas! cette magie s'est évanouie; à la Comédie-Française, Arlequin métamorphosé, transformé, devenu son propre contraire, a dû abdiquer sa personnalité et se résigner à devenir Pasquin, c'est-à-dire un masque sans originalité — et sans masque! C'est ainsi que les hommes de la génération actuelle ne peuvent plus jamais voir de leurs yeux, vivant et agissant, le type qui fut si cher à Marivaux et à Watteau.

Moi, plus heureux, j'ai connu dans la vie réelle un Arlequin véritable, en chair et en os, qui florissait au quartier Latin, parmi les étudiants, vers la fin du règne de Louis-Philippe. C'était un jeune nègre nommé Euryale, mince, élancé, gracieux avec une tête de carlin, et toujours bondissant et dansant comme Carlin ou Dominique. Fils d'un pauvre serrurier de la Guadeloupe, il était audacieusement venu à Paris sans argent et sans aucun moyens d'existence, et il avait même dû payer son passage sur le navire en monnaie de singe; mais il était aussi effronté et aussi bon comédien, du moins à la ville, que ce Scaramouche dont, après Mezzetin, Emmanuel Gonzalès nous a si bien raconté l'histoire.

Comme on le verra, Euryale, ne sachant ni ne voulant faire œuvre de ses dix doigts et n'exerçant aucun art, se décida à se faire prince; mais encore fallait-il trouver pour ce prince qu'il lui plaisait de créer une figure caractérisée et spéciale!

Le seul talent vraiment nègre que possédât Euryale, c'était de pouvoir, comme ses pareils, se griser en parlant et en chantant, sans avoir bu une seule goutte d'un liquide quelconque, et d'ajouter à toutes ses phrases, en guise de refrain, comme l'AOI

14

de *La Chanson de Roland,* ces deux mots : d'amour, qui d'ailleurs ne se rattachaient en aucune façon au sens de l'idée exprimée. C'est ainsi qu'il s'écriait : Il fait ce matin un beau temps... d'amour! ou : Ah! voilà l'ami Eugène... d'amour! ou encore : Allons-nous-en manger cette vieille côtelette... d'amour! A part cette manie, qui ne lui fut pas inutile, Euryale était arrivé ici railleur, ironique, sachant tous les argots parisiens et parlant le plus pur et le plus impur parisien du boulevard Montmartre; beaucoup trop malin et spirituel pour patoiser, il ne savait pas le langage nègre et n'avait jamais essayé de parler nègre.

Mais il comprit bien vite qu'il devait combler cette lacune de son éducation; car le moyen de faire admettre un prince étranger qui parlerait comme tout le monde et même comme Chamfort? Justement le hasard le servit à souhait. Quelques jours après son arrivée, des compatriotes conduisirent Euryale au théâtre de l'Opéra-Comique, où on jouait une pièce dans laquelle divers nègres parlaient le bizarre idiome qui n'exista jamais que dans les comédies à ariettes. Avec son intelligence rapide, notre aventurier l'apprit tout de suite, et sur ce point devint aussi habile qu'un *Martin* ou un *Elleviou* de profession.

Dès lors, Paris lui appartenait : il le fit bien voir! Il entrait chez les marchands d'habits du Palais-Royal et, avec les apparences d'un homme pris de la plus naïve gloriole, achetait ces gilets rouges ou bleu de ciel, ces habits bons à être portés dans la lune, ces pardessus de couleur claire et fulgurante qui s'étonnent d'être décrochés du porte-manteau, et dont la vente invraisemblable stupéfie surtout l'audacieux artiste qui les a confectionnés. Le marchand, heureux d'avoir fait une dupe, se frottait les mains ; est-il besoin de dire qu'il ne devait pas rire le dernier? Loin de lui montrer la couleur de son argent, le nègre invincible se bornait à dire : *Moi prince* (qu'il prononçait POINCE) *prince noir dans mon pays! moi prince!* et à jeter orgueilleusement l'adresse de l'hôtellerie où il logeait, afin que les hardes lui fussent envoyées. Par le même système, il achetait des cannes absurdes enrichies de pierreries, des cravates jetant des lueurs sidérales, et des joyaux effrénés, bons pour un clown de cirque, en répétant plus que jamais : *Moi prince! prince noir dans mon pays!*

Lorsqu'on lui apportait les marchandises dans sa chambre d'hôtel très misérable, mais qu'il avait ornée de parasols, de drapeaux troués, de noix de coco, de têtes de mort et de faux pistolets arabes, il ne donnait aux garçons aucun pourboire, ne possédant pas en général d'argent monnoyé, mais il leur faisait croquer une jujube ou quelque bonbon turc dont il avait (gratuitement) fait emplette chez le marchand marseillais, et surtout il leur donnait sa main à baiser, ce qui les remplissait de joie. Quant au montant de la facture, il ne l'acquittait en aucune façon, et se bornait à dire : *Moi retourner boutique à li ; acheter encore à massa tailleu... moi prince, prince noir!* Quand il avait bien parlé nègre, il se délassait en parlant parisien avec ses amis ; et chose étrange, les étudiants, si susceptibles d'ordinaire en ce qui touche l'honorabilité de leurs compagnons, admettaient la vie extraordinaire de ce fantoche. Bien plus, tant les moutons de Panurge sont moutons, à force d'entendre Euryale dire à tout propos : *Moi prince!* on ne sut plus positivement s'il était prince ou s'il ne l'était pas ; on aima mieux le croire que d'y aller voir, et sa *princerie* entra peu à peu dans le domaine des choses acquises.

Les hôteliers, trouvant que sa présence jetait sur

eux un certain lustre, lui avaient donné une plus belle chambre, une horrible chambre empire aux meubles égyptiens couverts de soie bleue avec des broderies blanches représentant des sphinx et des obélisques. Ces sièges, d'un goût détestable, ouvraient quelquefois leurs bras à de très jolies femmes, car Euryale courait les bals avec ses gilets bleu de ciel et s'écriait : « Ah! voilà Eulalie... D'AMOUR! Voilà Hortense... D'AMOUR! » Il se jetait à leur cou, les embrassait fiévreusement en sa qualité de prince noir, et les engageait à lui faire visite ; elles y venaient parfois, et s'en allaient avec un bijou de laiton ou un collier de grains d'Amérique. S'il avait poussé le lyrisme jusqu'à dire à une Rosa ou à une Lucette... D'AMOUR : « *Toi li veni demandé à dîné à moi,* » il avait soin d'être religieusement absent ; cependant, comme l'homme n'est pas parfait, sept demoiselles, qu'il avait invitées à dîner, se trouvèrent un jour réunies dans sa chambre. Euryale ne se laissa pas démoraliser pour si peu ; il entassa dans un fiacre le troupeau de ses amantes, et, essentiellement pratique, en arrivant au Café Anglais, il eut soin de dire au garçon : *Toi tout de suite payer fiaque!*

Il s'appliqua ensuite à commander les mets les plus chers, les plus extraordinaires, les vins les plus fabuleux, et à organiser une sauvage razzia de truffes. Lorsque vint le quart d'heure de Rabelais, il joignit sa carte à l'addition qu'on lui avait apportée, et porta le tout au comptoir, où il dit avec la fierté d'Artaban : *Li adition pou moi... moi poince noir, poince dans mon pays!*

Je pense que la dame de comptoir du Café Anglais, très intelligente comme ses pareilles, sut parfaitement à quoi s'en tenir ; mais sans doute elle avait reçu des indications précises pour des cas analogues. Dans l'intérêt du commerce parisien et des industries de luxe, il est indispensable que la légende fantaisiste des princes étrangers garde son prestige, et qu'on ne sache jamais bien si ces beaux seigneurs en bottes trop vernies et en gilets de velours n'ont pas, en effet, conquis la Transylvanie et l'île de Chypre. Car enfin, il y en a qui achètent sérieusement les bibelots invendables et les habits de Polichinelle, et qui boivent, en le payant, du vin de Constance à cent francs la bouteille, et ce sont ceux-là qu'il ne faut pas décourager.

En vertu sans doute de ce principe, Euryale finit par être universellement accepté; on s'habitua à le voir dans les coulisses des petits théâtres, où il eut ses entrées par droit de conquête, et où selon l'occasion il changeait de rôle, tantôt faisant de l'esprit avec les journalistes, ou jouant le prince noir pour les petites *grues*. Pour les inaugurations, pour les revues, pour les cérémonies publiques, on ne lui refusait pas la place réservée qu'il avait soin de réclamer, et son nom parut même dans les conseils d'administration de certaines compagnies illusoires, qui n'ont pas le droit d'être difficiles en fait de princes. Ce qu'il y eut d'invraisemblable et qui pourtant est strictement vrai, c'est que des intermédiaires naïfs, éblouis par les belles paroles nègres d'Euryale, obtinrent pour lui une audience, qui lui fut accordée tout de suite par un des princes de la famille royale. Évidemment le faux prince n'aurait rien pu dire à ce vrai prince s'il lui avait parlé français; mais c'est ce dont il se garda bien. Feignant une émotion, une adoration, un transport de joie qui allait jusqu'à la folie, et que peut-être d'ailleurs il éprouvait en effet, grâce à la faculté qu'il eut toujours de se griser d'un vin idéal, il se jeta, se roula, se vautra aux pieds du prince, les yeux emplis de pleurs et s'écriant dans une extase passionnée :

— « *Moi, poince, mouri, mouri d'amou, mouri d'amou, mouri!* »

— C'est un fou », dit le prince. Puis, ému de je ne sais quelle pitié capricieuse, il ajouta : « Qu'on lui fasse donner cinq cents francs. »

Cette fois, Euryale vit, toucha, posséda un vrai billet de banque; ce qui lui permit d'exister pendant quelques jours sans jouer aucun rôle. Après cela il ne lui restait plus qu'à mourir; c'est ce qu'il fit en effet et de la façon la plus naturelle du monde, car il était phtisique au dernier degré. Étonné de ne pas trouver chez lui un sou vaillant, le magistrat en référa au maire, qui lui même s'adressa en haut lieu. D'un commun accord, on décida qu'à tort ou à raison ayant passé pour un prince, Euryale devait être enterré convenablement, et le gouvernement fit les frais de ses obsèques. Rien de plus sage qu'une telle décision; car, ainsi que le dit alors finement un des meilleurs conseillers du roi Louis-Philippe, les institutions doivent être respectées jusque dans leur abus, sans quoi on risque de ne plus rien trouver au fond de la boîte, que de la cendre fine et des feuilles sèches!

XVI

HONORÉ DAUMIER

A l'époque où j'écrivais au journal *Le Corsaire*, il arriva un jour où la vignette placée en tête de ce journal fut tellement usée et fatiguée que raisonnablement elle ne pouvait plus servir. Cette vignette, qui était, je crois, du spirituel Tony Johannot, n'avait pas le sens commun; mais c'était la faute du sujet et pas du tout celle de l'artiste. Sur le pont d'un navire où venait d'être ordonné le branle-bas de combat, un grand diable de marin mélodramatique brandissait une plume gigantesque et démesurée, tandis qu'autour de lui les matelots s'occupaient consciencieusement aux préparatifs d'une bataille navale. Comme ce dessin lamentable demandait impérieusement sa retraite, et au tirage ne donnait plus qu'une vague et sale tache grise trouée par des blancs absurdes, il fallait songer sérieusement à le remplacer, et à ce sujet fut tenu une sorte de conseil, auquel furent admis les rédacteurs.

Moi, avec la fougue, avec la folle et ardente foi de la jeunesse, je mis tout de suite en avant le nom d'Honoré Daumier, alléguant que ce peintre de mœurs, que ce grand satirique était un homme de génie. A cette affirmation imprudente, mon rédacteur en chef bondit, comme si tout à coup il se fût trouvé assis sur cent mille baïonnettes. Monsieur Virmaitre, dont j'ai gardé le plus charmant et le plus aimable souvenir, était un homme d'infiniment d'esprit; mais à ce moment-là il pensait comme tout le monde, et n'était pas loin de regarder Daumier comme un sauvage altéré de sang. — « Vous voilà bien! me dit-il, vous trouvez des grands hommes comme s'il en pleuvait, et les génies ne vous coûtent pas plus qu'à votre cher Balzac, qui en voit partout, même parmi l'honorable corporation des portiers. »

Il y avait de quoi se tenir pour battu; mais j'avais alors et j'ai toujours devant mes yeux l'exemple du roi thrace Orphée, inventeur de la cithare, qui rien qu'avec des paroles tira des enfers sa chère femme Eurydice, et j'ai pour principe que nous devons toujours savoir, à l'aide des mots disposés dans un ordre harmonieusement imprévu, ravir les esprits et convaincre les âmes. Je dis tant et tant de choses, avec une si ardente et persuasive sincérité, que monsieur Virmaitre, lassé sinon converti, consentit enfin à mon désir. De plus, j'étais chargé de mener à bonne fin la négociation, et pour mes débuts dans la diplomatie, je passais au rang d'ambassadeur! Il fut convenu que le nouveau dessin initial du *Corsaire* serait par mes soins commandé à Daumier, et que cet ouvrage, prodigalité fastueuse, inouïe, incroyable et rothschildienne pour l'époque, serait payé... cent francs! Me voilà donc parti pour aller chez le maître que je n'avais jamais vu, fier de mon succès, content de moi, frappant les astres de mon front, comme si Mécène avait consenti à me compter au nombre des poètes lyriques, et administrant les cinq pièces de vingt francs qui n'avaient été que promises, comme si elles eussent déjà sonné dans ma poche.

Lorsque j'entrai dans l'atelier, Daumier, assis devant une table et courbé sur une pierre lithographique, travaillait en fredonnant le rondeau de *Kettly : Heureux habitants des beaux vallons de l'Helvétie*, dont la profonde stupidité l'enivrait comme un breuvage bizarre, et l'aidait à supporter patiemment le vol lent et pénible des heures. J'admirai son visage éclatant de force et de bonté, les petits yeux perçants, le nez retroussé comme par un coup de vent de l'idéal, la bouche fine, gracieuse, largement ouverte, enfin toute cette belle tête de l'artiste, si semblable à celle des bourgeois qu'il peignait, mais trempée et brûlée dans les vives flammes de l'esprit, et tout de suite j'expliquai l'objet de ma visite, insistant pour obtenir le chef-d'œuvre que j'étais venu chercher, et surtout m'excusant une fois pour toutes de ne pouvoir le payer que cent francs.

Mais la question d'argent n'existait pas; Daumier s'en moquait comme de Colin Tampon; ce qui était bien autrement grave, c'est qu'il ne voulait pas du tout faire le dessin. Il allégua d'abord qu'il était fatigué et ennuyé des dessins sur bois, et n'en voulait plus faire; que seul le crayon lithographique suivait sa pensée, tandis que la mine de plomb était rétive et ne lui obéissait pas; qu'enfin il avait fini par prendre en horreur ce genre de dessin, où neuf fois sur dix on est trahi et déshonoré par le graveur. Moi, je lui dis qu'il ne s'agissait pas de tout cela, que nous étions au *Corsaire* un tas de jeunes gens, de poètes, dévorés d'une volonté, d'une ardeur, d'une furie romantique, d'une fièvre de vie qui ne saurait être exprimée, sinon par un dessin de lui; que nous voulions ce dessin, qu'il nous le fallait, que je m'étais engagé à l'avoir, que j'avais lutté et souffert pour lui, et que je l'aimais déjà. Voyant donc que je n'en voulais pas démordre, Daumier se décida à me dire sa vraie raison.

— « Écoutez, me dit-il, sans phrase, vous me

plaisez beaucoup, et il n'est rien que je ne ferais pour vous être agréable, excepté pourtant ce dessin-là, parce que, fait par n'importe qui, il sera toujours imbécile. Et que le diable emporte les allégories qui n'ont ni queue ni tête! Comprenez donc qu'un journal n'est pas un navire, et qu'un corsaire n'est pas un écrivain ; or, n'importe comment on s'y prenne, on aboutira toujours à cette ineptie : un journaliste qui écrit avec un canon, ou un militaire qui se bat avec une plume! Pas de ça, Lisette! On ne mange pas de ce pain-là dans ma famille! » Ayant ainsi parlé, Daumier se remit à chanter son rondeau de *Kettly* : *Loin des intrigants, Des coquettes et des méchants!*

Et de nouveau il m'assura qu'il ne ferait pas le dessin; moi je lui jurai qu'il le ferait. Enfin impatienté, mais toujours souriant et chantant l'affreux rondeau de *Kettly* : *Dans l'heureux séjour Où Lavater a vu le jour*, il me dit à brûle-pourpoint : — « Je travaille du matin au soir, parce qu'il le faut, mais au fond, je suis plus paresseux que mille couleuvres. Et quand il ne s'agit pas du travail quotidien où je suis condamné, alors ma paresse me suggère les inventions les plus étonnantes. Si vous vous acharnez à vouloir ce dessin, et si j'ai la faiblesse de vous le promettre, vous n'imaginez pas à quelles rouéries, à quelles subtilités, à quels lâches mensonges j'aurai recours pour ne pas tenir ma parole!

— Mais, dis-je, moi j'inventerai ruses contre ruses, et alors ce sera comme les héros dans l'*Iliade*.

— Alors, fit le peintre, vous serez plus embêtant qu'un éditeur?

— Parfaitement, » répondis-je, et Daumier un moment atterré, reprit le rondeau de *Kettly* : *L'homme des chalets, En lui voyant toujours un frère...* et ce qu'il y eut de remarquable, c'est que plus tard les choses se passèrent exactement comme il l'avait prédit. J'insistai contre toute raison et contre toute justice ; Daumier promit, ne devant pas et ne voulant pas promettre ; à partir de ce moment-là, je ne quittai plus l'atelier de l'île Saint-Louis, où à chaque instant je tombais comme un aérolithe, et mon adversaire devint plus fertile en mensonges que l'industrieux fils de Laërte. Aujourd'hui, le dessin était fini, il n'y avait plus que quelques coups de crayon à donner, mais on ne voulait pas me le montrer encore ; le lendemain c'était une autre paire de manches ; Daumier avouait qu'il n'avait pas encore trouvé l'idée du dessin ; mais il s'en fallait d'un rien. Une autre fois c'était une lithographie attendue qui le tourmentait, mais dès qu'il l'aurait terminée, il serait tout à moi. Et le brave, le bon, l'honnête Honoré Daumier était devenu, grâce à mon indiscrétion, aussi romanesque et inventif que tout un régiment de dentistes !

J'abusais de son hospitalité, je jouissais de sa conversation si amusante, je voyais naître ses lithographies où la vie frémissait et grouillait ; j'entendais un peu trop le rondeau de *Kettly*, mais je m'y étais fait ; nous étions comme deux Indiens qui veulent s'entr'égorger et qui, en attendant, ne se quittent pas des yeux. Je ne lui parlais plus de mon dessin pour le réclamer, à quoi bon ? et lui ne m'en parlait plus pour me le refuser, mais si l'un de nous deux croyait l'autre apaisé ou vaincu, à l'instant il était rappelé au sentiment de la réalité par quelque mot féroce, à triple détente ironique, et ainsi nous vivions sur le pied d'une horrible paix armée.

Qui peut prévoir les dénoûments ? Un jour, devant moi, sans préparation, sans transition, sans provocation, à propos de rien, Daumier prit un *bois* parfaitement net et uni, et en une heure, tandis que je me taisais, plus muet qu'une carpe, tandis que je me faisais tout petit, il improvisa, exécuta avec une verve inouïe le dessin du *Corsaire*, un absolu chef-d'œuvre. Ah! c'est bien là qu'on pouvait dire : « L'œuf de Colomb! » car l'idée fugitive, impossible, introuvable, il l'avait trouvée et saisie, et j'étais pâle d'admiration. Sur le premier plan, des Robert-Macaires, des avocats, des juges prévaricateurs, des jongleurs, des prostituées, des généraux chimériques, tombaient foudroyés, coupés en deux, assommés comme des marionnettes, et au loin, sur la mer tranquille, dans un nuage de fumée, on voyait tout petit le brick d'où était parti le coup de canon vengeur qui avait jeté par terre tous ces polichinelles. Je me jetai au cou de mon cher ennemi, je l'embrassai de toutes mes forces, et je me sauvai avec mon trésor, plus rapide que si j'avais eu des ailes, plus heureux que si j'avais gagné quelque lingot d'or, et rouge, haletant, fou de joie, j'arrivai au *Corsaire* comme une flèche arrive au but, envolée et frémissante.

— « Eh bien! dis-je à monsieur Virmaitre en lui mettant le bois sous les yeux.

— Eh bien, fit-il, c'est affreux, ça ne dit rien. J'aimais cent fois mieux le corsaire qui tient une grande plume, tandis que son navire vomit le feu par les sabords! Je ne me servirai pas de cette machine-là. »

Mes camarades, qui trouvèrent le dessin merveilleux, protestèrent vainement ; la chose était jugée. Moi, pâle de désappointement, d'humiliation, de rage aussi, je dis à mon rédacteur en chef :

— « Puisque ce dessin ne vous plaît pas, laissez-le-moi, je le payerai de mon argent et je le garderai pour moi.

— Pas du tout, me dit froidement mon sieur Virmaître, je l'ai commandé, je le prends et je le paye. »

Puis il me donna les cent francs promis, et quant au dessin, que je ne devais revoir jamais et qui n'a paru ni au *Corsaire* ni ailleurs, il l'enferma dans un tiroir; qui sait ce qu'a pu devenir ce pauvre et charmant chef-d'œuvre? On devine quelles excuses j'adressai à Daumier, en lui remettant la somme dérisoire; mais lui, avec son inaltérable et divine bonté :

— « Quoi! me dit-il, vous vous étonnez encore de ces choses-là! mais, mon cher poète, pour être sûr de plaire en tout état de cause, ne faudrait-il pas être boîte à musique, pipe en sucre d'orge ou figure de cire? »

Daumier avait loué dans l'île Saint-Louis, sur le quai d'Anjou, un modeste appartement au-dessus duquel régnait un immense grenier, qui, aux yeux du propriétaire, n'avait aucune valeur, car en ce quartier noble et désert l'espace comptait alors pour rien. L'artiste n'avait eu qu'à faire maçonner ce grenier, et à ouvrir dans le toit une large baie, où avait été adaptée une verrière, pour en faire un atelier vaste et splendide, qu'il avait rejoint à son logement au moyen d'un élégant et frêle escalier à vis. Une telle transformation avait stupéfait le propriétaire, attrapé comme un diable qui aurait donné du bon or trébuchant et sonnant, au lieu de feuilles sèches! Qu'il ne tirât aucun lucre de ce local, qu'il avait cru ne pas exister, et où maintenant il voyait l'artiste installé magnifiquement, c'est une idée à laquelle il ne s'habituait pas; malheureusement le bail était bien en règle! Mais cet infortuné n'en prenait pas son parti; de temps en temps, très souvent, il montait chez Daumier, et après s'être gratté le front, il lui disait avec une douceur insinuante :

— « Alors, vous ne voudriez pas subir une augmentation ?

— Non, répondait l'artiste avec plus de douceur encore, j'aime autant pas. »

Ce brave homme était une amusante figure ; mais comme drôlerie, le portier de la maison ne lui cède en rien et mérite d'être crayonné rapidement pour la race future. C'était une manière de géant, qui montait l'eau et le bois et faisait l'atelier, à des heures matinales où l'on n'obtient pas que les domestiques soient levés. Taillé en force, gai comme un pinson, marié à une bonne femme, toujours prêt à humer le piot, à engloutir la purée septembrale et à se rendre de non buvant buvant, ce serviteur, nommé Anatole, semblait réunir toutes les conditions nécessaires pour être heureux dans cette vie, en attendant l'autre. Peu à peu, cependant, Daumier le vit pâlir, se courber, se faner comme une fleur flétrie. Évidemment, Anatole avait du vague à l'âme. Il prenait des airs d'élégie, était fatal comme le prince Hamlet, et parfois appuyé sur son balai, restait immobile, comme s'il eût trouvé superflu et trop difficile de vivre.

— « Ah ! ça, lui dit un jour l'artiste, que diable avez-vous ?

— Ah ! fit Anatole, j'ai monsieur Daumier, que je suis malheureux ! C'est une passion qui me ronge.

— Une passion ! et il n'y a pas moyen de vous tirer de là ?

— Impossible, dit Anatole, il faudrait être trop riche ! J'aime autant vous le dire tout de suite, ma passion c'est l'Opéra-Comique, et je me consumerai comme ça tant que je ne pourrai pas y aller tout mon saoul ; mais va-t'en voir s'ils viennent ! Ça n'est pas fait pour des misérables comme moi. Il n'y a que les notaires qui peuvent aller tous les soirs à l'Opéra-Comique ! »

En entendant cette bizarre confession, Daumier écarquilla les yeux comme s'il se fût trouvé en face d'un mouton volant ou d'un loup à cinq pattes. Il faut bien l'avouer, ce grand homme, qui goûtait avec une prodigieuse intensité les délices de la musique et de la poésie, n'avait pas le sens de l'Opéra-Comique et n'éprouvait qu'une médiocre sympathie pour les aimables brigands et pour les délicieux faux-monnoyeurs de monsieur Scribe. On n'est pas parfait. Aussi la vue d'un mortel malheureux parce qu'il n'allait pas assez à l'Opéra-Comique le jeta dans une violente hilarité, et il ne se lassait pas de regarder Anatole pâli et déchiré par sa passion funeste.

— « Séchez vos pleurs, lui dit-il, l'affaire peut s'arranger ! J'ai mes entrées dans le théâtre dont il s'agit, et je ne prévois pas qu'aucune circonstance puisse me forcer à y entrer jamais ! Vous n'avez qu'à vous nommer, c'est-à-dire à me nommer au contrôle, et et à dire : Monsieur Daumier ! Comme ça vous irez tant que vous voudrez à l'Opéra-Comique. »

Anatole, marchant vivant dans son rêve étoilé, manqua devenir fou de joie. Le soir même et les soirs suivants, il alla où l'entraînait sa volupté spéciale, et se grisa de blanchisseuses, de contrebandiers, de rois d'Espagne et de hussards qui courtisent les bonnes sous des tonnelles autour desquelles jaillissent des roses trémières. Cependant, au bout de quelques jours, il était redevenu plus triste que jamais, comme le Satan du poète au moment où il étreint l'ange Éloa, inutilement séduite. Cette fois il passait tragiquement le plumeau dans sa chevelure et s'essuyait les yeux avec son torchon de laine, et, comme auparavant, son balai lui-même semblait se conformer à sa triste pensée.

— « Quelle mouche vous pique ? lui dit son bienfaiteur. Vous n'êtes pas encore content !

— Eh bien ! non, répondit Anatole d'une voix ferme. Voyez-vous, monsieur Daumier, les malheureux sont les malheureux, et vous avez eu beau vouloir me tirer d'affaire, la chance n'y est pas. Je vais bien à l'Opéra-Comique, mais j'y vais sans y aller ! Je vois qu'autour de moi, tous les messieurs, les notaires sont en habit noir; tandis que moi, je suis en redingote, et ça m'humilie. Autant vous avouer que votre générosité ne m'a servi à rien, parce que je ne serai pas heureux tant que je ne pourrai pas aller à l'Opéra-Comique avec un habit noir.

— Qu'à cela ne tienne ! dit le bon Daumier ; j'en ai un superbe, dont je ne me sers pas deux fois par an. Chaque fois que vous voudrez aller à l'Opéra-Comique, venez prendre l'habit noir, et, comme ça, j'espère que vos vœux seront enfin comblés ! »

En effet, Anatole, qui n'eût plus consenti à être le cousin d'aucun roi, courbait son front pour passer sous les arcs triomphaux, et le relevait ensuite pour en frapper dédaigneusement les étoiles. Tous les soirs il venait prendre l'habit noir, et tous les matins il le remettait à sa place, après l'avoir brossé et plié avec un minutieux amour, tout en fredonnant les ariettes entendues la veille. Si sa porte-cochère manquait des panonceaux réglementaires, il les avait dans le cœur, et se croyait un notaire réel. Les seigneurs travestis en paysans, les baillis, les capitaines d'aventure, les militaires à revers roses et bleu de ciel l'accompagnaient après le spectacle, se mêlaient à sa vie, habitaient ses rêves, et il ne cessait de se dire tout bas : « Je suis celui qui va à l'Opéra-Comique en habit noir ! » Mais un matin, il apparut désolé, vaincu, piteux, courbé, traînant la savate, laissant ses cheveux tomber sur ses yeux, et sans même attendre que Daumier l'interrogeât, il s'écria d'une voix brisée et entrecoupée de sanglots :

— « Ils m'ont flanqué à la porte ! »

La chose était exactement vraie. Dans son ravissement de fréquenter le plus bel endroit du monde et de s'y montrer sous un vêtement auguste, Anatole avait célébré chaque soir sa félicité par de copieuses libations. S'arrêtant à toutes les boutiques de marchand de vin pour admirer le reflet de son habit dans la glace placée au-dessus du comptoir, il buvait des canons, des *cinquièmes*, des *verres de la bouteille*, même au besoin des chopines ou des litres, et arrivait ivre comme un cent de grives à son théâtre favori, où il interpellait les comédiens, frappait sur le ventre de son voisin en lui disant : « Nous autres notaires ! » et jetait le trouble dans l'air du ténor en y mêlant effrontément sa chanson personnelle.

C'est ainsi qu'Anatole était parvenu à faire rayer le nom de Daumier sur le livre des entrées. Bien des années après, au foyer de l'Opéra-Comique, la conversation était tombée sur le dessinateur célèbre, et on louait à l'envi son génie, sa modestie et sa charmante bonté.

— « Oui, dit une vieille Dugazon, qui savait toutes les vieilles histoires de théâtre ; mais pourquoi faut-il qu'un homme d'un pareil talent ait le triste défaut de boire ! »

Tout le monde se mit à rire, car la sobriété de Daumier était connue et proverbiale ; on s'expliqua enfin, on remonta à la source de cette tradition fantastique ; c'est ainsi que fut connue et mise à jour l'historiette que je viens de raconter. Et en me la rappelant, je revois toujours cet atelier de l'île Saint-Louis où j'ai passé tant de bonnes journées à solliciter à espérer, à attendre, en voyant travailler le maître, le dessin dont mon rédacteur en chef ne voulut pas. Impossible de se figurer un endroit moins luxueux, plus sévèrement nu, et dont le bibelot fût plus soigneusement proscrit. Sur les murs peints à l'huile en gris clair, d'un ton très doux, il n'y avait absolument rien d'accroché, si ce n'est une lithographie non encadrée, représentant *Les Parias* de Préault, ce célèbre groupe refusé par le jury de l'exposition, lors des premières batailles romantiques. Un poêle carré, noir, en tôle vernie, quelques sièges, à terre, contre le mur, des cartons gonflés, débordants de dessins et qui ne pouvaient plus se fermer, voilà tout ce qu'on voyait dans ce grand atelier gai et clair, en outre de la petite table sur laquelle Daumier travaillait à ses pierres, et encore manquait-il sur cette table les choses les plus nécessaires, et notamment des crayons lithographiques; car l'artiste n'en avait pas et ne voulait pas en avoir; c'était chez lui une idée bien arrêtée. Il savait que l'Inspiration, ne suivant que son caprice, entre volontiers partout, excepté dans les endroits où elle est attendue réglementairement, et pensait avec raison que si l'on a réuni avec soin tout ce qui est nécessaire pour travailler, et la gamme entière et bien vibrante des outils, c'est alors précisément qu'on cesse de travailler.

C'est pourquoi il n'avait rien! Il dessinait toujours avec les débris des mêmes anciens crayons, se décidant enfin à les refondre quand il ne pouvait plus faire autrement, mais le plus souvent utilisant, ressuscitant malgré eux les bouts de crayons qui ne pouvaient même plus être taillés, et où il fallait alors inventer, trouver un angle qui se prêtât au fiévreux caprice de la main agile, mille fois plus varié et intelligent que la pointe stupide et parfaite obtenue au moyen du canif, et qui dans le feu de la composition se brise ou s'écrase. Je dirais volontiers que c'est à sa coutume d'utiliser ces rognures, ces rogatons, ces bouts de crayons, qui demandaient grâce et ne l'obtenaient pas, que Daumier a dû quelque chose de la largeur et de la hardiesse de son dessin, où le trait gras et vivant est de la même étoffe que les ombres et les hachures, si je ne savais qu'on n'explique pas de tels résultats par de si petites causes.

Ce grand dessinateur avait le don de la vie effrénée ; ce fut lui qui le premier tira de leur indifférence la nature et les objets matériels, et les obligea à jouer leur rôle dans sa Comédie Humaine, où parfois les arbres s'associent au ridicule de leur propriétaire, et où, au milieu d'une scène de ménage, les bronzes de la table se mettent à grincer avec une rage ironique. Un enfant est accroché à un clou dans la maison de la nourrice, et au lointain dans le bal du village, la nourrice danse un avant-deux exalté et féroce. Une autre fois, un misérable se noie sous un pont, et là-bas, au diable, un petit pêcheur à la ligne pêche, droit comme un I, le bras étendu, avec un calme plus effrayant que la colère d'Achille. Ces deux figures de l'Égoïsme humain résument dans leur danse et leur pêche toute la furie que la race des mortels a dépensée dans ces deux exercices depuis que le monde existe : tel est précisément l'inimitable caractère du génie épique !

XVII

PIER-ANGELO FIORENTINO

Fiorentino est une des figures les plus caractéristiques et les plus étranges qui aient traversé la vie parisienne. Parmi les rois d'un jour qui occupent d'eux et exercent une puissance indéniable, nul ne fut plus digne d'attention que lui, et plus mal connu ; mais ce que je dis ici à propos de ce grand charmeur, on pourrait le dire de quiconque a tenu une place dans l'histoire éphémère ou dans l'histoire éternelle. Il n'est pas excessif d'affirmer que pour avoir la vérité sur un homme, il faut presque toujours prendre le contre-pied exact de l'opinion généralement admise sur son compte. Fiorentino était une nature très moderne, par conséquent très complexe et diverse ; par un esprit de synthèse un peu bien rapide et initial, on a voulu le voir sous un seul aspect de sa personnalité, qui est bien loin d'être le meilleur, et surtout le plus vrai. Pour aller très vite et résumer tout par un mot, (simplification qui plaît à notre paresse,) on a fait de lui un bandit. S'il fut cela, hypothèse qui pour moi ne sera jamais prouvée, il eut en effet toutes les vertus du bandit : la religion de sa parole, la fidélité à une promesse faite, le respect de la foi jurée.

Ce qui fut précisément la grande originalité de

Fiorentino, c'est qu'entré dans la presse légère à une époque où la gaminerie était à la mode parmi les tirailleurs du journal amusant, et où ces volontaires, lancés au hasard comme des enfants perdus, attaquaient volontiers pour rien, pour le plaisir, comme Gavroche persifle, il ne joua jamais, lui, avec la plume du journaliste, qu'il sut tout de suite considérer comme une arme très sérieuse. Il savait que, dangereuse et meurtrière comme un couteau, elle tue ou blesse mortellement; aussi ne s'en servait-il qu'à bon escient et après avoir réfléchi à ce qu'il faisait. Cette envie cachée, cet ennui de voir le succès d'un autre, qui dicte si souvent des paroles ironiques et amères, Fiorentino, très maître de lui, ne les connut jamais; sans aucun intérêt immédiat ou lointain, il louait avec la plus vive sympathie le talent d'un artiste, d'un poète à ses débuts, l'œuvre éclatante d'un maître, et, profondément reconnaissant, il rendait au centuple un service reçu. Il est vrai qu'il ne rendait pas le bien pour le mal, et qu'il ne tendait pas l'autre joue, ni la première non plus; mais la mode en était déjà passée du temps du bon archevêque Turpin, qui ne se faisait pas faute de navrer et d'occire par douzaines les Mores d'Espagne.

La première fois que je rencontrai Fiorentino au journal *Le Corsaire*, je crus voir le Fabiano Fabiani de *Marie Tudor*, tel qu'il se montre jouant son double rôle d'amant et de joueur de guitare, dans la scène célèbre où la reine lui dit en le dévorant des yeux : « Vous voulez, vous ! vous voulez, vous ! Regardez-moi, mylord. Tu as une jeune et charmante tête, Fabiano ! » C'était ce type-là, réalisé et sorti vivant du livre; il était si beau, si jeune, si magnifiquement paré, si délicieusement parfumé ! Avec son long nez et ses yeux expressifs, il ressemblait à François 1er avant les malheurs, et l'épithète homérique : *ambroisienne* peut seule exprimer la séduction de sa longue et soyeuse barbe noire et de sa chevelure. Il était toujours vêtu avec une splendide et correcte élégance, sans doute pour nos goûts trop à l'italienne, avec trop de velours, trop de soie, trop de gilets crème, trop de cravates somptueuses. Selon l'idée française, en vertu de laquelle dans la figure d'un homme habillé, rien ne doit avoir d'importance, sinon le visage et surtout le regard, il portait trop de joyaux de prix, des cannes trop merveilleuses et dans ses gants clairs de nuances attendues, il était trop exactement ganté, comme une femme; mais enfin, comme les de Marsay et les Lucien de Rubempré dans Balzac, il avait compris que pour qui veut deviner toutes les énigmes de la Sphinge et dompter la Vie, la toilette est la première et la plus indispensable armure.

Avec cela spirituel, pensant plus vite qu'une flèche n'arrive à son but, aimable, enjôleur, caressant, avec beaucoup de fermeté, et pratique au point que cet adjectif, dont les syllabes nous font voir des horizons immenses, aurait dû être inventé pour lui. Figurez-vous Scapin, ayant gardé son invention, son audace et son génie, mais devenu seigneur, et au lieu de s'évertuer en faveur d'Octave et de Léandre, travaillant pour son propre compte ! De la sagesse ! il en avait pour lui, et il en avait encore à revendre et à donner aux autres. Certes, il savait trop la vie pour offrir des conseils à qui n'en voulait pas, mais si on lui en demandait, il vous les donnait excellents, et ce qui contrarie un peu la légende grossière, inspirés toujours par l'honnêteté la plus scrupuleuse et par une délicatesse subtile.

Il n'ignorait rien, n'était embarrassé de rien, et savait toujours deviner ce qu'il faut faire en toute occasion. J'ai reçu de lui des leçons excellentes et décisives, qui me faisaient tomber des yeux les écailles les plus épaisses, et d'après lesquelles je me gouverne encore. Je me plaisais à le consulter, et j'y trouvais un âpre et attirant plaisir, car j'étais le contraire de ce qu'il était, comme Pierrot est le contraire d'un nègre. Rien ne l'aurait empêché, s'il l'avait fallu, de traverser la mer à pied sec, et moi, alors sous ma chevelure blonde, comme aujourd'hui sous mes (très rares) cheveux blancs, traversant la foule des hommes en tenant dans ma faible main une flûte inutile, je me serais noyé, non pas dans un verre d'eau, cela serait trop peu dire, mais dans la moindre goutte de rosée qui tremble et tressaille comme un diamant sur un pétale de fleur. Bien souvent, je me suis cru naufragé sans rémission, et le conseil de Fiorentino suffisait à me sauver, comme le brin d'herbe qui sert de pont à la fourmi.

Cependant, admirant cette imagination toujours prête et qui jamais n'était prise en défaut, je ne me contentais plus de lui faire résoudre des problèmes réels; je le consultais sur des hypothèses, sur des cas imaginaires, inventant des situations qui selon moi n'avaient pas d'issue possible et lui demandant alors : « Que feriez-vous dans telle circonstance? » Mais, contrairement à mon attente, il trouvait toujours le moyen de dénouer le nœud gordien du bout des doigts, et sans presque y toucher. Il me disait : « Voilà ce que je ferais, » et la solution qu'il avait trouvée ne laissait pas de place à l'ombre d'une objection. Un jour, comme je m'étonnais de le voir ainsi, toujours plus savant que le hasard et plus prompt que l'évènement :

— « Oui, me dit-il, vous pouvez me mettre tout nu au milieu du ruisseau, dans un pays dont je ne sais pas la langue. Une heure après j'aurai sur le dos les plus beaux habits qui se fabriquent dans ce pays-là, et des gants à mes mains, et aussi de l'or dans mes poches! »

Il disait cela, et il avait prouvé qu'il pouvait le faire. La première fois qu'il vint à Paris, c'est après une révolte, à la suite de laquelle il avait été condamné à mort, car réactionnaire chez nous et en tant qu'il s'agissait de la France, il était patriote et révolutionnaire dans son pays. En s'enfuyant de Naples, il possédait trente-cinq francs et une mauvaise montre d'argent et ne savait pas deux cents mots de français ; ce fut dans de telles conditions qu'il résolut de venir s'établir à Paris, d'y vivre de sa plume, et, comme on le sait, il y réussit. Tout d'abord, comme eût pu le faire Scaramouche, il trouva le moyen de se faire voiturer par une noble famille rencontrée sur le grand chemin, et qu'il enchanta par des récits romanesques. Avoir ainsi escamoté les difficultés du voyage, cela pouvait passer pour un trait de génie ; ce n'était rien encore ; Fiorentino était seul, abandonné, isolé, ne connaissant rien ni personne, dans la ville où il est si facile de mourir de faim en regardant les pâtés de perdreaux et les fruits pourprés à l'étalage de Potel et Chabot! Il devina tout de suite que s'il tentait de forcer l'entrée d'un petit journal et commençait, comme un Lousteau, en pauvre diable, il lui faudrait vingt ans au moins pour se débrouiller et pour arriver à quelque chose ; aussi résolut-il d'entrer d'emblée à la *Revue des Deux-Mondes* et de commencer en homme riche.

Avant tout, il fallait se loger. Sans malle aucune, sans le moindre sac de nuit, se bornant à peindre par l'éloquence des bagages qui ne devaient jamais venir, il alla se loger dans le plus bel hôtel de la rue de Richelieu, et, n'ayant pas le moyen de réaliser de vaines économies, choisit une chambre qui coûtait deux louis par jour. Manger était plus difficile ;

c'était là le point capital, qui demandait autant de prudence que d'audace. Fiorentino sonna et ordonna qu'on fît monter le maître de la maison.

— « Monsieur, lui dit-il dans un baragouin que je n'essayerai pas de reproduire, et qui fut sans doute celui de Mazarin à ses débuts, les importants travaux auxquels je me livre, et qui ne me permettent pas de perdre une minute, me forceront à manger dans ma chambre. Aussi m'accommoderais-je volontiers de vos services; mais je dois vous dire que je suis très difficile en fait de cuisine et surtout en fait de vins; car j'ai chez moi, comme chef, le plus grand artiste de l'Italie, et je possède des caves qui n'ont pas d'égales dans toute l'Europe. Veuillez donc me parler à cœur ouvert, et croyez que je vous saurai gré de votre franchise. Je ne vous en voudrai nullement, si vous ne vous sentez pas en mesure de me donner une chère de premier ordre; mais, ajouta-t-il sévèrement je ne vous pardonnerais pas de vous être joué de moi. »

L'hôtelier, un peu intimidé, affirma cependant qu'il espérait pouvoir satisfaire Son Excellence; mais sans se contenter de cette promesse, Fiorentino lui fit expliquer ses idées générales sur l'art de Carême, l'interrogea en détail, tantôt approuvant, tantôt rectifiant une erreur légère, laissant voir sur ses traits une contrariété naissante quand son interlocuteur semblait près de s'égarer hors du droit chemin, et lui posant des questions captieuses auxquelles par bonheur l'hôtelier put répondre si à propos que le Napolitain, dont le visage s'éclaircit, ressembla alors à un seigneur exigeant, qui à la fin cède et s'humanise.

— « Allons, dit-il, je vois, monsieur, que vous êtes en somme dans les bons principes, attaché à la vraie tradition classique; je ne vous ferai pas le chagrin de m'adresser à un autre qu'à vous ; rassemblez donc tous vos efforts pour que je sois content. Mais, par exemple, sur l'article des vins, je serai intraitable ; examinez-vous donc en conscience, et dites-moi si vous êtes absolument sûr de pouvoir m'offrir des crûs de premier ordre.

— Eh bien ! monsieur, dit l'hôtelier en rougissant, puisque j'ai affaire à un amateur dont la science ne saurait être trompée, je vous avouerai ce que je n'avouerais à personne. Pour l'ordonnance des repas, je crois être certain que je n'encourrai pas vos reproches ; mais, je dois vous le dire, je ne suis pas aussi sûr de mes vins que de ma cuisine.

— A la bonne heure ! interrompit Fiorentino, voilà qui achève de vous mériter ma confiance. Mais puisqu'il en est ainsi, puisque, dans votre situation de fortune, vous n'avez pu vous procurer des vins sincères, je vois que c'est chose impossible à Paris ; aussi ne m'exposerai-je pas à de fâcheuses expériences. Je vais immédiatement écrire pour faire venir de mes propres caves deux pièces de mes vins favoris, auxquelles vous voudrez bien donner l'hospitalité qui, ajouta-t-il en souriant, sera payée à votre satisfaction, et, jusqu'à ce qu'elles arrivent, je boirai de l'eau. — Allez, monsieur ! »

L'hôtelier se retirait, pénétré d'admiration et de respect.

— « Ah ! j'oubliais, dit Fiorentino, faites-moi venir, je vous prie, le plus habile tailleur que vous puissiez connaître. »

Une demi-heure plus tard, le tailleur entrait, stylé par avance et persuadé qu'il allait avoir à vêtir un prince. Il ne se trompait que de quelques jours, car une fois assuré de son repas et couvert de riches habits, Fiorentino, qui devina la langue française comme il devinait tout, devait être le maître de Paris ; il le lui fit bien voir. On se rappelle comme il lui fallut peu de temps pour faire le froid et le chaud, et le beau temps et la tempête dans les théâtres lyriques, et pour réduire en esclavage le peuple de la Danse et du Chant. Il fallait être Italien comme il l'était jusqu'aux moelles, pour deviner si à propos ce, qui pouvait faire plaisir ou peine à ces virtuoses, dont l'amour-propre ressemble à celui des courtisanes, et pour les rendre peu à peu semblables à ce lapin de *La Cuisinière bourgeoise*, qui aime à être écorché vif. Un directeur extrêmement naïf, malgré sa corruption bien connue, crut se débarrasser de ce cruel censeur en lui demandant le livret d'un opéra important. En recevant cette proposition, Fiorentino se mit à rire comme les Dieux rient sous les vastes cieux de saphir, dans les pays de soleil.

— « Non, dit-il, *cer moçou*, c'est moi qui vais vous offrir un présent! Je vous fais cadeau de tout l'argent que vous dépenseriez à faire siffler ma pièce, si j'étais assez bête pour l'écrire! »

Il faut tenir compte de la différence des races! Chez nous, quand les virtuoses, chanteurs ou danseurs, se font payer au poids des billets de banque, et, comme les Attilas victorieux, lèvent des tribus léonins sur les théâtres dont la situation, au bout d'un certain nombre d'années, se règle toujours par une faillite, la chose nous paraît toute naturelle, et nous l'attribuons uniquement à leur génie. On est plus sceptique dans d'autres pays, où on aime la musique plus que nous ne l'aimons sans doute, mais où pendant longtemps on a eu d'excellents ténors à cent francs par mois, et où, pour quelques mille écus, Rossini écrivait un chef-d'œuvre en huit jours et le faisait répéter la semaine suivante. A ce que je crois, Fiorentino pensait un peu là-dessus en voyageur; il estimait que ces impôts effrénés levés sur le public par le possesseur d'un UT plus ou moins horrible sont, en somme, une mystification exécutée à deux, par l'artiste qui en profite et par le marchand de publicité qui l'aide à organiser de telles fantasmagories. Quoi qu'il en soit et en dépit de la vulgaire légende, je ne crois pas qu'il ait jamais été ce marchand ; ma raison, c'est qu'il a compté de sérieux et fidèles amis parmi nos plus grands artistes lyriques.

Ainsi une très étroite affection l'unissait à Roger. Aux charmants dîners que ce chanteur offrait à ses hôtes, dans un salon du rez-de-chaussée, sous un léger treillage d'or ombragé par des arbustes et des lierres poussés en pleine terre, (car autour de ce kiosque l'architecte avait fait enlever une feuille du parquet,) à ces festins exquis, délicieux, imprévus, où on buvait des vins réels et où on mangeait des mets cosmopolites, à la fois réussis et très extraordinaires, la conversation de Fiorentino était certainement encore le meilleur et le plus amusant régal qui fût servi aux convives. Rapports soudains et imprévus trouvés entre deux termes lointains, épithètes qui peignent définitivement une figure, nuances fines, délicates et subtiles, mots jaillis avec la netteté et l'éclat d'une fleur, il avait tout cela, en improvisateur vrai, sans jamais amener et ménager ses effets, et il était aussi spirituel une fois que l'autre, avec ou sans plume. Bien plus, il pouvait avoir de l'esprit pendant trois ou quatre heures de suite, sans dire une seule méchanceté contre un de ses confrères où sur n'importe qui dont le caractère et le talent fussent dignes de respect. Au contraire, il trouvait, même pour les absents, de sobres et ingénieuses louanges. S'il était en effet un bandit, ne serait-il pas à souhaiter que les bandits fussent un peu moins rares?

Fiorentino dînait précisément chez Roger, le jour où un ami du grand chanteur, jouant imprudemment avec un fusil chargé, fit partir la détente et fracassa sur le portrait du ténor le même bras qui, un peu plus tard, devait être mutilé en réalité par un accident de chasse. On s'efforça de rire; mais, très frappé par ce triste présage, l'Italien ne put dissimuler son épouvante, car il était profondément superstitieux; et comment ne l'aurait-il pas été, lui que la Fortune avait toujours traité d'une manière si surnaturelle? Il croyait au mauvais œil, comme y crut Théophile Gautier, qui cependant était né à Tarbes, tout simplement; mais tous les deux admettaient les choses qui dépassent notre philosophie, l'un comme Napolitain, et l'autre comme poète.

Aussi, en de longues années de feuilleton et de critique, Fiorentino n'écrivit-il pas une fois les noms des hommes qui passaient pour posséder cette pernicieuse influence, et plutôt que de les écrire, il ne reculait pas devant d'atroces périphrases, dont la complication eût effrayé Esménard, Campenon et Colardeau! Superstitieux! chacun l'est à sa manière; les Napolitains croient à la magie du regard, et les Parisiens aux réputations qu'ils ont faites. Fiorentino, que rien n'eût décidé à se trouver en face de certains personnages sans diriger vers eux une breloque de corail ou quelque autre instrument cornu, n'éprouvait en revanche aucune terreur religieuse devant les renommées que chez nous on adore humblement, comme des idoles. Un jour, comme nous nous promenions dans le foyer de l'Opéra, il m'expliquait ce qu'elles ont de conventionnel et de factice, et prétendait que, relativement aux comédiens, une chose est surtout vraie parce qu'elle est imprimée dans le feuilleton.

— « Voyons, me disait-il, au bout du compte,

est-ce QUE vous trouvez QUE Taglioni danse mieux qu'Emarot? »

Je rapporte cette phrase telle qu'il me l'a dite, avec ces trois QUE, car il est impossible de l'alléger d'un seul QUE, sans en altérer le tour naïf et saisissant. Certes, en parlant ainsi, Fiorentino, qui regardait mademoiselle Taglioni comme une très grande artiste, dépassait de beaucoup sa propre pensée; mais au moyen de cette violente hyperbole, il voulait montrer sous une forme vive et rapide comme à la comédie tout est illusion, fiction et rêve, y compris souvent le talent des virtuoses les plus acclamés. Certes, Taglioni dansait infiniment mieux qu'Emarot; mais changez les deux noms, remplacez-les par d'autres moins importants, et alors comme sa question deviendra embarrassante!

Amant extasié du plus grand des arts, traducteur admirable du Dante, Pier-Angelo Fiorentino avait suivi son divin maître jusqu'au séjour de lumière suprême où, « dans sa profondeur, l'amour réunit comme en un volume ce qui s'éparpille en feuillets sur l'univers, la substance, l'accident et leurs modes rassemblés entre eux; » c'est pour cela peut-être qu'en redescendant des cimes célestes, il attachait une importance médiocre à ce que disent ou font les vagues fantoches égarés sous les bosquets des opéras-comiques. Il pensait, avec raison peut-être, que tout cela relève un peu de la fantaisie, et toutefois sa critique était toujours juste et jamais ne faisait une blessure inutile; l'habile journaliste avait vu du premier coup que chez nous on *s'amuse* trop souvent à ne pas dire la vérité; et qu'il est à la fois plus original, plus sage et plus honnête de la dire toujours, car elle peut suffire à tout, même à nos rancunes!

Fort de sa sincérité, de sa probité parfois cruelle, mais toujours exacte, il devint bien vite le maître et lé tyran de tout ce qui vit de la musique. Très brave, il put faire tête à la colère, aux menaces, aux fureurs de ceux dont il avait égratigné les amours-propres saignants ; mais il eut un autre courage plus difficile encore, celui de résister aux séductions, au froufrou des robes séditieuses, à la caressante agression des regards et des sourires. A tous les beaux discours, pour parler comme Boileau, il était comme une pierre, se réservant de se montrer plus tendre où et quand il lui plairait, parce qu'il ne voulait pas mêler les questions et que, s'il ne rançonnait pas les ballerines, comme on l'a trop légèrement dit, il ne voulait pas non plus être payé par elles en monnaie de singesses, et écrire pour leurs beaux yeux ce qu'il ne voulait pas écrire.

Absolument habile et sérieux, Fiorentino avait avec ses journaux des traités si bien machinés qu'entre les articles, soudés et rivés l'un à l'autre, le démon de la chicane n'aurait pas trouvé le moyen de fourrer une épingle. D'ailleurs, le soin de tous ses recouvrements était confié à un homme d'affaires nommé X... qui, pour une minute de retard dans les payements, envoyait du papier timbré, tandis que son mandant, qui n'en savait rien et n'en voulait rien savoir, se montrait plus poli, plus affectueux, plus gracieux que jamais.

J'ai été son collaborateur à un journal (je parle de longtemps) où la caisse éprouvait parfois un peu de vague à l'âme, et sentait ses flancs moins habités que ceux du cheval de Troie. Un jour, en entrant à la rédaction, je trouve le directeur furieux. Habitant la banlieue, il était venu à Paris sur son cheval, et il profitait de cette circonstance pour fustiger de sa cravache une table noire, et pour déchirer à coups d'éperons l'étoffe d'un fauteuil, qui n'avait nul besoin de ce secours inattendu, et qui se déchirait très bien d'elle-même.

— « Croiriez-vous, me dit-il, que ce brigand de Fiorentino m'a envoyé du papier timbré! Après un coup pareil, je pense qu'il n'aura pas l'audace de se présenter ici ; mais s'il a l'aplomb d'y paraître, il verra de quel bois je me chauffe! »

A l'instant même entre le Napolitain, comme toujours frisé, ganté, parfumé, beau comme un astre, vêtu de ces étoffes épaisses et moelleuses qui caressent le regard, orné de joyaux comme un clown, chaussé de bottes vernies si éblouissantes et luisantes que tout de suite le feu de la cheminée se met à y refléter éperdûment ses flammes jaunes et roses, et jouant avec une canne dont la pomme de lapis constellée de rubis était glorieusement saisie par de fantastiques griffes d'or vert. Avec des prunelles pleines de joie, avec un aimable sourire de pourpre qui laissait voir des dents plus blanches que les lys du *Cantique des Cantiques*, il se précipite vers notre directeur, le regarde comme Ulysse de retour dans son pays dut regarder le prince Télémaque, et lui saisit, lui presse les mains, comme s'il venait de le retrouver après un naufrage. Comme on le voit, Fiorentino savait tout renouveler, même l'inimitable scène de Monsieur Dimanche.

— « Ah! cher ami, dit-il, que je suis heureux de vous voir!

— Comment! fit le directeur déconcerté, qui sentait sa colère tomber comme une omelette soufflée mal réussie, c'est vous qui nous envoyez du papier timbré! »

A ces mots, Pier-Angelo sembla plus étonné et stupéfait que Scapin, lorsque le jeune Léandre, mettant l'épée à la main, accuse ce grand valet de l'avoir trahi. Il se roidit, parut faire un énorme effort de mémoire, puis tout à coup, se frappant le front, comme Archimède :

— « Ah ! j'y suis, dit-il, ce sera ce diable de X...
qui vous aura envoyé cela ! Oui, ajouta-t-il avec un
air de pitié méprisante, il est très acharné pour le
recouvrement de ses créances. Qu'est-ce que vous
voulez ? ces bourgeois ! Mais (et ici il serra avec
effusion les mains du directeur) vous savez, cher
ami, quelle est ma sympathie pour vous. Voulez-
vous que je parle à X... en votre faveur ? ou je puis
même, si vous le désirez, vous donner une lettre de
recommandation ? »

Nul Français n'aurait su se fâcher contre un
homme si bien vêtu et possédant une si belle barbe.
Par exemple, cette barbe, Fiorentino en avait impérieusement besoin. Une fois, traîné et fouaillé par
sa passion, comme tout le monde, il était retourné
conspirer et se battre en Italie. Après une échauf-
fourée malheureuse, nous le vîmes revenir rasé
comme un acteur : pour pouvoir s'enfuir, il avait dû
se rendre méconnaissable ! Oh ! alors, quelle désillusion ! avec ses énormes yeux flamboyants et son
très long nez pointu, le menton pointu aussi, très
court et bleu par le rasoir, produisait un effet
absurde.

Mais cette parure du nouveau Samson fut vite
repoussée ; rien alors ne l'eût empêché d'emporter
sur son dos les portes de Gaza, de devenir empereur
d'Occident et tout ce qu'il aurait voulu, s'il avait pu
être Français au même degré qu'il était Parisien.
Mais pas plus qu'aucun étranger, il ne put jamais
se débarrasser (en français) des lieux communs et
des phrases toutes faites. On sait que Roqueplan
était son grand ennemi ; sans doute ils avaient l'un
et l'autre trop d'esprit pour pouvoir coexister ensemble, et l'un des deux était de trop sur la terre.
Roqueplan coupait ces phrases-là dans le feuilleton
de Fiorentino, et les collait avec des pains à cacheter

sur la tenture de son cabinet, où on pouvait lire, précédant la signature du rusé Napolitain, des associations de mots comme : *La perfide Albion...* et comme : *Le caissier se frotte les mains.* Il avait pu ici tout prendre et tout conquérir, excepté la langue française! mais pour quiconque n'est pas né en France, posséder et épouser cette perfide enchanteresse, à la fois Agnès et Célimène, il n'y faut pas songer, et bien mieux que le problème galant imaginé par Boccace et La Fontaine, c'est, proprement et au pied de la lettre : la chose impossible!

XVIII

LES GRANDS COMÉDIENS

Il ne faut pas louer avec obstination le temps évanoui, si l'on ne veut penser en vieillard. C'est pourquoi je reconnais sans peine et avec une joie sans mélange que beaucoup de choses ont été heureusement transformées pendant les dernières années que nous avons vécues. La céramique a fait des progrès géants; la verrerie aussi. Il est maintenant permis de manger dans des assiettes qui ont le sens commun, et qui ne sont pas blanches sous prétexte d'être distinguées. Nous pouvons boire l'eau-de-vie de grain ou le kummel dans des verres carrés, couleur Havane tendre ou couleur d'aigue-marine. Les hommes eux-mêmes sont infiniment mieux vêtus et coiffés qu'autrefois, et quant aux femmes, jamais, depuis que le monde existe, elles n'ont eu de si belles robes que celles d'à-présent, riches, variées, superbes, ornées avec une intelligente profusion et magnifiquement triomphantes.

Les crépons, les paysages brodés sur satin avec de la soie, de l'argent et de l'or, tout le bel art du Japon, nous ont rendu le sens de la couleur et de l'ornement, et pour parler de choses qui appartiennent à un ordre plus élevé encore, la Peinture s'affranchit de la vieille convention et se plonge éperdument dans la vivifiante nature ; la Musique, pauvre oiseau exilé et souillé dans la fange, est tourmentée par l'appétit du ciel et sent se réveiller en elle son âme orphique. Enfin, la Poésie retourne boire aux sources primitives et sacrées, où elle retrouvera sa force et le chaste orgueil de sa grâce ingénue. Oui, vous aurez encore des peintres, des poètes, des tailleurs d'habits et des potiers de terre ; mais ne cherchez pas les grands comédiens : il n'y en a plus.

Il n'y en a plus, et il ne peut plus y en avoir ! Le comédien était un être doué pour être prince, héros d'amour, général d'armée et conducteur d'hommes, et qui, réduit par le hasard de la naissance à vivre pauvre et misérable, remplaçait la réalité par le rêve et retrouvait ce qui lui avait été refusé, dans les flottantes vapeurs d'un monde purement idéal. Aujourd'hui, de pareils êtres ne sauraient exister, puisque les comédiens devenus riches, considérés, considérables, rentiers, financiers, propriétaires ayant pignon sur rue, conseillers municipaux, maires, chevaliers de tous les ordres, et, ce qui est plus sérieux, millionnaires, possèdent assez de biens réels pour ne pas s'extasier dans les voluptés chimériques. Le comédien d'autrefois était un pauvre diable sans sou ni maille ; mais la toute-puissante déesse Illusion soufflait sur la vieille plume désolée de son feutre, et en faisait une belle plume orgueilleuse, frissonnante dans le vent ; de ses ignobles galons rougis, de ses bouchons de carafe, de ses haillons, elle faisait des vêtements splendides, de l'or flamboyant au soleil, des rubis, des saphirs et des escarboucles ; et parfois, elle enchantait non seulement ses yeux à lui, mais les yeux qui le regardaient, si bien que ce pauvre hère pouvait sentir sur son front le souffle divin et les lèvres pourprées des princesses de la terre ! D'ailleurs, à défaut de celles-là, il faisait des princesses avec les Margots et les Gothons qu'il daignait courtiser, et les paillons et les fausses dentelles d'Isabelle et de Silvia effaçaient les parures des reines, lorsque Léandre ou Lélio effleurait leurs petites mains de ses lèvres, et de ses moustaches retroussées vers les étoiles.

En éventrant les pâtés de carton, Scaramouche croyait sentir le fumet des bécasses et le parfum des truffes ; qui peut se vanter d'avoir été mieux nourri que lui, en cette vie où tout n'est que songe, apparence, ombre vaine ? Enfin, ces vagabonds de grand chemin se couchaient parfois avec le ventre creux, mais ils parlaient habituellement la langue céleste de la poésie, luxe inouï et surnaturel, que nul empereur ne peut se permettre, et ainsi de leur bouche enivrée tombaient à toute heure des diamants et des pierres précieuses. Leurs successeurs, aimés par Coralie par Florine, par madame Marneffe et (pourquoi ne pas l'avouer ?) par madame de Maufrigneuse, font venir de Strasbourg de vrais pâtés de foie gras, en croûte, et de Remiremont de vrais pâtés de truites. Ils parlent en prose, et aussi dans une langue plus familière que la prose, soit en le sachant, soit, comme monsieur Jourdain, sans le savoir. Ayant la proie, ils n'ont plus besoin de l'ombre.

Pouvant servir sur leurs tables des laitances de carpes, des ortolans, des œufs de vanneau, sans préjudice du filet de bœuf savamment cuit dans un jus selon la recette moulinoise, et arroser le tout d'Aï, de Nuits, d'Hermitage blanc, de Schiras, de Tokai et de vin de Constance, pourquoi s'aviseraient-ils de manger à leur souper le clair de lune, et de boire les rayons rafraîchissants des étoiles ? Ce sont, non plus des comédiens, mais des hommes. Ils peuvent devenir conseillers généraux, députés, ministres; mais ducs d'Arménie, princes de Chypre ou empereurs de Trébizonde, qu'ils ne l'espèrent plus!

Furent comédiens dans le vrai sens du mot, ceux-là seulement qui restaient déclassés sans que personne ni rien au monde pût les empêcher de l'être, et à qui la société n'aurait pas pu rendre leur rang légitime, à moins de les asseoir sur des trônes! Telle fut mademoiselle George, qui donnait l'idée d'une Hélène, d'une Penthésilée, d'une Sémiramis. Lorsqu'elle parut, enfant encore, à la Comédie-Française et que, le soir de son début, ses cheveux, subitement dénoués, d'abord l'enveloppèrent tout entière, puis étant plus longs qu'elle, formèrent des ronds à ses pieds, elle était une jeune déesse pareille à celle dont les pas foulèrent les cimes du Taygète et les sables d'or de l'Eurotas.

A ce moment-là, a dit un témoin autorisé, elle réunissait, dans leur absolue perfection, toutes les beautés dont une seule, à ce point de splendeur et de gloire, suffit à fixer l'admiration des hommes. Un peu plus tard, elle fut une reine, non fictivement, mais exactement acceptée comme telle par tous ceux qui purent l'approcher. Le duc d'Abrantès m'a souvent raconté l'anecdote suivante. Lorsqu'elle joua à Tilsitt devant le fameux parterre de rois, tous ces rois furent vaincus, subjugués, amoureux; mais elle, indifférente à ce tas de souverains, elle avait distingué le jeune et brillant Junot, et si bien distingué, qu'après la comédie, elle lui offrit de venir prendre chez elle une tasse de thé.

Ils étaient là tous les deux, dans la chambre de la tragédienne, elle défaisant ses diadèmes, ses colliers, ses pendants d'oreille, et souriant au soldat illustre; lui, si ravi, enchanté, ivre de marcher dans son rêve étoilé, que, dans sa joie folle, il s'était à demi couché sur un sopha, et avec les éperons de ses bottes, déchirait, pour déchirer quelque chose, des rideaux de dentelle d'un prix fabuleux, tant il trouvait longue l'attente de ces minutes, pendant lesquelles sa bien-aimée quittait sa joaillerie de reine! Le réveil fut affreux, car, un instant après, un aide de camp de l'Empereur arrivait, et se faisait ouvrir cette chambre, où l'intrépide Junot savourait déjà, en pensée, mille délices.

L'Empereur n'aimait pas à attendre, et quand il avait quelque chose à dire à quelqu'un, il voulait le lui dire tout de suite. Or, il voulait sans doute communiquer à mademoiselle George des choses d'une grande importance, car la tragédienne dut, sans répliquer, mettre à la hâte une toilette de ville, suivre l'aide de camp et obéir à un ordre aussi net et précis qu'un coup de couteau. Et Junot, que fit-il? Rien du tout. Il s'en alla stupéfait, comme s'il était tombé des tours Notre-Dame, et pas résigné du tout; mais dans une telle circonstance à quoi pouvait lui servir l'intrépide bravoure? Le héros pouvait à lui seul enfoncer un carré d'ennemis, prendre une redoute, relever le courage d'une armée abattue, et, fuyante, la ramener dans la rouge fournaise; mais résister à un ordre de l'Empereur, quel Achille eût osé seulement en concevoir l'idée? On dit qu'une mauvaise nuit est bientôt passée; j'imagine pourtant que celle-là dut paraître bien longue à Junot. Mademoiselle George et lui ne se revirent jamais; et qu'auraient-ils pu se dire? Plutôt que de renouer ce bel amour déchiré par le caprice du maître, il eût été facile de raccommoder un arbre géant, violemment brisé en deux par la main d'Hercule!

Lorsqu'il s'agit d'êtres aussi surnaturels que mademoiselle George, la légende et l'histoire se mêlent si étroitement qu'il serait puéril de vouloir les séparer; acceptons donc comme vrai ce que dit la légende.

Voici (à l'en croire) comment vivait mademoiselle George. Au moment où Harel, ruiné, à bout de ressources, réduit à se tirer d'affaire, et même à ne pas s'en tirer, par les tours de Scapin, ne pouvait, le soir de la première représentation de *Léo Burckhart*, payer ni les masques ni les manteaux des conjurés, la grande tragédienne vaillante, intrépide, infatigable jouait, par soirée, trois énormes drames d'aventures, composant un spectacle d'une longueur invraisemblable, qui commençait à quatres heures et demie. Elle ne prenait rien jusqu'à l'heure de la représentation, et alors seulement, au moment d'entrer en scène, buvait un verre d'eau claire. Quand donc mangeait-elle? Après le spectacle.

Alors, à toute époque de l'année, qu'on fût pauvre ou riche, (et en ce temps-là on était terriblement pauvre!) un somptueux festin était dressé, avec des fleurs, des vins des caves royales, des asperges, des fraises, des petits pois en janvier, et pour convives, les hommes les plus illustres et les plus spirituels de Paris. S'asseoir à ce repas était pour mademoiselle George une chose aussi naturelle que de respirer ; si on lui avait dit qu'on ne pouvait pas se le procurer faute d'argent, elle n'aurait pas compris ce que cela signifiait. Est-ce qu'elle disait, elle, qu'elle ne pouvait pas être reine, porter des diadèmes et se faire la proie des passions, des amours sanglantes, et des crimes illustres, de quatre heures et demie à une heure du matin? Non, elle savait que les maîtres du monde n'ont pas droit au repos et à la tranquille rêverie sous les feuillages, comme les bergers de Virgile! Mais il n'y avait pas seulement le festin ; il y avait aussi le roi du festin, qui chaque soir était changé et renouvelé, en vertu d'un caprice éternellement renaissant et tout idéal.

Alexandre Dumas a admirablement expliqué comment, debout en face d'une salle débordée et ruisselante de foule, le vrai comédien a besoin de la résumer, de l'incarner dans un être subitement et spontanément choisi, et de jouer pour ce seul spectateur, auquel arrivent alors directement les effluves partis de l'âme amie et fraternelle. Mademoiselle George choisissait ainsi chaque soir celui à qui devaient s'adresser ses amours, ses fureurs, ses sanglots, son inspiration, le vol sublime de ses pensées, et dès que son regard l'avait désigné, elle se trouvait magiquement renouvelée, transfigurée, guérie de ses fatigues. Vers le milieu de la soirée, elle envoyait à cet heureux inconnu son bouquet, un bouquet d'un très grand prix, qui toujours lui était apporté avant le spectacle; et comme cette tradition était connue et populaire à Paris, par ce seul fait, et sans qu'on eût besoin de le lui dire, il se trouvait non seulement invité au repas, mais roi du repas, où les autres convives lui parlaient avec respect, comme à un jeune homme aimé des Dieux.

Que d'existences ont été troublées, dévorées par ce bonheur d'un instant! Mais qu'importe? et les Immortels se doivent-ils occuper de ce que brûle, comme un farouche incendie, le feu mystérieux de leurs prunelles? Un soir, le bouquet fut envoyé à un étudiant, dont l'instruction, l'enthousiasme, la précoce éloquence faisaient présager un homme illustre. Le lendemain même, avant de l'avoir endossée, il jeta la robe aux orties, se fit tragédien, non sans talent, mais sans génie, et nous l'avons vu faire ses trente ans à la Comédie-Française, par amour pour celle qui l'avait oublié, aussi complètement que sa première rivière de diamants! En province et dans les représentations à bénéfice, il joua bien souvent avec mademoiselle George qui, bien qu'il remplît le rôle principal, ne le reconnut jamais, car elle avait bien d'autres lions à peigner. Où en aurait été la grande Sémiramis, si elle avait dû se souvenir du soldat Bactrien à qui il lui avait plu de sourire, en oubliant pour une minute ses travaux guerriers?

La vraie beauté est plus forte que tout, même que la vieillesse et que l'ignoble pauvreté. L'âge avait beau s'acharner; il ne put jamais flétrir les admirables traits dont le baron Gérard nous a laissé une merveilleuse image, et vieille, pauvre comme elle l'était, avant que Napoléon III, en souvenir de son oncle, lui accordât une pension modique, elle était restée belle, et elle était restée reine! Toujours elle était vêtue d'une robe de velours noir; peut-être savait-elle qu'il existe des robes de laine et de vulgaire soie; mais qu'elle pût en porter elle-même, cela ne vint jamais dans son idée ni dans celle de personne au monde. Quand la France, comme on l'a vu! devient si misérable que les paysans, faute de pain, mangent de l'herbe, les princesses ont beau avoir le cœur déchiré par ces souffrances, elles ne songent nullement à s'habiller de bure. Or mademoiselle George était princesse par la beauté et par le génie, c'est-à-dire en vertu d'une loi qui domine toutes les conventions sociales, comme un Himalaya couronné de blanches neiges et baisé par les rougissantes aurores.

Elle resta belle, non seulement en dépit de l'âge, mais avec des manies qui eussent suffi à avilir les plus triomphantes bourgeoises, et les eussent tout de suite assimilées à de tremblantes concierges. Madame Émilie Guyon me l'a raconté, lorsque pour la première fois, très émue et le cœur bien gros, elle vint demander des conseils à mademoiselle George, après l'avoir fait asseoir dans un petit salon démeublé, une femme de chambre apporta sur un guéridon deux plats creux, à ragoût, contenant chacun une cuiller à potage et remplis, l'un de tabac à priser, l'autre de charbons cassés en petits morceaux. Enfin la grande tragédienne entra, reçut la jeune fille avec la plus souriante affabilité, l'encouragea, et lui parla de son art, comme elle savait en parler. Mademoiselle Émilie Guyon aurait bien voulu savoir à quoi servaient les deux plats, mais elle n'osait lever les yeux. Enfin elle se hasarda, et vit alors que sa célèbre devancière mangeait des charbons noirs avec l'une des cuillers, et avec l'autre se bourrait le nez de tabac en poudre. Mais elle n'avait pu gâter ni sa bouche héroïque, ni son nez pur comme celui d'une Aphrodite, car ces traits d'un visage surhumain avaient été trop bien modelés et taillés par le Statuaire !

La dernière fois que je l'ai vue au théâtre, c'était à l'Odéon, dans la *Médée* de Longepierre, où, au dernier acte, elle paraissait dans une machine peinte en chariot traîné par des dragons, au milieu d'un pauvre feu d'artifice, représentant le feu du ciel. Devenue énorme, on aurait dû penser que cette vieille femme semblerait ridicule en magicienne envolée. Erreur profonde ! elle était la vraie Médée, la fille de l'Océanide, celle qui, honorée d'un culte divin, devait descendre aux Champs-Élysées pour être l'épouse d'Achille ! Le temps féroce qui écrase les plus nobles visages et comme un Indien Pawnie scalpe les chevelures, n'avait pas pu défigurer cette radieuse Hélène, et en faire une vieille dame.

Frédérick-Lemaître était essentiellement, et plus que tous les autres comédiens, l'être qui n'a pas de place possible dans la vie sociale ; car pour lui en donner une qui s'accordât avec son génie et avec sa nature aristocratique, il aurait fallu le nommer empereur d'Occident ! Il était véritablement lui-même, lorsqu'il paraissait sur la scène vêtu en dieu, en roi, en héros, en seigneur, et, alors, il pouvait dire comme Ruy Blas : *Je suis déguisé quand je suis autrement !* Oui, au pied de la lettre, il n'était rien autre chose qu'un déguisé, qu'un personnage travesti, qu'un masque bouffon, lorsqu'il se montrait dans la rue avec des vêtements bourgeois. Ses gestes et son langage manquaient-ils donc de naturel ? Pas du tout. Ils étaient parfaitement naturels, comme appartenant à Edgard de Ravenswood, ou à Gennaro, ou à Scapin ; mais tout à fait absurdes, en tant que provenant d'un vulgaire passant, affublé d'une redingote noire. D'une façon involontaire et spontanée, Frédérick marchait sur l'ignoble pavé comme on marche sur les tapis de pourpre ; ce n'était pas du tout sa faute s'il achetait un cigare au débit de tabac avec le geste d'Achille ; et quand même il ne l'aurait pas voulu, les ouragans qui dénouaient et éparpillaient les cheveux frémissants d'Oreste, s'acharnaient spécialement aussi sur la chevelure de ce comédien, où ils posaient leurs bouches effrénées et furieuses.

Lorsque Frédérick-Lemaître joua *Robert Macaire* aux Folies-Dramatiques, il était tellement beau qu'il perdait sa peine à vouloir se défigurer et s'enlaidir. Il avait beau s'affubler de haillons, de costumes inouïs, et peindre, grimer, mâchurer son visage, c'était comme s'il eût souillé de ces barbouillages un visage taillé dans le pur marbre divin ; il était alors Apollon sali et barbouillé, mais plus Apollon que jamais ; et, en dépit de ces précautions inutiles, la noble tête rayonnait dans son idéale splendeur.

On dit que la Comédie n'a jamais corrigé personne, et qu'après avoir ri d'Harpagon ou d'Othello, l'avare reste avare, comme le jaloux reste jaloux. Mais ce qui est vraiment extraordinaire, c'est de voir le comédien obéir à la leçon qu'il est chargé de transmettre aux autres, et en faire lui-même son profit. Eh bien ! Frédérick réalisa pourtant cette exception, et c'est surtout pour lui que ne fut pas perdue la morale contenue dans la grande comédie moderne. Je ne sais si, avant d'avoir joué *Robert Macaire*, il croyait beaucoup aux actions, au tohu-bohu financier, aux prospectus, aux placements chimériques, et à tous les papiers roses qui prétendent représenter de l'argent. Quoi qu'il en soit, lorsqu'il se fut mesuré avec Wormspire dans la farce immortelle, et lorsqu'il eut vu l'infortuné Gogo traité comme un poète lyrique en France, ou comme un esclave en Alger, — pour avoir demandé des nouvelles de son argent, il se tint pour suffisamment édifié sur ces matières, et se promit de rompre tout pacte avec les habiles alchimistes qui achètent chez le papetier de quoi fabriquer des Eldorados et des Pactoles.

Aussi inaugura-t-il un système de placement tout à fait initial, et qui étonne l'esprit par son incroyable simplicité ! Rétribué magnifiquement, quoique d'une façon inférieure à son mérite, il se faisait payer avant d'entrer en scène, toujours en pièces d'or, et cet or il le jetait, l'entassait dans un grand tiroir de commode toujours vidé et rempli, et où il puisait, au gré de ses besoins et de ses caprices. Il est évident que les capitaux ainsi employés ne rapportent que de médiocres intérêts ; mais aussi que de malheurs, de pièges, de banqueroutes évités par ce moyen grandiose et primitif, grâce auquel le propriétaire du trésor est invulnérable aux flèches subtiles de la Finance, comme s'il était revêtu d'une triple armure de diamant !

Toutefois, si excellent que fût ce système, bien supérieur à celui de Law et à toutes les combinaisons qui en dérivent, Frédérick-Lemaître n'avait pas toujours été à même de l'employer, parce qu'il y avait eu un temps où il ne possédait ni commode, ni tiroirs, ni pièces d'or à mettre dans le tiroir, s'il en avait eu un ! C'est au moment où, tout jeune, il jouait à l'Odéon les confidents de tragédie, pareil à un grand aigle qu'on emploierait au rôle de pigeon messager, et montrant au public ébloui des Pylades flamboyants, des Arcas terribles et des Eurybates plus superbes que le Roi des rois. Oui, il faut bien l'avouer, par une transposition faite pour stupéfier les spectateurs, Agamemnon avait l'air d'être le domestique de son capitaine des gardes, qui, lui, ressemblait à quelque chef illustre, dompteur de chevaux et conducteur d'hommes. Une telle disproportion finit par frapper ce bon Picard, comédien, auteur, futur académicien, et pour le moment directeur de l'Odéon, qui, avec son flair habituel, devina quelque chose du génie de Frédérick. Il voulut lui voir faire une création, et obtint d'un de ses auteurs qu'un rôle très important fût confié à ce jeune homme, dans une pièce nouvelle.

Au théâtre, tout le monde crut alors que Frédérick allait être ivre de joie. Au contraire, de ce jour-là il se montra fort triste ; il gesticulait, parlait à voix basse, se frappait le front et semblait chercher à résoudre quelque problème ardu. Enfin, il finit par aller trouver Picard, et, non sans un certain embarras, lui dit qu'il lui était extrêmement reconnaissant, mais qu'il ne pouvait jouer le rôle.

— « Et pourquoi cela, mon enfant ? demanda le directeur, sérieusement étonné.

— Mais, monsieur, dit le comédien, parce que ce rôle demande de grandes dépenses de vêtements, et que je n'ai pas l'argent nécessaire pour y faire face.

— Eh bien, fit Picard, pensant dire la chose la

plus naturelle du monde, pourquoi ne vas-tu pas chez ton usurier? »

Frédérick ayant avoué ingénument qu'il n'avait pas d'usurier, le bon Picard devint extrêmement gai, et se mit à rire de toutes ses forces. — « Pas d'usurier! pas d'usurier! » répétait-il en se tenant les côtes.» Puis, interpellant un beau comédien, un Dorlange quelconque en culotte gris perle, qui venait d'entrer dans son cabinet et qui était alors la coqueluche des dames : — « Dis donc, Dorlange, s'écriat-il en riant toujours, un jeune homme qui n'a pas d'usurier! Fais-moi le plaisir de le conduire chez le tien. » Notez que le bon Picard était personnellement un homme fort moral; mais c'étaient les mœurs du dix-huitième siècle qui hantaient son cerveau d'auteur dramatique, et il n'aurait pas compris un marquis de la comédie n'escomptant pas chez le marchand de ducats les futures amours prodigues des Angéliques.

Si Dorlange n'avait pas mené son camarade chez le meilleur ami des fils de famille, nous n'aurions eu peut-être ni Gennaro ni Ruy Blas; mais Frédérick, dont le talent seul devait rembourser son prêteur, sut bientôt que les modernes Gobsecks n'attachent pas leurs chiens avec des guirlandes de fleurs, et avant de songer à son propre tiroir, il dut travailler pour remplir celui de l'usurier, où ses premiers louis disparurent, comme des cailloux tombés dans le flot vertigineux d'un gouffre.

Mais le succès, la renommée, la gloire, l'argent ne se firent pas attendre au grand comédien. Bien peu d'années plus tard, il avait remporté ses grands succès; il avait joué *Lisbeth*, *Lucie de Lammermoor*, *Trente ans ou la vie d'un joueur*, et Alexandre Dumas ayant écrit son paradoxal et curieux *Napoléon* (qui, par parenthèse, fut édité en un volume in-8° par le père de Nadar,) ce fut Frédérick, naturellement, qui fut chargé d'incarner l'homme du siècle, et qui porta le déjà légendaire petit chapeau, sur sa tête belle et régulière comme un camée antique.

Dans cette création, il bouleversa toutes les idées reçues, mit ses pieds dans le plat de la convention, et par son geste puissant chassa les lieux communs, comme un vol d'oiseaux effarouchés ; car il se refusa entièrement à reproduire les tics fameux de Bonaparte, les mains derrière le dos, le tabac à priser dans la poche du gilet, et les autres niaiseries, qu'il supprima par une simplification audacieuse ; et, parlant de ce rôle de Napoléon : — « Je l'ai joué, me disait-il finement, comme j'aurais joué Achille ! » Le drame d'Alexandre Dumas fut représenté le 10 janvier 1831, c'est-à-dire un peu moins de dix ans après la mort de son héros. Tous les contemporains de l'épopée moderne étaient encore vivants, et parmi les maréchaux, les dignitaires, les princes de l'Empire, ce fut à qui offrirait à Frédérick des détails intimes, des renseignements et des conseils. On lui donna même mieux que cela, et grâce à la libéralité de ces illustres témoins, il put représenter Napoléon avec une épée et des décorations qui lui avaient réellement appartenu.

Ces accessoires historiques se trouvèrent même appelés, par le caprice du destin, à jouer, ailleurs que sur la scène, un rôle assez bizarre.

Le grand comédien était en tournée de représentations, attendu à jour fixe, sous peine d'un important dédit à payer, dans les villes qu'il devait parcourir, et il voyageait dans une berline qui lui appartenait, en compagnie d'un impresario, homme d'affaires, factotum, qui réglait tous les détails matériels, Frédérick, en vrai seigneur de la comédie de la vie, ne sachant guère faire autre chose que de jeter sa bourse pleine d'or aux gamins qui lui donnaient du feu pour allumer son cigare et aux mendiants qui lui demandaient un sou.

Comme ils étaient arrivés dans je ne sais quel village, très pressés par le temps, car ils étaient en retard déjà, brusquement, l'hôtelière et maîtresse de poste, interrogée par l'intendant du comédien, déclare qu'elle n'a pas de chevaux à donner. Il lui en reste une seule paire, mais retenue par une très grande dame, qui en ce moment achève de manger à la hâte un repas sommaire. Frédérick, entend ce colloque, comprend qu'il est perdu, qu'il lui faudra payer son dédit, et sans réfléchir, obéit à une inspiration soudaine. Il avait toujours avec lui, dans la voiture, enfermés dans une cassette, les objets ayant appartenu à l'empereur ; à la hâte il s'affuble des croix, des plaques, du grand cordon rouge, et se montrant à la portière de la voiture, avec un geste épique et surhumain :

— « Attelez à l'instant ! » dit-il.

L'hôtelière ne se le fit pas répéter deux fois. Effarée, tremblante, croyant avoir affaire à quelque dieu (et en cela elle ne se trompait qu'à demi,) elle se hâta de donner ses ordres, et cinq minutes après, la berline du comédien roulait sur le pavé du village. Mais au bout d'une centaine de pas, Frédérick eut un remords ; il se dit que, de la sorte, cela était trop simple, et que si la maîtresse de poste avait été payée en monnaie de singe, elle n'avait pas vu le singe. Il résolut de le lui faire voir. Et pour ce faire, ayant fait arrêter la voiture, il mit pied à terre au milieu de la grande rue, écartant ses jambes des deux côtés du ruisseau, et là, toujours orné de la défroque historique, tapant d'abord avec sa main gauche le derrière de sa tête, et faisant de sa main droite un geste exactement parallèle à celui-là ; puis ajoutant au bout de son nez sa main droite à sa main gauche, et agitant ses doigts, il salua de loin l'hôtelière, ironique et ployé en deux, avec le geste classique du gamin de Paris. Après quoi, il remonta triomphalement dans sa berline, dont les chevaux partirent au galop, tandis que l'hôtelière, qui semblait changée en statue de sel, restait immobile, foudroyée, et plus stupéfaite que si elle eût vu brûler Gomorrhe.

En effet, les hommes de 1830 ne dédaignaient pas la farce; mais ils la voulaient étonnante, grandiose, et digne de servir d'exemple aux races futures. En ces temps romantiques, le monde artiste avait pris en haine un certain épicier, qui sans doute avait parlé des Dieux avec irrévérence. C'était un petit, tout petit épicier, superstitieux et craintif, dont la pauvre boutique, pavée encore, montrait, dans une rue aujourd'hui abolie, ses bocaux où pâlissaient dans la poussière des sucres d'orge plaintifs, de vieux colifichets, et, funèbres en leur désolation muette, d'antiques pralines à la rose.

Par un soir d'été où l'orage venait de se déchaîner au ciel, seul dans sa boutique où n'entrait pas, où ne devait pas entrer un seul acheteur, assis à son comptoir, le petit épicier lisait à la lueur d'une chandelle fumeuse un roman d'Anne Radcliffe et, écoutant le sifflement et les sanglots du vent, tremblait de tous ses membres, lorsque parut devant lui un beau jeune homme à la longue chevelure, drapé dans un manteau, et dont le regard brillait comme une éclatante aurore. C'était Frédérick.

— « Épicier ! dit-il, il est onze heures. A minuit il y aura une chose horrible sur ton comptoir ! »

L'épicier s'était fait encore plus petit que d'ordinaire, et, réduit à sa plus simple expression, il eût fait croire à la justesse du trope vulgairement employé, qui consiste à dire : « Rentrer en soi-même !.. » Il aurait bien voulu fermer ses volets et monter se coucher, le misérable ! mais il n'osait pas bouger, et sentait son sang figé dans ses veines. Comme la demie d'onze heures sonnait à l'église voisine, un second homme parut, aussi violent et sinistre que le premier était élégant et superbe. Dans ses regards noirs se lisaient la souffrance, la révolte, la protestation contre un destin inique ; ses cheveux semblaient faits avec de la nuit, et on eût dit que sa noire moustache avait été taillée à la hache.

C'était Bocage..

— « Épicier ! dit-il, il est onze heures et demie. A minuit, il y aura une chose horrible sur ton comptoir ! »

Imaginez un tire-bouchon qui serait taillé dans un morceau de glace ! Tel l'épicier. Les éclairs sillonnaient le ciel de leurs serpents de feu, le tonnerre éclatait dans la nue, et les douze coups de minuit résonnaient effroyablement dans le silence, lorsque parut le troisième homme, celui-là froid, impassible, inexorable. On sentait qu'il eût été inutile de le supplier, et que, devant lui, il fallait laisser toute espérance. C'était Beauvallet.

— « Épicier ! dit-il de sa tonitruante voix de bronze, il est minuit. Voilà la chose horrible sur ton comptoir. »

Et entr'ouvrant son manteau, il posa sur le comptoir une affreuse mandragore, c'est-à-dire une de ces plantes à figure humaine qui croissent sous le gibet des suppliciés, qu'on fait arracher, à l'aide d'une corde, par un chien qui tombe alors foudroyé, et auxquelles on fait un visage en leur semant sur la tête du millet qui croît rapidement et devient chevelure, et en leur mettant des grains de genièvre et un fruit d'églantier, en guise d'yeux et de bouche. Après quoi, le petit monstre s'anime définitivement, et manifeste son existence en jouant aux humains les plus méchants tours, mordant volontiers les lèvres qui le baisent et les mains qui le nourrissent.

La mandragore de Beauvallet avait été arrachée sans doute tout récemment, car ses racines, ou ses jambes, saignaient encore; l'épicier ne put soutenir ce spectacle, et tomba évanoui. En revenant à lui, s'aperçut-il que le petit monstre sanglant était un simple cartonnage, emprunté au magasin d'accessoires d'un théâtre? Il est permis d'en douter; nos haines, nos espoirs, nos amours, nos désolations, nos terreurs, nos désirs ne nous sont-ils pas souvent inspirés par de simples images de carton, grossièrement coloriées, où nous croyons voir frissonner et palpiter la vie?

XIX

ROBERT MACAIRE

On a raconté cent fois comment *L'Auberge des Adrets*, conçue par ses auteurs comme un mélodrame sérieux, destiné à faire verser des pleurs sur les infortunes de madame Macaire, du sensible Charles et du vertueux Germeuil traitreusement assassiné, devint, grâce à la fantaisie de Frédérick-Lemaître, grâce à un singulier et inexplicable caprice, une bouffonnerie sanglante et bizarre, dans laquelle l'institution de la gendarmerie fut peut-être bafouée sans mesure, mais qui devait produire dans l'art dramatique une complète révolution, appelée, comme toutes les révolutions, à être étouffée et recommencée vingt fois avant de triompher pour jamais. En un mot, au lieu de ce qu'était tout mélodrame d'alors, une tragédie bourgeoise écrite en prose enflée et prétentieuse, *L'Auberge des Adrets*, telle que la transfigura la puissante imagination de Frédérick, devint le premier drame *romantique* dans le vrai sens du mot, c'est-à-dire cruel et ironique, poétique et bouffon, amalgamant le rire et l'épouvante, la négation et l'enthousiasme, plein d'antagonisme, de grandeur, de folie, d'amour, d'élans sublimes et d'absurdité, comme la Vie elle-même.

Au lieu de rester un criminel tout d'une pièce,

comme « *le cruel Spalatro* », Robert-Macaire, modelé à nouveau par son interprète, devint un forçat moraliste, un dandy en guenilles, un fantoche féroce, charmant et insensé, faisant tenir dans le cadre de sa vulgaire tragédie une vaste satire littéraire et politique, et mille aspirations! Cet assassin lyrique et *blagueur* en finissait, d'un seul coup de pistolet, avec les coupes, les cadavres et les poignards du théâtre classique, et en même temps, audace mille fois plus grande, avec les faux Lara, les Manfred postiches et tout le romantisme de pendule! Transporter sur le meurtrier l'intérêt qu'il enlevait au corps sanglant du malheureux Germeuil, c'était sans doute excessif et hardi, et toutefois infiniment juste; car l'expérience nous a prouvé depuis lors qu'après avoir été dûment assassiné, et qui plus est, ridiculisé, ce vertueux Germeuil, dont le corps ne fut jamais rembourré d'autre chose que de foin, devait nous gouverner de nouveau, à la Comédie, à l'Institut, et même ailleurs. En ce temps-là, Robert Macaire exhalait sans doute par avance le cri superbe que Fernand Desnoyers devait pousser plus tard à propos d'un poète de transition : *Il est des morts qu'il faut qu'on tue!*

Cette transformation de *L'Auberge des Adrets*, tout le monde la connaît; mais il y eut dans la genèse du rôle nouveau un prétexte qu'on n'a jamais su. Or, c'est ce prétexte que je veux révéler, et dont la divulgation fera mon historiette. Frédérick, partagé entre deux courants opposés, ne sachant si son mélodrame deviendrait une tragédie ou une farce satirique, si son bloc de marbre *serait dieu ou cuvette*, répétait sans se décider à rien, sans pouvoir se mettre d'accord avec lui-même, sans se figurer au juste si la pièce actuelle pouvait en effet servir de motif à la révolution théâtrale qu'il entrevoyait, qu'il devinaît plutôt avec la prescience du génie. A la dernière répétition, qui fut longue, fatigante et finit extrêmement tard, il garda encore les mêmes indécisions. Mais, précisément comme elle allait se terminer, je ne sais quel rapide éclair lui traversa l'esprit. Il avait senti en lui comme une commotion soudaine, et son parti était pris enfin irrévocablement.

Il s'échappa un instant, monta chez le costumier, qui nécessairement devait être son complice dans la transformation projetée, et lui expliqua son idée, ou du moins ce que cet artiste en devait connaître, puis il rejoignit ses camarades. Mais sitôt le dernier mot dit, il retourna vers son confident, pour voir s'il avait su lui trouver des haillons d'un aspect séduisant et pittoresque. Vain espoir, désillusion amère! En regardant, en touchant sa défroque improvisée, le désespoir le prit.

— « Mauvais, mauvais! s'écria-t-il, de la voix d'Ajax défiant les Dieux. A la rigueur, le chapeau a une physionomie, l'habit peut faire sourire ; mais cette culotte, malheureux, cette culotte! Je te demande la culotte d'un forçat fashionable, paré — à force de volonté — d'une chimère impossible, et tu me trouves quoi! une culotte — ignoble, c'est vrai, mais en même temps bourgeoise et bête, dont la coupe fait songer aux alexandrins de monsieur Andrieux! »

Le costumier, interloqué, restait bouche béante, gardant à sa main tendue le malheureux objet, et ne comprenant pas, l'esprit borné! en quoi des alexandrins peuvent ressembler à une culotte. Mais aussitôt, et sans ajouter une parole, Frédérick descendit les escaliers quatre à quatre. Il avait déjeuné de grand matin et très légèrement, et, exténué par une répétition qui avait duré plus de sept heures, il venait de sentir soudainement une de ces faims poignantes qui vous pousseraient à voir Ugolin sous un jour presque favorable. Agile comme Milanion, vainqueur d'Atalante, le comédien traversa le boulevard avec la rapidité d'une flèche, et, arrivé devant la boutique du pâtissier populaire, du fameux *Coupe-Toujours*, déjà il étendait son bras impérieux et il ouvrait la bouche pour demander un morceau de galette, quand l'étonnement, un étonnement joyeux, immense, démesuré, arrêta la voix dans son gosier et le cloua dans la pose même qu'il avait prise, le front levé et le bras tendu.

Un acheteur qui l'avait précédé, un homme mangeait, lui aussi, un morceau de galette devant la boutique du père *Coupe-Toujours;* mais cet homme, oh ! sous quels traits épiques, dans quelles poses de héros dominateur, avec quelles couleurs pétries de sang et de lumière il devait être représenté pour les âges à venir !

Beau comme Antinoüs ou comme le jeune Hercule, cet inconnu, ce passant, ce mangeur de galette portait sur sa magnifique chevelure, coiffée en coup de vent, un chapeau gris défoncé. L'un de ses yeux était caché par un bandeau noir. Il étalait, arrangé comme ces cravates longues qui, selon la mode du temps, cachaient entièrement la chemise, mais cette fois cachant au contraire l'absence de chemise, un cache-nez en laine de couleur vermillon, qui montait jusque sur son menton, comme les cravates à la Barras. Sur son gilet blanc se balançait, suspendu à un cordon noir, un lorgnon arrondi, moitié strass, moitié chrysocale, et emmanché d'un double S. D'une des poches de son habit vert aux longues basques, orné de boutons argentés, mais plus usé et effrité que les murailles de Ninive, s'échappait, en cascades jaunes et rouges, un amas de déchirures — qui avait été un foulard.

L'inconnu avait sur sa main droite, sur celle qui tenait la galette, un reste, une ruine, un fantôme de gant blanc en pièces qu'il semblait montrer avec orgueil, et de l'autre main, restée nue, il étreignait une de ces cannes énormes, contournées et bizarres comme celles dont se paraient les incroyables du Directoire. Tout ceci était bien, et toutefois ce n'était rien encore; ce qu'il fallait voir, ce qu'il fallait regarder en silence, ce qu'il fallait admirer à genoux, c'était le pantalon de drap rouge! Autrefois pantalon militaire à *charivari* de cuir, mais effrontément raccommodé maintenant avec des pièces des couleurs les plus hétéroclytes, par quel artifice, par quelle métamorphose, par quel avatar ce pantalon de cavalerie, qui évidemment était né flottant et large, avait-il pu devenir pantalon collant!

A la suite de ce chef-d'œuvre, des bas blancs, sur lesquels grimpaient, merveille des merveilles, des cothurnes de satin appartenant à des souliers de femme, — car l'inénarrable mangeur de galette était chaussé avec des souliers de femme! Il avait la beauté d'un dieu, l'effronterie de Diogène, l'élégance d'un roué, la sérénité d'un enfant, et il dévorait sa galette avec la majestueuse grâce d'Apollon mangeant l'ambroisie. Je l'ai dit, Frédérick était resté ébloui, muet, immobile d'admiration et d'épouvante. Il ne demanda pas à ce Lauzun galérien : « De quel bagne sortez-vous? » Il ne lui demanda rien, il ne lui dit rien, il n'avait rien à lui dire, il se bornait à le contempler, à le remercier tout bas dans son cœur, à le bénir comme s'il avait été le bénisseur Marty en personne. Le Ciel avait mis sur son chemin, il avait trouvé, il voyait, en chair en os, l'être qu'il devait, poète et comédien, introduire dans le monde idéal, celui que Daumier devait dessiner, celui qui devait être le Cid et le Scapin de la comédie moderne, Robert Macaire!

— « Mais, ne manquera pas de me dire un philistin, si Frédérick Lemaître n'avait pas rencontré cet homme, il n'aurait donc pas créé Robert Macaire ? »
— Objection absurde et frivole! Le Génie rencontre TOUJOURS ce qui doit être la cause occasionnelle de ses créations, puisqu'IL FAUT que ses créations soient faites. Car c'est le même Ouvrier qui façonne à son gré le Génie et le Hasard, et il les façonne l'un pour l'autre!

XX

LES ANCIENS FUNAMBULES

AU BOULEVARD DU TEMPLE

L'ancien Spectacle des Funambules du boulevard du Temple, qui a été détruit lors de la transformation de la ville et ne sera jamais ressuscité, était certainement ce qu'il y avait de plus charmant et de plus amusant à Paris, et si j'excepte les incomparables joies de la poésie et de l'amour, les heures que j'ai passées dans cette petite salle enfumée ont été certainement les meilleures de mon existence. En effet, rien de ce qui rend le théâtre affreux pour les esprits subtils, pour les âmes délicates, n'existait aux Funambules, qui étaient précisément le contraire du lieu commun théâtral universellement adopté. Ce qui est surtout abominable dans nos salles de drame et de comédie, grandes comme des halles, c'est le manque absolu de lien entre les acteurs et le public; c'est aussi que nous sentons immobiles les décors, les meubles, les accessoires, qui ne peuvent être bougés et remués, sinon derrière un rideau cruellement interposé entre le spectacle et nous.

D'un côté, les acteurs qui se battent les flancs pour intéresser à une intrigue chimérique et cependant poignante, qui ravive nos ennuis et le sentiment de nos misères; de l'autre, des spectateurs hétérogènes, étrangers les uns aux autres, étrangers aux comédiens, occupés de mille soins et de mille calculs sans aucun rapport avec le poème qui se débite devant eux ; et, entre les uns et les autres, une solitude, un désert, un abîme, un espace effrayant que rien ne peut remplir, voilà le théâtre tel qu'il est. Et quand ces deux troupes, de race, de pensées, de religions différentes, ont fait des efforts surhumains pour se connaître, pour se comprendre, pour se pénétrer l'une l'autre ; au moment même où elles allaient y parvenir peut-être, arrive le niais, le stupide, l'imbécile entr'acte, qui détruit tout, embrouille à nouveau l'écheveau à peine débrouillé, et rend ici les spectateurs à leurs sombres ennuis, là les acteurs à la brutalité de leurs oripeaux et de leurs châssis funèbres.

Aux Funambules, la scène était machinée avec trois dessous, ni plus ni moins que celle de l'Opéra, ce qui permettait les changements, les transformations, la perpétuelle variété d'une vision sans cesse métamorphosée à souhait pour le plaisir des yeux. Et, en revanche, la salle était si petite, que les acteurs et les spectateurs, qui, tous, d'ailleurs, étaient de la même race, gens du peuple, et en dehors du théâtre exerçant des métiers, pouvaient se regarder les uns les autres, se voir de près, se parler presque lèvre à lèvre, et, comme les héros de l'Iliade, échanger des discours, ce qui ne semblait nullement étrange dans cet endroit grouillant de vie, où le public était lui-même le Chœur effréné et toujours frémissant d'Aristophane.

Et les pantomimes, qu'on représentait aux sons d'une musique classique jouée par cinq ou six instruments à cordes, réalisaient ce double but de faire oublier la Vie et de la représenter cependant ; car nous ne pouvons nous intéresser à rien qui ne soit

pas elle, et, d'autre part, nous ne saurions être
réjouis, si nos soucis ne sont magiquement dissipés
et mis en fuite par la toute-puissante Illusion. Or, la
pantomime se déroulait au milieu d'incidents assez
bouffons, excessifs et multiples, pour nous arracher
aux prosaïques misères qui nous assiègent, et, en
même temps, ce qu'elle exprimait était bien la Vie,
mais simplifiée, initiale, idéalisée par une fantaisie
intense et ambulatoire, qui emportait l'esprit dans
un tourbillon de gaieté, d'admiration, de folie, d'extase, d'agile et puissante rêverie.

Pas d'entr'acte! Nous savions qu'une fois le rideau
levé, rien ne viendrait interrompre notre plaisir et
nous donner l'horrible sensation d'un brusque réveil. La féerie, qui en moyenne comportait une
quinzaine de changements à vue successifs, se jouait
en deux heures, envolées comme des minutes, et à
partir du premier coup d'archet, les chambres, les
paysages, les forêts, les cavernes, les paradis, les
places publiques, les grottes de flamme et de rubis,
les rivières, les palais de lapis et de jaspe, les arcs
triomphaux construits avec des roses, passaient,
fuyaient, brillaient devant nos yeux, encadrant une
intrigue toujours intéressante parce qu'elle était
toujours la même, et qu'elle employait dans ses
scènes, défilées comme les perles d'un collier sans
fin, toute la mouvante humanité.

Comme dans la vie, il y avait des marchands, des
soldats, des pirates, des pâtissiers, des villageoises,
qui se livraient à des occupations diverses; mais à
travers ces foules éperdues, le chatoyant Arlequin
et la svelte Colombine, égoïstes comme l'amour, se
sauvaient, s'en allaient, s'enfuyaient, extasiés, heureux, se tenant les mains, ivres de printemps, de
jeunesse et de rêves; parfois une Fée se penchait
vers eux et leur parlait en vers. Cassandre et Léandre

les poursuivaient, sans attraper autre chose que des horions et des coups de pied localisés dans un espace immuable, et Pierrot suivait ces deux imbéciles, mais avec une indifférence complète, avec un dédain profond, avec le dandysme le plus sceptique, sachant la prodigieuse inutilité de tous les efforts humains, et n'ayant d'autre point de vue que d'avoir lieu à travers la nature, en gardant sur son vêtement sans tache et sur son visage exsangue comme celui des Dieux la blancheur et la glorieuse inutilité du lys.

Pierrot, vous le savez, c'était le beau, le gracieux, le svelte, l'ironique Jean-Gaspard Deburau. Cet incomparable comédien avait tout ce qu'il faut pour charmer le peuple, car il était peuple par sa naissance, par sa pauvreté, par son génie, par sa naïveté d'enfant ; mais aussi il répondait au besoin d'élégance et de splendeur qui existe dans les âmes primitives, et il n'y eut jamais duc ni prince qui sût aussi bien que lui baiser la main d'une femme et toucher à une femme. Même quand il s'était incliné religieusement devant la Fée qui débitait ses strophes, victorieuse, envolée et agitant ses ailes de rubis, il osait esquisser, ébaucher vaguement le geste de prendre avec elle quelque privauté, et la Fée ne s'en fâchait pas, le public non plus, tant il était l'enfant gâté de tous !

J'ai dit : « ébaucher ; » il n'insistait jamais sur rien ; il indiquait ses intentions d'un geste spirituel, et vite passait à autre chose. « Sans peser, sans rester, » eût été exactement la devise de son talent exquis. Il ne faisait rien sans doute, flânant à travers l'univers avec un détachement d'artiste et de poète ; mais, au besoin, il montrait à ses amis les titis que rien d'humain ne lui était étranger, et alors il fabriquait une soupe aux choux, faisait l'exercice, se battait en duel, raccommodait les vieux souliers avec une perfection décourageante. Les gamins du paradis à deux sous lui jetaient des oranges, et il les ramassait, les mettait dans ses poches avec une joie enfantine, heureux de faire ménage avec eux et de jouer à la dînette. Et la minute d'après, il était un prince dédaigneux, un magnifique don Juan, jouant la scène entre Charlotte et Mathurine, avec une simplicité raffinée qui souvent dut faire réfléchir nos acteurs infirmes et turbulents.

Que d'épisodes créés de toutes pièces et qu'il avait marqués pour jamais de son cachet indélébile! En voici un qu'il aimait par-dessus tous les autres, et qu'il replaçait le plus souvent possible dans ses pantomimes. Par une suite de circonstances bizarres, Pierrot, échoué dans un harem, se trouvait appelé à faire un choix immédiat entre diverses odalisques. Tout d'abord, l'eau lui venait à la bouche, et voluptueusement il se promettait de tout dévorer ; mais très vite, par réflexion, passant en revue une à une ces sultanes affriandées, il les refusait toutes, indiquant par un geste vrai, rapide, merveilleux de concision, idéalement juste, le motif de son abstention. Le défaut physique dont il accusait l'existence, était en effet celui de la figurante subitement désignée, et avec quel art, avec quel sentiment plastique, avec quelle intelligence de la forme et de la couleur il la déshabillait, d'une façon nette et décisive! Celle-ci mince comme une latte, celle-là obèse, une au ventre pointu, cette autre au front d'hydrocéphale, une dont la bouche était fendue jusqu'aux deux oreilles; une aux cheveux pauvres, d'autres aux yeux percés en vrille, au nez en pied de marmite, aux bras trop longs ou trop plats, ou trop courts, aux appas démesurés, aux pieds immenses, aux sourcils féroces, aux dents farouches et désordonnées comme des soldats qui s'enfuient sur le champ de bataille, étaient peintes au vif, d'un seul coup, aussi bien que par le fulgurant crayon de Daumier. Oh! que de fois, lorsque Jean-Gaspard jouait cette scène adorable et cruelle, j'ai vu la pauvre figurante, jugée ainsi sans appel, rougir jusque dans la racine des cheveux, comme si on l'eût traînée toute nue sous le fauve soleil! Mais tout de suite, le divin mime la consolait d'un clin d'œil, d'un bon sourire ami, qui semblait dire, qui disait clairement : « N'aie pas de chagrin, c'est pour rire, il n'y a pas là-dedans un seul mot de vrai. » Alors la figurante rougissait encore plus fort, mais de plaisir, cette fois. Si Deburau eût joué sa scène favorite dans un salon parisien, mettant en cause les d'Espard et les Maufrigneuse et montrant irrémissiblement les imperfections de leurs beautés pourtant si parfaites, il eût été sans nul doute mis en pièces par les dames, comme Orphée, roi de Thrace, fut autrefois déchiré par les Ménades. Mais il avait bien trop d'esprit pour aller dans le monde; il craignait infiniment plus les lieux communs que les trognons de pommes, et il restait chez lui, attendant les grandes dames, qui en effet, venaient le voir dans le théâtre à quatre sous, à côté des poètes faméliques enchantés par ces féeries, et des titis qui mangeaient des cervelas, en regardant tourbillonner devant eux la Farce Humaine!

Et toujours les décors changeaient, plages, forêts, châteaux, rues populeuses, avec une simplicité initiale, au moyen d'un châssis qu'on retournait, d'une toile de fond s'engouffrant dans les dessous ou s'enlevant dans les frises, et comme les coulisses étaient extrêmement étroites, parfois on voyait les deux mains du machiniste aidant à la manœuvre, ou même le machiniste tout entier. Et croyez-vous que pour cela l'illusion fût détruite ou seulement amoindrie? Non, bien au contraire, et réfléchissez un peu;

vous verrez comme cela est juste! Car plus la vie humaine s'affirme sur le théâtre, plus le public y voit des êtres pensant, vivant et agissant comme lui, plus il croit à ce qui s'y passe, tandis qu'avec la navrante perfection des objets matériels abandonnés à eux-mêmes, naît l'indifférence pour ces morceaux de bois et de toile auxquels ne se mêle pas la vie humaine. Les décors changeaient, Arlequin et Colombine passaient, tremblants d'amour dans la lumière, et au milieu des foules turbulentes et affairées, lui, le Pierrot au vêtement de neige et à la face pâle, lui, le grand Jean-Gaspard Deburau, il égrenait en scènes muettes, délicieusement lyriques et bouffonnes, les innombrables rhapsodies de son poème.

Et avec quelle puissance d'imager, avec quel don de résumer audacieusement, avec quel génie de la synthèse! Une fois il était boulanger (car il était tout ce qu'il voulait,) il venait de chauffer son four, dont la gueule ouverte apparaissait vermeille et rose, lorsque tout à coup se présentaient, apportant leur farine, deux vieilles, vieilles femmes, chauves, échevelées, caduques, aux mentons branlants, courbées vers le sol, appuyées sur des bâtons noueux, et montrant dans leurs yeux profonds les ombres des années enfuies, plus nombreuses que les feuilles dans les bois. — « Vraiment! cela n'a pas le sens commun! s'écriait (en langage muet) le sage boulanger Pierrot; on n'a pas idée de laisser des femmes en venir à cet état-là. Comment n'a-t-on donc pas vu qu'elles ont besoin d'être refondues, refaites, recuites à nouveau! » Et aussitôt, en dépit de leurs protestations, il les saisissait, les couchait toutes les deux sur sa pelle, les enfournait bel et bien, puis ensuite surveillait la cuisson avec un soin fidèle. Au bout du nombre de minutes voulu, il les retirait du four jeunes, belles, métamorphosées par de brillantes chevelures, avec la neige au sein, les diamants noirs dans les yeux, les sanglantes roses sur les lèvres, vêtues de soie, de satin, de toiles d'or, brodés de paillettes et de passequilles, et modestement disait alors à ses amis du public : — « Eh bien ! vous voyez, ce n'est pas plus difficile que ça ! »

Une fois il était médecin, et, comme le Crispin de Hauteroche, distribuait éperdument les infernales pilules ; mais bientôt, au milieu du vil troupeau des malades, il distinguait le jeune seigneur parisien ennuyé, anémique, blême, n'ayant pas la force de vivre, et dégoûté même de l'ennui. — « Parbleu, disait le médecin Pierrot, voilà qui est bien étonnant, avec ce qu'il a dans le crâne ! » A l'aide d'un scalpel, il ouvrait proprement la tête du malade, dont il détachait la partie supérieure comme un couvercle, et de cette tête béante on voyait s'enfuir une souris épouvantée et folle, qui cherchait un trou pour y cacher sa honte, et courait sur les planches raboteuses du théâtre, comme une dératée.

Toute la haine moderne pour la guerre, toutes les plaisanteries sur les soldats, la caserne et le café des officiers, tenaient dans la pantomime des *Jolis Soldats,* où Pierrot, devenu un Dumanet effaré, se trouvait pris dans la discipline militaire comme dans une roue d'engrenage, et se débattait comme un papillon ivre autour d'une chandelle. Je le vois encore, faisant les corvées avec ses sabots énormes et son pantalon de treillis, noyé dans le fumier, abruti par les caporaux, et ensuite à l'exercice, avec son fusil, écrasant le pied de celui-ci, crevant l'œil de celui-là, et toujours stupéfait sous son étonnant bonnet de police. Oh ! quel valet admirable fut ce même Pierrot, et comme il avait bien vite fait d'exprimer l'effronterie du Ruy Blas vulgaire, succédant sans transition à la servilité plate ! Il choyait, adonisait, brossait, parait son maître Cassandre, enlevait avec soin de l'habit, du chapeau le moindre grain de poussière, après quoi il l'aidait à franchir la porte, au moyen d'un coup de pied farouche et surprenant!

Quand ce même Cassandre, rentrant à la maison, lui tendait son chapeau, Pierrot prenait ce couvre-chef avec respect, le caressait de la manche, le lissait, l'époussetait d'un souffle, puis avec des précautions inouïes l'accrochait contre le mur, mais à une patère absente, absolument idéale, ce qui permettait à l'infortuné tricorne de rouler déplorablement dans la poussière. Car le devoir du valet est de suspendre le chapeau de son maître à la place voulue, mais pas du tout de voir s'il y a là une patère ou s'il n'y en a pas. Que dirait de plus Balzac, pour exprimer l'indifférence forcenée des domestiques?

D'autres fois ont jouait des pantomimes d'aventures, de brigands, de fées, de génies, de gendarmes, se passant dans un vague Tyrol agrémenté de torrents, et imaginées avec la plus poétique fantaisie. Et qui les inventait? Un nommé Charles, régisseur, contrôleur et beau Léandre, taillé en casse-noisette et assez ignorant pour pouvoir mêler, avec une naïveté réelle et non apprise, toutes les légendes, toutes les traditions, toutes les histoires, toutes les théogonies et tous les Dieux. Dans ces mimodrames héroïques, Pierrot était un paysan tour à tour timide et vaillant qui, aidé d'une guerrière habituellement jouée par madame Lefebvre, égorgeait tous les brigands dans le combat au sabre carré, réglé sur le rhythme de la musique.

A l'avant-dernier tableau on entendait le murmure, le gémissement, le clapotement, on sentait la fraîcheur de l'eau, et les titis, sachant ce qui se préparait, frémissaient d'impatience. Enfin, la toile de fond s'enlevait, et alors paraissait un édifice à trois étages, de coquilles, de rocailles, de colonnes taillées en ondes, d'où tombaient les unes dans les autres des cascades des nappes d'eau cristallines, splendides, éclairées, pleines d'écume, de blancheurs et de diamants, avec un bruit horrible et délicieux. Même lorsque le dieu Amour, tenant en main sa torche, mariait Arlequin et Colombine devant un autel peint en camaïeu d'or, où brûlait un feu du Bengale couleur de rose, et auquel l'enthousiasme des spectateurs donnait une magnificence suprême, je n'ai jamais rien vu de plus beau que cette apothéose de cascades transparentes, enflammées et blanchissantes, que l'affiche des Funambules annonçait par cette phrase déjà si magique en elle-même : « *Le spectacle se terminera par un effet d'eau naturelle!* »

XXI

MONSIEUR MOURIER

D'après le reproche que sans cesse ils se jettent à la tête les uns des autres, la plupart des hommes seraient imitateurs et singes. Mais cette accusation est une grossière flatterie qu'ils ne méritent pas, car la faculté d'imiter fidèlement quelqu'un ou quelque chose supposerait une volonté, une patience et une humilité instinctive dont ils sont incapables. Pour se régler attentivement sur un modèle, il faudrait qu'ils eussent renoncé à exercer leur prétendu sens critique, et aussi qu'ils n'eussent pas dans leur infirme raison une confiance absolue, renoncement qui impliquerait déjà une âme supérieure. Il est vrai qu'ils imitent et qu'ils singent, mais en corrigeant leur modèle, et en se gouvernant d'après cette maxime inepte qu'*il faut en prendre et en laisser*. Si tous les apprentis rimeurs imitaient Victor Hugo plus sincèrement qu'ils ne le font, ils deviendraient tous bons poètes, et il n'y aurait pas de femmes mal fagotées, si celles à qui a été refusé le sentiment de l'élégance copiaient tout bonnement celles qui possèdent ce don précieux. Mais personne, hélas! ne sait et ne veut se soumettre, et c'est pourquoi, dans le domaine de l'intelligence, la raison du plus fort est toujours la plus mauvaise.

A l'appui de cette vérité, difficile à croire parce qu'elle est une vérité, je citerai deux exemples décisifs. L'ancienne salle de la Porte-Saint-Martin, celle qui a été brûlée pendant la Commune, avait été construite par un architecte qui n'était rien moins que savant, et qui, par un miracle d'intuition, en avait imaginé les lignes admirables. Les proportions en avaient été si heureusement fixées que du comédien au dernier spectateur des hautes galeries, l'émotion ou le rire se communiquait, sans interruption, comme le feu mis à une traînée de poudre. Tous les acteurs nous l'ont dit, et d'ailleurs nous l'avons bien vu nous-mêmes, dans cette salle magicienne, tous les poèmes étaient beaux, toutes les voix portaient, tous les comédiens avaient du talent, et on pouvait y jouer avec le même succès tous les genres, depuis la tragédie et le drame épique jusqu'au proverbe de salon, tant le cadre habilement calculé pouvait, à volonté s'agrandir où se restreindre, de façon à ce que l'œuvre représentée fût toujours entendue et vue à son point et dans les conditions les plus harmoniques.

Ce difficile problème se trouvant résolu pour la première fois après des tâtonnements qui avaient duré pendant des siècles, on pouvait croire qu'il était résolu une fois pour toutes, et que, les proportions de la salle de la Porte-Saint-Martin étant décidément les bonnes, tous les architectes qui auraient à bâtir d'autres salles de spectacle s'empresseraient de les copier exactement. Mais, pour cela, il aurait fallu compter sans l'infatuation humaine, et oublier qu'en remontrer à son curé est toujours la principale et la première affaire de Gros-Jean. Les architectes copièrent, en effet, la salle de la Porte-Saint-Martin, mais en prenant soin de la corriger et de la modifier, ce qui aboutissait à en détruire la merveilleuse eurhythmie, et le prodige évanoui définitivement ne se renouvela jamais.

Voici mon autre exemple. Il y a eu jadis aux Folies-Dramatiques un Archimède, un Colomb, un directeur de génie, appelé Mourier, qui, avec une étonnante puissance de compréhension, devina en une seule fois et du premier coup la solution de tous les problèmes qui tourmentent les directeurs de théâtre. S'ils imitaient naïvement cet alchimiste sûr de lui-même, qui faisait des pièces d'or avec autant de certitude que le balancier de la Monnaie, rien ne saurait les empêcher de gagner tout de suite cinquante mille francs de rente, comme il le fit lui-même à une époque où cinquante mille francs de rente en valaient cent; mais par bonheur, ils ont beaucoup trop d'esprit et de malice pour agir avec une aussi angélique simplicité, et volontiers ils renonceraient à trouver midi, s'il ne leur était plus permis de le chercher à quatorze heures. La première fois que je vis monsieur Mourier, j'étais un tout jeune homme, et j'écrivais déjà un feuilleton de théâtre, (car j'ai été à peu près galérien de naissance.) Je lui apportais une lettre d'introduction signée par mon rédacteur en chef. Le célèbre directeur — mœurs à jamais abolies ! — me reçut immédiatement dans son cabinet, sans me faire attendre une seule minute, procédé qui me parut constituer une originalité peu commune.

Il m'adressa tous les compliments qui peuvent flatter un poète, et sur lesquels nécessairement je passe. — « Monsieur, me dit-il, vous me plaisez infiniment ; mon théâtre est à vous, je vous offre vos entrées dans la salle, dans les coulisses, toutes les loges qu'il vous plaira d'avoir, et, en un mot, tout ce que vous voudrez. Mais, en revanche, je vous crois trop galant homme pour me refuser un petit service.

— Assurément, lui dis-je, et vous pouvez compter sur moi.

— Eh bien, reprit-il, ce que je vous demande instamment, c'est de ne jamais parler de mes pièces, ni de mes acteurs, ni de mon théâtre, ni de rien qui s'y rapporte dans votre feuilleton, ni dans aucun journal, ni dans aucune chose imprimée.

Certes, je suis persuadé qu'à propos de tout cela vous diriez des choses charmantes; mais précisément je désire que vous ne les disiez pas. Si d'une main vous jetez des tas d'or dans ma caisse, il se peut que vous soyez pris d'un caprice et que vous me les repreniez de l'autre main; or, moi, ce que je veux, c'est garder tout! Je me moque pas mal des spectateurs que monsieur Jules Janin m'enverra aujourd'hui et que demain il enverra ailleurs, quand le vent aura tourné. Je veux des spectateurs qui viennent ce soir, demain, toujours, éternellement, pour rien, pour venir, parce que c'est la destinée, comme les contribuables payent l'impôt et comme les moutons vont à l'abattoir. S'ils se demandent *pourquoi* ils viennent et s'ils se répondent autre chose que le mot: *Parce que*, je ne suis plus accepté en bloc, fatalement, tout d'une pièce; je suis contesté, jugé, mis en question, et alors je deviens aussi bête que le gouvernement! »

Ainsi parlait monsieur Mourier, avec une conviction sincère et contagieuse. Pour moi, encore plein d'inexpérience, tout ce que je savais alors, c'est qu'un Parisien ne doit jamais être étonné. Je ne le fus pas, ce qui toucha mon interlocuteur, et, avec une vive et persuasive éloquence il m'exposa tout son système, dont je dois me borner à donner ici un résumé initial et rapide.

Selon lui (et, à propos de Shakespeare, Philarète Chasles expose brillamment la même idée;) le théâtre n'existe qu'à la condition expresse d'être pour son public l'unique révélation du monde intellectuel ; il n'est donc rien pour un public qui a à sa disposition le livre et le journal. D'ailleurs, rien à faire avec les bourgeois, gâtés par une demie et fausse éducation, qui n'ont pas appris par l'étude à aimer le beau, et qui n'en ont plus le sens instinctif. Mais le beau mis hors de cause, ils ne savent même pas s'amuser, si ce n'est en moutons de Panurge sur la foi de leur journal, et ils sont incapables d'aller au plaisir comme l'eau va au gouffre, spontanément. L'important pour un directeur de théâtre désireux de faire fortune, c'est de se procurer un public simple, joyeux, bon enfant, qui ne juge pas, qui ne choisisse pas, et qui, littérairement du moins, ne sache ni lire ni écrire. Mais pour le captiver, pour le retenir, pour l'enchaîner à jamais, que d'éléments à réunir et combien de conditions matérielles !

Pas de grands comédiens qui parlent du bout des lèvres, et en jouant semblent nous faire une grâce, mais de jeunes acteurs, ardents, épris de leur art, et jouant à la bonne franquette ! Surtout pas de fauteuils, ni de stalles, ni de bras, ni d'S en fer recouverts de velours ; car sitôt que vous avez assis un spectateur dans un fauteuil où il est trop bien, vous avez créé un critique. Dès que vous lui avez donné du crin et des élastiques, il vous demande un Molière infatigable, aussi grand que l'autre, et plus moderne !

Pas de beaux décors faisant illusion ! Si devant des toiles brossées par le vitrier, à moitié déteintes, criblées de taches et de déchirures, le spectateur ne voit pas avec les yeux de la foi les salons, les paysages et les villes que vous voulez lui montrer, et ne les trouve pas superbes, adieu paniers, vendanges sont faites : ce n'est plus un spectateur, c'est un sceptique, et il n'y a plus rien à en faire. Pas de salle blanche, pourprée et éclatante d'or ! Le peuple, qui est le seul vrai public et qui seul donne toujours de l'argent, précisément parce qu'il n'en a jamais, se trouve mal à l'aise dans ces boîtes à bonbons gigantesques. Il lui faut de bonnes salles, décorées à la diable, bien usées, bien flétries, bien noircies par la poussière et par la fumée du gaz, et qui ne fassent pas honte à ses bourgerons de toile et à ses robes d'indienne.

Et pour qu'il se trouve parfaitement heureux dans ces étuves, il faut qu'il soit empilé comme des harengs dans leur tonneau, que les épaules entrent les unes dans les autres, et les coudes dans les poitrines, et que les têtes soient serrées et pressées comme les épis d'un champ. Pour obtenir ce résultat, on pouvait s'en rapporter à monsieur Mourier ; autant de mortels qui se présentaient au contrôle, autant il en entassait dans sa complaisante salle, ayant pour principe que la chair humaine est élastique, et si l'humanité entière fut venue, elle serait entrée, coûte que coûte, et aurait vu la comédie. Un public disposé de la sorte s'amuse déjà *devant que les chandelles soient allumées*, car c'est un clavier de chair vibrant et vivant, qui s'anime au moindre contact, et tout entier résonne à la fois.

Un jour, monsieur Mourier eut un vrai chagrin. Sa vieille salle était devenue si poudreuse, si noire, si sale, qu'elle devait être renouvelée dans l'intérêt de la santé publique ; le bon sens exigeait ce bain de Jouvence, ce qui n'eût rien été ; mais la chose grave, c'est que l'autorité le voulait aussi.

Que devenir ? Notre directeur était aux abois. Cette crasse, ces traînées noires, ces taches d'huile, c'était son fétiche, son palladium, sa fortune ; il y tenait, comme Tortoni tenait à ses vilains guéridons empire; il savait que si vous dérangez quelque chose dans une maison, vous faites fuir les rats et les araignées... et le public! Après avoir bien réfléchi et mis sa tête dans ses mains, voici à quel parti il s'arrêta. Il chargea un peintre, le plus mauvais qu'il put trouver, de copier servilement l'ancien décor terne, sale, usé, désolé, flétri, et de s'y prendre de telle façon que la copie ne parût guère plus propre que l'original. Barbouillées dans l'atelier, les toiles furent apportées au théâtre et, pendant la nuit, substituées aux anciennes. Le public ne s'aperçut de rien; la salle neuve était aussi laide que la vieille, et ne pouvait déranger aucune habitude prise : monsieur Mourier avait, une fois de plus, triomphé de la chance.

Et il traitait la littérature exactement comme la toile peinte! Deux auteurs avaient obtenu chez lui un succès fabuleux, immense, démesuré, avec un vaudeville bouffon dont l'enivrante folie était irrésistible. Toujours pleine et débordée à l'ordinaire, la salle maintenant, galeries et murailles, disparaissait sous les spectateurs; il y en avait d'envolés, de collés aux devantures des loges, d'attachés par un doigt à quelque rebord; c'était une mêlée, une furie, un délire. Plus la pièce se jouait, plus elle faisait d'argent; il n'y avait aucune raison pour qu'on ne la jouât pas éternellement. Déjà les deux auteurs se voyaient achetant avec leurs bénéfices une petite maison sur les bords de la Marne, où ils auraient peint des paysages et entre temps pêché à la ligne. Un soir, ils arrivent au théâtre, au moment où on apportait de l'imprimerie l'épreuve de l'affiche, et voient avec stupéfaction que leur vaudeville est supprimé dans le spectacle du lendemain. Fous d'anxiété, d'étonnement et d'épouvante, ils interpellent le directeur, qui tranquillement leur répond, comme un chien de garde, s'il avait le don de la parole, parlerait à des brebis révoltées :

— « Pourquoi votre pièce n'est pas sur l'affiche de demain? leur dit-il avec l'impérieuse sérénité d'un Ange. Parce que je la supprime, non pas pour un soir, ni pour deux, ni pour dix, mais pour toujours. Elle fait de l'argent? c'est pour cela que je n'en veux plus; mais d'ailleurs, elle a le tort infiniment plus grave d'être un chef-d'œuvre. Oui, messieurs, ne vous récriez pas, je ne dis rien de trop. Mais vous comprenez, si je donne un chef-d'œuvre aujourd'hui, on m'en demandera un autre demain, et si je n'en ai pas un là, tout prêt, je verrai mes banquettes vides. Or, cette marchandise-là, les chefs-d'œuvre, je n'en tiens pas; je ne sais pas combien cela se vend, ni où cela se fabrique, ni comment on fait pour s'en procurer; je ne veux pas d'hommes de génie chez moi! Je veux que mon public vienne pour des pièces médiocres, bêtes ou amusantes, comme cela se trouve, au hasard de la fourchette, et, pour tout dire en un mot, quelconques! »

Et monsieur Mourier avait le courage d'être logique. Un de mes amis avait fait jouer aux Folies-Dramatiques une parodie en vers, qui fut sifflée comme s'il y avait eu là cent mille serpents. Après la chute du rideau et celle de son poème, je lui avais pris le bras, j'essayais de le consoler, et nous nous promenions tristement au fond de la scène, dans le noir, quand tout à coup nous nous trouvâmes face à face avec le directeur.

— « Monsieur, lui dit mon ami humilié, je comprends que vous devez être très mécontent, et je ne veux pas vous imposer une lutte inutile. Je retire ma pièce.

— Et moi, je ne vous la rends pas, fit le directeur.

Ah! ils ne veulent pas de votre pièce? Eh bien! soyez tranquille, ils l'auront et je la jouerai très longtemps. Que deviendrais-je, cher monsieur, si je permettais à mon public d'avoir des caprices! »

Monsieur Mourier n'était pas avare, comme beaucoup d'entre ses confrères; il avait, comme un autocrate, la générosité du bon plaisir, et sans en être prié, savait très bien donner l'argent, au mieux pour ses intérêts, pourvu que rien ne l'y forçât. Il prenait un comédien inconnu, obscur, et lui faisait un engagement, aux appointements de cinquante francs par mois. Quelquefois, il se trouvait que, dès le premier mois, ce débutant montrait du zèle, de l'initiative, une nature originale, et conquérait d'emblée la faveur du public. Le jour venu, comme il se présentait au guichet, le caissier étalait devant lui trois billets de cent francs.

— « Mais, monsieur, disait-il, pâle d'émotion, c'est cinquante francs que j'ai à toucher.

— Pardon, monsieur, répondait le caissier, c'est trois cents; monsieur Mourier le veut ainsi. »

Et si les progrès de l'acteur continuaient, c'étaient ensuite quatre cents, cinq cents, six cents, huit cents francs. Un comédien bien connu était arrivé à toucher mille francs par mois, somme alors énorme, sans que son engagement primitif à cinquante francs eût été déchiré. Mais monsieur Mourier était comme l'empereur de toutes les Russies, qui se réserve le droit de renvoyer ses généraux dans le rang, avec un fusil, et d'en refaire de simples soldats. Toutefois le cas se présentait bien rarement; chez lui on avait du talent, parce qu'on avait intérêt à en avoir, et que l'argent et les beaux rôles appartenaient aux comédiens qui avaient du feu dans l'âme et du sang dans les veines. Certes, donner cinq cents francs à un homme lorsque légalement

20.

on ne lui en doit que cinquante, c'est une combinaison bien facile à imaginer ; mais combien de gens sont capables de l'appliquer tout de suite, et sans avarice !

Quant aux femmes, monsieur Mourier leur demandait seulement de ne rien savoir du tout et d'être jolies. Il obtenait toujours le premier point, et le second quelquefois. D'ailleurs, il les renouvelait, comme les arbres au printemps renouvellent leurs feuilles. — « Monsieur, me disait-il, il m'est impossible de les garder ici plus de deux ans, et encore elles s'en vont perdues, flétries, plus gâtées qu'un fruit où s'est mis le ver. Tout cela est la faute de mon premier rôle, Séraphine, une créature auprès de qui la Bête écarlate est une colombe, et qui trouverait le moyen de souiller la neige de l'Himalaya, et les Étoiles ! Elle aurait étonné Tibère à Caprée et fait baisser les yeux au marquis de Sade. Elle sait tous les raffinements épouvantables, elle a tous les vices connus et inconnus, et d'autres qu'elle ignore elle-même ! Au bout de deux ans, régulièrement, elle a inculqué aux femmes de ma troupe des idées si perverses que je suis forcé de les prendre toutes en bloc, et de les fourrer à la porte.

— A la bonne heure, fis-je. Mais elle, Séraphine ?

— Ah ! dit monsieur Mourier, CELLE-LA JE LA GARDE, parce qu'elle a du talent ! »

Tout l'homme, tout le directeur est dans ce mot idéal. Napoléon disait que si Corneille avait vécu de son temps, il aurait fait de lui un ministre, et assurément il avait raison. Mais alors n'aurait-il pas fallu mettre sur la tête de monsieur Mourier une triple tiare et le nommer empereur des Indes, prince de Bohême et roi de Cappadoce ?

XXII

MONSIEUR ÉTIENNE

Philarète Chasles écrivait, il y a longtemps déjà : « C'en est fait des jeux de la scène ; la lutte des passions avec le caractère, et de notre destinée avec nos désirs, n'offre plus de nouveauté. C'est une vieille histoire souvent redite, un conte rebattu, dont l'intérêt s'est émoussé. » La toute récente décadence de nos théâtres ne doit donc pas du tout être attribuée à la mauvaise, ni même à la bonne qualité de la littérature qu'ils débitent. En réalité, elle n'a d'autre cause que le manque matériel de clarté et de lumière autour des édifices consacrés à l'art dramatique. En séparant les uns des autres les théâtres qui se trouvaient alors réunis en un seul groupe, les constructeurs du Paris nouveau ont montré une profonde ignorance de nos appétits et de nos instincts ; car la clarté, c'est la vie, l'expansion, l'allégresse, et toute fête se compose presque uniquement de couleur et de lumière. Réunis, les théâtres brillaient comme un incendie, comme une fournaise, comme une éclatante aurore ; séparés, ils noircissent et fument, comme des torches éteintes.

L'ancien boulevard du Temple, heureusement irrégulier, contenait entre la chaussée et les façades, un très grand espace vide, où les nombreux becs de gaz, les mille petites boutiques des confiseurs, des pâtissiers, des glaciers en plein vent, des marchandes d'oranges, étincelantes de feux, mêlaient leur éclat fou à l'éclairage des cafés, des théâtres, des restaurants d'artistes, des estaminets tragiques encombrés de filous, qui allumaient le ciel, comme un perpétuel feu d'artifice. Les Parisiens allaient là spontanément, inconsciemment, pour aller où il faisait clair, comme le papillon va à la chandelle, et en obéissant à l'invincible horreur que l'homme éprouve pour les ténèbres. Sans cesse, une foule gaie, agitée, affairée, flâneuse, inutile et charmante, se pressait sur le vaste terre-plein, mêlant ses amitiés, ses rêves, ses paresses, ses amours, et comme les comédiens y passaient aussi, la communion était établie naturellement entre eux et leur public, pour lequel ils n'étaient jamais des étrangers.

Par la force même des choses et par une loi toute physique, la foule du boulevard se déversait dans les salles ouvertes, et y créait ainsi la foule, et les spectateurs étaient nécessairement indulgents et sympathiques, puisque avant d'entrer dans la maison de la comédie, ils avaient emmagasiné dans leurs prunelles et dans leurs âmes une grande quantité de lumière, c'est-à-dire de joie. Aujourd'hui, au contraire, avant d'entrer dans une salle de spectacle, les spectateurs ont emmagasiné à l'entour une grande quantité de tristesse, d'obscurité, de nuit, qui sur tout ce qu'on pourra leur montrer étendra tristement un voile funèbre. Pas assez de chandelles! telle est l'explication du néant où se débat l'art dramatique, et les hommes d'État dont la sollicitude s'efforce d'encourager la littérature seraient bien étonnés d'apprendre qu'il faudrait, non pas chercher des hommes de génie, (ceux-là se trouvent tout seuls!) mais plus simplement allumer sur un seul point beaucoup de becs de gaz.

A Paris, il ne fait plus clair nulle part; autour de l'Opéra et des autres spectacles, ce sont de grands espaces mornes, sombres, enveloppés dans un vague et terrifiant crépuscule. Voilà pourquoi les vieux Parisiens, en proie à un regret nostalgique, retournent toujours par la pensée à ce boulevard du Temple ruisselant de feux, qui était une éternelle fête, et pourquoi, moi aussi, j'y retourne sans cesse, comme un vieux papillon caduc et pensif qui, depuis que la chandelle est éteinte, ne sait plus où se brûler et se réchauffer les ailes.

Par ses larges fenêtres ouvertes, l'estaminet de l'*Épi-Scié* vomissait des torrents de clarté rouge, et dans ses flammes on voyait passer, autour des billards, les fainéants et les bandits en blouse bleue, aux têtes hâves et sinistres, mais terriblement grouillants de vie. Puis c'était le Théâtre-Historique, avec sa coupole richement peinte; le Café des Mousquetaires, plein d'artistes, de gais propos, de rires; et les Folies-Dramatiques, la Gaîté, le Cirque, dans lequel on entendait la fusillade et les coups de canon; et les Funambules, et le Petit-Lazari, et enfin le salon des figures de cire, clair et net résultat sommaire de l'art dramatique; tout cela allumé, enflammé, resplendissant, et, devant ce magique rideau, les femmes, les fillettes, cent mille passants, les bons commerçants avec leurs familles, les vagabonds, les gamins, les poètes, Célio et Gavroche, un frémissement, une respiration, un murmure coupé par la note argentine des marchands de coco, la lumière du gaz dans les vertes feuilles des arbres, et dans les petites boutiques les oranges d'or et les tas de fleurs. Puis, au-delà, le tumulte des voitures, et, de l'autre côté du boulevard, le restaurant avec de jeunes couples aux fenêtres, et le Jardin Turc, d'où venaient dans le vent, extasié et turbulent comme la foule, des bouffées de parfums et des bouffées de musique !

Je l'ai déjà dit et je ne saurais trop le redire, dans cette violente et furieuse mêlée de paradis, mon paradis personnel à moi, c'étaient les Funambules. Car j'y retrouvais, exactement représentée avec ses rêves, ses passions, ses insanités et ses délires, la Vie, hors de laquelle rien ne saurait être intéressant, mais la Vie costumée autrement que dans un salon bourgeois ou dans un bureau de ministère, et ne blessant plus mes yeux par le spectacle d'un deuil sinistre. Cassandre, avec ses mèches argentées traînant sur son habit en velours de Gênes, Arlequin à la noire tête de carlin, agile comme un serpent, délicieusement losangé de pourpre, de jaune vif, de bleu turquoise, et la batte passée dans une ceinture de cuir écarlate; Pierrot, svelte et blanc comme un lys, Colombine en jupe rose ruisselante de paillettes, Léandre avec son léger habit de soie et sa petite épée, et le pâtissier, la marchande de poissons, les bûcherons, le meunier, le moissonneur égayaient la farce humaine par les couleurs tendres, claires et vives de leurs costumes, tandis que la musique des vieux maîtres, exécutée par les six violons, et les Fées et les Génies parlant en vers lyriques, satisfaisaient l'impérieux besoin de réalité que j'ai dans l'esprit.

Enfin les villes, les ports de mer, les petits salons italiens, les places publiques, les champs de blé, les clairières dans la forêt, les cascades et les montagnes du Tyrol, les rouges cavernes piquées de paillon, les citadelles prises et reprises, devant lesquelles l'amazone soutenait contre dix soldats hongrois un combat au sabre carré, régulièrement rhythmé par la musique, les jardins, les grandes routes, les rivières, la mer, représentés sur des toiles qui succédaient l'une à l'autre avec une rapidité vertigineuse, chatouillaient agréablement l'humeur voyageuse d'un Parisien dont la pensée a des ailes et volontiers devance les plus effrénés Livingstones, mais qui, matériellement, regarde Saint-Cloud comme aussi éloigné que Sumatra, et réfléchit de longues années avant d'entreprendre le voyage d'Asnières.

J'ai toujours passé pour ne pas être intrigant ; cependant je l'ai été une fois dans ma vie, de façon à prouver, par une épreuve décisive, que j'aurais pu, si je l'avais voulu, pétrir les âmes avec les doigts agiles d'un Machiavel, faire passer des cordes à puits par les trous de toutes les aiguilles, et, comme Talleyrand, accaparer toutes les vessies pour en fournir aux gens qui ont besoin de lanternes. Jeune homme, tranchons le mot, enfant, sans barbe, comme Hernani, et sans moustache encore, j'obtins du rédacteur en chef d'un journal, dans lequel j'avais publié quelques alexandrins farouches, une lettre par laquelle il priait le directeur des Funambules de m'accorder mes entrées à son théâtre. Ainsi j'avais réalisé l'impossible et soulevé un monde ; je n'avais rien fait encore.

Restait à persuader l'arbitre de mes destins. Il faut bien l'avouer, n'ayant encore jamais vu de poëte lyrique, le directeur eut un peu de peine à comprendre comment il existait quelqu'un d'assez pauvre pour avoir besoin d'entrer gratuitement dans un théâtre où les places ne coûtaient rien. Éloquent pour cette fois seulement, je lui parlai sans doute comme Mercadet parle à ses créanciers, et comme Roméo à Juliette. Je dus trouver des mots semblables à ceux que Pygmalion adresse à la Galatée de marbre, pour la décider à échanger sa tranquillité divine contre les souffrances et les joies horribles de la vie.

Quoi qu'il en soit, ce directeur, étonné lui-même d'entrer dans un ordre d'idées inconnu de lui, m'accorda mes entrées ; et, dès lors, je pris possession des Funambules. Ainsi, chaque soir, je pourrais, à mon gré, échapper aux gens sérieux, aux diseurs de riens, aux discours ineptes, à l'humanité en deuil, et me plonger avec une effroyable joie dans le monde éblouissant de la féerie. Je ne me dissimulais pas que Charles, contrôleur, auteur des pantomimes et beau Léandre, m'arrêterait au contrôle, qu'il faudrait me nommer, décliner les mots sacramentels : « J'ai mes entrées », et l'idée de ce Rubicon à passer faisait courir dans mes veines un froid mortel. Cependant, le moment fatal arrivé, le coup d'État fut exécuté mieux que je ne l'espérais. Charles dirigea bien vers moi, comme un glaive, son nez pointu, et me regarda avec ses petits yeux tout pâles; mais enfin il me dit, avec regret sans doute, mais d'une voix strictement polie, et en somme conciliante : « Passez! »

Je montai à la première galerie, et là m'attendait une seconde épreuve, bien autrement difficile à subir. J'y trouvai monsieur Étienne, régisseur et inspecteur de la salle ; c'était un être en apparence doux et inoffensif, blond, très pâle, au visage coupé en losange comme les boucliers des amazones scythes.

A lui aussi je dus dire que j'avais mes entrées, et il parut alors plus stupéfait que s'il avait vu une brebis emporter et dévorer un lion. Cependant il descendit au contrôle, s'assura que j'avais dit vrai, et étant remonté, m'adressa un geste qui semblait dire : « A la bonne heure, je n'y puis rien, puisque le monde est renversé. Faites comme il vous plaira! » Je le revis chaque soir, cet effrayant monsieur Étienne; il ne m'adressait plus la parole, ne m'in-

terpellait jamais, et me saluait même avec une sorte
de bienveillance ; mais je crus toujours que son regard me reprochait de me substituer indûment à
d'honnêtes spectateurs, et dans ses prunelles tristement bleues je lisais clairement cette phrase amère :
« Ce poète prend toute la place! » Ma vie fut alors
partagée entre les alternatives de joie et de douleur ;
car, d'une part, j'étais ivre de bonheur en songeant
que je verrais toujours Arlequin et Colombine s'enfuir amoureusement embrassés, poursuivis par
Léandre, par le stupide Cassandre, par Pierrot blanc
comme la neige des cimes, complètement indifférent, et protégés par les Fées, qui adorablement
parlaient ma langue natale; mais en même temps,
comme si un froid serpent eût mordu mon cœur, je
pensais qu'il dépendait de monsieur Étienne de me
fermer à jamais ce monde enchanté, qu'il y songeait
sans doute, et dissimulait ses noirs projets sous un
vague et aimable sourire.

Peu à peu, monsieur Étienne me parut être le
plus criminel des hommes; lorsque dans la féerie
une jeune princesse était enlevée, meurtrie, enfer-
mée dans une tour, c'est à lui que j'attribuais ces
persécutions, et je croyais le reconnaître sous la
barbe rouge du soldat à qui madame Lefebvre enlevait triomphalement le drapeau. Je vis en lui l'ennemi des princesses et le mien ; à chaque instant,
je m'imaginais qu'il allait traîner Yseult devant la
tour du Nord en la tenant par sa noire chevelure et
qu'en même temps, il me dirait : « Vous n'avez plus
vos entrées aux Funambules! » Je trouvais qu'un de
nous deux était de trop sur la terre; je pensais à
tuer monsieur Étienne dans un combat loyal, et ce
combat m'apparaissait dans le décor tyrolien, au
bruit de la cascade blanchissante représentée par
un effet d'eau naturelle. C'est un sabre carré de pan-

tomime que je croisais et heurtais en mesure contre celui de mon implacable adversaire, tandis que les six violons de l'orchestre jouaient une symphonie guerrière, en imitant de leur mieux sur les cordes les grondements du tonnerre, les sanglots du gouffre et les cris déchirants de la trompette.

Mais ce n'est pas toujours l'épée flamboyante de l'Archange qui vous chasse du paradis terrestre; bien souvent on le quitte de bonne volonté, sans provocation, et uniquement pour obéir au désir insensé de changer de place. Un jour, je cessai d'aller aux Funambules, pour me livrer à des occupations inutiles, telles que d'écrire des livres; puis les années passèrent, le grand Deburau mourut, et au bout de quelque temps encore, sous prétexte d'embellir Paris, on détruisit ce qu'il enfermait de plus parisien, c'est-à-dire le merveilleux théâtre de Pierrot. Je n'avais pas oublié monsieur Étienne, et parfois encore je pensais à lui et à son regard mystérieux, comme on se souvient d'un péril évité jadis; mais quelle ne fut pas ma terreur lorsque tout à coup et sans préparation, je le retrouvai devant moi, dans les circonstances les plus inquiétantes! J'avais composé pour le théâtre de l'Odéon une féerie en vers, aussi naturaliste que j'avais pu l'imaginer, et dans laquelle on voyait le chasseur Amour et la déesse Diane, avec ses Nymphes. Comme j'allais commencer à lire cette pièce aux acteurs, un homme pâle aux yeux céruléens, aux cheveux blanchis, au visage taillé en losange, traversa le foyer, tenant à la main une clef et un manuscrit.

— « Quel est celui-là? demandai-je avec un effroi que je ne cherchai pas à dissimuler.

— Mais, me dit un des comédiens, c'est notre régisseur, l'excellent Étienne. »

C'était comme si la foudre fût tombée à mes pieds.

Je ne doutai pas que ce redoutable enchanteur ne fût venu exprès à l'Odéon pour me nuire, et pour jeter le trouble dans une comédie où j'avais de mon mieux ressuscité, non en pantomime, hélas! puisque je n'en ai pas le génie, mais en simples vers, le bel art féerique, honoré jadis aux Funambules. Tout de suite, je me figurai que par ses maléfices il ôterait de mes vers les rimes riches dont je m'étais plu à les orner, et qu'il les remplacerait par des rimes pauvres, calamiteuses, traînant la savate, et inscrites au bureau des indigents. Je le voyais introduisant subrepticement au milieu de mes personnages des confidents de tragédie, et au lieu de ce que j'avais écrit en honnête écolier des bons poètes, encourageant les acteurs à s'écrier : *Crois-moi, cher Orbassan!* ou quelque chose d'analogue.

Chaque jour, je revis monsieur Étienne qui, feignant de ne m'avoir pas connu autrefois, m'accablait de politesses, et semblait navré de l'éloignement que je lui montrais; mais rien ne pouvait me fléchir, car j'étais persuadé que le soir de la représentation, il jetterait le masque et, suscitant parmi mes pauvres Dieux quelque diable de sa façon, fait et habillé de molleton écarlate, serait la cause d'un irréparable malheur.

Il n'en fut rien, et ma pièce fut même très bien accueillie, pour une comédie romantique. Un acteur à qui je confiai mes anciennes rancunes, m'affirma que toute cette histoire n'était qu'un rêve, et que le pauvre monsieur Étienne avait toujours été le meilleur homme du monde. Par réflexion, je me suis presque rangé à son avis, et j'ai pensé que, jadis, la crainte que j'avais d'être chassé des Funambules n'était peut-être que la voix de ma propre conscience. Elle me disait sans doute que je n'avais pas l'âme assez pure et naïve pour avoir le droit de vivre avec la rose Colombine et le blanc Pierrot sans tache et, de suivre des yeux le vol brillant des Fées balancées parmi les fleurs, qui, n'ayant pas commis de crimes ni mangé de chair sanglante, ne savent pas encore parler en prose. Et elle ajoutait :

— « Puisque tu n'as pas su mériter, par la simplicité de ton esprit, d'exister dans une pantomime, à titre d'être idéal et fictif, rentre chez toi et va tout de suite noircir des feuillets. Travaille, misérable ! »

XXIII

LE PETIT LAZARI

Avant que le féroce coup de pioche de M. Haussmann eût détruit les théâtres qui brillaient et flambaient, serrés en rang d'oignons sur le boulevard du Temple, le tout petit théâtre Lazari vivait à côté des Funambules, comme un hameau à côté d'une ville. Oh! qu'il était petit, ce théâtre! Il occupait le rez-de-chaussée et l'entresol d'une haute maison, la salle était une miniature de salle, et la scène était si exiguë qu'en gesticulant les acteurs touchaient presque les frises. Ces comédiens étaient payés de cinq à douze francs par semaine; quant aux auteurs, on leur donnait, une fois payés, quinze francs pour les grandes pièces, qui jamais ne dépassaient deux actes, et cinq francs pour les pièces en un acte. Comme il n'y avait pas d'escalier derrière la scène, l'acteur, quand il avait fini son rôle, devait sortir et gagner le boulevard en traversant la galerie, où une porte de communication s'ouvrait sur le théâtre, de telle sorte que le public et les comédiens vivaient ensemble, grande raison pour s'entr'aimer, car nous ne nous intéressons jamais à des inconnus.

C'est là, c'est à ce Théâtre Lazari que j'ai goûté les meilleures émotions poétiques, et voici pourquoi. Une comédie vous a ennuyé, vous blasé, et vous a laissé complètement indifférent; mais que vous retourniez la voir en compagnie d'un être naïf, pour qui tous les effets seront nouveaux et inconnus, vous vous amuserez de son plaisir, vous partagerez son émotion, et vous jouirez du spectacle avec une âme devenue pareille à la sienne. Or au petit théâtre, on pouvait savourer sans trêve cette délicate volupté, le public étant illettré absolument et ne connaissant rien du tout de ce qui a été imaginé depuis que le monde existe! De plus, comme les accusations de plagiat, les revendications de propriété littéraire, les droits de premier occupant, (qui en son temps eussent empêché un Shakespeare d'exister!) n'étaient pas connus au Petit Lazari, les auteurs avaient à leur disposition pour tailler leurs pièces en deux actes, tout le trésor de la poésie humaine, exploité devant une foule pour qui *Hamlet* et *Roméo* étaient des pièces inédites.

Ah! la foi, la naïveté, la crédulité du public, voilà surtout ce qui fait les chefs-d'œuvre! J'ai vu jouer bien des *Vampires;* mais jamais aucun d'eux ne m'a terrifié et glacé dans la moelle des os, comme le Vampire (réduit en deux actes et imité de Nodier) que je voyais au Petit-Lazari, mort et cadavérique, ressuscitant sous le rayon de lune! Car à ce moment-là une même angoisse étreignait trois cents poitrines, et tous les spectateurs et moi-même nous croyions avec une sincérité parfaite *que c'était arrivé*.

Lord Ruthwen et tous les autres héros du drame, c'était un comédien nommé Achille, qui à la ville comme au théâtre était un don Juan, car il était magnifiquement orné et revêtu de tout l'idéal qui a été créé par les hommes depuis Homère. A l'extrémité de la galerie par où il devait sortir, ses maîtresses (car, ainsi que l'Arétin, il en avait un troupeau,) l'attendaient, pâles, anxieuses, retenant leur souffle. Enfin, il paraissait, il adressait un signe à la fois protecteur et dédaigneux à l'une de ses humbles amantes qui aussitôt le suivait comme une chienne fidèle, et les autres s'en allaient docilement, comme des chiennes battues.

Je le vois encore, cet Achille, très laid, noir comme une taupe, avec des traits irréguliers, taillés à la serpe, mais avec une chevelure noire, épaisse et drue, coupée très courte, et avec les plus beaux yeux noirs du monde, brillants, humides, terribles, caressants, pleins de nuit et de lumière. Son corps mince, frêle, tout petit, était comme d'un enfant, et sa tête énorme. Avec cela, sale comme un peigne, Achille montrait sur son visage une barbe noire ou plutôt bleue de cinq ou six jours; sa chemise était noire, ses mains étaient noires, et ses ongles en deuil, comme s'il les eût trempés dans le flot du Cocyte. Et pourtant, qui peut se flatter ici-bas d'avoir été adoré autant que lui? Certes ses amantes entre elles s'exécraient, se chamaillaient, en venaient parfois aux coups de couteau; mais voici ce qui est vraiment touchant! comme elles ne possédaient que des richesses extrêmement restreintes, lorsque arrivait la fête d'Achille ou l'anniversaire de sa naissance, elles se cotisaient, faisaient taire leur haine, et mettaient en commun leurs pauvres ressources, pour pouvoir offrir au bien-aimé un présent digne de lui. Ah! pends-toi, vieux don Juan, qui pour séduire deux paysannes innocentes comme des oies, avais besoin de leur promettre le mariage! As-tu jamais été, comme celui-là, désiré pour toi-même, sans habits de soie et sans perruque blonde!

Achille ne fit jamais que deux infidélités au Petit Lazari. A deux reprises, des auteurs téméraires comme s'ils avaient eu du génie, et qui en avaient peut-être, imaginèrent d'employer la machination des Funambules, qui permettait d'exécuter de suite sans entr'acte vingt changements à vue, pour essayer des grandes pièces coupées à la façon shakespearienne. L'un de ces drames, qui tous deux furent joués par Achille, se passait sous Charles VI, et le décorateur avait eu la trouvaille ingénieuse d'y copier l'estampe connue qui représente l'ancien Paris à vol d'oiseau; l'autre était le *Masaniello* d'Alexandre Dumas, coupé en scènes cocasses et hardies. Achille, coiffé d'une couronne de cuivre estampé, vêtu de serge écarlate, représentait le pêcheur-roi, et au moment de la folie, il malmenait ces guenilles, en s'écriant : « Que me fait cette pourpre! que me fait ce diadème! » A coup sûr le pauvre histrion remuait la foule aussi passionnément que Frédérick lui-même. Peut-être fût-il devenu un Frédérick, s'il avait porté des chemises blanches et s'il avait pu apprendre à se laver les mains ; mais on ne saurait tout avoir. Poussé par le vent de folie qui toujours souffle dans leurs chevelures, Achille fit comme les comédiens ses ancêtres; un jour il s'enfuit et se mit à courir les grands chemins et les aventures, et bien plus tard on apprit qu'il était mort... à Fernambouc! N'est-ce pas là un joli dénoûment, qui n'a rien d'attendu et de vulgaire?

On ne saurait se figurer, si on ne l'a pas vu, à quel point le public du Petit-Lazari était véhément, irritable, effréné dans ses colères. Un soir qu'on jouait *Les Chiffonniers et les Balayeurs*, tragédie burlesque de M. Victor Benoît, l'acteur qui représentait « le Chef des Balayeurs », en passant la revue de ses soldats, eut la mauvaise idée de parodier Napoléon, en plaçant devant son œil un vieux morceau de carton roulé en guise de lorgnette. Or, cela se passait sous le règne de Louis-Philippe, à un moment où le nom de Napoléon était encore populaire; le public se fâcha, on sentit courir sur la salle comme un vent d'orage; puis tout à coup la nuée creva; au bruit des sifflets furieux, mille projectiles variés, depuis le cervelas jusqu'à la pomme rouge, se mirent à grêler sur le comédien, plus échevelé que le roi Lear. Deux sergents de ville entrèrent dans le but de rétablir l'ordre; mais, une seconde après, ils avaient disparu, dissipés, évanouis, vaporisés comme deux gouttes d'eau qui seraient tombées sur une tôle rouge. En réalité, on les avait fourrés sous les banquettes, dans la noire nuit d'où s'échappaient leurs vagues sanglots : ils n'en seraient pas sortis avant le jugement dernier, si une escouade de gardes municipaux, casqués et sabres nus, arrivant dans cette bagarre, n'eussent fait évacuer la salle, après l'avoir prise d'assaut. Mais les deux pauvres sergents de ville avaient vu les Enfers et en étaient revenus, ni plus ni moins que le patient Ulysse, fertile en ruses.

Une des plus curieuses figures qu'on vit au Petit-Lazari, ce fut cette Alphonsine que plus tard on a connue comédienne de talent, mais qui alors était une personne étonnante ! Elle sortait d'un magasin de joujoux; et de même que plus tard le compositeur Hervé, organiste à Bicêtre, s'apprit à être fou en divaguant avec les fous, elle s'était apprise à être poupée en causant avec les poupées. Elle passa aux Délassements avec la terreur de paraître *sur un grand théâtre*, et de jour en jour apprit son métier, mais en même temps perdit quelque chose de sa bizarrerie première; si bien qu'en dernier lieu, aux Variétés, jouant avec l'excellent Dupuis, elle n'était pas beaucoup plus extraordinaire qu'une bonne actrice de la Comédie-Française. Mais au temps dont je parle, sa petite bouche était ronde comme une rose, et ses joues rouges comme des pommes d'api; elle marchait tout d'une pièce, regardait avec des yeux d'émail, parlait avec une voix extra-terrestre; elle avait les sentiments, les pensées, l'âme ingénue d'une poupée réelle, et elle était véritablement une poupée. Hélas! elle est devenue une grande artiste, elle a été métamorphosée en femme, comme la Chatte de la fable, comme la Galatée d'ivoire sculptée par Pygmalion, roi de Cypre, et comme beaucoup d'autres personnes qui, nées pour échapper à nos sottes misères, n'ont pas eu l'esprit de se tenir tranquilles.

Achille, comme je l'ai dit, était un don Juan! mais il y avait au Petit-Lazari beaucoup d'autres don Juan, car pour la femme heureusement illettrée, le personnage poétique et l'auteur qui le fait parler se confondent et se résument entièrement dans l'acteur qui le représente, ou plutôt celui-là seul existe! Il y avait Chaumont, qui plus tard, devenu un très bon père de famille et un comédien de mérite, créa de la plus remarquable façon le mécanique Vertillac des *Faux-bons hommes* et Orgon dans *Le Beau Léandre;* mais alors sur son passage les cœurs battaient aux champs, et on l'appelait : le beau Jules! Il y avait Bruneli, pour qui une marquise authentique avait loué à l'année dans la salle du Petit Lazari une loge agrandie pour elle, qu'elle avait fait tendre en satin brodé d'argent, et où elle recevait ses visites. Enfin un certain Mérindol, pour qui les fillettes faisaient toutes les folies imaginables.

Apolline For était alors soubrette à l'Odéon, où elle jouait les servantes de Molière avec une sauvagerie qui ne manquait pas d'un certain ragoût. A une soirée donnée chez elle, elle me présenta, moi jeune homme de vingt ans, très flatté de cette aventure, à une certaine Georgette Soury qui, dit-elle, avait un grand service à me demander.

— « Monsieur, me dit Georgette, Apolline m'a dit que vous savez faire les vers?

— Hélas! mademoiselle, répondis-je, elle a beaucoup exagéré. Cependant, je fais en effet des vers... comme je peux.

— Eh bien! reprit-elle, vous pouvez me sauver la vie! Il faut vous dire que *je suis avec* Mérindol. Mais il me trompe, il a d'autres femmes ; comme vous le pensez bien, un morceau pareil n'est pas pour moi toute seule! Mais en ce moment-ci, mon amant n'a pas de rôle, et moi je lui en ai fait un, espérant qu'il m'en sera reconnaissant.

— Eh bien! fis-je.

— Voilà, dit Georgette, pour faire la pièce cela ne m'a pas embarrassée, parce que je l'ai imitée d'après une *brochure* de monsieur Scribe. Mais pour les couplets, je ne sais pas comment m'y prendre, et si vous vouliez me les écrire, je vous devrais une fameuse chandelle. Cela ennuierait un peu les autres, mes rivales, qui ne sont pas fichues de savoir donner un rôle à Mérindol! »

Je fis les couplets ; quant à la pièce, qui fut représentée avec un succès d'enthousiasme, la petite Soury l'avait en effet empruntée à monsieur Scribe... avec des ciseaux! Je m'escrimai sur l'air de *Julie*, sur l'air de *Ma tante Aurore*, sur les airs de *la Sentinelle*, de *Ça n'durera pas toujours*, du *Finale du deuxième acte de Léonide*, de *l'Angelus*, du *Ballet de Cendrillon*, de *Monsieur Botte*, de la *Walse des comédiens* et sur plusieurs autres airs. C'est la seule et unique fois que j'aie collaboré avec monsieur Scribe, et encore n'en sut-il jamais rien. La chose n'était possible que dans de telles conditions, car si nous eussions collaboré contradictoirement et selon la mode habituelle, il est certain que nous nous serions entre-dévorés, et on n'aurait plus retrouvé que nos chaînes de montres. Et, par la triple Hécate! je frémis d'y penser, entre nous deux que serait devenue la Rime? J'aurais voulu la retenir, monsieur Scribe aurait voulu la chasser, chacun de nous l'eût saisie par un bras et tirée de son côté, si bien qu'elle se serait déchirée en deux par le milieu, et qu'il serait resté à chacun de nous dans la main une sanglante moitié de Rime !

XXIV

FÉLIX PYAT

J'ai connu un Félix Pyat qui n'est plus celui de l'histoire, mais c'est celui-là qui est le vrai. C'était en 1846 ; j'appris que l'auteur d'*Ango* et des *Deux serruriers* venait de composer un *Diogène*, une comédie athénienne ; j'étais fou, comme je le suis encore, de tout ce qui touche à la Grèce maternelle, et, avec la confiance de la jeunesse qui ne doute de rien, j'allai trouver Pyat que je n'avais jamais vu, et je lui dis combien je serais heureux de connaître sa pièce. Il habitait alors une auberge des environs de Paris, où il s'était réfugié pour ne pas être dérangé et pour travailler tranquillement. C'est là qu'il me lut *Diogène*, à une table de cabaret, sous une allée de lilas ; la comédie lyrique, satirique, aristophanesque, infiniment jeune et audacieuse, m'intéressa extrêmement, et la personnalité de l'auteur encore plus.

Il était tourmenté par le problème qui, depuis, a intéressé de grands peintres ; il voulait ressusciter une antiquité vraie, humaine, vivante, débarrassée des bandelettes de momie de la Tragédie. Il voulait montrer des Grecs qui eussent du sang, des muscles et des nerfs comme nous ; s'il avait pu continuer cette révolution qu'il avait commencée avec une étonnante bravoure, je suis sûr que nous n'aurions jamais vu les honteuses parodies suscitées par la haine juive contre la religion de la beauté et de la liberté, et l'ignoble carnaval de l'opérette !

Pyat, dont les traits étaient réguliers, les yeux de la plus tendre douceur, avait une tête charmante, noyée dans les flots d'une barbe et d'une chevelure blondes. Ardent, enthousiaste, épris des jeunes hommes de la Révolution en qui il voyait des Grecs d'Athènes revenus au monde et baisés par la Mort libératrice sur leurs fronts encore baignés d'aurore, il concevait tout en poète, et en poète dramatique. Si quelqu'un avait le droit d'être impressionné de la sorte, c'était bien lui, dont les débuts au théâtre avait été entourés d'un éclat magique. Il était presque un enfant encore, lorsque le 1er mars 1832, il donna à l'Odéon son premier drame : *Une révolution d'autrefois*, dont le succès fut prodigieux.

On y voyait souffrir, agir, se plaindre, menacer, lutter comme des hommes modernes, ces Romains qui n'étaient plus empaillés ; on les entendait parler, non plus en alexandrins flasques et invertébrés comme des mollusques, mais dans cette belle prose française, qui dit ce qu'elle veut, comme elle veut, détache le mot net et cruel, et s'élève, s'il lui plaît, ailes déployées, à la hauteur du chant lyrique. C'était la Rome de Tacite et de Suétone ; on écoutait, on n'en croyait pas ses oreilles affranchies de la plate césure et des ignobles rimes pseudo-classiques, et par instants on entendait claquer sur la salle fanatisée le fouet sanglant de Juvénal. Les étudiants révolutionnaires et romantiques poussaient des hurlements de joie, et frémissaient, haletants, palpitants, émus, empoignés par le drame. Quand le rideau tomba, mademoiselle George, belle comme une Muse, fière comme une Sémiramis d'Orient nourrie par les colombes, baisa au front le jeune homme triomphant, et de sa noble voix impérieuse le salua poète. Et d'autres lèvres pourprées, plus jeunes et souriantes que celles de cette reine tragique, lui répétaient tout bas à l'oreille les mêmes félicitations ardentes, si bien que ce tout jeune homme savourait à la fois tous les succès les plus heureux, et que rien ne manquait à sa gloire naissante.

D'autant plus que son drame avait fait trembler sur son trône le roi Louis-Philippe en toupet frisé et en pantalon blanc, et déchaîné sur la place de l'Odéon une sorte d'émeute, qui nécessita pour être dissipée des charges de cavalerie. A partir de ce moment-là, d'ailleurs, ce fut comme un contrat passé et enregistré ; il n'y eut plus de pièces de Félix Pyat sans charges de cavalerie, et dès que l'auteur d'*Ango* se mettait à polir une phrase, le roi citoyen astiquait les cuirasses de ses carabiniers. Dès lors commença aussi entre le poète et la Censure une lutte amusante et puérile, qui menaçait de s'éterniser. Pyat réclamait toute la liberté d'Aristophane ; il voulait avoir le droit de bafouer Nicias, de railler Euripide et de traiter Cléon comme un mauvais citoyen, et la Censure ne lui permettait pas même d'écrire : « Bonjour, monsieur. » Lui, il se hâtait d'entasser les sarcasmes destinés à être barrés, mais la Censure barrait tout, avec ou sans examen.

Ainsi ce jeune étudiant à la blonde chevelure effrayait les pouvoirs constitués, lui qui jusque-là n'avait vécu que dans le rêve, et toutefois, bien qu'il fut prodigieusement spirituel et habile à décrocher l'épigramme bien française qui siffle et mord, il n'y avait pas d'âme plus ingénue que la sienne et plus innocente. Innocente au delà de tout ce qu'on peut dire, car c'est ainsi que la Muse les veut et les façonne, tant qu'elle les possède exclusivement. Un jour une comédienne, qui répétait dans une pièce de Pyat, lui écrit qu'elle est aux cent coups et ne peut venir à bout de son rôle, que mille difficultés l'arrêtent, que tout est perdu si l'auteur ne consent à venir chez elle en personne la tirer d'embarras. Lorsqu'un poète enfant, et beau comme un prince des contes de fées reçoit une pareille lettre, il y a gros à parier que la politique est, comme dit Bilboquet, étrangère à l'événement, et l'art dramatique aussi. Mais la fatuité était le moindre défaut de Félix Pyat; il crut sérieusement que la belle fille voulait être conseillée et non pas louée, et, comme on va le voir, il agit en conséquence, avec la naïveté farouche d'un berger de *L'Astrée*.

Naturellement, l'actrice appartenait, selon la coutume, à un jaloux; ayant appris que Pyat était chez son idole, ce seigneur y courut, entra sans faire de bruit et sans qu'on pût l'apercevoir, et voici quel spectacle s'offrit à sa vue. Deux chambres contiguës étaient séparées par une porte restée toute grande ouverte; dans l'une, la demoiselle s'habillait, maudissant sa fille de chambre absente, brisant ses lacets, ne pouvant dompter un corset rebelle et appelant désespérément à son secours; dans l'autre, Pyat, sourd à ces appels éperdus, lisait avec une profonde attention un volume dépenaillé.

L'amant s'approcha pour voir quel ouvrage pouvait ainsi passionner son rival et vit que c'était l'*Annuaire du bâtiment!* Devant une telle candeur il fut désarmé; on l'eût été à moins, et c'est ainsi que l'épouvantail du roi-citoyen, affreusement timide en dépit de son esprit, de sa verve satirique, n'avait pas osé affronter un lacet de corset, embrouillé sur le dos frissonnant d'une ingénue délicieusement et volontairement maladroite!

Cet ogre était infiniment doux et, tranchons le mot, sentimental. Le rêve du théâtre eût certainement absorbé toute sa vie, si l'esprit commercial, chassant les poètes du théâtre, (le plus grand de tous, Victor Hugo, a dû y renoncer il y a quarante ans!) ne les eût forcés à se réfugier dans l'action. Nature à la fois révolutionnaire et idyllique, Félix Pyat n'avait alors qu'un seul goût belliqueux, et je pense bien qu'il doit l'avoir encore, celui de battre la caisse, sur laquelle il était de très belle force, et pouvait rivaliser avec un tambour de profession. Voici comment ce talent lui était venu. En construisant dans sa tête les beaux morceaux tragiques, les tirades, les phrases au mouvement sonore, il lui fallait donner un aliment quelconque à son besoin d'activité physique. Dans ce but, il prenait deux règles de bois, à l'aide desquelles il battait la caisse sur sa table, en produisant un tintamarre effroyable. Avec ces outils imparfaits, il arriva cependant à s'apprendre les *ra*, les *fla*, les roulements, comme un jeune Barra.

— « Alors, lui dit un jour un de ses amis, puisque tu t'en acquittes si bien, autant vaudrait battre sur une caisse réelle! » Et par pitié pour sa table, cet ami lui apporta, en effet, une caisse d'enfant, avec les baguettes, et Pyat, tout en travaillant, déchaînait là-dessus un tas d'ouragans et de tonnerres. A mesure qu'il devenait plus habile sur son instrument, ce qui de mieux en mieux l'aidait à composer des tirades irritées, ses amis lui apportèrent une caisse plus grande, une un peu plus grande, une plus grande encore, et de fil en aiguille, on en arriva à la caisse réglementaire du régiment, sur laquelle Pyat, devenu un tambour de première force, fit alors tant de bruit que les propriétaires, dès qu'il était entré dans un appartement, lui donnaient immédiatement congé. Ce furent là, peut-être, ses premiers démêlés avec la bourgeoisie.

J'imagine qu'il a dû continuer à savoir manier les baguettes en virtuose, mais, lors même qu'on voudrait en tirer parti, ce talent ne pourrait plus être d'aucune utilité à personne, puisque le ministre de la guerre actuel, montrant pour les tambours autant d'aversion que l'auteur d'*Ango* leur témoignait de sympathie, les a impitoyablement chassés de l'armée. Ce n'est pas là sans doute la seule nuance d'opinion qui sépare Félix Pyat du général Farre.

Je reviens à *Diogène*. Pour ce drame, conçu en dehors des règles surannées et des vieilles poétiques, le grand peintre Narcisse Diaz avait peint de merveilleuses aquarelles, représentant les costumes des personnages. Les Athéniens qu'il dessina en ces images exquises ne seraient peut-être pas assez exacts et archaïques pour l'érudition récente; mais c'étaient des Grecs amusants, d'un romantisme audacieux, et qui réalisaient ce dont nous étions alors follement avides, c'est-à-dire le contraire de la tragédie! Diaz leur avait prodigué les roses feuille sèche, les bleus turquins, les verts prasins, les broderies de couleur, et tout ce qui donne encore des attaques d'apoplexie aux professeurs classiques! Je me rappelle un Alcibiade aux vêtements entièrement blancs brodés d'argent, avec un bonnet phrygien et des pantalons, et notez ce détail factieux : il portait une canne! A présent, de telles audaces nous font sourire et nous en avons vu bien d'autres; mais alors elles représentaient la dernière abomination et le triomphe de la bête écarlate; heureusement que nous avons changé tout cela et, après tant d'efforts et de luttes, mis décidément le cœur à gauche!

J'ai dit quelle était la naïve timidité de Félix Pyat; il en donna une belle preuve à propos de ces aquarelles de Diaz, car il n'osa pas refuser de prêter à chaque comédien le dessin qui représentait son costume, et plus tard, lorsqu'il voulut réclamer ces dessins admirables, on lui montra des tapons, des feuilles déchirées, des boulettes de papier, des lambeaux noirs de crasse, que son Chiffonnier n'eût pas ramassés pour les mettre dans une hotte !

À son grand étonnement, je lui appris alors ce que m'avait enseigné le peintre Hippolyte Ballue, qui fut le plus grand costumier du monde ! c'est que les aquarelles doivent être avec soin refusées aux acteurs, et qu'il faut les confier au seul costumier, après avoir eu préalablement le soin de les coller par les bords sur des feuilles de verre. Mais lui, il eût envoyé en commission une souris et un chat, il eût été sincèrement étonné de voir le chat revenir tout seul. Car nous autres arrangeurs de mots et de syllabes, nous sommes toujours pris aux vains discours des hommes, subissant bien plus que les autres l'enchantement des sons et l'inéluctable magie du Verbe !

Cependant ce *Diogène* déjà fameux n'était pas encore représenté. L'auteur, saisi par ces inquiétudes mortelles qui succèdent toujours aux emportements de l'inspiration, brûlait de le voir au théâtre ; mais c'est un bonheur qui ne lui fut pas donné, et il ne put même pas surveiller les répétitions de son œuvre, parce qu'à ce même moment, pour avoir défendu contre Jules Janin la mémoire outragée de Marie-Joseph Chénier, il fut condamné à six mois de prison qu'il dut subir à Sainte-Pélagie. Oh ! pour lui, enfant de province, avide d'air et d'espace, habitué aux senteurs de la forêt, à la brise qui courbe les seigles et au vivifiant murmure des fleuves, quelle tristesse lorsqu'il entra dans ce grand galetas nu, badigeonné en jaune, dont l'unique lucarne était juchée à trois mètres de haut ! Toutefois, le directeur de la prison, qui était un brave homme, eut pitié de ce poète enfermé loin du jour comme un oiseau dans une cave, et voici la combinaison qui put être réalisée, grâce à son obligeance. Une table immense et très haute fut apportée, sur laquelle on plaça une table plus petite et une chaise; Pyat gravissait là-dessus, et une fois grimpé, il semblait jouer sur un petit théâtre la scène de l'écrivain tout seul. Mais alors, élevé à la hauteur de la lucarne, il pouvait voir les ombrages, les fleurs, les allées du Jardin des Plantes, une immense étendue de ciel; ses yeux du moins n'étaient plus captifs, pouvaient s'enivrer de l'espace et boire avec avidité de vastes nappes d'azur.

J'ai eu la bonne fortune de le visiter là bien souvent, et de rencontrer dans l'ignoble chambre jaune les plus beaux esprits qui vivaient alors. C'est là que Robert Houdin, encore inconnu du public, a fait ses tours pour la première fois, devant un public bien préférable au parterre de rois de Tilsitt. Au milieu de ces merveilleux causeurs on oubliait tout à fait qu'on était venu dans une prison; mais il fallait bien se le rappeler, lorsqu'à la sortie le geôlier vous ouvrait la grande porte avec une clef lourde comme une massue. Et cette clef était en effet tout à fait pareille à celle que j'avais entendue si souvent faire *Crac! crac!* dans le décor de la prison, aux Funambules.

Parmi les Parisiens qui visitaient Félix Pyat à Sainte-Pélagie, il y avait Privat d'Anglemont, l'ami des bons et surtout des mauvais jours; le comédien Bocage, grande intelligence, toujours révolté, et heureux pourvu qu'il le fût contre n'importe quoi et contre n'importe qui; Bocage sinistre, amer, et qui faisait la nuit en agitant son épaisse et noire chevelure; Eugène Sue, ardemment épris du peuple, mais élégant, dandy, ganté jusqu'au coude et aristocrate jusqu'aux moelles; Auguste Préault, le révolutionnaire, le statuaire de génie, qui n'avait jamais eu le temps d'apprendre son état, et qui, se sentant vulnérable, prenait l'avance en perçant de ses flèches les critiques épouvantés, comme Apollon les hydres; et encore beaucoup d'autres hommes supérieurs, dont le plus étonnant fut certainement Harel, l'ancien autocrate de la Porte-Saint-Martin. Auprès de lui, qu'était l'ancien dictateur Cincinnatus, retournant à sa charrue!

Harel, lui, avait été ce sultan parisien à trente-six mille queues ondoyantes qu'on nomme un directeur de théâtre; pour ses auteurs habituels il avait eu Victor Hugo, et Alexandre Dumas, qu'il séquestrait pour lui faire écrire des drames en quinze jours; vingt fois terrassé et vainqueur, il avait lutté avec la Fortune, comme Jacob avec l'Ange; il avait habité à la fois avec mademoiselle George, comme Napoléon, et avec un cochon, comme saint Antoine; conduit à la prison pour dettes par un recors, dans le fiacre même il avait attendri ce tigre, comme Orphée, et lui avait emprunté de l'argent.

Eh bien! tous ces honneurs étant abolis et réduits en cendre et en fumée, Harel avait repris tout simplement sa plume d'homme de lettres, donnant ainsi à la France un spectacle qui serait resté unique, si plus tard monsieur Guizot, en descendant du pouvoir, n'eût réalisé une seconde fois le même prodige. Harel avait concouru pour un prix de l'Académie et l'avait obtenu; être paradoxal, qui, après avoir été ébloui pendant dix ans par les cascades d'or monnoyé et par les bras blancs des jeunes femmes, savait encore lire et écrire!

Ainsi dans sa cellule badigeonnée en jaune, Félix Pyat possédait la chose rare entre toutes : un salon! La prison a cela d'admirable que la conversation, comme dans un hôtel de Rambouillet, peut s'y déployer à loisir, sans que rien la trouble jamais ; les ennuis, les chagrins, les tumultes, les absurdes événements de la vie ne pénètrent pas là ; on y possède vraiment le Temps, ce monstre insaisissable qui partout ailleurs nous échappe et nous fuit, et le jour y contient réellement vingt-quatre heures, comme en province. Enfin on y jouit de ce privilège refusé même aux rois, que là les indiscrets, les importuns, ceux que vous ne voulez pas voir n'ont aucun moyen humain d'arriver jusqu'à vous. Ce n'est pas vous qui êtes en prison dedans ; ce sont eux qui sont en prison dehors ; et une bonne geôle, fréquentée par des amis sûrs et desservie par un restaurateur habile, serait peut-être le vrai paradis terrestre, si nous n'y étions poursuivis par l'obsédant fantôme du mot : Liberté ! Sans doute jamais l'auteur d'*Ango* n'a causé mieux ni si bien que dans cette oisiveté familière où il n'était pas tiré à quatre chevaux par les impérieuses nécessités de la vie.

Quand, par un hasard bien rare, ses amis n'étaient pas venus le voir, il se promenait dans le préau avec les criminels, et là les rencontres imprévues et les sujets d'étude ne manquaient pas au dramaturge. Le jour même de son entrée à la prison, il vit venir à lui un scélérat, un monstre, qui avait barboté dans toutes les infamies, commis toutes les trahisons et tous les crimes, et qui, entre autres gentillesses, avait, dans un but de chantage, exploité en roman-feuilleton les amours illégitimes de son père et de sa mère. Ce misérable s'avança vers Pyat, la main tendue, en lui disant avec effronterie :

— « Nous autres condamnés politiques...

— Pardon, dit spirituellement l'écrivain en gardant sa main dans la poche de son paletot, moi je suis ici comme voleur ! »

D'ailleurs, s'il se montra justement implacable pour le renégat dont je n'ai pas voulu écrire le nom, il était avec raison beaucoup moins dur pour les criminels de profession, qui du moins jouent franc jeu, et dans leur duel contre la société ont le mérite de risquer leur peau. Il y avait alors à Sainte-Pélagie toute une bande récemment capturée; son chef donna les plus intéressants détails à Félix Pyat, qui prit force notes avec lesquelles il eût certainement fait un beau roman, si l'Action dominatrice ne l'eût arraché au travail littéraire et violemment emporté dans son orbite. Ce chef, homme érudit, spirituel et d'une élocution excellente, expliquait fort bien que si les bandes finissent toujours par être arrêtées à la suite d'une dénonciation inspirée par une jalousie d'amour, en revanche la police, depuis plus de vingt années, n'avait pas avec ses propres ressources découvert et arrêté une de ces bandes, tant leur organisation est supérieure à celle de la société! En effet, chose admirable à dire! dans ces associations gouvernées par une logique impeccable, chacun ne fait que ce qu'il sait faire, aucun danseur n'y tient la place d'un calculateur, et chaque travailleur est un spécialiste de premier ordre. Il y en a un qui sait monter après un mur nu, comme les mouches, et qui en donnait la démonstration dans la cour même de Sainte-Pélagie. Celui-là grimpe à l'appartement qu'on veut dévaliser, ouvre une fenêtre et assujettit une échelle de cordes.

Ensuite vient le tour du serrurier, qui ouvre ou force les serrures. Cette besogne faite, ces deux premiers acteurs s'asseyent chacun dans un fauteuil, leur rôle étant fini, et quoi qu'il arrive, ne doivent plus, sous peine de mort, intervenir en aucune façon. Avec une telle discipline, qui dépasse de si loin toutes celles que nous avons imaginées, les voleurs seraient vite et facilement devenus les maîtres du monde, si leurs chefs avaient pu trouver un moyen pour empêcher que deux hommes aiment la même femme et que l'amant le moins favorisé devienne dénonciateur.

Cette insurmontable difficulté explique comment les révolutionnaires russes, qui ne veulent pas trébucher contre un tel obstacle, s'immolent eux-mêmes à leur idéal, et lui jettent en sacrifice leur chair mutilée. Mais leur doctrine effroyable et grandiose aurait de la peine à s'acclimater en France, où le jeune dieu Amour est un seigneur aimable et charmant jusqu'au bout des ongles, mais trop égoïste pour donner sa part aux chiens.

C'est ainsi que, bien longtemps après avoir écrit *Le Brigand et le Philosophe*, Pyat apprenait à connaître des philosophes et des brigands dont il n'avait pas soupçonné l'existence; mais si curieuses et si attirantes que fussent de telles découvertes pour un romancier avide de tout savoir, elles ne pouvaient lui faire oublier son cher *Diogène*, qui à ce moment-là même était en répétition à l'Odéon, et dont, malgré le zèle de ses amis, il ne pouvait obtenir que des nouvelles vagues et contradictoires. Je parlais des bandes de voleurs : pour le prisonnier, avoir un drame livré sans défense aux comédiens, c'est comme s'il se sentait un enfant, auquel il ne pourrait porter secours, captif chez les brigands des Abruzzes !

Quand l'auteur est là, présent, défendant son œuvre avec le bec et avec les ongles, ses phrases sont cassées, ses adjectifs effarouchés, ses tirades démantelées par ces braves comédiens, qui sont au demeurant les meilleurs fils du monde, mais qui, presque tous, auraient besoin de faire un petit séjour dans la bande de voleurs où chacun se mêle seulement de ce qui le regarde. Mais, hélas! si ce malheureux poète est absent par force, enfermé et cadenassé entre quatre murailles, il se dit à chaque minute : « Pendant que j'étouffe ici, que font-ils de ma chair et de mon sang? Tandis que cette heure sonne lentement, ne sont-ils pas en train de crucifier mon fils et de lui couper le nez et les oreilles! » Quiconque a été si peu que ce soit auteur dramatique, fût-ce pour le quart d'un vaudeville en un acte représenté par les marionnettes du sieur Séraphin, comprendra les angoisses de Félix Pyat; le théâtre c'est pile ou face, le triomphe ou les gémonies, le laurier d'or sur la tête ou le trognon de chou en plein visage; mais cette chose inconnue, la recevoir dans l'obscurité, dans le silence de la nuit sinistre, quelle épouvante!

Enfin le jour de la représentation arriva; naturellement, le prisonnier avait, mais à la centième puissance! la fièvre spéciale à l'auteur dramatique, et sa peau était à la température des charbons ardents. Le meilleur et le plus sûr de ses amis lui promit que, sitôt le spectacle fini, il ferait tous ses efforts pour lui faire parvenir des nouvelles; cela était bien aléatoire; car les murailles des prisons sont des personnes peu aimables, à qui on ne parle pas comme on veut. Mais il restait à l'auteur supplicié un espoir plus sérieux.

Le directeur de la prison était, comme tous ses confrères, un lettré et un amateur d'art; Pyat lui avait donné, pour lui et pour sa famille, une loge excellente, et l'aimable fonctionnaire avait bien promis qu'en rentrant, il s'empresserait de venir apprendre à son captif s'il avait été mangé, et à quelle sauce. Le directeur partait à sept heures pour l'Odéon, et probablement ne reviendrait pas beaucoup plus tard qu'une heure après minuit; c'étaient donc six heures seulement que le prisonnier devait avaler goutte à goutte, comme un fiel amer.

Ces six heures, il les passa comme le lion dans sa cage, allant et venant, et revenant, et regardant les barreaux ; lorsqu'il fut près d'une heure, il se hissa sur sa grande table, et, prêtant l'oreille contre les vitres, crut saisir au loin des bruits incertains et vagues. Puis, au milieu du silence redevenu calme et absolu dans la nuit sereine, il entendit très distinctement, à l'étage situé au-dessous de celui qu'il habitait, le directeur de la prison mettre sa clef dans la serrure, ouvrir sa porte et rentrer chez lui.

— « Ah! se dit Pyat, il se débarrasse sans doute de son paletot, et ensuite il va venir! » Mais rien ne vint. Il avait été convenu que si le directeur rentrait ainsi et ne se présentait pas chez son pensionnaire, c'est qu'il n'aurait que des mauvaises nouvelles à donner. Donc c'en était fait, une chute affreuse, honteuse, irrémissible, tant d'espoir évanoui, tant de travail perdu! Pyat passa une nuit de condamné, de martyr torturé à petit feu ; ce fut seulement le lendemain, vers dix heures, que le directeur de la prison monta chez lui et négligemment lui parla de choses et d'autres.

— « Et ma pièce? dit enfin l'auteur que le sang étouffait à la gorge et qui n'en pouvait plus.

— Eh bien! mon cher poète, un succès magnifique, bravos, applaudissements, rappels : vous en avez pour cent représentations ; j'aurais bien pu vous dire cela hier soir, mais j'ai pensé que vous dormiez sans doute, et qu'il valait mieux ne pas vous déranger!

— En effet, dit le poète en baissant avec résignation sa douce tête blonde, c'est une attention aimable, et dont je vous remercie! »

Il est probable qu'il avait grande envie d'étrangler ce trop discret personnage ; ne pouvant s'offrir cette satisfaction, il le remercia, et, comme dit La Fontaine, fit-il pas mieux que de se plaindre? Quant à l'ami qui devait venir à la porte de la prison, il était venu, et il avait tenté d'annoncer l'heureuse réussite du drame en poussant des cris sauvages; mais après lui avoir inutilement crié : « Au large ! » le factionnaire l'avait résolûment couché en joue. De là venaient ces vagues bruits que Félix Pyat avait cru entendre vers une heure du matin.

Diogène avait en effet remué et passionné la foule, et Bocage s'y était montré sublime. Le personnage de Laïs presque enfant mit en lumière une toute jeune actrice nommée Marthe, dont la voix était délicieuse et dont la merveilleuse beauté fit comme une émeute dans la salle. Bien peu d'années après, cette charmante personne devait mourir horriblement, d'une mort tragique. Un amour dont les conséquences effrayaient une grande famille la força à s'enfuir en Angleterre. Mais elle eut l'imprudence de revenir à Paris pour chercher de précieuses lettres qu'elle avait laissées chez elle. Elle y fut attendue par des bandits apostés, et étranglée vive, à ce qu'affirma sous l'Empire une légende dont il est difficile de vérifier l'authenticité. Mais on ne sait jamais la vérité sur rien, à moins qu'un génie intuitif ne la devine et ne force violemment le sombre inconnu à déchirer ses voiles.

Autre historiette. Pyat aimait beaucoup son ami Préault, mais le cruel statuaire l'avait souvent égratigné de ses épigrammes qui n'épargnaient rien, et, sans trop de malice, il voulut lui rendre la pareille en le montrant dans *Diogène*, finement caricaturé sous la figure de Lysippe. Dans un entr'acte, Préault arrive au café Tabourey, furieux, écumant, les cheveux épars. On croit qu'il s'est reconnu, et on tremble qu'il n'aille chercher querelle à son ami.

— « Non, c'est trop fort, dit le statuaire en donnant un grand coup de sa canne sur une table de marbre, on n'est pas bête à ce point! Comprenez-vous cet animal de Duret! Il rit depuis deux heures à gorge déployée en écoutant les propos fanfarons de Lysippe, et il n'a pas encore deviné que ce Lysippe si amusant, c'est lui-même! »

Hélas! que ces souvenirs sont lointains! Pyat a été guéri de ses angoisses d'auteur en voyant de près les misères, la lutte et les horreurs de la vie, et Préault, le dernier des romantiques, est mort le sourire aux lèvres, après avoir vu le dernier classique à son dernier soupir!

XXV

JOISSANS

Les romantiques de mon temps ont été extrêmement noctambules. On était alors si complètement possédé par l'amour de la poésie, par l'adoration du beau, par l'aspiration vers le génie, que, l'heure du repos venue, on ne pouvait se coucher ni dormir, et qu'il fallait parler encore de tout ce qui nous emplissait l'âme. Dans les salons, il y avait des dames et des jeunes filles, qui, au lieu de se monter la tête comme aujourd'hui pour les conseillers municipaux et pour les membres de la septième commission, rêvaient de Chatterton ou de quelque jeune Hamlet aux cheveux pâles. Le théâtre, où le Vaudeville triomphe et fait huit mille francs tous les soirs, crevait de faim, car il n'avait pas eu l'idée de secouer l'importune poésie et jouait des chefs-d'œuvre. Après avoir rencontré dans le monde des Eloas dont l'amitié pouvait être la récompense d'un beau poème, ou après avoir entendu à la Comédie des vers de Hugo, la prose spirituelle, rapide et bien française d'Alexandre Dumas, les imprécations de Bocage, les sanglots de Dorval, les élans lyriques de Frédérick Lemaître, il fallait causer entre soi, sans quoi le cœur trop plein se serait brisé.

De plus on avait faim, car les soirées et le mélodrame finissaient à une heure qui était plutôt le matin que le soir; il fallait donc causer en mangeant, et à très bon marché, parce qu'en ce temps-là tout le monde était pauvre, comme aujourd'hui 'tout le monde est riche. Les riches, les heureux, les célèbres, ceux qui avaient séduit et violenté la gloire, gagnaient six mille francs par an avec leur plume; quant aux petits, ils buvaient la rosée du matin dans le Luxembourg, humaient, comme don César et comme le bonhomme de Daumier, les parfums de la cuisine de Chevet, et quand les rayons des étoiles descendaient et pendaient un peu, tâchaient d'en mettre un bout dans leur poche de gilet, en guise d'argent monnoyé. Pour de tels capitalistes, trouver des restaurants nocturnes n'était pas commode, et si la pièce de cent sous avait déjà été un dieu, ils auraient pu être violemment soupçonnés d'athéisme.

Il y avait cependant un endroit ouvert toute la nuit, où on pouvait trouver l'hospitalité la plus indulgente, et pour très peu de sous boire un verre de vin, manger quelque viande froide, et surtout causer librement, causer entre gens d'esprit, dont une seule conversation, si elle était retrouvée, ferait la fortune d'un journal.

C'était une hôtellerie, un restaurant, un cabaret, tenu par un nommé Joissans, et qui avait le privilège de ne fermer jamais. Les raisonneurs qui veulent expliquer tout, (tandis qu'au contraire il ne faut jamais rien expliquer!) prétendaient que cette tolérance avait pour but de venir en aide à la police, en lui permettant de prendre des notes empruntées aux conversations qui se tiennent après minuit. Je n'ai jamais cru à cette hypothèse, pensant que la police a bien d'autres chats à peigner; mais si elle est exacte, les Peyrade et les Corentin du règne de Louis-Philippe ont pu alors se convaincre que les poètes et les artistes de cette époque abolie étaient des hugolâtres féroces, aimaient les belles rimes avec sauvagerie et eussent volontiers fait leur soupe dans le crâne de monsieur Saint-Marc Girardin et attaché des lèchefrites et des chats à la queue d'académicien de monsieur Scribe. On développait là des théories d'art à faire dresser les perruques sur les têtes des bustes classiques, et dont le fond était l'amour du mouvement et de la vie, la haine du convenu, le culte de l'écarlate et l'horreur pour le gris, sous quelque forme qu'il essayât de se produire. Je ne sais pas si ces cannibales auraient fait grâce aux gris délicieux et aux tons fins de Velasquez!

Un homme écoutait tout cela, calme, silencieux, pensif, impassible comme un sphinx dans le désert; c'était Joissans. Pâle d'une pâleur surhumaine et funèbre, avec des lèvres sans couleur et de grands yeux noirs d'un éclat sinistre, il ressemblait au comédien Bouffé, mais avec un visage bien autrement terrible et tragique. En ces longues nuits où les poètes célébraient Shakespeare, vomissaient des paradoxes furieux et tiraient des feux d'artifice d'adjectifs, il s'était blasé sur toutes les idées et sur tous les mots, qui pour lui étaient arrivés à avoir une valeur similaire. Entendre quelqu'un parler de laper l'océan d'un coup ou de mordre à belles dents la crinière du soleil, n'avait rien qui l'étonnât, et il eût été difficile à un fou échappé de Bicêtre de formuler une proposition qui excitât en lui la moindre surprise. Il était devenu indifférent comme un dictionnaire, ou comme les caractères d'imprimerie rangés dans leur casse.

A voir l'extraordinaire, l'épouvantable blancheur de Joissans, on aurait pu croire qu'il était un homme égrégore vivant debout la nuit, et pendant le jour restant couché dans une tombe, ce en quoi on se serait complètement trompé : Joissans ne se couchait jamais, ne dormait jamais à aucune heure. Il y avait de longues années que ses grands yeux noirs ne s'étaient fermés ; il vivait comme dans un accès de somnambulisme qui aurait duré un quart de siècle. Pendant la journée, il était un hôtelier ordinaire, ayant affaire à ses pratiques sérieuses, qui lui disaient des lieux communs pareils à ceux que collectionne Henri Monnier ; la nuit, il écoutait, silencieux, les romantiques farouches jonglant avec les cieux et les enfers comme un équilibriste avec des boules d'or, semblable à un patient qui, au sortir d'une cuve d'eau froide, serait jeté dans l'eau bouillante. Mais il ne s'émouvait pas plus une fois que l'autre, et il pouvait entendre dire ou réciter n'importe quoi, sans avoir jamais envie de dormir.

Seulement, vers le matin, à l'heure où l'Aurore tire les rideaux des honnêtes gens avec ses doigts roses, Joissans, qui était sorti un instant, reparaissait tenant dans ses deux mains un bol colossal, énorme, d'une dimension démesurée et désordonnée, rempli de café noir. On s'attendrirait sur le sort d'un misérable que l'Inquisition aurait condamné à vider ce bassin gigantesque plein de nuit et de ténèbres, et où paraissait tenir tout l'infernal flot du Pyriphlégéton ou du Cocyte.

Mais, au contraire, Joissans, lui, buvait, engloutissait volontairement ce vaste lac de café noir, et si jamais quelque chose au coin de son œil superbe ressembla au vague et rapide frisson d'un fugitif éclair de joie, ce fut à ce moment-là seulement. Il ne disait rien, bien entendu, dédaignant entièrement les vocables ; mais il semblait dire : « Évoquez les Dieux, entrechoquez d'idéales armées, refaites les poétiques et la carte du monde, scalpez les académiciens, récitez vos odes, chantez vos chansons, racontez vos histoires, je m'en moque parfaitement, ayant mon café noir, juste récompense de ma longue veille, qui dure depuis toujours! Toutefois Joissans n'était pas muet, et même n'avait pas perdu absolument la faculté de parler.

On respectait son désir effréné de ne pas tenir de discours; mais cependant, si quelqu'un l'interpellait d'une façon directe pour solliciter de lui un renseignement ou pour lui demander son avis sur un point quelconque, il répondait alors par un mot profond à la Talleyrand, ou par quelque aperçu dont l'audace elliptique eût étonné le Louis Lambert de Balzac, et Balzac lui-même. Évidemment il savait tout, comme les Dieux, et connaissait toutes les coulisses de la vie et de l'histoire; aussi ne disait-il rien.

Nous, c'est différent, nous parlions, avec violence, avec ravissement, avec joie, comme on peut causer d'art dans une époque uniquement occupée d'art, à l'heure propice où les études des notaires sont fermées, où la vie réelle est endormie, où rien ne rappelle le balai, le plumeau, le ménage, la nécessité de gagner son pain, les ennuis de monde et de famille, et où l'on vit dans une liberté abstraite et sereine, comme les acteurs de la tragédie dans leur décor grec!

Que de fois chez Joissans j'ai entendu Pierre Dupont chanter ses premières chansons, et Baudelaire dire de sa belle voix charmeresse les poèmes inédits des *Fleurs du Mal!* Plus âgé que nous, Achille Ricourt, le fondateur de *L'Artiste*, nous racontait des anecdotes sur Talma, sur mademoiselle Mars, sur toutes sortes de gens, et surtout récitait le *Napoléon II* de Victor Hugo. Chose étrange! ce noctambule à la longue barbe et à la belle chevelure, cet intime ami de Jules Janin, qui découvrit la fameuse *Lucrèce*, trouvait le moyen de chérir à la fois Ponsard et d'adorer le plus grand de tous les poètes ; une telle association d'idées me semblait alors impie et détestable ; j'ai reconnu depuis que Ricourt n'était pas si insensé qu'il en avait l'air. Il combattait non seulement pour ce qui est la poésie, mais pour ce qui désire être la poésie et essaye d'être la poésie, même en vain ; peut-être avait-il raison, car comme les négriers de la pensée humaine ont surtout à cœur d'écouler des produits facilement renouvelables, la guerre entre la bonne et les mauvaises écoles poétiques aboutit toujours finalement au triomphe du mélodrame de facture et des plus plats vaudevilles.

Quoi qu'il en soit, Ricourt aimait jusqu'à la passion le merveilleux poème lyrique de Hugo, et il le disait avec une ardeur, avec une flamme, avec un mouvement inouïs, le dramatisant beaucoup trop, selon moi ; mais c'est là une querelle qui ne finira jamais entre les poètes lyriques et les gens de théâtre. Or on sait que Ricourt était un professeur de déclamation sans égal ; même, comme ses amis le pressaient toujours de paraître sur un théâtre, il avait joué une fois Alceste du *Misanthrope* avec mademoiselle Mars jouant Célimène. Mais à la fin du second acte, (la chose se passait au théâtre de Versailles,) il avait manqué de mémoire, et tout planté là. Sa fantaisie n'était pas de celles qu'on peut enrégimenter ; pour être lui-même, il fallait les coins d'ombre, les rouges flambeaux, les amitiés, les rapides esprits du cabaret nocturne.

Je crois bien que Ricourt récitait toutes les nuits le poème de *Napoléon II ;* mais telle était sa magie de grand diseur, qu'il ne lassa jamais ni nous ni la galerie. En effet il y avait une galerie ; involontairement, nous étions un spectacle pour les rares soupeurs, venus là bien plus pour écouter les causeries, que pour manger la pauvre tranche de viande froide. On vit même à ce cabaret quelques femmes, appartenant aux catégories sociales les plus différentes. Mais elles n'occupaient pas d'elles, et on ne s'étonnait pas de les voir réunies, dans cette liberté de la nuit qui rend tout vraisemblable et possible.

J'avais toujours soupçonné en Joissans un grand cuisinier, qui dissimulait avec soin son génie, pour ne pas faire la cuisine des poètes, et voici pourquoi. Vers le matin, les viandes étant dévorées, si quelqu'un avait une recrudescence de faim, et si ce quelqu'un avait trouvé grâce devant lui, l'homme pâle lui apportait, cuisinés de ses propres mains, deux œufs sur le plat : mais quels œufs sur le plat! Dans le beurre bouillant encore à petits bouillons pressés et furieux, ils étaient couverts d'une taie blanche, épaisse, transparente, opaline, sur laquelle de gros grains de poivre et des appétits coupés en morceaux alléchaient par avance le regard. Ce signe ne m'avait pas trompé. Bien des années après, les soupeurs étant dispersés ou morts, et le cabaret fermé depuis longtemps, comme je passais un jour dans la rue Saint-Martin, je vis un restaurant, une vaste rôtisserie, où devant un feu d'enfer rôtissaient, enfilés à une énorme broche, assez de dindons, de poulets et de perdreaux pour défrayer les noces de Gamache. Au-dessus de la porte était écrit en grosses lettres le nom de JOISSANS, et Joissans lui-même surveillait ces volailles couleur d'or et cuisait en même temps qu'elles, par la même occasion. Je ne le saluai pas; il n'était plus le Joissans que j'avais connu, celui qui veillait sans trêve et à l'aurore buvait une cuve de café noir; mais mon regard signifia clairement :

— « Ah! si nous avions trouvé chez toi de pareilles

volailles succulentes, du temps où nous causions poésie dans ton cabaret nocturne! ».

Et l'œil noir, l'œil mystérieux de Joissans me répondit aussitôt :

— « Parbleu! »

XXVI

HONORÉ DE BALZAC

Je n'ai vu qu'une seule fois en ma vie le grand Honoré de Balzac; cependant je crois être un des hommes de ce temps-ci qui l'ont le mieux connu. Ceci exige une explication qui, naturellement, fournira le thème de cette historiette. Le 25 juillet 1848, il y eut dans une des salles de l'Institut une assemblée de tous les littérateurs qu'on avait pu réunir. On s'assemblait alors à propos de tout et à propos de rien ; il s'agissait cette fois de réformer l'organisation de la Société des Gens de Lettres, et de faire de cette placide association quelque chose de raisonnable et qui ne fût pas absolument inutile aux gens de lettres. Comme dans presque toutes les assemblées connues, il se trouva dans celle-là des hommes éloquents et passionnés : les Mirabeau aux voix de tonnerre, dont le geste soufflette l'orage et la nuée ; des hommes d'esprit qui trouvent la note inattendue, et de deux cailloux font jaillir une flamme ; des anecdotiers ayant le mot pour rire, et quelquefois même pour faire rire ; des Prudhommes pompeux, de doux Jocrisses, et surtout la tribu innombrable des diseurs de rien du tout, faisant retentir dans l'air un bruit sonore et quelconque. En somme, on exprima force bêtises, force niaiseries, force belles choses, et on se sépara comme le jour baissait, sans avoir proposé rien qui eût le sens commun, dénoûment qu'il était aisé de prévoir!

Pour moi, en entendant affirmer telle proposition erronée, émettre tel projet absurde ou simplement irréalisable, j'avais été cent fois sur le point de prendre la parole pour établir ce que je crois être la vérité, ou pour indiquer ce que je crois être le salut; mais toujours je m'étais senti arrêté par un profond découragement, en voyant comme la discussion, tour à tour naïve, orageuse et brillante, s'égarait dans le vide et restait à mille lieues de tout terrain pratique. Une des fois que je relevais ainsi la tête, prêt à m'écrier et restant muet, je vis en face de moi, à l'autre bout de la salle, un homme à la tête lumineuse, puissante, chevelue, éclairée par toutes les flammes de la bravoure et du génie. Je ne l'avais jamais vu auparavant, mais je le reconnus sans hésitation, d'après ses portraits, et surtout d'après sa ressemblance avec son Œuvre : car à qui auraient pu convenir ce vaste front, ces mèches sculpturales, ces yeux de feu, ce long nez héroïque et bizarre, ces lèvres sensuelles, cette barbe à la Rabelais, ce col athlétique de dieu ou de taureau, sinon à l'infatigable créateur de *La Comédie Humaine* ?

En même temps il fut évident pour moi, — et d'ailleurs je le vis clairement dans son regard, — que Balzac lisait dans ma pensée, comme si mon crâne soulevé lui eût laissé voir à nu mon cerveau recevant directement les impressions les plus variées et les plus violentes. En effet, selon que ma pensée suivait tel ou tel cours, il y avait tour à tour dans ses yeux et sur ses lèvres l'approbation, le blâme, la bienveillante pitié, l'encouragement amical et doux, l'invincible ironie. Ma pensée ! elle marchait avec une rapidité folle, comme une montre détraquée ; moins je parlais, plus j'avais de choses à dire, et mes tempes se seraient, je crois, brisées, si l'on n'eût enfin quitté la salle des séances de l'Institut, où les poètes n'entrent que pendant les révolutions. Comme on sortait, je sentis un bras — CELUI DE BALZAC ! — passé sous le mien, et sans autre préambule, le grand homme continua avec moi la conversation commencée. Où l'avions-nous commencée ? Dans Orion ? dans Sirius ? Dans quelle étoile ? Dans quelle vie antérieure ? Cela, je ne me le demandai pas, et je ne pouvais nullement songer à me le demander, car j'étais entré violemment dans un courant surnaturel, où j'avais tout à fait perdu la faculté d'être étonné.

— « Vous avez raison, me dit Balzac, répondant à ma pensée *que nulle parole n'avait traduite*, — car il s'agit non pas de modifier des fleurons ou des arabesques, mais de démolir l'édifice à ras de terre et de le reconstruire. La Littérature, dont tous les arts procèdent et qui chaque jour les crée à nouveau, a seule fait la grandeur de la France et son incontestable supériorité sur les autres nations ; c'est pourquoi la France doit compter avec elle ! Son rôle de reine de la civilisation, elle ne le remplira réellement que du jour où elle aura voulu que la Littérature ait le pouvoir dans l'ordre des faits, comme elle l'a dans l'ordre des idées, et alors seulement elle sera aussi avancée que la Chine ! »

Ce point de vue, le Maître le développa avec une puissance de logique, avec une furie d'invention, avec un luxe d'images que peut supposer tout lecteur de *La Comédie Humaine*. Je me rappelle l'enchaînement de ses idées, et il me semble être encore au moment où elles traversaient et brûlaient mon cerveau comme des serpents de feu ; mais je ne commettrai pas le sacrilège de traduire une conversation de Balzac, et d'en rien transcrire ici, sinon les mots mêmes dont je me souviens. Nous marchions dans les rues où les toits semblaient embrasés par un ardent coucher de soleil aux vapeurs rouges, et en rien de temps, l'Hippogriffe, la pensée du grand créateur, avait fait, en m'entraînant sur ses traces, un chemin de géant; il m'avait fait voir, dans une improvisation inouïe, le passé, le présent et l'avenir de tous nos arts littéraires!

— « Ah! je vous envie! » me dit-il un moment plus tard. — J'avais envie de protester, non de dire, (car j'étais muet,) mais de penser : « Vous vous moquez de moi! » Il ne m'en laissa pas le temps. — « Je ne vous adresse pas, continua-t-il, un éloge que vous mériterez dans dix ans peut-être, si vous vous appliquez obstinément à devenir un bon ouvrier; mais je vous envie, en tant que poète lyrique, parce que votre art est le seul auquel appartienne l'avenir! Dans une Société où le Luxe grandit chaque jour, quoiqu'elle devienne de plus en plus démocratique, les théâtres, dont les dimensions vont s'accroître indéfiniment, n'auront plus l'intimité, les petites proportions et la pauvreté relative dont ils ont besoin pour qu'on puisse y embrasser les conceptions de la Poésie et en savourer les nuances délicates : d'ailleurs, c'est dans un théâtre misérable, comme ceux où furent jouées les pièces de Hardy et de Shakespeare, que la Poésie prodigue tous ses trésors, car alors elle supplée à elle seule tout le reste; mais, comme l'a dit Philarète Chasles, à mesure que le spectale se perfectionne, l'art dramatique s'efface et disparaît.

Dans les grandes salles confortables et splendides, la Danse, la Musique, la Pantomime, les panoramas se substitueront promptement à la parole, et deviendront les seuls modes d'expression qu'emploiera alors le théâtre. — Quant au roman, de plus en plus voué aux études physiologiques, une science à peine née, l'Anthropologie, doit le métamorphoser complètement, et il viendra se fondre dans une des subdivisions de l'Histoire et de l'Histoire naturelle. La Science enfin, — car ce sera l'œuvre de notre temps d'élever toutes les créations de l'esprit à l'état scientifique, — absorbera dans ses manifestations diverses tous les genres littéraires, excepté celui auquel vous vous êtes voué; aussi viendra-t-il un temps où le seul moyen de gagner de l'argent et d'amasser des capitaux sérieux sera de SAVOIR FAIRE LES VERS! »

Il est probable qu'aujourd'hui encore, si j'entendais affirmer une énormité pareille, je deviendrais fou de stupeur; mais, je le répète, j'étais ce jour-là dans des conditions particulières, et j'avais perdu la faculté d'être étonné. Que serais-je devenu sans cela, bon Dieu, vivant en plein miracle, et voyant de mes yeux se réaliser plus de prodiges que je n'en avais rêvé en aucun temps? Le plus grand sans doute, et celui qui serait le plus incroyable, si l'on ne savait que le génie agrandit, vivifie et transforme despotiquement ce qui l'approche, c'est que, pendant de longues heures, *je causai* avec Honoré de Balzac, *sans avoir ouvert la bouche et sans qu'il eût entendu* MATÉRIELLEMENT *le son de ma voix.*

Non pas (il s'en faut de tout) que cette longue conversation du grand écrivain ait été un monologue; c'était bien au contraire une causerie vive, animée, contradictoire avec ses objections, ses incidents, ses oppositions, ses répliques, ses chocs inattendus et rapides; seulement, ce que je devais dire, Balzac l'*entendait* avant que j'eusse parlé, presque avant que j'eusse pensé, le lisait plutôt; et répondait à ma pensée au moment même où elle se formulait en moi. Comment ma tête n'éclatait pas, c'est ce qu'il me semble difficile de comprendre aujourd'hui ; il est certain pourtant que, loin d'éprouver aucune lassitude, je me sentais fort, rasséréné, comme si je ne sais quel élixir héroïque eût été infusé dans mes veines.

En aucune façon, d'ailleurs, je n'étais plus moi-même ; mes forces physiques et mes forces intellectuelles s'étaient trouvées tout à coup décuplées, centuplées, que sais-je? car, d'une part, il me fut possible de faire avec mon illustre compagnon dix lieues peut-être dans Paris, sans me reposer et sans ralentir le pas, chose inouïe pour moi, éternel malade ; et, d'autre part, je voyais clairement les liaisons et les attaches d'un discours d'où, *en apparence*, toutes les transitions étaient supprimées ; car physiquement et matériellement, le Maître sautait d'un sujet à un autre, à mille autres ! sans qu'il parût y avoir entre eux la moindre analogie ; mais les propositions intermédiaires, qui presque toujours eussent demandé des volumes d'explications, s'écrivaient d'elles-mêmes et lisiblement dans mon cerveau ; ce n'est pas assez de dire que je les imaginais et que je les devinais : *je les voyais !*

Nous marchions cependant, — avec une telle rapidité que les décors parisiens passaient, défilaient, se succédaient devant mes yeux avec une violence vertigineuse, comme on les voit en voyageant dans un train express lancé à toute vapeur : tantôt c'étaient la solitude, les hideuses murailles, les maisons à ateliers, les passants en guenilles des boulevards extérieurs ; puis, presque aussitôt, les riches devantures, meubles, coffrets, tableaux, étoffes précieuses des quartiers élégants, et les cafés tumultueux et flamboyants où le gaz venait de s'allumer. Puis le silence, l'odeur balsamique des fleurs et des feuillages m'avertissaient que nous passions près du Luxembourg ou du Jardin des Plantes ; puis les larges trottoirs, doux sous les pieds comme des tapis, m'indiquaient ensuite que nous étions dans le quartier de la Madeleine ; puis c'étaient les ombrages noirs du Bois de Boulogne, et un moment après — *il me semblait* que c'était un moment, — les quartiers bruyants : tantôt la place Maubert avec ses chiffonniers avinés, ou bien le faubourg Saint-Antoine où retentissaient de lourds chariots et des bruits de ferraille : un moment après encore, sous des ombrages d'un vert cru, vif et charmant, je voyais passer des calèches pleines de femmes parées, aux toilettes claires, gantées de frais, souriant, montrant leurs dents blanches, et çà et là un rayon perdu accrochait un diamant de leur parure, et vivement enlevait un gai paillon de lumière.

Plusieurs fois nous avons parlé (moi toujours silencieusement) à des portiers, et nous sommes entrés dans des maisons. Qu'allions-nous y faire ? Il me parut que c'était toujours chez Balzac, dans quelques-uns de ses divers domiciles, mais que nulle part nous n'avions pris le temps de nous asseoir, ni même de nous arrêter.

Je me rappelle, au quartier Latin, une sorte de cellule d'étudiant, où il y avait sur une table de bois blanc des feuillets de copie chargés de ratures et un encrier en faïence à fleurs ; sur le mur une tête de femme d'une expression divinement désespérée, toute petite toile encadrée dans une très large bordure d'or aux gorges profondes, faisant comme des fleuves de lumière. Puis à un autre moment, comme Balzac, en m'expliquant le grand monde et en me parlant de madame d'Espard, me disait, pour m'expliquer le lieu de la scène : « un salon *comme celui-ci,* » je m'aperçus que nous entrions en effet dans un salon; je me souvins que nous venions de gravir un bel escalier stuqué, que Balzac avait ouvert la porte d'un appartement avec une toute petite clef, qui m'avait rappelé celle de Tisbe dans *Angelo*, et qu'à notre approche, un grand valet de chambre à cheveux blancs, entièrement vêtu de noir, s'était respectueusement retiré.

Là, les meubles, curieusement sculptés et dorés, étaient recouverts d'une sorte de satin blanc de Chine à vives broderies de fleurs et d'oiseaux, où dominaient le jaune et l'écarlate; le tapis aux couleurs vives et très harmonieuses était formé de carrés dissemblables; sur les tables dorées, il y avait des tapis faits de broderies d'or et d'argent tout à fait mates et donnant l'idée d'une étoffe presque terne; et je remarquai surtout un lustre uniquement composé de roses en verre couleur de rose, avec leurs feuillages; mais quand je compris que j'avais le désir d'en regarder les détails intéressants et compliqués, — car les roses étaient jointes entre elles par des guirlandes de roses plus petites, — nous étions déjà bien loin de là, dans une étroite rue où grimaçaient des pignons gothiques tout noircis, aux charpentes apparentes façonnées en sculptures, et où un *pâle voyou* aux cheveux noirs collés, à la cravate rose sur un bourgeron sordide, vendait des cahiers de chansons et psalmodiait d'une voix traînante :

> Chacun me nomme avec orgueil
> Charlotte la républicaine!
> Je suis la rose plébéienne
> Du quartier Montorgueil!

Les rues, les places, les carrefours passaient, mais je ne les voyais plus, emporté dans une bien autre magie, dans la conversation inépuisable et toujours renaissante de Balzac, qui, ainsi que sur un théâtre, me montrait une succession de toutes les scènes sans doute, qui ont eu lieu avant et depuis le commencement de l'humanité : les théogonies et les genèses, les luttes de géants et de Dieux, les destructions de monstres, les rois de la Bible, les héros de l'Inde tueurs de nations, les Séleucus sur leurs chars attelés de tigres, Alexandre VI faisant danser aux noces de sa fille les courtisanes nues; puis, que sais-je? Catherine de Médicis, Talleyrand, Napoléon; ici un bureau de journal, une recette pour empaumer les éditeurs et les directeurs de spectacle; là un désert d'Afrique nu dans la lumière, Venise folle et sanglante, puis la Norwège de Séraphita avec ses montagnes de glace et de neige, et enfin la Comédie Humaine, mais animée, vivante, jouée par mille acteurs en un seul, qui tous avaient le génie de Talma ou de Frédérick! Je vis de Marsay gouvernant l'Europe et les femmes, Monnier-Bixiou inventant des mystifications à décorner le Taureau du Zodiaque, George Sand ou Camille Maupin à trente ans, rose par-dessous le hâle, avec ses grands yeux de feu aux prunelles noyées, comme la peignit Géniole; Rastignac, Nucingen-Rothschild exploitant des carrières de pierres philosophales, Vidocq-Vautrin empereur du bagne, avec ses harems, ses soldats, ses mamelucks dévoués jusqu'à la bêtise, et ses marchandes à la toilette auprès desquelles Richelieu et Olivarès n'auraient pas été bons à faire des gardes champêtres!

Je vis, ô ciel! et c'est alors que tout le sang envahit mon cerveau, et que j'eus une hallucination couleur de feu, comme les assassins ont des hallucinations couleur de sang, — je vis demi-nue en son boudoir, la jambe chaussée d'un bas de soie transparent, et rêvant, rose, excitée par une ardente songerie amoureuse, toute déchevelée, vêtue seulement de batistes qu'ornaient de précieuses malines, (ces reines des dentelles faites au fuseau,) madame de Maufrigneuse elle-même ! Je vis sur le dos impérieux et charmant de cette Diane, ce qu'elle n'avait pas montré à son amant le plus adoré, un signe... Ah ! quels élans, quelle harmonie de mots, quelles fleurs de poésie lyrique eussent dignement célébré ce signe délicieux, brun, fauve sur la peau d'un blanc lumineux et chaud !

Mais au moment où j'allais m'écrier, que sais-je ! courir vers elle en dépit de toutes les convenances, un brusque, un cruel sursaut retentit dans ma tête. En effet, le grand Balzac et moi, nous venions de nous arrêter devant le théâtre de la Porte-Saint-Martin, très éclairé, dont les abords étaient encombrés d'une foule tumultueuse, et je me rappelai avec une netteté intense qu'il fallait que j'y entrasse.

Après un tel ébranlement de tous mes nerfs, si j'avais dû assister à un spectacle ordinaire et calme, je serais mort certainement, par une réaction qu'il est facile de supposer. Mais heureusement le spectacle auquel j'assistai ne fut pas calme : c'était la première représentation de *Tragaldabas !* Applaudissements exaltés, cris, sifflets, hurlements, la foule en délire, un orchestre de grands hommes, où Victor Hugo faisait l'effet du chef d'orchestre, les apostrophes, les provocations, les menaces, les défis homériques s'échangeant d'une galerie à l'autre, et par dessus cette basse formidable, Frédérick éloquent et furieux, adressant aux siffleurs, comme une bravade, les superbes vers ironiques de son rôle, c'étaient, oh ! c'étaient bien l'orage, le déchaînement, qui alors étaient indispensables à l'état de mon âme, et sans lesquels je serais tombé foudroyé par la fatigue !

Une fois le rideau tombé sur le fameux vers :

> Et vous, sonnez, clairons, ainsi que pour un âne!

je sentis une faim de naufragé, car je n'avais rien mangé depuis quinze heures! Je me dirigeai, par je ne sais quelle instinctive préférence, vers un restaurant célèbre alors, mais dans lequel je n'étais jamais entré, et résolûment je suivis, au premier étage, le corridor des petits salons réservés aux bonnes fortunes et à la causerie intime. La porte d'un de ces petits salons était ouverte, je vis à une table BALZAC! et deux couverts mis; le potage était déjà servi dans les assiettes. « Allons! » me dit le grand homme. Et il ajouta : « Le cabaretier X... est un homme de génie, (*parbleu!*) mais, précisément parce que ses bisques sont des chefs-d'œuvre, il faut qu'elles soient savourées comme un baiser de duchesse espéré depuis un an, et elles ne doivent pas attendre, fut-ce une minute! »

XXVII

CHARLES ASSELINEAU

Mon très cher ami Charles Asselineau a été un écrivain distingué, délicat, charmant, et un érudit de premier ordre ; mais là n'est pas son originalité ; il faut voir en lui ce qu'il a voulu être, l'étonnant bibliophile qui sur le parapet du quai a trouvé des trésors, et qui à force de ruse, de volonté, d'ingéniosité, de patience, a créé la plus riche, la plus curieuse et la plus originale des bibliothèques modernes. Beaucoup de gens ont rêvé d'être le Grand Turc ; il était, lui, un véritable sultan, se délectant dans son harem de livres, rares, rarissimes, introuvables, en éditions primitives, imprimés sur Hollande et sur Chine, ornés de vignettes de Tony Johannot, de Monnier, de Célestin Nanteuil, et se réjouissant à voir les maroquins oranges, écarlates, bleu lapis, vert de Chine, jaune citron dont les avaient vêtus, pour employer sa propre expression, les meilleurs tailleurs de livres.

Et non seulement il avait l'âme d'un sultan, mais il en avait aussi l'aspect physique et le regard noyé de volupté. Avec des traits fins, réguliers, d'une chaude pâleur, quand je le connus tout jeune, il était comme enfoui dans les noires broussailles d'une chevelure et d'une barbe soyeuses, drues, épaisses jusqu'à l'invraisemblance et plutôt bleues que noires; de toute cette effrayante forêt on voyait jaillir ses yeux vifs, perçants, humides, brillants comme de noirs diamants, et il ressemblait aux Turcs des tragédies et des féeries, sous la luxuriante végétation de tous ces ornements noirs. Il s'en est bien vengé plus tard, en prenant très prématurément l'uniforme de la vieillesse, qui pour lui ne devait pas venir, et l'on vit alors tomber et resplendir sur sa poitrine la barbe de neige d'un patriarche.

Mais je veux me le rappeler tel qu'il fut au printemps de sa vie, plus épris de poésie que ne le fut jamais nul homme vivant. Et certes, il donna l'exemple le plus fabuleux, le plus inouï, le plus invraisemblable qu'un mortel puisse offrir à d'autres mortels; car sachant à fond, dans sa tradition, dans son histoire, dans les raffinements et les rouvries de l'exécution, l'art si compliqué de la poésie, il ne s'y livra pas cependant, parce qu'il ne se sentait pas assez de génie, modestie qui, à ce que je crois, n'a jamais pu être admirée que chez lui seul. Mais il goûta de pures et sans cesse renaissantes délices dans l'amitié de poètes tels que Théophile Gautier et Baudelaire, car la langue que parlaient ces génies n'était pas pour lui une langue étrangère, et il aurait pu, s'il l'avait voulu, leur donner la réplique; seulement, il aimait mieux ne pas être du tout que de n'être pas sublime.

Qui montra jamais un pareil bon sens? Ce métier de la poésie, Asselineau le savait si bien qu'il aurait pu être et qu'il a été créateur et inventeur de mètres. Ce fut lui qui, d'après les traductions en prose de *Pantoums*, données par Victor Hugo dans les notes des *Orientales*, essaya de retrouver et de restituer la forme du *Pantoum*.

Mais, ayant achevé et réussi cet effroyable travail, il l'ensevelit avec soin dans une revue belge inconnue, fantastique, parfaitement obscure, où le diable lui-même ne l'aurait pas découverte. Je la découvris cependant, et, avec le consentement d'Asselineau, je fis moi-même d'après son *Pantoum* un autre *Pantoum*, qui depuis a servi de type et de modèle aux innombrables poèmes de ce genre qui ont été récemment publiés. Ainsi il a eu le mérite de cette découverte, dont j'ai, moi, usurpé toute la gloriole; n'est-ce pas toujours ainsi que les choses se passent?

Mais, comme je l'ai dit, Asselineau ne ressemblait à personne; il aimait non pas les croix, les académies, la renommée, le succès, les résultats accessoires et visibles de l'art, mais l'art lui-même, avec la patiente ardeur d'une passion dévorante, à laquelle il donnait son sang, goutte à goutte.

Romantique acharné, convaincu, exclusif, enthousiaste, partial jusqu'à la plus touchante injustice, il adorait frénétiquement la révolution littéraire et artistique de 1830, d'où pour lui datait une nouvelle Renaissance, non moins belle et féconde que la première, et non seulement il célébrait et tentait de remettre en lumière les combattants presque oubliés dont la gloire avait brillé pendant cette heure unique, les Louis Bertrand, les Ernest Fouinet, les Félix Arvers, les Regnier-Destourbet, Eusèbe de Salles, Napol le Pyrénéen, Émile Cabanon, Théodore Guiard, Philothée O'Neddy, Théophile de Ferrière; mais poussant la rigueur de son système aux extrêmes conséquences, l'étendant même aux écrivains dont la carrière s'est glorieusement continuée, il les voyait, les connaissait de 1830 à 1840, et pas au delà. Ce qu'il aimait avec idolâtrie, c'étaient le Gautier d'*Albertus* et de *Mademoiselle de Maupin*, la George Sand d'*Indiana* et de *Lélia*, le Vigny de *Chatterton*, le Mérimée de la *Chronique de Charles IX* et de *La Vénus d'Ille*, le Dumas d'*Antony* et de *Charles VII*, le Janin de *Deburau* et de *L'Ane mort*. A propos de Victor Hugo, cet exclusivisme allait jusqu'à la démence, car Asselineau prétendait audacieusement que le plus grand des poètes était mort après avoir publié *Notre-Dame de Paris*, et que seulement on avait trouvé dans ses papiers... *La Légende des Siècles!* Jamais sans doute l'injustice n'a été poussée si loin, car mon ami, qui savait par cœur et pouvait réciter, sans se tromper d'un vers, *Les Orientales*, *Les Feuilles d'Automne*, *Les Rayons et les Ombres*, *Hernani*, *Marion de Lorme*, *Ruy Blas*, n'avait peut-être jamais lu *Les Misérables* et *Les Travailleurs de la Mer;* mais MIL HUIT CENT TRENTE était sa religion, et il ne saurait y avoir sur la terre autre chose que des athées et des fanatiques.

Après avoir chéri les poètes de sa grande époque dans leur pensée et dans leur esprit, Asselineau en vint à les chérir dans leur forme visible, dans leur expression matérielle; il en adora le format, les pages blanches, les vignettes romantiques, et il entreprit de se procurer toutes les éditions originales. Tout d'abord, il dut songer au nerf de la guerre, à l'argent, sans lequel aucune victoire n'est possible. Il possédait à peu près de sept à huit mille francs de rente, et n'écrivant qu'à ses heures et pour son plaisir, ne gagnait presque rien; si bien qu'en somme ses ressources n'atteignaient guère à plus de dix mille francs par an. Asselineau habitait, dans la rue de Savoie, un joli appartement artistiquement meublé, dans lequel il recevait ses amis et donnait des dîners exquis; résolûment il renonça à tout cela, et alla habiter chez son beau-frère, monsieur Dosseur, conseiller à la Cour des Comptes, qui, pour une somme plus que modique, lui donna le vivre et une grande chambre précédée d'une antichambre indépendante, mais basse, triste, carrelée, et prenant jour sur une vieille cour vaste et claustrale de la rue du Four.

Ces arrangements pris, Asselineau avait encore à sa disposition, son tailleur payé, six mille francs d'argent de poche; il en sut tirer un parti prodigieux, décimant les parapets, fouillant les boîtes des bouquinistes et les bouleversant à fond sens dessus dessous, jusqu'à ce qu'il eût déniché l'oiseau rare, le livre de 1830 en édition originale. Au commencement, cela put aller comme sur des roulettes : cette chasse au volume de Renduel n'était pas trop difficile, mon ami étant le seul être qui s'en avisât. Mais quand les amateurs eurent vu chez lui les précieux livres, en bel état, avec grandes marges, lavés, encollés, enrichis de vignettes rares et reliés par Capé, Bradel ou Lortic, ils désirèrent en avoir de pareils, et naïvement les demandèrent aux libraires, qui alors dressèrent l'oreille. Les bouquinistes avertis retirèrent les livres du quai, les cachèrent soigneusement chez eux, et, comme ils disent en leur argot professionnel, *le feu se mit aux Romantiques*. Entre ces marchands qui désirèrent les vendre très cher et Asselineau qui voulait les acheter pour rien, ce fut une guerre de sauvages avec trappes, embûches, déguisements, et mille parades à la façon de Scapin, où les plus grands acteurs du monde se donnaient la réplique.

Dès le matin, à l'heure où Paris ne s'éveille pas encore, Asselineau était sur le quai, l'été en pardessus léger, l'hiver enveloppé, sous le brouillard et la neige, dans un épais manteau romain, et il commençait à éblouir, à terroriser, à *mettre dedans* ses adversaires, qui n'étaient pas de force à lutter avec lui; car ils n'étaient soutenus que par l'inventif amour du lucre, tandis que le bibliophile avait dans sa poitrine le tout-puissant et impérieux Amour!

Au bout de très peu de temps, il eut tout, non seulement les curiosités pures, comme *Louisa ou les douleurs d'une fille de joie*, par l'abbé Tiberge (Regnier-Destourbet,) comme les *Contes de Samuel Bach* (*Il vivere,*) par Théophile de Ferrière, comme *Un Roman pour les Cuisinières*, par Émile Cabanon, comme les collections des *Contes Bruns* et des *Annales Romantiques*, mais aussi ce que personne ne posséda et ne possédera jamais, les introuvables originaux des éditions in-8° d'Alfred de Musset, des *Iambes* de Barbier, de tous les livres de Hugo et de Gautier, et, chose plus invraisemblable encore, un Balzac COMPLET! dans les éditions originales, en bel état, relié et classé, ayant ainsi réalisé une entreprise qui semblera d'une difficulté vertigineuse, si l'on se rappelle comment le moderne Rabelais, le romancier épique, fut souvent imprimé en têtes de clous, sur papier à chandelles, par des libraires à court de temps ou d'argent, en des éditions dont les exemplaires étaient si vite souillés, maculés, déchirés, dispersés, ou plus simplement engloutis par des cabinets de lecture! Mais on eût dit qu'Asselineau les évoquait, les ressuscitait, les arrachait au néant comme des Eurydices, par la force de sa passion extasiée. Et cependant, bien qu'il les préférât de beaucoup à tout le reste, il n'avait pas que ses *Romantiques*, et même en dehors d'eux, possédait encore des trésors sans prix. Il avait ce livre inouï écrit en anglais sur Napoléon à Sainte-Hélène, et orné d'images coloriées, dessinées sans haine et sans flatterie, dans lesquelles (ô horrible! horrible!) le maître du monde était représenté naïvement tel qu'il fut à ce moment-là, ventru, obèse, chauve! et pastoralement vêtu de nankin jaune, comme un

Némorin en vacances. Je me souviens que nous avons ri pendant des heures, mon ami et moi, en feuilletant sa curieuse édition de *Clarisse Harlowe*, ornée de fines et mignardes gravures anglaises à l'aquatinte, dont l'une particulièrement représentait le beau Lovelace venant la nuit séduire Clarisse en chemise longue et en long bonnet pointu, attaché par une fontange à bouffettes et à rosettes !

Que ne possédait pas Asselineau ! Il avait même su, lui seul au monde ! retrouver ce prospectus de librairie dont l'existence fut souvent niée, et dans lequel Jules Janin, désignant le célèbre roman de Walter Scott, avait écrit *Quentin du Roi* (*regis*) bourde qui dépasse un peu celles que lui suggéraient d'ordinaire ses distractions fantaisistes. Mais, par exemple, de même que le grand Daumier dessinait sans avoir jamais acheté de crayons, Asselineau s'était toujours refusé à payer des armoires ou des tablettes de bibliothèque, préférant dépenser tout son argent à des choses *utiles!* Comme un Turc jaloux cache ses femmes, il enfermait ses livres dans un immense, profond et vaste placard, d'où il les tirait par séries, pour s'amuser. Et toujours les livres nouveaux, revenus de chez vingt relieurs, s'engouffraient dans ce placard impossible à remplir, comme l'inénarrable et mystérieux abîme.

La chambre où Asselineau s'enivrait de jouissances infinies était ornée de peintures et de dessins aussi amusants que les livres, et dont l'énumération serait un vrai catalogue. Entre autres, le savant collectionneur possédait de Célestin Nanteuil le frontispice composé pour sa *Bibliographie romantique ;* le portrait de Théophile Gautier dessiné à la mine de plomb en 1838, qui représente le poète d'*Albertus* avec une légère moustache naissante, une chevelure soyeuse longue comme celle d'une femme, et une redingote à brandebourgs; et aussi un fabuleux portrait de Paul de Kock en robe de chambre et en bonnet grec, si pareil à son œuvre que c'est à en pousser des cris. Par parenthèse, c'était le père d'Asselineau qui, en qualité de médecin, avait mis au monde Paul de Kock, action que son fils ne cessa jamais de lui reprocher, car, en romantique sauvage, il n'appréciait pas à sa juste valeur le folâtre historien des commis et des grisettes. Qu'il ait été possible de former une collection de livres pareille à celle d'Asselineau, voilà qui déroute l'imagination, mais que direz-vous du titan qui l'a recommencée deux fois ?

C'est pourtant le prodige que réalisa mon ami. Un beau jour il devint amoureux, voulut suivre en Italie la Galatée qui s'enfuyait en laissant voir le bout de son nez, et comme il avait besoin pour cela d'une grosse somme, pareil à un homme qui lui-même se couperait la tête, vendit tout son cher butin. Au retour, désabusé de sa maîtresse, mais non des livres, il recommença sa tâche, se remit à l'œuvre comme une fourmi qu'on a dérangée, et en quelques années reconstitua une Bibliothèque romantique plus extraordinaire et plus complète que la première. Mais il devint malade, les médecins l'envoyèrent en Italie et à Constantinople, d'où il rapporta un beau livre, puis en Écosse; mais il fut triste dans les pays lointains, dont la réalité lui plut moins que les descriptions de ses bien-aimés poètes.

Ces pérégrinations finies, il ne songea plus qu'à sa vente après décès, qu'il souhaitait éclatante et superbe, et qui devait être son apothéose de bibliophile. Cette vente, hélas! eut lieu bien moins tard que nous ne l'espérions, et le désir d'Asselineau ne fut pas trompé, car ses livres atteignirent à des prix fous.

Je ne reverrai sans doute plus rien de ce qui a appartenu à l'historien du romantisme, excepté l'admirable peinture d'Émile Deroy qui représente Baudelaire à vingt ans, et qu'Asselineau avait fraternellement léguée à notre ami commun, l'éminent docteur Gérard Piogey.

Si occupé que fût Charles Asselineau de découvrir des merveilles sur le quai, au fond des boîtes, cette passion dévorante ne l'empêchait ni de penser ni d'écrire ; si ses travaux très nombreux étaient réunis, ils formeraient une œuvre considérable. Sa réimpression critique des *Factums de Furetière*, son original recueil de nouvelles intitulé *La Double Vie*, ses études si lumineuses sur Jean de Schélandre, sur Diderot, sur Madame de Caylus, sur Théophile Gautier, sur Baudelaire, son *Histoire de la Ballade* et son *Histoire du Sonnet*, devenues classiques, *L'Italie et Constantinople*, vingt autres écrits qu'il serait trop long de citer, eussent amplement suffi à justifier une brillante réputation, mais Asselineau n'était pas un littérateur comme un autre. Quand il avait fait pour Techener ou pour un autre libraire de son choix quelque édition d'une œuvre ancienne, élucidée par une claire et savante préface et par des notes pleines d'une érudition nourrie et savamment ingénieuse, (il faut citer entre autres son *La Bruyère* paru chez Lemerre,) loin d'attirer l'attention sur lui et de tirer des coups de pistolet, il se faisait petit, se dérobait, se cachait comme s'il eût commis une mauvaise action. Il mettait son bonheur, non dans le bruit qui se produit autour d'une œuvre, mais dans le plaisir qu'il trouvait à la composer et à l'écrire.

Il donnait le rare spectacle d'un homme de lettres aimant son état comme Montaigne aimait Paris dans ses verrues, et de sa profession adorant tout, même ce qui ressemble à la gymnastique du casseur de cailloux sur le grand chemin. Il aimait la plume, le papier blanc, l'encrier, la copie, les recherches dans les bouquins, les fouilles à la bibliothèque, les épreuves, l'encre d'imprimerie, les dictionnaires, l'âpre labeur et toute la cuisine littéraire.

Pour lui, rien n'était au-dessus d'un écrivain, et de même qu'il avait vécu familièrement avec ceux du passé, comme le prouvent ses admirables notices dans les *Poètes Français* d'Eugène Crépet, de même il était devenu l'ami de tous les grands contemporains, qu'il accueillait dans son unique chambre, au milieu de ses collections rares, comme un paysan de l'Attique eût accueilli des Dieux en voyage dans son humble chaumière. Seul de son espèce, il leur offrait, comme un encens, de fins, de subtils, de délicats, de réconfortants éloges, et ne leur en demandait pas; il s'estimait heureux pourvu qu'il pût admirer les autres et travailler, lui, de son mieux, en se dérobant soigneusement à toute admiration. Infiniment spirituel, comme peut l'être un Parisien né à Paris et doué d'un vrai génie épigrammatiste, parfois même il égratignait doucement ses idoles par d'innocentes taquineries, ce qui était encore une flatterie plus délicate que les autres, car il leur ôtait ainsi la gêne et l'embarras de se sentir adorées.

De cette passion obstinée pour son métier était née chez Asselineau une bizarre conception de la vie future. Il se figurait que nous continuerions à y faire des contes, des nouvelles, des éditions, des préfaces, des études, des notices, et que seulement la copie y serait payée très cher par des Buloz extrêmement agréables, qui alors seraient trop honorés de l'obtenir à raison de mille francs la feuille!

Si on avait pu lui persuader qu'après le trépas il n'y a plus de notes à rassembler, ni de feuillets à noircir, ni d'épreuves à corriger, il se serait cramponné à cette terre avare, et aurait renoncé à goûter jamais la douceur de mourir. Même, à ce qu'il affirmait, il avait pu voir, vivant, le pays où les écrivains sont traités selon leur mérite, comme il l'a raconté dans un petit volume de soixante-douze pages, imprimé sur papier de Hollande, qu'il m'a fait l'honneur de me dédier, et qui est intitulé ainsi : *Le Paradis des Gens de Lettres, selon ce qui a été vu et entendu par Charles Asselineau, l'an du Seigneur MDCCCLXI*. Dans un pays fertile, aux villes opulentes et aux nobles et riants paysages, les Gens de Lettres accomplissent leurs fonctions, entourés de l'estime et de la reconnaissance de tous, tantôt écrivant, dictant à des presses qui d'elles-mêmes impriment et corrigent le texte, ou assis à des festins et causant joyeusement avec leurs amis, tandis qu'au dehors les hommes chantent et célèbrent leurs louanges; ou se promenant avec de jeunes belles, vivantes images de leur génie, que leur pensée diversifie et transforme, et la nuit servis par des secrétaires-Sylphes lisant et notant avec soin, pour qu'elles puissent être utilisées au réveil, les pensées qui naissent et se développent dans le cerveau toujours en travail des Gens de Lettres endormis.

— « Que saurions-nous sans vous? — Sans vous, tout nous serait ombre et ténèbres... — A vous nos plus beaux fruits et nos meilleurs vins! à vous les prémices de nos troupeaux et la primeur de nos récoltes! Savourez-les avec délice et digérez-les en paix. Et demain nos bras ouvriront de nouveau la terre pour y déposer la semence nouvelle; demain nos mains cueilleront de nouveaux fruits et des fleurs plus belles; demain nous foulerons encore les fruits spiritueux de la vigne, et nous répandrons le sang le plus pur de nos troupeaux. » C'est ainsi qu'on parle aux Gens de Lettres dans ce pays à qui tous les autres devraient ressembler, et où s'inclinant devant eux avec les démonstrations du plus humble respect, un directeur de Revue « qui n'a qu'un œil, comme pour exprimer la concentration de sa vigilance et de son énergie sur un but unique, » et trois frères libraires leur offrent humblement en guise d'hommage des liasses de papiers transparents ornés d'une vignette bleue... qui sont une monnaie du pays.

En tête de ce délicieux poème en prose est placé un Frontispice que Charles Asselineau avait lui-même dessiné, et que Bracquemond avait spirituellement gravé à l'eau-forte, sans lui ôter rien de sa grâce ingénue et de sa naïveté maladroite. Au fond, sous un ciel où brillent le croissant de la lune et quelques lointaines étoiles, apparaissent les blanches façades et les toits aigus de la ville paradisiaque, derrière un rideau d'arbres dont les feuillages sont exprimés par les plus amusantes hachures. Sur le devant de la scène, un petit Asselineau en habit noir, sans chapeau, est guidé par un Ange vêtu de blanc, lumineux et ouvrant ses grandes ailes, qui lui indique le chemin de la Ville. Le petit Asselineau, plein de sérénité et de foi, n'est nullement étonné de voir cet Ange, et trouve tout naturel d'être guidé par lui vers le palais où la copie se paye très cher, tant il avait confiance dans cet avenir, selon lui légitimement réservé aux Gens de Lettres !

Comme le prouve ce dessin capricieux, le Dante du paradis littéraire possédait le talent inné du dessinateur, ainsi que l'ont eu quelquefois d'autres écrivains et poètes, et entre autres, au plus haut degré, Hugo et Baudelaire. Une de ses plus curieuses fantaisies se trouve dans le rare album publié en 1874 par l'éditeur Jules Rouquette, et intitulé : *Sept Des-*

sins *de Gens de Lettres*, MM. *Victor Hugo*, *Prosper Mérimée*, *Edmond et Jules de Goncourt*, *Charles Baudelaire*, *Théophile Gautier*, *Charles Asselineau*, fac-similés par M. *Aglaüs Bouvenne; texte de* MM. *Charles Asselineau*, *Philippe Burty*, *Alexis Martin*, *P. Malassis*, *Maurice Tourneux*.

Asselineau était certes un trop fin littérateur pour ne pas admirer beaucoup les poésies de Sainte-Beuve, avec leur recherche souvent tourmentée et leurs nuances infinitésimales; cependant il ne pouvait quelquefois résister au plaisir de railler certaines ellipses démesurées, que le célèbre critique rectifiait et complétait par des notes explicatives; comme par exemple dans ce vers : « *Vous lisez tout, Fauriel et Gaulois* », qu'une note placée au bas du texte élucide en ces termes : « *L'Histoire de la Gaule méridionale par M. Fauriel.* » Or, Asselineau était particulièrement tourmenté par une des *Poésies de Joseph Delorme,* intitulée : *Vœu*, où, dans les deux premiers vers, Sainte-Beuve, par un emploi vertigineux de la Synecdoque, prend la partie pour le tout, avec une audace véritablement stupéfiante : «*Pour trois ans seulement, oh! que je puisse avoir Sur ma table un lait pur, dans mon lit un œil noir...* »

Prenant malgré lui dans son sens propre cette image exaltée, il ne pouvait s'empêcher de voir cet ŒIL tout seul dans ce LIT, si bien qu'à la fin, cette obsession prit corps, se réalisa matériellement et devint un dessin excessif, d'un enfantillage amusant et féroce, celui-là même qu'a fac-similé M. Aglaüs Bouvenne. On y voit un lit primitif, dont le lambrequin est figuré d'une façon initiale et cursive, et dont le fond est plein d'ombre et de nuit, tandis que les draps et les couvertures traînantes, sous lesquels s'ébauche vaguement la figure d'une *urne* indécise, sont inondés d'une vive lumière. Devant le lit est placée une table antédiluvienne, taillée avec une hache de silex, qui supporte la jatte pleine de lait, et au beau milieu de l'oreiller, l'ŒIL, le terrible ŒIL, avec sa sclérotique noire comme l'enfer, et ombré selon la formule enseignée par les maîtres de dessin, se repose noblement, comme excédé et las d'avoir consciencieusement joué et rejoué de la prunelle. Du fond de la Chambre, un petit Sainte-Beuve coiffé du bonnet de velours, fait en deux traits de plume, extasié, ironique, furtif, effroyablement ressemblant, s'avance les deux bras tendus, évidemment perplexe, et ne sachant lequel il doit fêter d'abord, du LAIT PUR ou de l'ŒIL NOIR! Et le tout enjolivé de fouillis, de paraphes, d'ornements graphiques, destinés à faire comprendre que le dessin a été griffonné par un homme de plume, qui toujours tenait entre ses doigts une plume — pour écrire!

Je ne puis terminer ces notes rapides sans parler d'une passion qui brûla mon cher ami Asselineau. Toute sa vie, il fut amoureux de la Bibliothèque Mazarine, comme les héros des contes de Fées sont amoureux de leurs princesses! En attendant l'autre paradis tel qu'il l'a vu et décrit, il regardait cette Bibliothèque amie et silencieuse comme le vrai paradis des Gens de Lettres, et du moins sur cette terre affairée et turbulente, il n'en voulait pas d'autre. Ce qui mit longtemps obstacle à son désir effréné, c'est qu'à la Bibliothèque Mazarine, il n'y a jamais de place vacante, car les bibliothécaires y sont si heureux qu'ils s'abstiennent de mourir, et vivent indéfiniment. Là, dans cet endroit noble et magnifique, où les salles richement vêtues de bois sculptés sont ornées de tables aux pieds dorés faites des marbres les plus rares et supportant des bustes antiques, on n'a affaire qu'à de vrais travailleurs muets et bien élevés, et on est de service une fois par semaine, avec la faculté de se faire remplacer. Au bout de quelque temps écoulé, l'Institut vous loge gratuitement dans un appartement spacieux, et souvent vous donne encore une clef de la bibliothèque pour y aller prendre des livres, et un cabinet isolé de l'appartement, des bruits du ménage, d'où vous voyez le grand Paris, les Tuileries, le Louvre, la verte Seine; enfin, c'est l'idéal! Voilà pourquoi, voyant patiemment passer les royautés, les empires et les républiques, Asselineau continuait à poursuivre son irréalisable rêve.

Certes, ses travaux d'érudit, ses infatigables recherches, lui avaient mérité une position supérieure à celle qu'il ambitionnait; souvent les ministres le firent venir, le pressèrent d'accepter un honorable emploi dans quelque autre Bibliothèque; mais Asselineau tint bon, préféra entrer comme surnuméraire à la Mazarine, si bien qu'on le vit faire son noviciat avec une barbe blanche d'ancêtre. Cependant, comme tout arrive, il finit par être nommé bibliothécaire; il émargea, marcha enfin dans son rêve étoilé, et toucha cinquante francs par mois. Peu de temps après, éclata la guerre; Asselineau n'eut pas même l'idée de se soustraire au devoir de veiller sur les collections, sur les chers livres, et d'emballer, et d'enfouir les exemplaires précieux. Sa conduite fut mal jugée par un de ses chefs qui n'avait pas cru devoir rester à Paris, et qui même, à cette occasion, traita un peu Asselineau de *communard*. Lui, grands Dieux! qui, en fait de politique, avait les mêmes idées que moi, c'est-à-dire pas du tout d'idées, et se bornait à appartenir au parti... romantique! Cette fois, il aima mieux abandonner la lutte, céder aux Anges de la mort, et renoncer à une vie où on l'accusait d'avoir voulu être autre chose qu'un homme de lettres.

Car de cette noble profession il acceptait tout, le ridicule comme la gloire, et il avait fait graver sur son cachet un petit âne (asellinus) avec cette fière devise : *Arceo voce leones*. Mais, ô cher ami, quelle belle place vous était réservée sans doute, et comme vous avez dû être accueilli par un gracieux Renduel et par un Buloz idéal, en arrivant dans le Paradis des Gens de Lettres!

XXVIII

MÉRY

Ceux qui n'ont pas connu Méry devineraient difficilement à quel point il fut quelque chose d'inouï et de fabuleusement original. Certes, il y a, et en grand nombre, des écrivains et des artistes qui ne sont pas des envieux; mais quel bon ouvrier, souvent méconnu et malmené par les négriers de la pensée humaine, pourrait affirmer qu'il n'a pas senti un douloureux pincement au cœur lorsqu'il a vu l'infidèle Renommée couronner de fleurs des imbéciles, et baiser éperdument le Bottom à la tête d'âne? Et allons plus loin; pourquoi ces euphémismes? Nous avons tous connu un auteur dramatique d'un génie fougueux et d'un grand cœur, qui disait naïvement : « C'est plus fort que moi; je ne puis pas assister au succès d'un autre. Lorsqu'à une première représentation d'un de mes confrères, j'entends éclater les applaudissements, il faut que je me sauve, que je m'enfuie, que je m'évade. Alors, je monte à cheval, je m'en vais comme un fou à travers la campagne, emporté par un galop furieux; j'ai besoin de me sentir le visage coupé en deux par la bise et flagellé par les branches d'arbre! » L'écrivain dont j'évoque le souvenir obéissait-il ainsi à une passion basse et vile? Non, sans doute; mais aimée d'une certaine façon, la Muse devient alors une vraie femme, qui ne peut caresser un autre que vous sans vous faire saigner le cœur. Et dans un tel désordre de la pensée, qui peut dire où finit la souffrance et où commence la haine?

Il faut bien le reconnaître : tout artiste se laisse mordre par la jalousie dans certaines circonstances données; or, jugez si Méry pouvait passer pour être un être unique dans le troupeau des hommes, puisqu'il était précisément ce qu'on pourrait nommer : LE CONTRAIRE D'UN ENVIEUX! Et ce n'est pas assez dire. Une belle œuvre le charmait, l'enchantait, le rendait personnellement heureux, comme s'il l'eût faite lui-même.

Une mauvaise aussi! Mais ceci demande à être expliqué. Doué d'un génie tellement créateur que, pareil aux doigts du Phrygien Midas, il transformait tout en or, il voyait les œuvres non telles qu'elles étaient, mais telles qu'elles devaient et qu'elles auraient pu être. Pas de drame si bête qui, sa donnée étant admise, ne deviendrait sublime s'il était refait par Shakespeare; eh bien! l'imagination de Méry était ce Shakespeare, qui changeait la boue en diamants et avec les vils cailloux faisait des saphirs et des escarboucles. Aussi pâmait-il d'admiration, et cela sincèrement, sans affectation ni paradoxe, devant le roman le plus inepte et le plus plat des vaudevilles. Immédiatement, par une opération spontanée et inconsciente de son esprit, il trouvait l'idée que l'auteur aurait pu, ou désiré, ou voulu avoir; il dégageait le squelette engagé et muré dans l'argile; puis, ce squelette trouvé et remis sur ses pieds, il lui redonnait les muscles, le sang, les organes, les nerfs, la peau frémissante, l'ondoyante chevelure, et sur sa nudité jetait les pourpres, les étoffes de soie, les broderies bariolées et tous les joyaux de son éblouissante fantaisie.

Imaginez un insatiable don Juan qui aurait reçu de quelque enchanteur le don de pouvoir transformer et muer les plus laides femmes, les souillons, les Gothons, les maritornes en Cléopâtres et en Hélènes, et voyez quel harem de princesses il se composerait facilement, en fouillant au hasard dans le tas des coureuses déguenillées et des rouleuses qui ramassent des clous dans le ruisseau! Tel était Méry, embellissant les monstres au moyen de la magique baguette qu'il tenait dans sa main insouciante. Et où cette faculté produisait vraiment des résultats prodigieux, c'est quand il faisait un feuilleton de théâtres, ce qui lui arriva à plusieurs reprises, car il a exercé tous les métiers littéraires. Les pièces y apparaissaient belles, étonnantes, singulièrement originales, amusantes et poétiques, et il n'y avait pas à douter, puisque le critique vous les racontait par le menu; seulement, sans le savoir, il les avait inventées. Un jour, lisant dans le feuilleton de Méry le prétendu récit d'une comédie dont j'étais l'auteur, j'en admirai la gaieté, la grâce, la folie imprévue, l'heureux délire, et je me dis aussitôt : « Ah! quel malheur que cette comédie-là ne soit pas vraiment celle que j'ai faite! » Même j'avais bien envie de recommencer la mienne d'après l'empirique récit du maître; seulement, je compris tout de suite que la pièce étant enfin trouvée, il manquerait encore Méry pour l'écrire!

Naturellement, il s'amusait beaucoup au spectacle, puisqu'il y voyait ce qui n'y était pas. Mais il s'y amusait surtout au cœur de l'été, alors que les pieds se moulent dans l'asphalte liquéfié et fondu, car il était frileux comme un chat ou comme un lion. Par un brûlant et abominable soir de juillet, où mon métier absurde m'emprisonnait au balcon du théâtre de l'Ambigu à moitié vide, je bâillais à me décrocher les mâchoires, en écoutant un drame également dépourvu de tête et de queue, lorsque me retournant pour échapper, ne fût-ce qu'une seconde, à cet assommant spectacle, je vis Méry qui, au contraire de moi, semblait ravi et parfaitement heureux. — «Ah! cher enfant, me dit-il de sa voix gaiement sombre et toujours enrouée, le bon temps pour venir au spectacle! » Et en regardant ses prunelles amies et son bienveillant sourire, je vis bien qu'il ne se moquait pas de moi. Tandis que j'étouffais dans mes légers vêtements, il avait au cou un épais cache-nez, et par-dessus sa redingote bien fermée et boutonnée, il croisait voluptueusement un lourd manteau doublé de velours.

A l'entr'acte, il me prit le bras et, m'emmenant faire un tour de foyer, il me parla de la pièce que nous étions en train de voir et il se mit à me la raconter avec un lyrisme débordant. — « Ah! me dit-il, quel beau drame! » Et il avait tout à fait raison. Le drame, tel qu'il me le racontait, était en effet superbe, et n'avait qu'un tort, si c'en est un, celui d'avoir été entièrement construit par Méry, sur la donnée absurde imaginée par monsieur... Trois-Étoiles. Le dénoûment qu'il inventa, — car bien qu'on n'eût encore joué que le troisième acte, il parlait du cinquième comme d'une vieille connaissance, — était d'une telle puissance tragique et d'une originalité si hardie, qu'après le lui avoir entendu expliquer, je ne voulus pas rentrer dans la salle et connaître celui de... Trois-Étoiles. Dans mon feuilleton, je mis carrément ce dénoûment de Méry, bien persuadé que lui ne se le rappellerait pas, et en imaginerait un autre pour son propre feuilleton.

Mais enfin, d'où lui venaient cette sérénité, ce manque d'envie, cette surhumaine et miraculeuse indulgence? De ceci, qu'il ne connaissait ni la peine, ni les affres et les souffrances du travail, ni les joies de l'enfantement douloureux. Il n'attachait aucun prix à ses œuvres, parce qu'elles ne lui coûtaient rien, et il admirait les œuvres des autres, avec l'ardente sympathie d'un homme qui ne tient pas du tout aux siennes. Le Soleil, l'Apollon l'avait fait poète de la manière la plus absolue; il pensait et parlait naturellement en vers, comme Ovide, et il avait dans l'esprit l'azur de son ciel méridional, la gracieuse ondulation des flots verts et bleus, l'intensité de la chaude lumière, et des milliers et des milliers d'images plus innombrables que le fourmillement des astres dans le ciel étoilé. Il ressemblait à ces paradis des pays féeriques ou le laurier et l'acanthe poussent dans les chemins, aussi longtemps qu'on ne les arrache pas; s'exprimer en vers, c'était pour lui comme respirer; et il n'était pas plus orgueilleux de ses vers qu'un oranger succombant sous leur poids n'est orgueilleux de ses pommes d'or.

Il vécut de la poésie, on se rappelle avec quel éclat; et lui si spirituellement laid, avec cette barbe hirsute qui évidemment était, non pas un ornement frivole, mais un rempart, un abri de fourrure, une défense contre le froid, il poussa le manque de jalousie jusqu'à travailler et à vivre avec Barthélemy, qui était d'une beauté rare, et dont la tête apollonnienne, lumineuse, divine, ne le cède en rien à celle de Byron. Rien n'est plus amusant que de voir en tête des premières éditions de leur œuvre commune leurs deux portraits de jeunesse. Barthélemy ressemble à un jeune dieu solaire, et Méry à un vieux fleuve, abandonné et gelé dans sa barbe de pierre.

Ce qui l'aidait bien aussi à travailler sans effort, c'est qu'il savait les langues, notamment le latin, non pas un peu, mais tout à fait, et que, doué d'une mémoire sans égale au monde, il se rappelait le texte complet de tous les auteurs, depuis le premier mot jusqu'au dernier. C'est la mode à présent de mépriser les études classiques et de ne demander de conseils qu'à la nature ; mais, contrairement à ce que se figurent les révoltés naïfs, la nature ne sait pas de mots ni de tournures de phrases, et par conséquent ne peut pas nous en enseigner. Connaître vraiment à fond Homère et Pindare, et Ovide, Virgile, Horace, Lucrèce, Juvénal, Cicéron, Tacite, avoir pu lire Xénophon et Platon après les grands tragiques, n'est-ce pas avoir emmagasiné tous les mots et toutes les images qui existent, et s'être rendu capable de parler de tout, sans chercher l'expression rebelle? Méry, par-dessus le marché, avait étudié les sciences et lu tous les voyages, ce qui lui permit d'inventer dans ses romans l'Inde et la Floride, et il put reconstituer l'histoire de Ponce-Pilate, comme s'il en avait été le témoin oculaire.

Je l'ai dit, il avait vécu de la poésie, changeant des alexandrins en pièces d'or, ce qui est un miracle autrement rare que de faire de l'or dans un creuset. Mais lorsqu'on lui apprit que la poésie n'était plus à la mode et qu'il s'agissait maintenant de faire des romans et des pièces de théâtre, il en fit, aussi facilement qu'il écrivait des poèmes, et sans même soupçonner qu'il y eût à cela une difficulté quelconque. Il avait le don d'inventer, de transfigurer, de voir les choses dans une coloration intense, et de plus il connaissait tous les procédés et tous les moyens d'expression ; quel obstacle eût pu l'arrêter?

Ce problème qui tourmente tous les auteurs dramatiques et tous les poètes : Est-il possible d'écrire en bons vers une comédie moderne dont les personnages portent l'habit noir ? Méry le résolut, sans même avoir songé à se demander s'il existait, et en écrivant pour l'Odéon *Le Paquebot* et *L'Univers et la Maison*, trouva une forme de comédie moderne en vers, précise, amusante, infiniment comique, où la Rime, tour à tour tendre et folle, bouffonne et sublime, mène l'intrigue et joue le premier rôle. Le succès de ces pièces fut très grand ; mais le bon Méry, qui n'attachait à tout cela aucune importance, ne songea nullement à battre la grosse caisse à propos de ses triomphes dramatiques, et ils furent oubliés, même et surtout par les directeurs qu'il avait servis, et par les acteurs devenus plus tard célèbres qu'il avait tirés du néant et mis en lumière.

Il donna aussi à ce même Odéon des œuvres purement poétiques d'une grande beauté, et entre autres la traduction de l'admirable drame indien du roi Çudraka, *Le Chariot de terre cuite*, qu'il écrivit en collaboration avec Gérard de Nerval. Cette merveille de poésie produisit une vive et profonde impression, mais ne fit pas d'argent ; ce qui, ainsi qu'on va le voir, fut pour le poète un véritable sinistre. On sait que le bon et doux Gérard, quoique sachant tout, vivait dans le rêve et ne se figurait pas la vie brutale comme elle est. Méry, qui poussait jusqu'à la superstition le respect de la liberté humaine, n'eût voulu pour rien au monde tourmenter les illusions de son ami et meurtrir leurs tremblantes ailes. Comme un public de savants, de professeurs, d'écoliers, de femmes, qui fait des célébrités bien plutôt que des recettes, applaudissait *Le Chariot* avec enthousiasme, Gérard, émerveillé et grisé par les bravos, fit à Méry le raisonnement suivant :

— « Notre pièce, lui dit-il, est assurément plus belle que celle de d'Ennery, dont on parle tant, et qui fait venir tout Paris à l'Ambigu !

— Assurément, dit Méry.

— Eh bien ! reprit le poète de *La Bohême galante*,

la pièce de d'Ennery lui a déjà rapporté cent mille francs; par conséquent, nous pouvons bien compter sur deux cent mille.

— Cela ne fait aucun doute, fit l'auteur de *La Villéliade*. »

Encouragé par cette approbation, Gérard jeta le masque. Il pensait qu'il serait tout à fait à propos d'offrir quelque joyau à la comédienne qui avait bravement combattu pour eux, et il proposa de le demander à un orfèvre chez qui Méry avait un crédit assez solide.

Hélas! l'invincible rimeur ne partageait pas les enfantines illusions de son frère en poésie; mais le détromper, c'eût été piétiner sur son rêve; aussi alla-t-il bravement chez le joaillier. Là, Gérard choisit un joli bracelet de quinze cents francs, et vainement Méry, qui se reprocha bien vite sa cruauté, essaya de murmurer que ce souvenir coûtait peut-être un peu cher.

— « Oh! dit Gérard suffoqué, sur deux cent mille francs! » Inutile de dire que le bracelet ne fut jamais remboursé par les droits d'auteur du *Chariot*, et que Méry dut le payer, comme tout se paye, en faisant de la copie. Mais il la faisait si facilement: que de volumes entassés les uns sur les autres, tous éblouissants d'imagination et de verve, et écrits avec la savante recherche d'un styliste qui mettrait un mois à polir et achever une page!

Ah! le poète était loin de la promesse que sa mère à son lit de mort lui avait demandée, et qu'il avait faite! Il avait alors dix-huit ans; sa mère, vraie Phocéenne, pleine de défiance contre les barbares, lui fit jurer qu'il n'apprendrait jamais le français. Méry se désolait parfois, malgré la gloire venue, d'avoir manqué à ce serment; j'estime qu'il y avait été infidèle bien moins qu'il ne le croyait, car il avait appris, non pas le vrai français de l'écrivain, si pénible à travailler, qui plus tard devait ruiner Balzac en frais de correction et faire verser à Flaubert des larmes de sang. Son français à lui, gai, poétique et baigné de soleil, était une langue d'improvisateur, facile et rapide comme un murmure de ruisseau sur les cailloux ou comme un chant d'oiseau; il était né harmoniste, et sans nul effort trouvait les énergies et les caresses du son et les rythmiques entrelacements des syllabes sonores.

Quant à sa mémoire, elle était improbable, vertigineuse et folle. Non seulement il savait par cœur tous les auteurs latins, mais il pouvait aussi les réciter en commençant par le dernier mot d'un chant ou d'un chapitre, et en finissant par le premier; ou en sautant un mot sur deux, ou en sautant des mots en zig-zag, en losange, et comme on voulait, de façon à former des dessins compliqués et bizarres.

Ayant lu et dévoré les bouquins scientifiques comme tout le reste, il pouvait à l'instant même et sans préparation aucune improviser une étude, une monographie, une histoire complète, même sur un sujet idéal et purement chimérique, ainsi que le prouve une très curieuse anecdote racontée il y a bien longtemps par Jules Lecomte.

C'était à un dîner chez madame Delphine de Girardin. Comme la conversation était tombée sur l'histoire naturelle, Balzac, qui aimait à étonner les gens, s'amusa à nommer (d'un nom qu'il forgeait) un prétendu animal, qu'il supposait devoir être connu de tout le monde, et qui n'avait jamais existé que dans son imagination. A sa grande joie, il vit un profond étonnement se peindre sur tous les visages. Mais au contraire, Méry, qui prit son air bonhomme, parut être surpris de la surprise des autres convives. — « Comment, fit-il, avec un air de parfaite bonne foi, vous ne connaissez pas le...» (Suivait le nom de l'animal inventé par Balzac!)

Puis aussitôt, avec force citations de Pline, de Buffon, de Cuvier, il raconta les mœurs, l'histoire, la physiologie du petit animal, et nombre d'aventures de voyageurs auxquelles il avait été mêlé; il dit sa naissance, ses luttes, sa mort, et trouva le moyen d'intéresser tout le monde à ses amours, dont le récit arracha des larmes.

Quelquefois, la curiosité étant excitée au plus haut degré, on l'interrompait pour lui demander un éclaircissement, pour lui adresser une question, et Méry répondait immédiatement, sans hésiter, sans chercher même une seconde, ne manquant jamais à citer sur le point dont il s'agissait les opinions des divers naturalistes, dont il récitait, ou pour mieux dire improvisait des pages entières. Quand on se leva de table, Méry, qui déjà pensait à autre chose, se sentit tout à coup tiré par le bras.

— « Ah ça! lui dit Balzac stupéfait, *il* existe donc?

— Pourquoi pas? fit Méry en souriant, Rastignac et de Marsay existent bien! »

J'ai dit que Méry voulait, pouvait et savait tout admirer; cependant, il y avait deux hommes envers lesquels il se montrait de la plus inexcusable injustice: c'étaient Racine et surtout Meyerbeer. Habitué, lui, à produire comme la nature féconde, qui, sans y songer, prodigue ses plantes, ses feuillages, ses fleurs, ses fruits, et les mille formes variées et diverses d'elle-même, il ne pouvait consentir à la préméditation et aux précautions presque bizarres avec lesquelles l'illustre maître enfantait la moindre parcelle d'un chef-d'œuvre. Toutefois, Méry était trop artiste pour ne pas comprendre le génie du musicien allemand; j'imagine que ce qu'il haïssait surtout en lui, c'était la poésie de monsieur Scribe.

Les énormes machines construites sur un quiproquo puéril, qu'on peut crever d'un coup d'épingle, excitaient en lui une vigoureuse hilarité, et il ne pouvait du tout prendre au sérieux ces monuments en baudruche. Mais surtout le don de ne pas rimer, que le célèbre librettiste posséda à un degré si éminent, semblait extraordinaire à un homme pour qui rimer était tout aussi naturel que de respirer. Scribe lui faisait l'effet d'un monstre étonnant, servi par un organisme embryonnaire, et il ne pouvait s'empêcher de regarder un peu comme son complice lyrique le grand musicien qui a scandé d'une manière si étrange : *J'attendais les ordres de madame*, et : *Je la confondais presque avec ces demoiselles !*

En ce qui concerne le divin Racine, que pour ma part j'ai toujours adoré, je pense que Méry était outré de la platitude avec laquelle les sots admirent spécialement dans son œuvre les chevilles, les faiblesses dont nul poète n'est exempt, et surtout le galimatias particulier à son temps, dont il ne saurait nullement être responsable, les *feux*, les *nœuds*, les *princes déplorables*, et toute cette friperie dont nous devons, en fils très pieux, détourner nos regards.

Il en voulait non pas à Racine, mais aux raciniens, aux pédants, aux professeurs, (*Marchands de grec, marchands de latin, cuistres, dogues...*) qui s'extasient sur sa manière de tousser et de cracher. C'est contre eux, et non contre l'harmonieux chanteur d'*Esther*, qu'il se livrait à des farces d'ailleurs absolument répréhensibles, feignant par exemple tous les dégoûts de la pudeur offensée lorsqu'il entendait le vers fameux : *Le peuple saint en foule inondait les portiques*. Mais surtout le récit de Théramène, qui n'a d'autre tort que de charmer démesurément les marchands de soupe, était la cible de ses plus cruelles plaisanteries, et il ne tarissait pas en railleries ironiques sur ces poltrons de gardes qui fuient *sans s'armer d'un courage inutile*, et abandonnent leur jeune maître, dévoré par un thon.

Il y avait à l'Odéon un pauvre jeune comédien dont le nom très réel avait par trop l'air d'un pseudonyme, car il se nommait Rohan, sur son acte de naissance comme sur l'affiche du théâtre. Fou d'amour pour la poésie, pour les génies, pour Shakespeare, ce pauvre garçon, après avoir représenté l'Ombre dans *Hamlet* à la Porte-Saint-Martin, avait ensuite joué le personnage même d'Hamlet dans quelque banlieue; il était de ceux qui adorent fiévreusement la Muse, sans pouvoir guère espérer autre chose que de rester inconnus et de mourir de faim. Naturellement, sa passion pour les chefs-d'œuvre avait suffi pour le faire mal noter; car quel directeur comprend autre chose que *L'Anglais ou le fou raisonnable*, *La Brouette du Vinaigrier* et les comédies de Picard? Cependant, un jour d'été qu'il faisait très chaud, que tous les Parisiens étaient à la campagne, et que la salle de l'Odéon avait beaucoup de chance de rester vide, le directeur permit à Rohan de jouer Théramène, sans doute pour le souffleur et pour les médaillons des grands hommes peints sur le plafond. Éperdu, ne se sentant pas de joie, marchant dans son rêve étoilé, le comédien, avant d'entrer en scène, errait dans un corridor, en disant à haute voix le cher, l'illustre récit classique, s'enivrant *de cornes menaçantes et d'écailles jaunissantes*, et se donnant plus de mal assurément que ne s'en étaient donné au plus fort de l'action les compagnons du malheureux Hippolyte.

Méry justement passait là. — « Tiens, dit-il à Rohan, vous dites encore le récit de Théramène de cette façon-là?

— Mais, monsieur, fit le comédien, aussi naïf que

zélé, est-ce qu'il y a une autre façon de le dire?

— Quoi! mon cher enfant, l'ignorez-vous? reprit Méry. Au fond, Racine détestait Louis XIV, et il ne négligeait jamais l'occasion de dire au Roi-Soleil de dures vérités, témoin ces vers de Britannicus où il lui reproche ses goûts de cabotin et de cocher, car c'est évidemment à lui qu'il pensait lorsqu'il accusait Néron d'exceller *à se donner lui-même en spectacle aux Romains*. Seulement, vous le comprenez, comme on ne lutte pas ouvertement contre le pot de fer, il était souvent forcé de déguiser sa pensée sous des voiles, devenus transparents pour nous. Aussi le récit de Théramène, tel qu'il l'avait écrit, était une amère satire du règne : pour n'être pas emprisonné ou chassé, il fallait détourner les chiens! Que fit Racine? Il retourna sa tirade comme un gant, la commençant par le dernier mot et la finissant par le premier : de la sorte Louis XIV et ses courtisans n'y virent que du feu. Mais nous, pour la retrouver dans son intégrité, nous devons exécuter le travail contraire, et c'est à quoi les bons comédiens ne manquent pas, aujourd'hui que nous avons secoué le joug de la tyrannie.

— Quoi! dit Rohan stupéfait, en commençant par le dernier mot! se peut-il?

— Jugez-en vous-même, » dit Méry, qui alors avec une volubilité méridionale se mit à déclamer tragiquement, en le retournant de la queue à la tête, le récit de Théramène, qui écorché par lui de la sorte, semblait avoir un sens, tant le poète savait communiquer même aux choses absurdes la flamme intense qu'il portait en lui!

Rohan se confondit en remerciements. Il n'avait qu'un regret, celui de n'avoir pas connu plus tôt le vrai récit de Théramène, mais désormais il se proposait bien de regagner le temps perdu. Justement, son directeur, en train d'être généreux et prodigue, de jouer au Rothschild et d'attacher ses chiens avec des saucisses, consentit à donner encore *Phèdre* le dimanche suivant. Rohan n'eut rien de plus pressé que de copier le récit de Théramène, en commençant par le dernier mot du dernier vers pour finir par le premier mot du premier, et avec rage apprit par cœur cette bizarre extravagance. Il lui semblait bien que de la sorte les vers n'avaient plus le rythme et la mesure voulus, et ne rimaient pas ensemble; mais comme il avait la foi, il se contraignit à les trouver bons, et c'est avec une joie féroce qu'il découvrait à chaque mot des attaques contre Louis XIV, dont la violence lui faisait dresser les cheveux sur la tête. Le dimanche soir venu, il était toujours dans son corridor et, au moment d'entrer en scène, déclamait toujours le récit, mais cette fois à l'envers, et il n'eût pas manqué de le servir de la sorte aux spectateurs, si le bon Méry ne fût survenu à temps.

« — Mon cher enfant, dit-il au comédien, c'est parfait ainsi; mais le moment n'est pas venu, et cette fois encore il faut dire le récit comme à l'ordinaire, à la vieille mode !

— Pourquoi cela? demanda Rohan.

— Voilà, fit Méry. A la veille des élections, le gouvernement craint des émeutes, et il a eu vent d'une conspiration organisée dans l'ombre. Certes le récit que vous vouliez dire est le bon, et vous étiez dans votre droit; mais il faut tenir compte des circonstances, et en vous obstinant à rétablir le vrai texte, vous pourriez faire verser des flots de sang!

— Ah ! » dit Rohan, attrapé comme un enfant à qui on ôte son gâteau de la bouche, au moment où il va le manger. Méry avait eu pitié de cet acteur plein de bonne volonté, et n'avait pas voulu l'envelopper dans sa haine contre les cuistres raciniens. A la Comédie-Française, où le public amené par les chemins de fer vient par ton aux représentations classiques, n'écoute pas ce qu'on y raconte, et s'en soucie autant que Gobseck d'un air de flûte, il eût pu mener la plaisanterie jusqu'au bout, et laisser dire à Rohan le récit retourné ; il est probable que personne ne se serait aperçu de cette interversion farouche. Mais à l'Odéon, où il y a des professeurs, des lettrés, des savants, des hellénistes, les choses auraient pu mal tourner, et il eût été imprudent d'y traiter la poésie de Racine comme la culotte du roi Dagobert.

Le dépit de Méry contre la tragédie représentée était surtout une impression de Marseillais frileux, et il éprouvait une impression glaciale, que je partage, en voyant toujours vides les quatre derniers plans de la scène, où il ne se passe rien, où personne ne passe, et où les gardes eux-mêmes et Corasmin ne consentent jamais à remonter, même dans les occasions les plus graves, comme s'ils étaient sûrs d'y attraper l'onglée.

Comme l'a admirablement dit Roqueplan, une pièce de théâtre est inséparable des conditions matérielles dans lesquelles elle a été représentée à l'origine. Pour les acteurs de la tragédie, ces diseurs de belles paroles qui dans des scènes à deux personnages égrènent le brillant collier de la poésie, les seigneurs assis sur la scène formaient un fond magnifique, avec leurs habits jaunes, bleus, roses, écarlates, leurs cordons et leurs ordres, fond bien tristement remplacé par le décor vide et funèbre ; emplissez la scène de ce que vous voudrez, mais emplissez-la de quelque chose, car l'art, comme la nature, a horreur du vide !

Au temps où Racine écrivit ses tragédies, l'habileté du poète consistait à laisser le plus longtemps possible en scène les deux acteurs, qui ne pouvaient sortir sans déranger tout le monde. Mais à présent qu'ils n'ont plus personne à déranger, il est impossible de comprendre pourquoi ils restent là figés et immobiles. Et, ce qui juge la question en dernier ressort, c'est qu'en les voyant s'agiter au milieu de ce désert où l'éclat des rimes et la sonorité des vers se perdent dans les trous noirs, on a froid!

Méry ne voulait pas avoir froid. C'est la seule chose au monde à laquelle il était bien décidé, et c'est pourquoi il fuyait comme la peste tout ce qui peut, à un moment donné, causer une impression de froid, notamment le mauvais vin, qui vous brûle d'abord pour vous glacer ensuite. Sa vie souvent tourmentée, mouvementée, livrée aux hasards du caprice, reposait sur une base solide, qu'il avait construite et qu'il conservait avec le plus grand soin.

En effet, il s'était acquis, et il garda toujours, au milieu des événements les plus imprévus, deux amis sérieux, l'un en Bordelais, l'autre en Bourgogne, qui chacun lui envoyaient tous les ans une pièce de vin sans défaut et sans tare, fait avec du raisin et du soleil, et ainsi armé, il croyait avec raison pouvoir lutter contre la civilisation! D'ailleurs, il appartenait à la race des grands Parisiens nés en province, qui de Paris acceptent tout, excepté les sophistications, et prétendent manger des choses saines, comme s'ils étaient restés dans leur pays natal, lutte qui demande à ses héros autant de bravoure, de patience et de ruses qu'en dépensaient les combattants de l'*Iliade*.

Exposé à manger par la ville quand ses occupations l'y forcent, le Parisien doit d'abord dompter les restaurateurs, prodige qu'il réalise par l'autorité de son caractère, par une politesse de grand seigneur, et par des pourboires largement prodigués, dont le chiffre prodigieux laisserait tout provincial stupéfait. J'ai pu voir un jour à quel point Méry possédait cette science, sans laquelle la vie est impossible dans une ville où les poisons des Borgia et ceux de la Brinvilliers peuvent passer pour des mixtures anodines, auprès des sauces que les traiteurs perpètrent quotidiennement avec tranquillité.

Mon regretté ami Philoxène Boyer et moi, nous nous promenions tristement sur le boulevard, très troublés par une déconvenue littéraire, lorsque nous fûmes abordés par Méry, qui, avec l'instinct féminin et maternel du poète, devina notre chagrin, et, sans nous interroger, nous consola rien que par le son ami et sympathique de sa voix, et gracieusement nous invita à déjeuner avec lui. Il nous emmena au café Véron, où j'avais déjeuné vingt fois, et toujours très bien ; mais je ne soupçonnais pas ce que pouvait devenir ce cabaret illustre, lorsqu'on s'y efforçait de plaire à un hôte dont les décisions faisaient loi. Je remarquai d'abord qu'en entrant Méry ne demanda rien, ne commanda rien. Spontanément on nous mena au cabinet le mieux situé et le plus gai, et on nous servit les nourritures que le maître de la maison jugea le plus dignes d'être offertes à un tel connaisseur. C'étaient des viandes comme les bouchers les gardent soigneusement pour eux quand ils les trouvent, et les mangent en secret, les portes fermées ; un dessert de fruits vivants, savoureux, fraîchement cueillis, et le reste à l'avenant. De ce festin, je me rappelle entre autres choses un maquereau à la maître d'hôtel, qui en fut le premier plat, et qu'à sa taille gigantesque on aurait pris volontiers pour Léviathan. Sa laitance prodigieuse aurait suffi à rassasier les naufragés du radeau de la *Méduse*, et si l'impossible auquel chacun y est tenu n'était pas le fond même et l'unique raison d'être de la vie de Paris, il eût été difficile de comprendre comment on avait pu se procurer un pareil monstre.

Méry, que la cuisine intéressait comme tous les remueurs d'idées et comme tous les artistes délicats, nous laissa nous extasier sur ce mets digne des Dieux, après quoi il nous dit négligemment qu'on pouvait faire mieux encore. Selon lui, le dernier mot de l'art consiste dans la combinaison suivante : Ouvrir un maquereau œuvé, enlever les œufs avec soin, et mettre à leur place une laitance de hareng ; puis recoudre le poisson ainsi préparé, le faire cuire, et le servir sur une maître d'hôtel relevée par un jus de citron. Je n'ai jamais eu l'occasion de vérifier l'excellence de cette recette ; car la vie est dévorée par tant de travaux et de soins chimériques et frivoles qu'il ne reste pas de temps pour s'occuper des choses utiles.

Si Méry traitait bien ses amis au cabaret, il les traitait chez lui mieux encore, et sa maison était le paradis de Gargantua, si ce n'est qu'il fallait y affronter la température affectée d'ordinaire à l'éclosion des vers à soie. Les mets y étaient cuits à point, les convives aussi. Un jour qu'on y savourait en bonne compagnie un dîner délicieux, ce régal nous fit songer par antithèse à une autre façon d'être, que les convives réunis là avaient tous connue, et qui consiste à ne pas manger, faute d'argent. A ce propos, Méry nous raconta une historiette de sa jeunesse. Il était dans sa chambrette avec un ami, tous les deux plus naufragés que s'ils eussent été accrochés à une planche pourrie et perdus sur l'immensité des flots ; car ils n'avaient pas mangé depuis la veille, et n'avaient pas même à se mettre sous la main une de ces croûtes de pain qui s'ennuient derrière une malle ! Seulement, le poète avait à toucher ce jour-là même chez un marchand de musique un billet de cent et quelques francs ; mais cet éditeur ne devait pas être chez lui avant deux heures après midi, et il s'agissait de vivre, de se traîner jusque-là. Plus les instants s'écoulaient, plus les deux affamés, devenus pâles comme la neige et atteints d'une faiblesse extrême, sentaient que ni l'un ni l'autre n'aurait la force de se traîner chez le marchand de musique. Prendre un fiacre eût été imprudent, car si ce marchand était absent, malgré sa promesse !

Ils se désespéraient donc, lorsque parut un visiteur inattendu. Celui-là non plus n'avait pas d'argent dans sa poche, mais il avait déjeuné, il était valide. Il fut convenu qu'il irait chercher les sous, et que, pour tirer au plus court, il rapporterait tout de suite un pâté respectable et deux bouteilles de vin. Le poète et son ami attendirent leur chargé d'affaires avec une impatience qu'on devine ; mais les secondes, les minutes, les heures s'écoulèrent ; ce messager ne revenait pas, il ne revint jamais, il n'était pas revenu encore après vingt années écoulées, quand Méry nous conta cette anecdote.

— « Certes, nous disait-il en terminant son récit, j'ai bien compris qu'il a fallu une passion, un coup de folie, une de ces circonstances auxquelles on ne résiste pas, pour que celui qui devait être notre sauveur nous abandonnât ainsi, et je n'ai jamais eu la pensée de lui en vouloir. Mais lui, au contraire, ne m'avait pas pardonné, et vous jugerez de la terreur qu'il m'inspirait, car devenu un personnage important et occupant une très haute situation politique, il ne me rencontrait pas dans les rues sans me foudroyer du regard. Je tâchais alors de me faire tout petit, de prendre l'air le plus indifférent et le plus tranquille du monde ; mais c'était en pure perte que je jouais cette comédie hypocrite, et en voyant la fureur peinte sur le visage de mon irascible commissionnaire, je devinais trop clairement qu'il ne m'absoudrait jamais. »

Personne d'entre nous ne tenta de savoir le nom de l'homme politique dont il s'agissait. D'ailleurs, comme Méry lui-même, nous étions tous persuadés qu'il n'avait pu agir ainsi par méchanceté, et que ses raisons, s'il avait pu les dire, auraient semblé fort bonnes; mais on ne sait jamais les raisons de rien, et c'est pourquoi il faut être indulgent en tout état de cause. Méry l'était plus que personne, parce qu'il avait étudié les causes, et qu'avec l'agilité de l'esprit et l'intuition du génie, il comprenait tout. Tout, excepté pourtant l'Académie, qu'il entrevoyait à travers une conception tout à fait enfantine, et dont il ne put jamais se faire une idée bien nette. Quand on le pressait de poser sa candidature, il s'en défendait énergiquement, et par des motifs appartenant à la plus transcendante fantaisie.

— « Non, disait-il, ces académiciens, ce sont de pauvres vieux qui demeurent au bout d'un pont, et qui sont réduits à la plus extrême indigence. » Et il ajoutait de sa bonne voix enrouée et méridionale : « Puisque je peux vivre de mon travail, je ne veux pas les priver de leurs ressources et leur enlever quinze cents francs. En vérité, je me ferais scrupule ! »

Lui qui savait tant de choses et qui merveilleusement avait vu et décrit l'Inde sans y être jamais allé, on l'eût bien étonné sans doute, si on lui avait appris qu'il y a à l'Académie des princes, des ducs, des archevêques et des millionnaires. Sur ce point là, sa compréhension était obscurcie, et je ne jurerais pas qu'il vît une différence bien précise entre monsieur Saint-Marc Girardin comparant *Le Roi Léar* aux *Deux Gendres* de monsieur Étienne, et un aveugle sur le pont des Arts, tenant la ficelle tutélaire de son caniche et jouant imparfaitement de la clarinette.

XXIX

NESTOR ROQUEPLAN

Je n'ai jamais rien vu de plus beau, ni de si beau, à mon sens, que les appartements occupés rue Le Peletier par Nestor Roqueplan, alors directeur de l'Opéra, au rez-de-chaussée du corps de bâtiment qui subsistait de l'ancien hôtel Choiseul. Car dans ce logis véritablement artiste et grandiose, où Nestor avait rétabli les anciennes cheminées colossales et les pendules héroïques de l'hôtel, retrouvées dans les combles, le mobilier, les tableaux, les sculptures, tout le décor, harmonisé et conséquent avec lui-même, était dans un parfait rapport avec la noble architecture de ces hautes salles, avec le Parisien qui les habitait, et avec les amis qui recevaient son exquise hospitalité. Je me rappelle le salon jaune, avec sa tenture de damas bouton d'or sur laquelle les tableaux éclataient comme des triomphes; le salon bleu avec son mobilier Louis XIII couvert en damas rouge, dont ce que les menuisiers manquent toujours, je veux dire : les pieds à ligne torse, avaient été complètement réussis, grâce à un modèle du temps exactement copié par un ouvrier fidèle, soumis à une austère surveillance.

Là il y avait deux bibliothèques Louis XV blanc et or, deux absolus chefs-d'œuvre ! que la sœur de

Roqueplan avait payées cent cinquante francs, et dont les lignes courbes, fuyantes, ondoyantes, insensiblement dégradées, étaient de celles qui étonnent et déconcertent l'art moderne. En effet, lorsque pour les accorder à ces deux merveilleuses armoires, trouvées au fond d'une province, on essaya de commander au meilleur ébéniste connu deux très petits meubles d'un caractère analogue, qu'il fit payer quinze cents francs la pièce, il n'accoucha que de monstres grossiers et lourds, faute d'avoir su retrouver par l'intuition ou, plus simplement, copier la ligne courbe à dégradations insensibles. Mais surtout je revois, comme si j'y étais encore, la sublime salle à manger où j'ai passé des heures si courtes, si bien remplies, si vite envolées, si délicieuses!

C'était une pièce oblongue, dont les deux grands côtés étaient occupés par d'antiques tapisseries des Gobelins, représentant des Dieux, lumineux, superbes, vêtus de pourpre, aux pieds desquels étaient apportés, dans l'un des panneaux une pêche ruisselante, homards bleus, poissons d'or aux ventres d'argent, coquillages, raies, turbots à la chair blanche, tout le tribut de la vaste mer, dans l'autre des gibiers, des oiseaux, des paons, des cerfs au flanc ouvert par une rouge blessure, des sangliers au front ensanglanté. Dans l'un de ses petits côtés, la salle était éclairée par une fenêtre unique, très haute, ouverte sur la cour, à droite et à gauche de laquelle une horloge et un baromètre, immenses, appliqués sur la muraille, montraient les délicatesses infinies et les éblouissantes floraisons de leurs sculptures dorées. A l'opposé de cette fenêtre s'élevait une étagère colossale en bois de courbari, dont les rayons s'avançaient jusqu'au quart de la salle, et de là, avec une étonnante hardiesse, grimpaient jusqu'aux frises, chargés de faïences aux belles fleurs, d'amusantes verreries, de vaisselles d'argent et d'or où venait flamber la lumière.

C'est là qu'après avoir fait illuminer tous les appartements, où les flammes des bougies animaient tout et répandaient une prestigieuse gaieté, Nestor Roqueplan réunissait quatre ou cinq amis, six au plus, à qui il était recommandé expressément de venir dîner en jaquette, au besoin avec des chemises de couleur, et surtout d'apporter leur pipe. Le service était fait par un domestique à cheveux blancs, sans livrée, adroit, poli, respectueux, qui marchait sur le tapis sans faire aucun bruit, comme l'acteur qui, sur les théâtres de Londres, représente l'ombre de Banquo. Une soupe maigre, un poisson, une viande rôtie, une salade, un légume, un fruit, tel était à ces repas l'invariable menu, dont nul chef de bureau ne se contenterait, mais aussi dont aucun millionnaire parisien n'eût été assez bien servi et assez généreux pour réunir les éléments; car le poisson, par exemple, était le plus beau et le meilleur de la Halle, apporté par la marchande en personne, instruite une fois pour toutes que la question d'argent n'existait pas. Et tout le reste était à l'avenant.

C'est là que j'ai connu la douce, l'aimable, l'amusante, la reposante causerie, telle que nos grand'mères nous l'ont racontée, et telle qu'on en chercherait en vain aujourd'hui le moindre vestige. Dans cete réunion de convives essentiellement spirituels, intuitifs, compréhensifs, habiles à suppléer sans effort les plus formidables ellipses, chacun parlait à son tour, très peu, en quelques mots précis et rapides, et tout essai de tirades y eût fait l'effet de la plus monstrueuse indécence. Le trait jailli, le mot unique et trouvé qui peint un caractère ou une situation, l'expression heureuse qui juge et résume, étaient là des bonnes fortunes continues et ordinaires, et la méchanceté, l'épigramme féroce, l'ironie qui emporte le morceau y étaient dédaignées, comme trop faciles.

Les amis que ces dîners montraient animés de la bienveillance et de la politesse des âges évanouis étaient tous de la même *religion;* je veux dire qu'ils avaient un ensemble d'idées qui leur étaient communes, et qui avaient trouvé chez Nestor Roqueplan leur plus vive et leur plus sincère expression. Ce qui fut la grande originalité de ce Parisien, c'est que lui si pratique, si mesuré de gestes et de manières, il traversa la vie avec l'obstination et la vaillance enragée d'un autre don Quichotte, et il avait accepté une lutte bien autrement redoutable que celles dont s'enivrait le chevalier de la Triste-Figure.

Résolûment, *il ne voulait pas dire de lieux-communs et il ne voulait pas en entendre;* il avait horreur de la fausse poésie, de la niaiserie sentimentale et de tout ce qui ressemble à l'esprit vulgaire. Aussi les enthousiasmes de commande sur les questions d'art, le parlage politique, les plaisanteries ressassées contre les femmes, contre la poésie, contre les Dieux, contre les belles-mères, étaient-ils considérés par lui et par ses amis comme essentiellement méprisables.

Parmi eux, raconter une anecdote eût paru excessif, même si elle eût pu tenir en deux lignes, car il est entendu qu'un homme érudit doit savoir toutes les anecdotes! Surtout, ils professaient une invincible horreur pour ces saillies préparées, amenées, venues de loin, qu'on appelle des MOTS dans les vaudevilles, dans le journalisme courant, et qui ressemblent à des morceaux de paillon cousus sur une étoffe grossière; car ils estimaient qu'on doit être spirituel tout le temps, avec continuité, et non avec intermittences et par taches. Quant à l'homme qui, pour arriver à placer son MOT, a besoin de créer une mise en scène, de raconter une historiette, et finit par dire impudemment : *C'est alors que je dis telle chose*, il leur paraissait digne de périr dans les supplices, ou, ce qui est pis, d'être évité avec soin et fui comme la peste.

A plus forte raison, le mot PARADOXE ayant été irrémédiablement déshonoré par les sots, habitués à ranger sous cette étiquette toutes les propositions qui dépassent leur entendement ; et d'autre part, les allusions au type inventé par Henri Monnier sous le nom de JOSEPH PRUDHOMME, étant tombées au dernier degré d'avilissement, les deux vérités suivantes étaient, chez Roqueplan, considérées comme axiomatiques : 1° Fait acte de scélérat et de mouchard, quiconque prononce le mot PARADOXE, autrement que pour désigner l'ouvrage de Diderot, intitulé : *Paradoxe sur le Comédien;* 2° Sous aucun prétexte, un homme qui se respecte ne doit prononcer le nom de JOSEPH PRUDHOMME, et encore moins l'écrire, fût-ce même dans une phrase ainsi conçue: *Lorsque Henri Monnier jouait le rôle de Joseph Prudhomme...*

Bien entendu, la conversation, après ces dîners exquis et amusants, suffisait à animer et à remplir les soirées ; cependant on se donnait quelquefois le plaisir de la musique, et voici dans quelles conditions. Pendant cinq minutes, montre à la main, sans jamais les dépasser d'une seconde, un musicien de premier ordre jouait sur l'orgue ; après quoi on refermait l'instrument, il n'en était plus question et on passait à autre chose. Or ce musicien était toujours ou Lefébure-Wély ou Adolphe Adam, qui seuls avaient le droit de faire du bruit, parce que leur bruit méritait d'être écouté. Tout le monde connaît le merveilleux talent de Lefébure-Wély ; mais, en revanche, on ignore généralement que le compositeur, que le charmant écrivain Adolphe Adam était un grand virtuose, ce dont il se cachait d'ailleurs avec une prudence de sauvage, imitant en cela le singe qui, à ce que prétendent les nègres, dissimule son éloquence, pour qu'on ne le force pas à travailler. Non, il ne montrait pas ses talents ! il y avait été pris une fois, dans sa jeunesse, du temps qu'il était timbalier dans l'orchestre du Gymnase, aux appointements de trente francs par mois.

Innocemment, pour faire plaisir à un vaudevilliste de l'endroit, il avait écrit l'air d'une chanson; mais, cette chanson ayant obtenu le plus grand succès, le directeur, sans augmenter d'un seul franc ses émoluments dérisoires, lui avait posé ce dilemme : Ou composer gratis toute la musique dont lui, directeur pourrait avoir besoin, ou être mis à la porte ! Donc Adolphe Adam était devenu circonspect, on le deviendrait à moins; mais nous étions plus discrets que les roseaux du roi Midas; le compositeur du *Chalet* savait bien que nous n'irions pas crier par la ville : *Adam sait jouer de l'Orgue!* et dans l'amical et tiède enclos de l'hôtel Choiseul, il n'hésitait pas à nous donner cette délicate et subtile volupté : le concert de cinq minutes.

Oh ! quelle joie ! cette phrase qui naît, s'éveille, chante, disparaît évanouie, et qui ensuite vous cherche et vous hante, et qu'on regrette toute la soirée, comme doucement caressé par des ailes silencieuses qui passent! Du temps de ses soirées à la place Royale, lorsque l'antique salon de Marion de Lorme se remplissait de belles jeunes femmes parées, enfermées dans un cercle de fleurs, notre vénéré maître Victor Hugo avait adopté un système de divertissement analogue à celui-là. A chaque soirée, on y faisait *une seule chose pendant quelques minutes;* c'était soit de la musique, soit une douzaine de vers

28.

inédits et inconnus, récités pour la première fois par un poète de génie ! Certes, rien ne vaut de tels festins, où on s'enivre avec trois gouttes d'élixir ; mais on n'oserait les servir aux invités de vaudeville qu'on rencontre trop souvent dans le monde ; et ils croiraient sans doute qu'ils n'en ont pas eu pour leur argent ?

En général, aux dîners de Roqueplan, il n'y avait que des hommes, les quelques amis dont j'ai parlé ; cependant quelquefois, par exception, pour le point de vue plastique, Nestor invitait deux ou trois des plus belles ballerines, qui venaient décolletées, en robes magnifiques, parées de colliers de perles fines, et faisaient flamboyer les blancs éclairs de leurs diamants au milieu des convives en veston, fumant leurs pipes. Sauf de rares exceptions, elles ne disaient rien du tout. Non qu'on leur eût en aucune façon conseillé d'être muettes ; mais elles devinaient d'instinct que les étincelles d'or de leurs yeux et leurs lèvres de pourpre valaient tout ce qu'elles auraient pu dire ; car, je le répète encore une fois, tout le monde avait de l'esprit, dans cette maison-là !

Nestor Roqueplan, extrêmement élégant, était toujours vêtu des plus amusantes et des plus riches couleurs, et, selon lui, un homme qui, n'étant pas en deuil, s'habille de noir sous prétexte d'être distingué, était un scélérat de la pire espèce. Naturellement, il professait le plus profond mépris pour les gens qui, avant sept heures du soir, portent des cravates blanches ; mais il n'estimait pas beaucoup plus ceux qui s'affublent de cravates noires. Comme il avait inventé la *modernité* bien avant les défonceurs de portes ouvertes qui nous en rebattent les oreilles, il expliquait fort bien que nul ne saurait être réellement beau s'il n'est beau selon la conception et la mode de son temps ; aussi proscrivait-il impitoyablement tout archaïsme romantique en ce qui concerne le vêtement, la parure, l'arrangement des cheveux et de la barbe.

Fanatique de la propreté exquise et du dandysme, il les regardait comme rigoureusement imposés par le respect qu'on doit avoir de soi-même ; aussi faisait-il quatre toilettes par jour. La première, qui comprenait les douches, les ablutions et les raffinements sans nombre de l'art balnéaire, lui demandait plusieurs heures. Il ne dépensait jamais plus de trois minutes, montre à la main, pour chacune des autres, où, comme une actrice, il se changeait de tout, depuis les fines chaussettes de soie jusqu'au chapeau, qu'obstinément il voulait bas de forme, et ce fut là une des grandes batailles de sa vie. Comme le législateur hébreu, il a vu la terre promise, mais il n'y est pas entré, et c'est seulement après lui qu'on a pu rogner le ridicule tuyau de poêle, *dont la tête au ciel était voisine*.

Trois minutes ! ce délai pourrait sembler invraisemblable, mais tout était préparé à l'avance avec un ordre qui tenait du génie ; car, ainsi qu'il a été dit des peuples et des gouvernements, on a toujours le valet de chambre qu'on mérite ! Celui de Roqueplan était prodigieusement intuitif, et je ne vois pas ce qui aurait pu l'empêcher d'être, s'il l'avait voulu, un grand artiste : qu'on en juge par un trait unique ! L'auteur de *Parisine* avait dans un grenier, au-dessus de son appartement, une collection de lits habillés d'étoffes précieuses ; or chaque jour, suivant la disposition d'âme et d'esprit de son maître, qu'il savait lire clairement dans ses yeux, le valet de chambre descendait et dressait le lit bleu, le lit violet, le lit écarlate, le lit cramoisi, le lit jaune soufre ou bouton-d'or. On comprend qu'une toilette dont les éléments avaient été disposés par un tel serviteur ne coûtait pas beaucoup de peine à un homme qui savait s'habiller comme un comédien en tournée.

Un jour, chez lui, à Auteuil, me voyant rajuster devant un miroir ma cravate qui par hasard s'était dénouée, Roqueplan m'injuria par les noms les plus abhorrés et me fit comprendre qu'un Parisien doit savoir non seulement nouer sa cravate d'une manière irréprochable la nuit, au milieu d'un jardin, loin de tout miroir, mais aussi dans les mêmes conditions achever en moins de temps que ne dure un éclair la toilette la plus correcte; car, ajoutait-t-il, il peut toujours arriver qu'on ait été forcé de se sauver par une fenêtre, et dans ce cas-là on doit retrouver tout de suite la tenue de l'homme du monde qui va rendre une visite! Je me le suis tenu pour dit et j'ai obéi, seulement pour le nœud de cravate; car pour le reste, je n'ai jamais eu l'occasion de débuter dans les don Juan, et tout au plus étais-je assez habile pour recueillir les alouettes qui me tombaient du ciel toutes rôties.

Ces soins que Nestor ne refusait pas à sa guenille terrestre, il les donnait aussi très libéralement à son subtil esprit, et tous les jours il lisait les livres substantiels et quelques pages d'un historien ou d'un poète grec, uniquement pour ne pas être bête le soir, car absolument et décidément il ne voulait ni dire, ni écrire une bêtise, et encore moins une platitude. Je me suis plusieurs fois trouvé à table avec lui chez le docteur Véron, où on n'avait pas l'ennui théâtral des valets et où les convives se servaient eux-mêmes, à la bonne et vieille mode. D'un bout à l'autre du repas, c'était presque toujours Roqueplan qui découpait les viandes. Occupé ainsi dans l'intérêt de tous, il n'était donc pas forcé de parler, ne parlait que s'il trouvait à dire une chose neuve, rapide et amusante et inattendue, et après celle-là n'était pas forcé d'en dire une autre, puisqu'il découpait consciencieusement, la tête penchée sur le plat. A force d'étude, il s'était donné une habileté supérieure de maître-queux, uniquement pour ne pas être forcé de bavarder à tort et à travers. Qu'une semblable résolution prouve de sagesse, d'énergie et de bon sens !

Certes, en causant, il est facile d'accumuler les niaiseries ; mais combien plus en écrivant ! Par ce motif, à ce qu'affirmait Nestor, celui qui vous adresse une lettre est par cela seul votre ennemi mortel, car il vous expose, si vous lui répondez, à écrire une sottise. Mais indépendamment de cette conséquence fatale, l'envoi seul de la lettre lui semblait constituer une provocation et une injure directe. Quoi ! disait-il, j'ai des appartements clos, aménagés avec soin, et des valets bien stylés pour empêcher l'Importun d'arriver jusqu'à moi, et ce que je lui interdis de faire en personne, il pourrait le réaliser au moyen d'une lettre ! Il pourrait, sous la figure d'une feuille de papier pliée en deux, entrer chez moi quand je ne le veux pas, violer mon domicile, me prendre à partie et m'entretenir de choses que je ne veux pas savoir ! Il croyait donc faire acte de légitime défense en s'abstenant fidèlement d'ouvrir les lettres qui lui étaient envoyées. Une à une, il les prenait avec soin et les entassait au bas d'une commode antique, dans un large tiroir qu'il avait affecté à cet usage.

L'expérience, assurait-il, démontre que lorsqu'on agit de la sorte, les choses s'arrangent exactement aussi bien et aussi mal que si on avait lu les lettres et si on y avait répondu. Mais ce que Roqueplan ne voulait pas subir lui-même, il se gardait bien de le faire subir aux autres! Bien avant l'administration, il avait, à lui tout seul et pour son usage personnel, inventé la carte postale. Lorsqu'il était strictement forcé d'écrire, pour un but net et défini, il écrivait en effet sur une carte qu'il envoyait par un domestique, sans enveloppe, et au haut de laquelle le destinataire trouvait tout d'abord une mention sommaire inscrite en grosses lettres, sous cette rubrique : OBJET DE LA LETTRE. Soit par exemple, OBJET DE LA LETTRE : *Inviter X... à dîner pour jeudi*. Suivait en quatre ou cinq lignes le développement de cette proposition, que X... était parfaitement libre de ne pas lire.

Comme on le voit, si Roqueplan passa si souvent pour excentrique et bizarre, c'est qu'il osait avouer ce que personne n'avoue. Il avait aussi le rare courage de ne pas faire semblant d'aimer ce qu'il n'aimait pas, et s'il adorait passionnément la poésie, la peinture, les meubles, les étoffes, les sanguines de Watteau et les porcelaines en vieux Saxe, il avouait franchement son aversion pour les vaudevilles, pour la musique de facture et pour la tragédie classique, d'où, selon lui, était venu tout le mal qui nous dévore. Quant au théâtre de l'Opéra-Comique, bien qu'à un moment il en ait été lui-même le directeur, il le considérait, à un point de vue tout à fait spécial, comme un monument destiné à éviter aux passants la peine que Gargantua prit un jour de « monter sus les tours de Nostre-Dame, pour payer sa bienvenue ès Parisiens. »

Il faisait partie de ces très vieux amis qui se réunissaient à dîner chez Véron, avec l'intention expresse de protester contre les abominables inventions et falsifications de la cuisine moderne, et d'être franchement provinciaux en ce qui constituait la mangerie, de même que pour les choses de l'esprit et de la pensée, ils étaient Parisiens jusqu'au bout des ongles. Les faux coulis chimiques, les volailles en baudruche, soufflées, amplifiées, engraissées artificiellement, les viandes empiriques, les faux beaux fruits bouffis, mûris dans la boue des environs de Paris, étaient soigneusement proscrits de cette maison fidèle, où les convives poussaient un grand cri de joie quand la fameuse Sophie apportait, comme dans une apothéose, son plat de haricots, qui ne fut jamais surpassé ni égalé. D'ordinaire on n'y buvait qu'un seul vin, mais pareil à celui que boivent les vieux vignerons aux noces de leur fille unique! Mais ces dîneurs privilégiés connaissaient l'enfer, quand une nécessité sociale les forçait de dîner dans une maison à la mode. Roqueplan alors était comme un porc-épic; le mot *Madère*, désignant un breuvage entièrement fictif qui n'existe pas dans l'île de Madère, ni même ailleurs, avait surtout le don de l'horripiler, et lorsqu'un valet-serviteur prononçait à son oreille ce vocable abusif, Nestor ne pouvait s'empêcher de lui répondre tout haut par la phrase que les romanciers naturalistes écrivent couramment au lieu de : « Alors, vous vous *moquez* de moi ! »

Sur beaucoup de points, et je m'en honore, je pensais et je pense encore comme Nestor Roqueplan. Tous les deux amateurs effrénés de ces victuailles salées et fumées que célèbre le divin Rabelais, nous ne cessions de maudire la fade charcuterie de Paris et de regretter la bonne et savoureuse charcuterie provinciale.

— « Ah! dis-je une fois à l'ami qui me comprenait si bien, le rêve, ce serait de manger des andouilles, des saucisses et des boudins et du petit salé comme on en mange dans les petites villes où on se promène sur les Cours, à l'ombre des tilleuls, et où Jacquemart en habit de plomb sonne l'heure sur la cloche avec son marteau ! Mais pour cela il faudrait pouvoir élever un cochon, et, le jour venu, le faire sacrifier et accommoder par un charcutier naïf.

— Eh bien ! me dit Roqueplan, pourquoi n'élèverions nous pas un cochon ? »

Ce projet fou, né dans nos âmes, fut réalisé. Le charmant petit être, agrémenté de touches roses, fut élevé dans la cour de l'Opéra, où on lui bâtit une jolie étable et où il avait aussi sa niche, son auge, bon souper, bon gîte et même le reste ; car en allant à la répétition, les petites danseuses folâtres, et aussi les sujets du ballet et les cantatrices, le caressaient, le choyaient et lui faisaient amitié. Déjà l'eau nous en venait à la bouche, mais fatalement cette aventure finit comme elle devait finir ; il arriva que peu à peu nous nous étions attachés au petit cochon rose, et que nous n'eûmes pas le courage de le sacrifier.

Très embarrassés l'un et l'autre, nous finîmes, Roqueplan et moi, par échanger des aveux, et nous dîmes tous les deux, comme Agamemnon à propos de la mort de sa fille Iphigénie : « Je n'y puis consentir ! » Nestor se chargea du reste ; à partir de ce jour-là, je n'ai plus vu le petit cochon ; qu'était-il devenu ? Le prétendu sceptique lui avait-il fait meubler par Duval une maison de campagne et l'y avait-il installé avec une liste civile raisonnable et des laquais pour le servir ? En tout cas, il en était fort capable, car Nestor Roqueplan, ce féroce épigrammatiste, avait dans le cœur une pitié profonde, et, sitôt qu'elles l'avaient approché, ne pouvait se défendre de vouloir et de savoir rendre heureuses les plus misérables créatures.

XXX

RENÉ LORDEREAU

Vers la fin de 1867, un de mes meilleurs amis, René Lordereau, mourait à la Nouvelle-Orléans, pauvre, las, brisé par des luttes inouïes, mais toujours enthousiaste et plein de joie, car il était de ces poètes en action chez qui rien ne tue l'admiration et l'appétit du beau sous toutes ses formes.

Ce qu'il était allé faire en Amérique était une chose plus fabuleuse que ce qui a servi de prétexte aux poèmes épiques, depuis *L'expédition des Argonautes* jusqu'à *La Chanson de Roland*. Presque âgé de cinquante ans déjà, Parisien jusqu'au bout des ongles, follement spirituel, robuste, entouré d'amis excellents, ayant ses entrées sur la scène de l'Opéra et dans les meilleurs salons où l'on cause, René Lordereau, parfaitement au fait des déboires et des mirages du Nouveau-Monde, et sachant par cœur son peuple à la fois jeune et vieux qui se rit de Scapin, ayant un Barnum, s'en retournait une dernière fois vers l'Amérique, alors en pleine guerre, pour lui demander, pour lui prendre cinquante mille francs!

Quelle passion indomptable et sauvage pour une madame d'Espard ayant du sang bleu dans les veines ou pour quelque irrésistible madame Marneffe pouvait inspirer une pareille démence à un homme qui savait tout, et qui avait fait le tour de toutes les idées? Car, jugez-le sur ce seul point, il avait pu avoir et se savoir assez d'esprit pour être et pour rester l'ami intime de Nestor Roqueplan! Eh bien! c'est ici que le merveilleux apparaît avec ses foudroyants étonnements! la grosse somme que René Lordereau voulait, sans se dissimuler qu'il faudrait la conquérir par des exploits semblables à ceux de Thésée, il la voulait — uniquement POUR LA DONNER A SES CRÉANCIERS! Payer ses dettes, voilà quel était le but rêvé par ce magicien de la Causerie, qui d'ailleurs était brave comme un lion, qualité aussi indispensable à un vrai Parisien que les échasses à un habitant des Landes.

Pour cela donc, il songea à un moyen dont la seule pensée eût fait reculer d'effroi les chevaliers du roi Artus! Ceci n'était rien, et songer n'a jamais passé pour être difficile. Mais le beau de l'affaire, c'est qu'après avoir imaginé ce féroce, impraticable, absurde moyen de gagner de l'argent, René l'appliqua avec une tranquillité sérieuse, comme s'il se fût agi de la chose la plus élémentaire du monde. Son procédé était ceci : porter à une des armées belligérantes, qui alors manquaient de presque tout, les armes, les munitions, les vivres dont elle avait besoin, tout simplement en traversant les lignes de l'armée ennemie. Cette expédition, où au premier pas il devait infailliblement laisser sa peau, René la recommença non pas deux fois, mais vingt fois, mais cent fois.

Dire qu'il affrontait la mort, ce ne serait sans doute rien dire, car pendant ces longs mois de guerre, de conquête, d'aventure, il vécut littéralement avec la mort, la tenant embrassée et la menant en croupe sur son cheval. Chaque dollar qu'il gagna, — qu'il vola aux dieux de l'Impossible! — fut littéralement et en effet arrosé de son sang; le bruit des balles sifflant à son oreille était le bruit qu'il entendait sans relâche, et au milieu de tout cela il était gai, amusant, tranquille, comme s'il eût causé avec ses chères petites danseuses, Cassegrain, Kendelle, Dedieu, Inemer ou Heckman première, derrière un portant des *Huguenots* ou du *Prophète*. Dès qu'il était de retour dans la ville où il avait fixé son habitation, son premier soin était de voir les banquiers, les navires et de s'inquiéter de faire parvenir de l'argent en France, opération qu'il accomplissait avec deux cents pour cent de perte, car on se rappelle qu'à ce moment-là il fallait aux États-Unis dépenser trente francs peut-être pour en envoyer dix!

Et le couronnement, l'apothéose, ce qui donne la vraie couleur de féerie au dévouement du valeureux aventurier que j'évoque ici, c'est que pas un de ses créanciers, recevant, comme s'il fût tombé du ciel, un argent si inattendu et si chèrement payé, ne salua par une parole d'approbation les envois de l'héroïque débiteur. — Enfin! — Ce n'est pas malheureux! — Il ne fait que son devoir! — tels furent les mots les plus doux et les plus polis que prononcèrent ces hommes impossibles à désarmer; car le roi Orphée a attendri les tigres et les roches, mais il n'aurait pas attendri les marchands d'argent parisiens, qui ont besoin de gagner trois mille pour cent par mois, pour pouvoir marier leur fille à un noble de contrebande, et rencontrer un amour désintéressé chez une femme sérieusement frivole, qui se teint les cils en brun Van Dyck et la chevelure en rouge vif glacé de rose!

Par malheur pour René Lordereau, la guerre ne dura plus longtemps. Il se vit surpris par l'inaction, forcée, hélas! désespéré de n'avoir pas mené sa rude tâche jusqu'au bout, accablé de fièvres et de rhumatismes, et n'ayant pas conservé par devers lui la moindre somme qui lui eût permis ou de revenir en France, ou d'entreprendre quoi que ce fût en Amérique. Ici, il n'avait su qu'à demi faire sa place comme journaliste et comme auteur dramatique, parce qu'ayant commencé à écrire trop tard après des aventures sans nombre, il se figurait que la littérature vit toute de fictions et exige qu'on se fasse une nature d'emprunt. Que n'a-t-il osé être lui-même! il y avait en lui un véritable écrivain, clair, lumineux, spirituel, de sens droit et excellemment français, qui tout entier se révèle dans les admirables lettres qu'il écrivit à Auguste Villemot, lorsque, déjà malade et vaincu, il envoyait à ce vieil ami par delà les mers toutes les tristes et viriles pensées de son cœur mis à nu.

Il mourut, et tout le Paris élégant et artiste se rappela alors avec un regret sympathique, attendri, obstiné, la vivante et aimable figure de René Lordereau. On le revit, brun, tanné, avec ces larges traits puissants, mobiles, intelligents, toujours si vivement éclairés par le regard de feu et par la pensée rapide, avec cette barbe hardie, avec cette vaste, noire et fougueuse chevelure indomptable, où si curieusement se détachait une mèche blanche comme la neige. On songea, avec émotion alors, à cette intrépidité de folle bravoure et d'esprit qui rendait René si charmant partout où il faut risquer sa vie et aussi partout où il faut vivre. Nul mieux que lui ne sut parler aux femmes et être avec les femmes ; il avait ces dons abolis, la gaieté et l'élégance dans la gaieté, surtout une si inépuisable bonne humeur que volontiers on l'eût payé pour être convive! Mais, au contraire, c'était lui qui payait toujours et partout, car l'or coulait de ses doigts ouverts, comme l'eau d'un robinet de fontaine !

Par un hasard qui ne prouve rien contre l'humanité, René, qui aurait eu presque le droit de s'appeler Don Quichotte, et qui toujours mettait son sang et sa bourse à la disposition du premier venu, rencontra sur sa route des ingratitudes inouïes, prodigieuses, miraculeusement incroyables et déroutant toute logique, mais qui, grâce au ciel, ne le guérirent pas de sa générosité, car en nous rien ne se guérit, pas même nos vertus ! Il y aurait sur ce sujet, et à propos du seul René Lordereau, vingt anecdotes étranges dont pas une n'est vulgaire; je veux en raconter une seule, qui a le don de me faire rêver quand je me la raconte à moi-même.

Comme tous les jeunes gens sous le règne de Louis-Philippe, René Lordereau était membre d'une société secrète quelconque. Il y exerçait même d'assez importantes fonctions que je ne puis définir mieux, étant d'une grande ignorance dans ces matières. Il avait chez lui de la poudre, des munitions, des papiers importants et surtout très compromettants, appartenant à l'association. Employé alors dans une maison de commerce, il devait prendre sur ses nuits le temps nécessaire pour mettre en ordre les écritures relatives à ses fonctions secrètes. Or, une nuit qu'il se livrait à ce travail avec une ardeur fiévreuse, des coups redoublés ébranlent sa porte, mêlés de cris et de supplications désespérées. René ouvre, sans rien cacher, sans rien mettre en ordre, et se trouve face à face avec un de ses voisins, un locataire du même carré qu'il habitait, tambour dans la garde nationale.

La femme du tambour venait d'être prise par les douleurs de l'accouchement, et le pauvre homme, pris au dépourvu, et d'ailleurs misérable comme Job, n'avait rien, ni linge, ni vin, ni sucre, ni argent, et, ce qui est le plus grave, ne connaissait ni médecin, ni sage-femme. Il n'en fallait pas tant pour que René Lordereau s'émût! Il donne au tambour les choses indispensables, argent, linge, son meilleur vin vieux, lui met en main les clefs de tout, et court chercher un médecin, qui arrive à temps, mais tout juste. Toute la nuit, ce furent des allées et venues de la chambre du tambour à celle de René, qui pour plus de commodité avait laissé sa porte ouverte.

Au matin, la femme accouchée, sauvée et endormie, il fallait voir la reconnaissance expansive du tambour! Il buvait alternativement des verres d'eau et des verres d'eau-de-vie, il pleurait de joie et d'attendrissement, il s'essuyait les yeux avec une buffleterie blanchie à moitié et encore humide, embrassait les manches d'habit de son généreux voisin, et le suppliait de le mettre quelque jour à l'épreuve. Ah! s'il l'avait mieux connu, comme il se serait épargné ces paroles inutiles!

Le samedi suivant, René Lordereau, qui ne songeait pas plus à tout cela qu'aux vieilles lunes, était au bal de la Renaissance, portant un de ces costumes épiques de *chicard* dont Gavarni a fixé la poétique démence, et dansant, comme c'était la mode alors, ce cancan primitif dont la grâce désordonnée et furieuse a, depuis ce temps-là, fait le tour du monde. Tout à coup il se voit enveloppé; des agents de police l'arrêtent.

Il pensait, je l'ai dit, avec une rapidité fabuleuse. Il a le temps de se pencher vers un de ses amis, de lui tendre la clef de sa chambre, et, sans être entendu par les agents, de glisser dans son oreille ces trois mots : « Vite chez moi! » Cet ami trouva une voiture, courut chez René où il arriva avant la police, fit tout disparaître, l'incident n'eût pas de suite et fut très parfaitement oublié.

Mais, dix ans plus tard, un pauvre homme ayant

quitté la police pour prendre un petit fonds de mercerie, grâce à un frère de René Lordereau, qui lui avait fourni l'argent nécessaire, dit à mon ami : — « Écoutez, monsieur, puisque votre frère m'a fait tant de bien, il faut que je vous donne un renseignement qui ne sera pas sans intérêt. Vous avez toujours ignoré comment vos secrets avaient été surpris, le jour où vous fûtes arrêté au bal de la Renaissance. L'homme qui vous a dénoncé avait lu vos papiers pendant que votre porte était ouverte et que vous donniez des soins à sa femme, et cet homme, c'était votre voisin, vous savez bien, — le tambour de la garde nationale ! »

Après cela, les hommes superficiels seront sans doute tentés de s'écrier avec le célèbre roman que Lassailly annonça, mais ne fit jamais : *Il serait à désirer que les hommes fussent plus vertueux!* Et c'est en quoi ils auront tort, car la Morale a besoin, tout comme les arts plastiques, d'avoir ses Monstres et ses Chimères, autour desquels s'enroulent les arabesques de la Fantaisie, ne fût-ce que pour les employer à faire ressortir l'inextinguible joie et la sereine beauté des héros et des Dieux.

XXXI

MONSIEUR SCRIBE

Une seule fois dans ma vie j'ai eu la fortune de voir monsieur Scribe. Je dis : monsieur... et je m'explique ! Arrivé au faîte des honneurs, membre de l'Académie Française, commandeur de tous les ordres dont il n'était pas grand-croix, maître de lui comme de l'univers, auteur de tant de pièces de théâtre représentées avec succès et avec triomphe qu'il avait pu en faire dresser un tableau synoptique allant de l'A jusqu'au Z, et qu'il avait composé *La Xacarilla*, *Yelva* et *Zanetta*, uniquement pour que les lettres X, Y et Z ne fissent pas défaut à ce tableau ; enfin riche, fils de ses œuvres et ayant hérité d'elles quelques bons millions, monsieur Scribe avait conquis ce privilège, qu'il partage avec monsieur Thiers, de devoir être appelé : monsieur, jusque dans la postérité la plus reculée et d'être si essentiellement un monsieur que l'action de prononcer ou d'écrire son nom sans le faire précéder du mot : monsieur, constitue une indécence.

Il y a là en apparence un mystère qui, si l'on veut réfléchir, s'explique tout de suite. En achevant la révolution commencée par Beaumarchais, en fondant la Société des Auteurs dramatiques, grâce à laquelle ses confrères ne furent plus frustrés du prix de leur travail, monsieur Scribe assit réellement la situation industrielle et financière de l'écrivain. Il est vrai que forcés de payer, les directeurs ne jouèrent plus de chefs-d'œuvre et, pour leur argent, aimèrent mieux s'approvisionner d'une marchandise courante et d'une défaite plus facile; mais ceci est un détail. C'est grâce à lui que les écrivains dramatiques, au lieu de faire rapiécer leurs souliers, comme Corneille, purent acheter des souliers neufs, contracter de riches mariages, et furent considérés dans le monde à l'égal des papetiers et des quincailliers. A ce titre, l'auteur de *La Camaraderie* est le monsieur par excellence, puisque c'est par ses soins que nous sommes devenus riches, comme tout le monde.

Je le répète, j'ai rencontré une seule fois le prince des librettistes, je vais dire tout à l'heure dans quelles circonstances, et en le voyant je fus frappé d'un prodigieux étonnement. Chose étrange, fabuleuse, inouïe, excessive, incompréhensible si quelque chose pouvait l'être, monsieur Scribe en chair et en os ne ressemblait à aucun de ses bustes, ni à aucun de ses portraits peints, dessinés, gravés, lithographiés, photographiés, et je me hâte de le dire tout de suite, il était infiniment plus beau que ses effigies, car elles étaient d'une platitude et d'une vulgarité odieuses, et lui, il était réellement beau de force, de puissance, de volonté, d'implacable héroïsme. Étroits et mesquins pourtant, ses traits, ses petits yeux, son petit front semblaient avoir été dessinés, modelés par le plus hardi statuaire, et exprimaient une telle audace, une telle patience, une telle fermeté résolue qu'ils en devenaient sublimes. Par quel miracle les artistes qui s'étaient donné la tâche de représenter monsieur Scribe ne l'avaient-ils jamais vu, ni les uns ni les autres, et avaient-ils pu méconnaître le caractère de son visage avec une détestable unanimité? Cela tient, je crois, à ceci, qu'en regardant la nature nous ne pouvons faire abstraction de nos idées préconçues, et qu'au lieu de voir monsieur Scribe tel qu'il était, les artistes l'avaient vu à travers son œuvre.

Or, il n'était pas du tout l'homme de son œuvre, à laquelle il était mille fois supérieur. Autant ses conceptions furent petites et puériles, autant il était vaillant, clairvoyant, primesautier, inventif, acharné dans le bon sens du mot, et s'il eût appliqué ses étonnantes facultés à autre chose qu'à la poésie, c'est-à-dire au seul métier où la volonté ne serve de rien, il est évident qu'il fût devenu général, ministre, conducteur d'hommes, cardinal et pape, s'il l'avait voulu. Il avait le génie de l'action, de l'agencement, de la proportion, et il est le seul dramatiste qui ait jamais su voir du premier coup si un sujet comporte une comédie en quelques scènes, ou une grande pièce en beaucoup d'actes.

Mais le sens des mots, des vocables, la magie de la parole humaine, les idées et les sensations qu'éveille l'harmonie des syllabes lui avaient été impitoyablement refusés. On a mille fois relevé les bourdes et les cacophonies de ce grand inventeur, qui a pu écrire : *Oui de l'avoir tué vivant!* c'est là une injustice et une mauvaise guerre; car autant incriminer le poisson parce qu'il ne se promène pas dans l'herbe verte, ou la biche parce qu'elle ne saurait s'envoler dans l'air avec les oiseaux. Il débrouillait le peloton de fil en moins de temps qu'il n'en faut à un chat pour l'embrouiller, et il en ourdissait la plus fine et solide trame; quant à broder sur cette trame, ce n'était pas son affaire, et les soies d'azur et de pourpre, les fils d'or et les perles fines et les pierreries ne lui obéissaient pas.

Je le vis à la lueur d'un quinquet, à l'Opéra, au

milieu de la pleine nuit qu'il y fait en plein jour, et pendant l'audition d'une cantatrice. Rien de plus affreux que ce supplice, qui certainement dépasse en horreur une exécution capitale. La salle est noire, la scène est noire, un quinquet placé au bout d'un poteau permet seulement de voir la hideuse masse des ténèbres. Dans le gouffre de l'orchestre vide, quelques musiciens indistincts, mêlés à l'ombre qui les entoure, sont là pour accompagner la condamnée ; sur un des premiers bancs de l'orchestre, apparition vague et confuse pour cette misérable qui les devine dans l'affolante et troublante obscurité, sont groupés les juges que rien ne peut attendrir, le directeur, le chef d'orchestre, l'accompagnateur, les chefs du chant, tous gens habitués à peser la centième partie d'un dièze dans une balance faite avec un cheveu d'enfant de sept mois, plus muets que le silence, immobiles comme des statues qui seraient mortes, et auprès de qui Eaque et Rhadamante pourraient passer pour des diseurs de riens et des farceurs.

L'artiste vient, cherche à apercevoir ses auditeurs, mais en vain, et comprend alors que devant eux il ne lui reste pas même ce qui reste à l'agneau sous le couteau, c'est-à-dire le regard désolé et suppliant, puisqu'ils ne peuvent voir ses prunelles. On lui donne l'accord et elle chante, dans la nuit, dans le vide, dans un désert sans limites, prêtant l'oreille avec angoisse pour tâcher d'entendre un vague murmure, un froissement d'étoffe, le souffle d'une respiration qui, si peu que ce soit, rappelle la vie et lui prouve qu'on l'écoute ; mais au contraire le silence grandit, s'exaspère, prend corps, devient aussi formidable qu'un coup de tonnerre, et la femme chante, ne sachant plus où elle est, ni si elle existe, et si elle et son chant ne sont pas des rêves qu'emporte le vent sinistre de la nuit. Enfin elle arrive à la dernière

note, son chant est fini et son supplice ; on ne lui
dit rien après, comme on ne lui a rien dit avant ;
elle s'en va seule, glacée d'épouvante et n'entendant
même pas le bruit de son pas ; elle rentre chez elle
où elle recevra une lettre, comme un patient reçoit
le coup de hache.

C'est avant l'arrivée de l'actrice et après son départ
qu'eut lieu ce que je n'ose appeler ma conversation
avec monsieur Scribe, parce qu'il parla tout seul,
que je ne lui répondis pas un seul mot et qu'il n'a
jamais entendu le son de ma voix. Mon visage lui
était connu, ce que je n'eusse osé croire. Très aimablement il s'approcha de moi et voulut bien m'adresser toutes sortes de compliments que, bien entendu, je passe sous silence. En même temps il avait
saisi un des boutons de ma redingote, et tout en
parlant avec volubilité, et bientôt avec passion, avec
emportement, avec furie, il tordait, tortillait, torturait ce bouton, qu'il n'a pas lâché pendant que l'actrice chantait, qu'ensuite il s'est remis à secouer, à
tirer, à déraciner, que finalement il a arraché et
emporté, et qu'il me doit toujours. Après m'avoir dit
les choses les plus flatteuses, saisi du désir véritablement démoniaque de me faire renier ma foi, il
s'efforça de me prouver à quel point la poésie est un
art frivole, et comme elle devient inutile et nuisible
lorsqu'il s'agit de convaincre les esprits et d'émouvoir les âmes. Certainement j'aurais pu rétorquer
cette assertion en citant l'exemple du roi Orphée ;
mais je m'en gardai bien, par pudeur, car il est
odieux d'avoir trop facilement raison.

Monsieur Scribe parlait, parlait toujours, me pressant, m'objurguant, m'adjurant de consentir, accumulant les preuves, les raisons, les démonstrations,
les exemples. Inutile de dire qu'à tous ces beaux
discours, j'étais, pour employer le mot de Boileau,

comme la statue est au festin de Pierre, non plus
ému que si un aveugle m'eût affirmé et juré par le
Styx qu'il n'y a dans l'éther ni soleils, ni constellations, ni étoiles. Voyant que je ne grouillais pas plus
qu'une souche, et que très respectueusement je gardais ma manière de voir, mon éloquent adversaire
se décida enfin à invoquer un exemple qui lui fût
personnel.

— « Lorsque, me dit-il, j'eus trouvé la scène devenue célèbre où Alice supplie Robert, je me dis
alors : Il faut là de beaux mots, des rimes sonores,
des vers magnifiques. Je me sentais incapable de
trouver tout cela, et voulant prendre le taureau par
les cornes, je me décidai à aller trouver tout de suite
le plus grand des poètes !... »

A ces mots prononcés par l'auteur des *Huguenots*,
qui attachait sur moi ses yeux brûlants comme une
braise, je me sentis réellement remué. « Sang et
tonnerre! pensai-je en moi-même, voilà un homme
qui n'a pas froid aux yeux! Il a osé emprunter des
vers à Victor Hugo, comme j'emprunterais quelques
centaines de millions à l'un des Rothschild. Ceci est
véritablement crâne.

— Oui, continua monsieur Scribe, je suis allé tout
droit... chez Casimir Delavigne! Comme vous le
pensez, ajouta-t-il, (sans avoir conscience de l'étonnant coup de massue qu'il venait de m'asséner sur
la tête,) Casimir écrivit un morceau sublime, terrifiant, admirable, du Corneille! Je le donnai à Meyerbeer, qui n'en put rien faire. Après lui, Germain
essaya, les plus forts y passèrent les uns après les
autres; peine perdue! Enfin un jour, mon collaborateur partait pour la campagne, désolé de ne pas
emporter ses paroles. Au moment où il montait en
voiture, je pris un papier et j'écrivis à la hâte les
quatre vers que vous connaissez : *Robert, toi que*

j'aime, Et qui reçus ma foi, Grâce pour toi-même, Et grâce pour moi! — En les lisant, Meyerbeer me dit : Je tiens mon air. Il le tenait, en effet, l'air de *Grâce!* Vous voyez, monsieur, que dans certains cas un peu de bons sens et une idée juste valent mieux que la poésie! »

Définitivement arraché, vaincu, resté dans la main du grand dramatiste, avec son paquet de fils pareils à des racines, mon bouton ne pouvait plus être sauvé ; mais moi je pouvais encore l'être. C'est ce que comprit Roqueplan, qui vint me prendre le bras et m'arracha à mon ennemi. Je me suis rappelé bien souvent ce monologue où, terrible, menaçant, suppliant, obstiné, persuasif, monsieur Scribe fut en effet sublime ; il m'eût certainement convaincu cent mille fois pour une, s'il n'eût voulu de moi qu'une livre de chair, comme Shylock, ou tout mon petit avoir, ou ma chemise ; mais il voulait me prouver que mon art n'existe pas, et me le faire avouer, ce qui est plus roide. J'imagine que le grand artiste Charles Garnier a dû bien rire lorsqu'il a gravé sur la grande maison de monsieur Scribe cette inscription : POÉSIE LYRIQUE. Car n'est-ce pas comme si un rimeur facétieux allait choisir dans quelque magasin redoutable une pendule en zinc, dorée à la sauce, représentant Régulus ou Bernardin de Saint-Pierre, ou le Temps qui fait passer l'Amour, ou une fontaine dont l'eau est représentée par une baguette de cristal taillée en vis, et sur cet objet d'une naïveté attendrissante écrivait ironiquement le mot ARCHITECTURE ?

XXXII

PHILOXÈNE BOYER

Vers la fin de 1849, je vis arriver chez moi un jeune homme de dix-neuf ans que je ne connaissais pas, dont l'étrange tête à la fois savante et ingénue était pleine de pensées et de rêves; c'était Philoxène Boyer. Son père, inspecteur de l'Université, qui habitait Grenoble et tenait à le garder en province, lui avait permis un très court voyage à Paris. Pendant qu'il me parlait, j'examinais son visage fait pour étonner et dérouter le peintre, car la bouche et le menton eussent accusé presque de grossiers appétits, tandis que les joues, le vaste front, les yeux tendres, profonds, avides d'infini et de lumière étaient d'une noblesse sans égale. Philoxène me raconta sans doute qu'il était poète et qu'il venait à moi parce que nous servions les mêmes Dieux, mais en tout cas l'explication ne fut pas longue; au bout de cinq minutes nous étions amis, et nous nous connaissions comme si nous avions toujours vécu ensemble. Même ce jour-là nous ne nous quittâmes pas du tout, heureux de causer longuement de la seule chose qui nous intéressait. Mon jeune ami venait d'achever un drame antique en vers, en un acte, une *Sapho* dont il me récita des fragments, et tout de suite j'en fus infiniment impressionné et charmé; il y avait dans ce poème une singulière puissance d'intuition et d'évocation ; du premier au dernier vers on y sentait l'air bleu, le frisson, le flot sonore des îles de la mer Egée, et on entendait résonner comme les lointaines voix des lyres. Jamais peut-être magie ne fut plus complète ; le chanteur de ces vers mélodieux était certainement né pour enchanter les âmes et pour les emporter dans le rêve.

Malheureusement Philoxène, presque enfant encore, n'était pas seulement un poète ; je pus m'en convaincre en l'écoutant ; son père, le savant, lui avait inculqué sans proportion et sans mesure, sans pitié pour sa jeunesse avide de songer, de penser, de se laisser vivre, une effroyable érudition de bénédictin. Non seulement il savait le grec comme de notre temps personne ne le sait plus, mais il connaissait tous les livres, toutes les histoires, toutes les philosophies, tous les travaux critiques, tous les grimoires de tous les temps ; il avait tout étudié, tout compulsé, tout appris ; il savait tout par cœur, et dans sa pauvre tête on avait entassé violemment toute une bibliothèque pareille à celle que Victor Hugo passe en revue dans son poème : *L'Ane.* Il m'avait apporté un livre qu'il venait d'imprimer, intitulé *Le Rhin et les Burgraves,* et en l'ouvrant, du premier coup d'œil je vis une telle quantité de noms propres que je fus saisi de vertige. En moi-même je pensai tout de suite qu'il fallait rompre les chiens, trouver une diversion, détruire ce malencontreux savant qui, si on ne le tuait pas, tuerait le poète. J'engageai donc mon ami à tâcher de faire jouer son drame, bien qu'il l'eût écrit sans se préoccuper aucunement de la représentation ; je me disais que l'ivresse du théâtre opérerait sans doute en lui une révolution salutaire, et qu'il rencontrerait à point sur les planches de la comédie quelque Henriette aux lèvres roses, qui n'entendrait pas le grec.

Le père du poète, qui se nommait Austremoine! avait été impitoyable et complet dans son imprévoyance; il n'avait pas permis à son fils d'ignorer les scholiastes les plus inconnus et les historiens les plus chimériques; mais il avait tout à fait oublié de lui apprendre à parler, à manger, à s'asseoir et à vivre comme tout le monde. Philoxène, qui plus tard sut découvrir sans peine les tailleurs et devenir un Parisien irréprochable, était parfaitement vêtu comme un chien fou lorsqu'il se présenta à l'Odéon, et demanda à voir Altaroche. Par un miracle qui ne se renouvellerait pas de nos jours, il fut reçu sans avoir fait antichambre, et sa qualité de poète, énoncée brutalement, sans nulle précaution oratoire, ne produisit aucun mauvais effet; mais Altaroche était un directeur extraordinaire, qui préférait de beaux vers à des chiens de carton, et qui, lorsqu'il rencontrait une scène émouvante et bien écrite, ne l'eût pas troquée contre un cent de *clous!* Il invita donc le jeune poète à lui lire immédiatement son œuvre; mais tous les deux s'aperçurent alors qu'entre autres choses, Philoxène avait oublié d'apporter à Paris son manuscrit. Un tel contre-temps n'était pas pour arrêter deux hommes si bien disposés; ne pouvant lire sa pièce, Philoxène la récita par cœur; Altaroche l'écouta avec une vive sympathie, se fit redire deux fois les plus beaux morceaux, finalement reçut l'œuvre séance tenante, avec les plus gracieux éloges, et promit de la monter aussi vite que possible. Je vois bien que j'ai l'air de raconter un conte de fées, mais en ce temps-là les choses se passaient ainsi, et il pouvait arriver qu'un directeur de théâtre entendît parler d'un drame en vers sans être tenté d'envoyer chercher les sergents de ville.

Philoxène Boyer revint chez moi bien heureux,

mais triste aussi. Il lui fallait quitter Paris au bout de quelques jours, et il n'espérait pas que son père l'y laisserait revenir pour suivre les répétitions de sa pièce. Il me fit donc promettre de le suppléer dans cette tâche, s'il ne pouvait se rendre libre en temps utile, et je lui promis, non sans appréhension, car c'est une terrible responsabilité de mettre en scène une pièce en vers dont on n'est pas l'auteur, et où le moindre changement dans le texte, imposé par une nécessité impérieuse, vous expose à trahir la pensée du poète. Les choses se passèrent comme nous l'avions prévu, et, à mon grand regret, c'est moi qui dus faire ce que l'auteur lui-même aurait fait avec tant de joie et d'amour. A ce labeur ingrat je mis du moins tous mes soins et mon âme fraternelle, et le plus vif désir de ne pas préparer une déception au cher absent.

Altaroche fut excellent, parfait, comme toujours, et mit à ma disposition tout ce qu'il possédait. Ce n'était pas rien, car déjà Bouchet pouvait faire un très noble Anacréon, et la jeune madame Marie Laurent était juste à point la Sapho rêvée; avec son front hardi, sa noire et épaisse chevelure, ses grands yeux d'un noir terrible, sa lèvre émue et vivante, sa peau d'un blanc chaud et mat, elle semblait faite exprès pour représenter la grande Lesbienne dévorée par toutes les flammes de la poésie et de l'amour. Mais quant au Phaon coiffé de cheveux brunissants dont la beauté devait jeter le trouble dans Mitylène, on l'eût en vain cherché dans une troupe qui, comme l'ami de Bilboquet, était souvent exposée à manquer de tout! et il semblait plus difficile encore de se procurer sa jeune amante. Car Philoxène, donnant là un croc-en-jambe à l'histoire, n'avait pas fait d'Erinna la grande poétesse qu'elle fut, émule et rivale de Sapho; il avait, lui le premier, cherché en elle un type souvent étudié depuis par le roman moderne, la jeune fille belle, inconsciente et féroce, qui n'ayant jamais souffert ne compatit à rien, et trouve naturel et juste que la plus adorablement aimante des femmes lui soit sacrifiée. *Mais à quoi bon d'ailleurs parler de cette veuve!* dit quelque part dans le drame cette enfant cruelle, et je ne connais pas de cri plus égoïste et sauvage.

Le bon Altaroche me permettait bien d'engager qui je voudrais ; mais l'embarrassant était de vouloir quelque chose. Je reçus la visite d'un jeune étudiant qui disait très bien les vers et brûlait de jeter sa vareuse aux orties ; séance tenante, je l'engageai pour jouer Phaon ; c'était Martel, aujourd'hui très utile pensionnaire du Théâtre-Français. Les deux rôles de jeunes filles, Ianthé et Myrtis, furent distribués à mesdemoiselles Jouassain et Langlois. Il ne manquait plus que la seule Erinna, c'est-à-dire tout, mais les Dieux veillaient, et on nous amena un merle blanc, un phénix, une merveille, la vraie statue grecque animée depuis cinq minutes, au front lisse, aux joues superbes, aux traits réguliers, à l'œil de génisse qui *regarde vaguement quelque part,* et ne comprenant rien du tout, si ce n'est sa propre gloire. Un peplos rose sur ces épaules de neige, et la pensée du poète se trouvait incarnée par un étonnant miracle ; notre Erinna était plus Erinna que nature. Vous l'avez connue ; c'était mademoiselle Théric, qui exprès, sans que rien l'y forçât, avait choisi le prénom d'Alice ! Ignorée, elle sortait à peine du Conservatoire ; son visage était comme un tas de roses et son cou ressemblait à une tour d'ivoire. Vous l'avez vue, mais pas en Erinna, et je pense qu'elle aurait dû jouer Erinna toute sa vie ! Le mépris avec lequel sa lèvre se fronçait lorsqu'elle disait en parlant de Sapho : *En effet, elle aborde aux trente ans !* était quelque chose d'inouï ; la petite comédienne semblait tout à fait croire et croyait peut-être en effet qu'aborder aux trente ans était un crime ignoble, digne d'être expié par les plus durs châtiments.

Les répétitions marchèrent très bien ; les acteurs s'étaient enthousiasmés de la belle poésie qu'ils avaient à réciter ; Marie Laurent était belle, amoureuse, maudite, désespérée, sublime ; Ancessy avait écrit une musique de scène douloureuse et plaintive ; la roche tragique se dressait dans un décor bien planté et d'une belle couleur ; Altaroche avait veillé à tout cela avec un soin et avec une imagination d'artiste ; mais enfin il fallut nous occuper de la chose sérieuse, je veux dire de la culbute finale. Les indications de scène disaient : *Échevelée et avec égarement ;* plus loin : *Avec une expression ineffable de folie et d'amour ;* tout cela ne nous embarrassait pas, c'était l'affaire de madame Laurent ; mais plus loin encore, ces mêmes indications ajoutaient : *Elle se précipite, tenant sa lyre embrassée.* Ceci était un peu plus grave. La roche que gravit Sapho était très élevée, afin que, sous l'orage et les éclairs, la figure de la poétesse produisît là un effet pittoresque ; mais ce n'était pas le tout d'y monter ! *Elle se précipite ;* à la bonne heure ; mais où et comment ? Le machiniste de l'Odéon ne trouva pas d'autre expédient que de dresser derrière le rocher un lit, sur lequel la tragédienne, exécutant réellement un saut terrible, devait tomber à plat ventre, sans quoi elle aurait risqué d'être vue après son engloutissement. Il y avait là de quoi décourager un clown, et la première fois qu'il s'agit de piquer cette tête fabuleuse, madame Laurent ne put retenir une légère grimace. Un homme cependant la sermonnait, l'encourageait, l'objurguait ; c'était le régisseur qui, pareil à Bilboquet arracheur de dents, aurait vu la tragédienne faire un saut encore plus périlleux, sans éprouver, lui, aucune douleur.

— « Voyons, madame, lui disait-il, ce n'est rien, c'est facile comme tout, il n'y a qu'à rassembler les bras comme ceci, à s'élancer comme ça, un enfant le ferait !

— Eh bien ! dit madame Laurent avec son bon sourire, faites-le donc ! »

Le régisseur s'avança et prit la place de l'actrice, avec une pantomime qui voulait dire : « Parbleu ! » Il se posa fiévreusement, saisit la lyre qu'il appuya sur son cœur, prit son élan... et ne sauta pas. Une fois, deux fois, trois fois, il fit mine de s'envoler dans le vide, et prudemment y renonça, comme fait en pareille occasion le Pierrot de la pantomime.

— « Alors, dit madame Laurent, décidément vous n'osez pas ?

— Ma foi non », fit le régisseur.

Sur cette réplique, l'actrice reprit sa place, et en s'écriant : *A toi, Vénus !.. à toi, Phaon !.. Je t'aime !* s'élança et tomba à plat ventre sur le lit, avec autant d'adresse que de bravoure. Et elle recommença à toutes les répétitions, aussi gaiement que s'il se fût agi de la chose la plus simple du monde. Cependant le soir de la première représentation arriva ; Marie Laurent fit une création admirable et complète, Phaon fut plein d'amour, mademoiselle Théric étonnamment ingénue et farouche ; Bouchet joua en comédien consommé, les deux jeunes filles se montrèrent charmantes, et les beaux vers produisirent l'effet qu'ils produisent toujours quand on les laisse arriver au public, c'est-à-dire qu'ils émurent profondément l'auditoire et excitèrent des orages d'applaudissements. Acclamé, fêté, salué par une foule heureuse d'admirer, Philoxène Boyer, qui avait pu rompre sa chaîne et venir à Paris pour assister à son triomphe incontesté, fut célèbre dès ce soir-là. Il ne dépendait plus que de lui de continuer, de travailler, d'être heureux. Oui, sans doute, s'il eût été ignorant et tout uni comme un simple poète; mais, hélas! il ne pouvait se mouvoir sans porter le poids de la bibliothèque universelle qu'on avait entassée dans sa pauvre tête, et la science dont on l'avait gorgé avait éveillé en lui un désir inextinguible de savoir, de même que le vin absorbé déjà altère le buveur et lui donne une soif dévorante.

Très peu de temps après le succès de sa belle *Sapho*, devenu libre enfin et maître de lui, Philoxène Boyer vint habiter définitivement Paris. Il était majeur, il avait touché l'héritage de sa mère, et il se trouvait absolument seul, n'ayant jamais reçu aucune notion pratique, et ignorant absolument comme il faut s'y prendre pour acheter un pain chez le boulanger. Faut-il le dire? la réussite éclatante et inespérée de son drame l'avait laissé un peu stupéfait; car ayant, tout enfant, par ses lectures désordonnées, épuisé tout le trésor des idées humaines, il avait horreur de la chose réalisée, et n'aspirait qu'à l'inaccessible et à l'inconnu, ne savait désirer que l'impossible. Sa petite fortune aussi le gênait, comme une possession par trop évidente et matérielle; il en eut bientôt raison, par des moyens divers et tous excellents. Il se meubla dans la rue Taitbout un appartement orné de flambeaux anciens, de meubles au petit point, de belles tapisseries, mais d'où les objets utiles avaient été soigneusement bannis, de sorte que qui voulait y but et y mangea comme chez le moderne nabab Jansoulet ou chez Timon d'Athènes, sans qu'il y ait jamais eu deux nappes et deux douzaines d'assiettes dans cette maison hospitalière. Mais le concierge se faisait donner douze francs par repas, pour venir en habit noir servir les festins improvisés qu'on mangeait sur un magnifique bureau Louis XV, car il n'y avait pas de table à manger chez Philoxène. Quant à sa bourse, il l'ouvrait si bien à tout venant qu'elle n'était jamais fermée; cependant le capital ainsi gouverné ne s'évanouissait pas assez vite, et il trouva d'autres procédés pour s'en affranchir, et pour revenir au giron de la bonne déesse Pauvreté.

Comme notre aïeul Ronsard, il se mit à célébrer en de merveilleuses poésies lyriques une foule de Maries et d'Hélènes; mais au lieu qu'une Catherine de Médicis les lui indiquât en lui enjoignant, comme au poète de *La Franciade*, de les rendre immortelles, c'était lui qui les choisissait et se consacrait tout entier à leur gloire. Alors les bouquets de roses éclos en plein hiver, les bagatelles qui ne coûtent rien et qui ruinent, les coupons de loge pour les premières représentations étaient jetés aux pieds de l'adorée, et Philoxène se fût sérieusement fâché si l'on avait eu l'air de ne pas le croire tout prêt à mourir pour elle. Cependant le nom de cette adorée changeait souvent, en une minute, sans transition, et voici pourquoi. Je l'ai dit, Philoxène, épris des cieux interdits, ne désirait et ne voulait que ce qu'il ne pouvait pas obtenir; le fruit descendu à la portée de sa main et qu'il pouvait cueillir lui inspirait alors une profonde répulsion. De là son ennui, et ses fréquentes palinodies amoureuses; car il avait beau se vouer au martyre, (nécessaire aux développements de sa poésie,) le martyre ne voulait pas de lui, et les femmes ne lui permettaient pas de rester aussi malheureux qu'il prétendait l'être.

Il était jeune, spirituel, entraînant; il parlait avec l'éloquence la plus persuasive le langage de l'amour, et de plus il suivait l'excellent conseil de La Fontaine, qui vous invite à être généreux en tout état de cause; pourquoi diable les belles lui auraient-elles tenu rigueur? Aussi s'humanisaient-elles, à son grand regret! car le moyen de redemander encore avec des sanglots et des larmes ce qu'on lui avait gracieusement accordé? C'est pourquoi Philoxène était toujours en quête d'une nouvelle inhumaine. Du moins il aurait pu donner au public ses poésies lyriques, vécues si chèrement, et que les éditeurs lui demandaient; mais il détestait la poésie imprimée, qui lui semblait devenue une chose matérielle et commerciale. Et ce n'est pas seulement en fait de femmes, c'était en fait de tout qu'il avait le goût de l'inassouvi. Souvent il se désespérait, courbait vers la terre un front consterné, déclarait ne plus pouvoir vivre, parce qu'il n'avait pu se procurer quelque objet rare, quelque livre introuvable; alors sournoisement, un de ses amis, Baudelaire ou Asselineau, tirait de sa poche l'objet en question et le lui offrait en souriant; mais Philoxène prenait alors une mine attrapée, car ce qui lui faisait envie, c'était non pas de posséder son oiseau rare, mais de le désirer.

Nul ne fut plus que lui attaqué de cette maladie moderne et féminine! A un moment où lui et moi nous dînions deux ou trois fois par semaine chez Nestor Roqueplan, alors directeur de l'Opéra, Philoxène, déjà un peu désargenté, s'était pris soudainement d'une belle passion pour la musique, et lorsque l'Opéra faisait salle pleine, dépensait fidèlement tout son argent à acheter des places aux marchands de billets, qui les lui faisaient payer des prix fous. Un jour que nous avions dîné sans le poète, je racontai cela à Nestor, lui disant combien je trouvais ridicule qu'un de ses amis se ruinât pour entendre *La Juive* et *Les Huguenots*. Roqueplan, qui ne riait guère, partit d'un formidable éclat de rire.

— « Comment, me dit-il, Philoxène n'a pas ses entrées à l'Opéra !

— Mais non.

— Eh bien ! reprit Nestor, allons tout de suite les faire écrire, et prendre les mesures nécessaires pour qu'il ait, toutes les fois qu'il le désirera, son fauteuil numéroté. Notre ami n'est que trop habile à se forger des moyens d'être malheureux ; ne lui fournissons pas un prétexte pour l'être par notre faute. »

Séance tenante, nous allâmes faire mettre tout cela en ordre ; le soir même je rencontrai Philoxène ; je lui appris que l'Opéra lui appartenait, et que désormais il pouvait y entrer et y vivre sans bourse délier, autant que cela pourrait lui faire plaisir.

— « Ah ! c'est comme ça ! me dit-il d'un air déconfit ; on cherche tous les moyens de me contrarier ; mais à l'avenir, je ne mettrai plus jamais les pieds à l'Opéra. »

Il tint parole, et même, bien des années plus tard il se vengea de cette déconvenue, en faisant queue pendant de longues heures pour entrer au concert Pasdeloup. Un de nos amis qui l'avait vu là, rouge, ayant l'onglée et grelottant sous la neige, me dit combien il serait heureux de faire obtenir à Philoxène des places réservées.

— « Ah ! lui répondis-je avec effroi, gardez-vous-en bien, vous lui ôteriez ainsi son dernier plaisir ! »

Cependant les vains fantômes, les visions, les chimères disparaissent soudain et s'effacent devant la réalité. Philoxène devint amoureux, mais sérieusement cette fois, de l'excellente femme qui fut la sienne ; il l'épousa, et l'aima comme on aime, non pour la désirer en vain, mais pour s'unir à elle de corps et d'âme. Le temps des décevantes folies était passé ; la compagne choisie et bien choisie donna à son mari deux belles petites filles ; le poète de

Sapho n'avait plus aucune raison pour ne pas embrasser virilement et courageusement la Vie. Il n'avait plus d'argent; mais il avait le moyen et l'énergie d'en gagner. Tout de suite, il s'avisa de faire sur Shakespeare et son œuvre des leçons publiques, dont le succès fut très grand et qui furent avidement suivies. Il lui eût suffi de faire sténographier ces leçons, qu'il improvisait avec une rare éloquence, pour avoir un beau livre; mais là il fut repris par l'horreur de la parole imprimée, immobilisée, fixée à jamais, et aussi par la fièvre de l'érudition, dont il n'avait été momentanément guéri que par la fièvre des amours lyriques.

Son cours ne fut pas imprimé, s'évanouit comme une belle œuvre dispersée, et d'autre part, trouvant qu'il n'en savait jamais assez, quoiqu'il eût pénétré avec une rare divination le génie de Shakespeare, il se mit à lire, à dévorer, à s'assimiler tout ce qu'on a écrit sur l'œuvre shakespearienne. Mais il sentit alors combien les traductions sont pauvres et infidèles. Un jour que nous étions ensemble sur le boulevard des Italiens :

— « Je vais apprendre l'anglais, » me dit-il.

Aussitôt il entra chez le libraire Truchy, acheta une cinquantaine de volumes et les fit empiler dans un fiacre, où il monta ensuite, et déjà, en me disant adieu de la main, il s'était mis à lire avec ardeur dans un de ces volumes.

— « Allons, me disais-je, Philoxène se moque de moi ! Il veut me faire croire qu'on apprend une langue de cette façon-là, en prenant tout d'abord le livre, et en remettant à plus tard le dictionnaire et la grammaire ! »

Il se moquait si peu de moi que quelques mois plus tard il me lisait à livre ouvert Tennyson et tous les poètes anglais modernes ; il profita d'ailleurs de sa science nouvelle pour dévorer toute la littérature anglaise; après quoi il apprit l'allemand par le même procédé, et avala une quantité de poètes et de philosophes allemands qui eussent donné une indigestion au plus robuste bibliomane; mais en fait de science, Philoxène avait un estomac d'autruche, et pouvait digérer tout, le fer, les tessons et le sable, comme la plus savoureuse nourriture.

L'Érudition, la sauvage, implacable et obsédante érudition du père Austremoine avait repris sa proie. Ami d'Arsène Houssaye, Philoxène donnait des leçons royalement payées à son fils Henry, dont il a fait, comme on sait, un excellent helléniste; pour préparer une de ces leçons, le poète passait des journées dans les bibliothèques, arrivait chez son élève bourré de documents, et lui apprenait à la fois le grec, le latin, l'histoire, la critique, les lettres modernes, et partait de Pindare ou d'Aristophane pour arriver au livre de la veille. Livré plus que jamais au démon de la lecture, Philoxène n'écrivait plus que les articles indispensables au pain quotidien, et le reste du temps lisait, lisait, lisait, insatiable tant qu'il n'avait pas lu tout ce que les hommes ont écrit et pensé depuis le commencement du monde.

Il finit par ne plus sortir de chez lui, et plus tard par ne plus se lever! Il avait rassemblé une immense quantité de livres, qu'il avait rangés dans une seule chambre dont les murailles étaient entièrement garnies de tablettes en sapin, et où en outre il n'y avait rien autre chose qu'un lit très bas, sur lequel Philoxène, assis ou couché, lisait, atteignant les in-folio, les volumes de toute dimension, et prenait des notes d'une écriture fine, serrée, microscopique, presque illisible pour lui-même. Pris d'une singulière manie de lettré, lorsqu'il avait écrit une phrase nette, claire, bien venue, exprimant parfaitement sa pensée, il ne se tenait pour content que s'il la retrouvait à peu près semblable dans un auteur grec ou autre, car sa phrase ne l'aurait pas satisfait s'il n'avait pu la faire suivre de ces mots : *Comme dit si bien Aristote...* ou : *Comme dit Jamblique!* Aussi n'écrivait-il plus en vers ! Acharné à l'étude insatiable, enlacé comme un Laocoon, par tous les serpents de la pensée humaine, il ne mangeait plus, ne dormait plus, et lisait toute la nuit comme il avait lu pendant tout le jour. Lorsque nous le perdîmes, âgé de trente-sept ans à peine, je demandai au docteur Piogey de quoi mourait notre ami, et le docteur me répondit : « Il meurt de vieillesse! »

En effet, il avait les cheveux blancs, il était pâle, ridé, courbé vers la terre, il avait vécu mille vies, emporté au-delà de son œuvre et de son art par les Chimères de la curiosité et du désir. Il était de la race de ceux que tente et déchire l'appétit de l'impossible, et qui sans cesse interrogent le Sphinx muet. Tendrement amis et unis comme deux frères, il n'y eut jamais deux êtres si dissemblables que nous, et c'est pour cela sans doute que nous nous aimions. Pendant bien longtemps, Philoxène, lorsqu'il consentait à écrire un de ses poèmes, l'écrivait sur de petits morceaux de papier non numérotés qu'il enfouissait et chiffonnait dans ses poches.

Aussi me prenait-il dans une profonde pitié, lorsqu'il me voyait mener toujours à bout le travail une fois commencé, écrire régulièrement sur de belles pages blanches, et corriger des épreuves avec un soin minutieux. — « Ah ! cher ami, me disait-il, il y a en toi une sublime femme de ménage ! » Assurément *sublime* était de trop, mais Philoxène n'avait pas tort. Oui, le véritable esprit poétique est celui qui s'envole d'une aile éperdue à travers les cieux, les vents glacés, les noirs ouragans, les astres qui le brûlent, et non pas celui de l'homme qui fait humblement sa besogne, comme un casseur de cailloux. Mais le simple artiste doit avoir en lui beaucoup de l'ouvrier, car, même pour exprimer l'inexprimable, il faut assembler des mots et des syllabes, et le plus divin poëme, une fois qu'il est copié, devient de la « copie! »

XXXIII

VALENTIN PARISOT.

Ce qui fait la force du répertoire de La Fontaine, ce comique sans égal, c'est qu'il ne quitte jamais la scène, et qu'on le représente continuellement, avec des variantes insignifiantes. Une de ses comédies qui sont le plus souvent jouées, c'est *Les Animaux malades de la Peste*, et, pour ma part, j'en ai vu une reprise, qui m'a laissé une vive impression. Cette fois, comme on le verra, la bête sacrifiée était un Aigle bien plutôt qu'un Ane; mais cela ne fait rien au sujet; l'important, c'est qu'on égorge comme coupable de tous les crimes, une bête innocente.

A un moment où, déjà malade, j'écrivais d'une main bien fatiguée et débile, mon très cher ami Philoxène Boyer m'apprit que Valentin Parisot, très lié avec son père, avait lu mes poésies avec intérêt et désirait me connaître. Je fus ravi sans doute, mais en même temps confus et humilié d'un tel honneur. Parisot était alors, et il reste encore aujourd'hui, presque inconnu du public; mais nous savions, nous, que ce savant prodigieux, que cette tête encyclopédique était un autre Pic de la Mirandole, plus étonnant que l'autre. Il savait, sans exception, toutes les langues modernes et anciennes, y compris le sanscrit, et il écrivait en vers épiques et lyriques dans toutes les langues. Il avait traduit le *Mahabharata*, et mis en prose française les deux cent mille stances de Vyâsa, toutes les guerres des Koravas et des Pandavas, tous les exploits de Krichna et d'Ardjouna ! Comment recevoir un tel homme ? Nulle connaissance humaine ne lui était étrangère, et moi, j'ai toujours été pareil, en tout petit, à *Lamartine ignorant qui ne sait que son âme*, à cette exception près que je ne sais pas mon âme. Comment un si grand clerc ferait-il pour se mettre à la portée d'un pauvre être comme moi ?

Je n'étais pas exempt d'une vague terreur. Malgré tout ce que Philoxène avait pu me dire, le lieu commun, la convention, les idées toutes faites ont tant d'empire sur nous que je m'imaginais le fameux linguiste bourré de citations, pareil à un porc-épic et tout hérissé d'aoristes et de supins, tant nous avons de peine à nous figurer que les gens érudits sont tout le contraire des Trissotins ! Valentin Parisot vint me voir, et je trouvai en lui non pas seulement un homme simple, ce ne serait pas assez dire, mais le plus aimable, le plus spirituel, le plus amusant, le plus parisien des hommes, uni et bon enfant au-delà de toute expression. Il parlait de ceci, de cela, des femmes, de rien du tout, avec la verve et la plus fine et la plus cursive ; on eût dit que ce dompteur d'in-folios n'avait jamais lu que la gazette. Bien que ses jours et ses nuits se consommassent dans l'étude et qu'il ne sortît presque jamais, il savait la vie extérieure, le pavé, le bitume, comme un boulevardier de profession, et il n'ignorait pas le nom d'une seule actrice des Folies-Dramatiques. Comment cela? Certes, il n'avait pas cent sous à dépenser pour aller au théâtre, mais sur son chemin, sans s'arrêter, d'un coup d'œil rapide, il lisait l'affiche, et ces noms se trouvaient classés dans sa tête avec le reste ; car une fois qu'on s'y met, il n'est pas plus difficile de savoir tout que d'ignorer tout. Et puis, comme les grands intuitifs, comme Cuvier, ce remueur d'idées, cet assembleur de mots reconstituait le monstre entier avec un bout d'ossement! Il était si généreux, si divinement bon, que pendant notre causerie, il me fit dire le peu de choses qui me sont familières, et s'arrangea de façon à me faire briller : c'était tout à fait comme un Rothschild qui aurait eu l'exquise politesse de m'emprunter cent sous !

Bien entendu, je m'empressai d'aller remercier Valentin Parisot, de lui rendre sa visite, et je fus infiniment touché par la vue du logement où demeurait ce miraculeux et modeste génie. C'était dans l'île Saint-Louis, rue Boutarel, au premier étage. Dans cet intérieur franchement pauvre, tenu avec une propreté flamande, il n'y avait quasi pas de meubles, et les fenêtres avaient été seulement garnies de petits rideaux, évidemment faute de l'argent nécessaire pour acheter de grands rideaux. *Mais tu l'as, le plus doux et le plus beau collier !* Pareille à l'amie vigilante que Lemud a placée debout, accoudée au fauteuil de Théodore Hoffmann, derrière le maître travaillant passait, comme une ombre chérie, sa bonne, vaillante et indulgente femme qui l'aimait comme elle en était aimée, et qui en toute chose le comprenait parfaitement, car Dieu nous accorde parfois de telles grâces !

Chez lui comme chez moi, Valentin Parisot, qui ne rougissait pas de son honnête misère, fut aimable, gai et parfaitement à son aise. Mais j'ai pu le voir triste et contraint ailleurs, dans les réunions officielles et devant les gros bonnets de l'Instruction publique. En effet, ce libre esprit, qui appartenait à l'Université, était coupable vis-à-vis d'elle et se l'avouait; avec son invincible clairvoyance, il se rendait bien compte qu'il était *le pelé, le galeux d'où venait tout le mal.*

Coupable! certes il l'était, et autant qu'on peut l'être; il avait beau s'effacer, se laisser oublier, se faire tout petit; sa seule vue n'était-elle pas un reproche vivant et permanent pour tous ceux qui *sont censés savoir ce qu'ils ne savent pas,* c'est-à-dire : pour tout le monde? Quoi! scandale effronté, cet homme parlait le turc, le russe, l'arménien, l'arabe : il avait composé des ouvrages sur les mathématiques; il était fort en physiologie et en histoire naturelle, aussi bien qu'en trigonométrie! C'est en vain qu'il faisait le bonhomme, le simple, celui qui n'y touche pas : les intéressés savaient trop bien qu'ils avaient devant eux un témoin clairvoyant, pour qui leur ignorance n'avait pas de secrets, et laissaient tomber sur lui des regards chargés de haine. Il était essentiellement et au suprême degré ce que l'argot moderne a appelé un *empêcheur de danser en rond;* par cela seul qu'il existait, il mettait obstacle aux fantasques évolutions de la grande ronde qui s'élance à la conquête des honneurs et des âmes, en déclinant fallacieusement : *Rosa, la Rose!* C'était un *gêneur;* il avait tondu l'herbe dans le pré des moines. *Rien que la mort n'était capable d'expier son forfait. On le lui fit bien voir.*

Et notez ce point, pas d'atténuation possible! Valentin Parisot écrivait et parlait toutes les langues, non pas un peu, vaguement, comme les gens qui en connaissent quelques mots, toujours montrés et ramenés à point comme les figurants du cirque, mais intimement et profondément. Il était professeur de faculté, ayant obtenu en province une chaire de littérature étrangère. Il l'avait demandée en vers italiens si beaux, si purs, emportés d'un tel souffle, qu'on n'avait pas osé la lui refuser; mais tout n'était pas fini là, et on lui gardait pour la fin un louveteau de la louve romaine.

A son cours, lorsque Parisot citait un poète, n'importe lequel, Homère, Dante, Virgile, Horace, Gœthe, Shakespeare, Milton, Byron, c'était toujours sans livre et de mémoire; il savait par cœur l'œuvre entière de tous les poètes, et il les récitait avec la musique rhythmée qui leur est propre, étant maître de leur prosodie et de leur métrique! Pour le simple grec, il en jouait comme Théophile Gautier de la langue française, et j'ai vu de lui des vers grecs écrits dans le rhythme sapphique, pleins de parisianisme et de mots spirituels, dans lesquels il parlait d'Arsène Houssaye, de mademoiselle Rachel, d'un tas de choses et de personnes, bien plus aisément que nous ne l'eussions fait en vers français : de tels procédés ne criaient-ils pas vengeance?

La vengeance eut lieu, et c'est toute une historiette. Philoxène Boyer avait un album qui existe toujours, et qui sera peut-être pour ses filles une petite fortune; car je ne crois pas qu'il y en ait un autre aussi riche, aussi curieux, aussi plein de raretés imprévues. On y voit des musiques inédites de Meyerbeer et de Félicien David, toutes les signatures illustres sous des légendes qui ne sont pas banales, et des boutades extraordinaires, comme ces deux-là, par exemple, écrites l'une au dessous de l'autre, sur la même page : *Toutes les personnes sensées préféreront de beaucoup le déshonneur à la mort.* AUGUSTINE BROHAN.
— *J'aime mieux être Rachel qu'Augustine Brohan.* RACHEL. Ce ne sont pas là de ces autographes courants, quelconques, et que l'on voit communément aux vitres des libraires.

Comme tout le monde, Valentin Parisot écrivit

sur l'album de Philoxène Boyer qui, ainsi que je l'ai dit plus haut, était le fils d'un de ses meilleurs amis. Il y mit des vers, français pour cette fois, écrits sur un des rhythmes les plus dansants et les plus gracieux du bon Ronsard. C'était une délicieuse et charmante fantaisie, aussi pure dans la pensée que dans la forme, et égayée par mille caprices de rime séduisants et imprévus, comme la Muse aime à les inventer lorsqu'elle s'inspire du seizième siècle. Cela n'a l'air de rien, n'est-ce pas? Eh bien! dans ces strophes envolées, chantant et battant des ailes comme des rossignols, il y avait le déshonneur et la mort d'un homme, grâce à l'Université *que l'Europe nous envie.*

Je raconterai la catastrophe en quelques mots. A Grenoble, où Valentin Parisot était retourné occuper sa chaire, il y avait une société de savants, curieux d'études historiques et archéologiques. Ces travailleurs, ces chercheurs obscurs imprimaient pour eux seuls un Bulletin, qui renfermait aussi quelques essais littéraires. Comme ce Bulletin était envoyé aux seuls membres de la Société et n'était vendu à personne, Valentin Parisot crut pouvoir y insérer impunément ses vers écrits sur l'album de Philoxène. Mais le hasard voulut qu'un des exemplaires, oublié dans une antichambre, tombât sous les yeux mêmes du ministre, et vous pouvez deviner quelle fut alors la joie des universitaires! On avait découvert le pot aux roses! On le tenait donc enfin, on le prenait en flagrant délit, la main dans le sac, le scélérat, le coupable, le criminel, celui qui savait le grec et le sanscrit, et qui s'était donné le luxe des rimes riches, comme Villon, comme Marot, comme Ronsard, comme Corneille et Molière dans leurs comédies, comme Racine dans *Les Plaideurs!*

Fut rédigé et inséré en tête de tous les journaux

de France, un BLÂME OFFICIEL, constatant que Valentin· Parisot avait compromis l'*alma parens*, en se livrant à des jeux frivoles et indignes d'elle. Il aurait livré une femme, vendu sa ville et son Dieu, qu'on n'aurait pas pu le traiter plus mal; il était abandonné aux Erynnies, retranché du commerce des vivants, maudit dans son sang et sa chair. C'est par pure indulgence qu'on renonça à le brûler, à traîner son corps sur une claie et à jeter sa cendre aux quatre vents.

Et maintenant, jeunes gens, *erudimini*, c'est-à-dire apprenez-vous à ne pas être érudits! Jules Vallès a très bien expliqué, en son livre saignant et sanglant, que, par le seul fait d'être bachelier, un homme est voué à tous les malheurs et à tous les désastres; à quoi ne devait pas justement s'attendre un homme qui s'était assimilé toutes les connaissances humaines, comme Pétrarque et Rabelais! Je n'ai jamais revu le condamné : où et comment a-t-il fini sa misérable vie? Sans doute, il a promené sous des cieux lointains sa tête coupable. Mais il n'y a pas lieu de s'apitoyer sur lui, parce que son aventure est trop exceptionnelle. Au contraire, il serait temps de s'inquiéter, si l'on se mettait à brûler les gens qui ne savent pas la règle des participes, parce qu'alors les fagots seraient hors de prix, et il faudrait donner un louis d'or pour se procurer un margotin. Et même, dans ce cas-là, il est probable que la forêt de Fontainebleau serait bientôt changée en une plaine aride, où les vents du ciel pourraient se déchaîner à leur aise, sans crainte d'y rencontrer une branche d'arbre!

XXXIV

HIPPOLYTE BALLUE

En 1852, mon ami Philoxène Boyer et moi, nous eûmes l'idée audacieuse de composer une comédie satirique, une sorte de Revue comme en jouent les théâtres de genre, intitulée *Le Feuilleton d'Aristophane*, dans laquelle les Athéniens du Prologue parleraient en prose, tandis que les Parisiens de la Comédie s'exprimeraient en vers aux rimes comiques et inattendues, et où les alexandrins seraient mêlés de strophes lyriques, tantôt sérieuses et bouffonnes. Proposer un tel programme, c'était s'exposer à se faire bannir à jamais de tous les théâtres, et comme dit l'honnête Bouchardy, *avec défense de porter le nom de Pietro!* Mais le bonheur voulut que le directeur de l'Odéon fût alors Altaroche qui, comme nous, aimait la poésie passionnément et ne cherchait que plaie et bosse. Notre projet lui plut tout à fait, précisément parce qu'il n'était pas banal; il nous encouragea à écrire la pièce, et dès qu'elle fut écrite, il la mit en répétition. Pour le tableau final qui, après un changement à vue franchement shakespearien, devait représenter la place publique d'Athènes, Altaroche, sans bourse délier, avait à sa disposition, et à la nôtre, un fort beau décor peint six années auparavant pour le *Diogène* de Pyat. Quant aux costumes, nous étions bien persuadés qu'il nous les ferait, aussi beaux que possible, pourvu que nous sachions dire ce que nous voulions ; mais là précisément était la difficulté. Nous avions plusieurs personnages allégoriques, notamment *Le Palais de Cristal*, joué par la charmante Valérie, qui depuis... mais alors elle n'était rien qu'une toute jeune, aimable et spirituelle comédienne. Or, comment habille-t-on une demoiselle en Palais de Cristal, et quel rapport y a-t-il entre un Palais de Cristal et une demoiselle? Poser la question, c'est la résoudre : il n'y en a pas.

Aujourd'hui, on ne serait nullement embarrassé ; on dirait : « Faisons venir le dessinateur de costumes. » Mais en ce temps-là, de telles prodigalités n'étaient pas connues, et si bien intentionné qu'il fût, Altaroche n'était pas assez riche pour attacher ses poètes avec des saucisses. Donc Philoxène et moi, nous nous décidâmes à faire exécuter des aquarelles à nos propres frais, sans en rien dire, et à arriver un jour avec ce tas d'images, comme un vautour qui à l'improviste fond sur sa proie. Il restait à choisir l'artiste, mais ceci ne pouvait faire l'objet d'un doute ; le nom forcément indiqué était celui d'Hippolyte Balluë. J'avais trop fréquenté les petits théâtres, et particulièrement les Funambules, pour ne pas connaître de vue ce fantaisiste d'une originalité rare, qui au boulevard du Temple, où l'appelaient souvent ses occupations et aussi ses goûts, était aussi populaire que Frédérick Lemaître et Deburau ; mais je ne lui avais jamais parlé.

Hippolyte Balluë avait reçu des Dieux qui président à nos destinées un don très heureux, et un autre don étonnamment fatal. Le premier consistait en ceci que, pareil à un Grec des temps antiques, il avait le génie de symboliser clairement les idées les plus abstraites, et de leur imposer la forme humaine. Aussi était-il le magicien nécessaire et indispensable aux Revues, qui ne vivent que de ces personnifications ingénieuses. Il savait donner une figure aux imaginations les moins plastiques et pouvait, en se jouant, habiller une femme en *Sécheresse,* en *Pluie,* en *Nouvelle à la main,* en *Question d'Orient,* d'une façon assez évidente pour que, sans avoir consulté le programme, chaque spectateur pût s'écrier aussitôt : « Voilà la Question d'Orient et voilà la Pluie ! » Et il n'était pas embarrassé davantage pour féminiser les objets purement matériels qui en aucune façon n'éveillent l'idée de femme, tels que l'Horloge d'Allemagne, le Bilboquet ou le Feu d'Artifice ! L'universel anthropomorphisme, qui sous le crayon de Grandville devenait bouffon et caricatural, trouvait dans les aquarelles gouachées de Ballue une grâce imprévue et séduisante. Mais ce qu'il y avait de plus précieux et de plus rare, c'est que ces images étaient parfaitement compréhensibles pour le costumier et pouvaient être interprétés avec d'autant plus de certitude que, d'un mot rapide, l'artiste indiquait sur la marge les noms des étoffes avec lesquelles devait être exécutée au naturel telle ou telle partie du costume.

Les étoffes ! on verra tout à l'heure par suite de quelles circonstances il en connaissait à fond les beautés, les défauts et les ressources. Il les connaissait si bien que, par l'emploi qu'il en faisait, il métamorphosait à son gré le comédien et changeait la structure de son corps. Une comédienne très belle, mais d'une ampleur superbe, aux épaules aussi opulentes que celles de la maîtresse du Titien, lui écrivait une fois de Saint-Pétersbourg : « Je suis perdue ! Je joue à la fin de la semaine prochaine le rôle de Doña Sol, dans lequel il faut que je sois mince. Vite des croquis, poste pour poste! » L'artiste envoya les croquis, trouvés avec son génie impeccable, et la comédienne parut mince comme un lys. Avec ce talent de pouvoir leur donner exactement et à point nommé la beauté qu'elles désiraient avoir, on pense si Ballue devait être l'ami des femmes; mais hélas! malheureusement pour lui, car je passe au second point, il l'eût été sans cela encore, et mille fois plus qu'il ne l'aurait fallu pour son œuvre de peintre et pour la tranquillité de sa vie.

Merveilleusement beau, malgré sa tête déjà chauve, basané et vermeil comme un More d'Espagne, très doux avec des traits héroïques et farouches, avec des yeux profonds, impérieux, caressants, humides, aux grands cils, et avec une fière moustache noire qui laissait entrevoir sa lèvre de pourpre, il exerçait sur les femmes une fascination irrésistible. Les actrices de la comédie et les grandes dames des avant-scènes, aussi bien que les fillettes sur le boulevard du Temple, étaient conquises sans combat par son étonnant regard, et une telle séduction émanait de tout son être qu'il fut un don Juan sans l'avoir voulu, et sans jamais avoir eu besoin de proférer aucun mensonge.

Je ne puis m'empêcher de resonger à lui chaque fois que je relis le beau poème des *Contemplations*, où le rimeur rencontre la petite baigneuse déchaussée et décoiffée, assise pieds nus parmi les joncs, et. comme entrée de jeu lui dit, sans autre forme de procès : *Veux-tu t'en venir dans les champs?* Ballue, lui, n'avait même pas besoin de dire aux femmes : *Veux-tu venir?* elles venaient sans qu'il leur eût rien dit, et elles le suivaient docilement, comme des gazelles apprivoisées, ou comme des tigresses folles d'amour. Elles venaient, humbles, irritées, menaçantes, éperdues, soumises, marchant dans sa trace et cherchant ses yeux et son rouge sourire. Elles venaient, les grandes, les terribles, les mignonnes, les petites, les dédaignées, les splendides, et sans doute l'artiste eût été d'abord flatté de faire un choix parmi elles; mais il n'était pas consulté, et il fallait qu'il les choisît toutes; chacune voulait donner son coup de dent et avoir son morceau de la proie.

Notez qu'à Paris il en est des amants comme des médecins; ou ils ont cent mille clientes, ou ils n'en ont pas une; c'est tout l'un ou tout l'autre. Malheureusement, c'était tout l'un pour Ballue; grand travailleur, acharné à gagner la fortune pour une mère qu'il adorait, il avait beau s'inquiéter en sentant dans son front alourdi la fatigue et les redoutables indices; il avait beau s'apercevoir qu'il usait la chandelle par les deux bouts; il ne pouvait jamais se ressaisir, être rendu à lui-même, et il n'était jamais l'objet qui a cessé de plaire! Toutes les femmes le voulaient, et mettaient sur lui leur griffe inassouvie, oui, toutes, même les blasées, les froides, les insensibles, même les Damnées que le poète a chantées douloureusement, et qui regardent les vagues horizons. Elles retrouvaient pour lui des désirs et des sens, et ces chercheuses d'infini qui ne sont affamées de rien, étaient affamées de lui.

Quelle situation que celle d'un Tantale à rebours qui, assis tout seul devant un immense festin, doit à lui seul manger tous les mets et vider toutes les amphores, et aussi croquer tous les fruits que mettent à sa portée les branches pendantes, et encore épuiser tout le flot du ruisseau qui, à ses pieds, frissonne et murmure! Les trop heureuses Danaïdes n'ont à remplir qu'un tonneau sans fond; mais lui, il faut qu'il remplisse de sa propre vie les cœurs et les âmes de toutes les Danaïdes! Tel était l'homme chez qui j'arrivai, un peu intimidé par la légèreté de ma bourse ; mais la question d'argent et la question d'art furent vite réglées entre nous, car il avait l'invention inépuisable, et toutes les délicatesses. Voyant trop bien que je n'étais pas riche, il poussa la politesse exquise jusqu'au point de ne pas m'offrir ses dessins pour rien ; mais il me demanda un prix dérisoire, et j'en fus touché jusqu'aux larmes.

Puis, comme *Le Palais de Cristal* était ma grosse inquiétude, il voulut prendre tout de suite le taureau par les cornes, et séance tenante, laissant là un tableau auquel il travaillait, il prit une feuille de papier, un pinceau d'aquarelle, et en moins de rien, avec une verve inouïe, avec un esprit d'enfer, avec une incroyable certitude, il improvisa ce costume où le diamant, la gaze d'argent, la toile d'argent, les étoffes de verre, les joyaux d'argent imbriqués à la mode russe, produisaient un intense et prodigieux effet de cristal. J'étais ébloui, charmé, stupéfait, et j'admirais surtout le métier du peintre, si personnel et merveilleusement trouvé, qui lui permettait de donner aux métaux, aux étoffes, aux pierreries la qualité propre de leur substance, sans être forcé de rien atténuer ni de rien éteindre ; car bien qu'il osât les montrer dans l'éclat vif et cru de leur resplendissement, il savait à travers toutes ses violences trouver une harmonie, arrivant au calme à force de passion et d'audace. De ce moment-là, nous étions amis ; je pris alors possession de l'atelier, je jetai les yeux autour de moi, et dans les tableaux posés sur les chevalets, qui m'aveuglèrent d'abord et me charmèrent ensuite, je remarquai les mêmes qualités ou les mêmes défauts, car c'est tout un ! qui m'avaient enchanté dans les dessins de costumes.

Mes yeux furent attirés surtout par des paysages peints au pastel avec une capricieuse furie, où les feuilles semblaient d'émeraude, les ciels couchants de flamme ensanglantée, les terrains d'or et de pourpre violette, les eaux d'argent en fusion et de diamant; mais l'artiste avait noyé toutes ces joailleries dans une bien réelle atmosphère, frémissante et vivante, qui leur rendait leur qualité de cieux, de ruisseaux et de feuillages, et les faisait respirer et vibrer dans la rassurante lumière.

D'ailleurs, il faut dire qu'il avait peint la nature sincèrement et comme il l'avait vue; ses prunelles ressemblaient à ces cavernes d'or où les génies voleurs du feu entassent les rubis, les topazes et les escarboucles. Comme je m'enivrais de toutes ces chatoyantes et fabuleuses richesses, entra dans l'atelier une grande femme aux nobles traits, aux cheveux blancs, à la démarche imposante, qui, bien qu'elle fût aveugle, se dirigeait sans hésitation dans le chemin connu et parcouru mille fois; c'était la mère de Ballue. Elle tenait une pièce de satin épais et magnifique et plusieurs paires de bas de soie à jours ou à coins brodés, qu'elle toucha d'abord à plusieurs reprises et qu'elle montra ensuite à son fils avec un air de reproche. Lui, le pauvre artiste, il se leva et baisa les mains de sa mère avec une ineffable tendresse; mais sans répondre à cette caresse doucement émue et soumise, la vieille dame s'éloigna d'un pas majestueux, comme gardant quelque amère et secrète rancune.

Il fallait bien que Ballue m'expliquât cette scène, incompréhensible pour moi. Certes, il se connaissait en étoffes, lui qui de son premier métier avait été commis de magasin, (et ceci l'amena à me raconter par suite de quelles circonstances très singulières il avait découvert sa vocation de peintre;) mais quelque prodigalité, quelque soin, quelque recherche attentive qu'il mît à se procurer des tissus dignes d'une reine, il ne pouvait arriver à contenter l'exigeante aveugle, si chère à son cœur. Elle avait été, elle était sans doute encore la meilleure des mères ; mais depuis que ses yeux s'étaient fermés à la clarté, la solitude avait exaspéré en elle le goût des damas, des satins, des lampas, qu'au toucher elle ne trouvait jamais assez beaux.

Elle n'en faisait d'ailleurs aucun usage, et les jetait dans les armoires, après les avoir dédaigneusement caressés de ses longues mains pâles. Ballue travaillait les jours et les nuits, arrivait à gagner des flots d'or, et toujours achetait des étoffes plus luxueuses et plus chères, sans que sa mère les trouvât à son gré ; il était dit que ce pauvre homme serait voué à toutes les tâches impossibles. Il se vengeait sur ses crayons et sur ses pinceaux, qu'il forçait à créer des jardins de pierreries et de lumière, et des personnages de comédie vêtus plus richement que des rois d'Asie sur leurs trônes, ou que des génies énamourés, couchés parmi les fleurs dans la verte forêt de Titania, sous la délirante clarté des étoiles.

En entrant dans la vie, Hippolyte Ballue avait été commis de magasin, et certes il semblait que le Destin fût en délire, ou qu'il se moquât du monde, lorsqu'il condamnait à auner de la toile ce beau jeune homme terrible et fauve, pareil à Boabdil, roi de Grenade. Mais, au contraire, le Destin ne se moque de personne, et sait très bien ce qu'il fait. C'était l'époque où l'on commençait à inaugurer les grands étalages, qui forcent le passant à s'arrêter et, avant qu'il ait eu le temps de se reconnaître, lui demandent la bourse et la vie.

Seulement, on les exécutait d'une façon bien initiale et primitive, qui aujourd'hui nous fait sourire, car une fois que l'Amérique est découverte, on se demande avec étonnement comment des tas de

générations ont pu vivre sans connaître l'Amérique.
Ces étalages qui commençaient à crier leurs turbulentes fanfares, on les trouvait au hasard, par le tâtonnement; en essayant vingt et cent fois de suite des combinaisons nouvelles, pour lesquelles il fallait déplier, — et quand on s'était trompé, replier — des pièces d'étoffe de cent mètres, et c'était toujours à recommencer, et ce n'était jamais fini, et l'étoffe à l'instant repliée était dépliée de nouveau, si l'on s'apercevait que la disposition tout d'abord abandonnée était cependant la bonne. Hippolyte Ballue, qui tout de suite s'était distingué au premier rang parmi les étalagistes, mais qui avait les bras rompus d'avoir accroché et décroché les satins et les cachemires, s'avisa d'un rien qui était tout, comme l'œuf de Colomb. Il se dit qu'on avait à son service, sans exception, toutes les couleurs et toutes les nuances, et que par conséquent, si l'on pouvait savoir d'avance laquelle devait être montrée ici et là, il n'y aurait plus à exécuter qu'un travail mécanique.

Il imagina donc de peindre sur du papier l'étalage tel qu'il le rêvait, tel qu'il s'éveillait dans sa tête, et de le réaliser ensuite, en le copiant servilement avec des étoffes : l'étalage moderne était trouvé, et dans cette découverte il y avait déjà en germe le *Bon Marché*, les *Magasins du Louvre*, et toutes ces Babels où, pour la perdition des hommes, l'antique feuille du figuier du paradis s'est métamorphosée en tant de figures diverses! Les premières aquarelles d'étalage que peignit Ballue éclataient comme de fulgurantes symphonies; mais si du premier coup elles avaient créé en lui un peintre, elles avaient en même temps supprimé et tué pour jamais le commis de magasin. A présent que ce jeune homme subitement inspiré s'était grisé des rouges et des roses, des violets et des bleus, des verts graves et tendres, et qu'il avait célébré la gloire triomphale des jaunes, et qu'il avait noyé ses prunelles dans les splendeurs orgueilleuses des pourpres, bien malin aurait été celui qui l'aurait décidé à dire une fois de plus : « Madame, voici un article exceptionnel et une affaire très avantageuse! » La radieuse Chimère l'avait touché de son aile, et il ne pouvait plus être rien, sinon un peintre. Il ne raisonna pas, secoua la poussière de ses bottines sur le seuil exécré de la boutique, et comme la garde impériale, il entra dans la fournaise, c'est-à-dire dans le Paris turbulent et vertigineux, résolu à y vivre de sa peinture.

A en mourir plutôt! car, jusque-là, le futur artiste avait savouré les voluptés de la tache et les éblouissements crus de la lumière; mais dès qu'il s'efforça de représenter quelque chose, il dut s'avouer qu'il ne savait dessiner ni beaucoup, ni un peu, ni dans une certaine mesure, et que, tout compte fait, il dessinait un peu moins que pas du tout. Cependant, après être allé plusieurs fois au bal masqué, il en rapporta dans sa tête des figures envolées de folles danseuses bondissantes, un peuple de masques et mille visions féminines. Tout cela, il le mit sur le papier avec une amusante fièvre ; les têtes étaient jolies, un ouragan éparpillait les chevelures, les lèvres souriaient et hurlaient; enfin les satins miroitaient, les velours accrochaient la clarté des lustres, les ceintures de soie se cassaient en plis superbes; mais dans toute cette belle friperie il n'y avait pas de corps, vu que le corps humain ne s'invente pas. Surtout les pieds et les mains se refusaient entièrement à devoir la vie aux inconscientes hardiesses du pinceau, et les personnages de Ballue, diaprés comme des papillons, étincelants comme les chemins d'Eldorado, brillants comme des jardins de fleurs, restaient tristement estropiés. Enfin il fallait vivre! l'artiste alla montrer ses aquarelles à des marchands qui lui rirent au nez, et bien qu'en ce temps-là les meilleurs peintres eussent coutume de consulter leur caprice bien plus que la nature, la fantaisie affreusement libre de ce nouveau venu fit l'effet d'une émeute et d'une *Marseillaise* vociférée sur les barricades. Cependant un marchand plus audacieux que les autres fit affaire avec le jeune insurgé, et même, séance tenante, signa un traité avec lui.

D'après ce traité, Ballue s'engageait à peindre à l'aquarelle pour ce formidable Mécène des scènes de carnaval à deux personnages, moyennant QUARANTE SOUS LA DOUZAINE! Par exemple, il stipula que ses personnages n'auraient pas de pieds ni de mains, parce qu'il savait trop par expérience que les pieds et les mains tenaient rigueur à son pinceau, et se dérobaient d'une façon expresse à tout accommodement. De plus, l'artiste devait livrer chaque jour plusieurs douzaines d'aquarelles, dont le nombre était rigoureusement fixé, et il était entendu qu'une seule infraction à cette clause entraînait la rupture immédiate du contrat.

Amédée Pommier (je ne parle pas du Dante!) a oublié dans son *Enfer*, rimé avec une cruelle richesse, ce supplice dont la dureté eût épouvanté sans doute un casseur de cailloux. Mais Ballue voulait bien casser tous les cailloux. Il avait la bravoure d'un héros, la patience d'un alchimiste, la résignation d'un esclave, et son impérieuse volonté ne voyait pas de nuances entre le possible et l'impossible. Il en fit tant et tant de ces douzaines d'aquarelles à quarante sous la douzaine, car il avait le droit d'en peindre plus que le compte! il les fit pulluler si démesurément sous ses doigts agiles, qu'à force de récolter des gros sous, il finit par gagner de l'argent. Alors, il prit des modèles, il put enfin se trouver le crayon à la main en face d'un torse nu, et comme tous les vrais coloristes, (car tout chemin mène à Rome... et à Florence!) il trouva son dessin personnel, mais après quels grincements de dents et quelles amères angoisses!

Le divin poète Théophile Gautier, las de copie, et exaspéré d'avoir célébré tant de choses qui n'existent pas, me disait peu de temps avant sa mort, avec une tristesse désespérée et tranquille : « Quel métier va-t-on encore nous faire faire! » Lui, Ballue, fit en commençant tous les métiers qui peuvent se faire avec un crayon et un pinceau, infatigable, universel et inspiré pendant douze heures par jour, parce qu'il fallait qu'il le fût. Ce qu'il dessina de joyaux, de meubles, de reliures, de buires, de pommes d'ombrelles, ce qu'il peignit d'écrans, de paravents, d'éventails, il faudrait cent ans pour le dire! Un photographe avait inventé une combinaison effroyable, dont la seule pensée nous fait froid dans la moelle des os. Ayant de ses portraits en pied tiré des épreuves pâles, il les faisait peindre, colorier et compléter par trois artistes du plus grand mérite, dont la collaboration empirique produisait le plus délicieux et cruel charivari. Un ancien prix de Rome (ceci n'est pas une épigramme!) coloriait les vêtements, et un miniaturiste roué comme Talleyrand peignait les têtes en miniature ; puis venait le tour d'Hippolyte Ballue qui, expert à imaginer une nature plus belle que nature, à faire chatoyer les étoffes et flamber les ors, peignait un fond *au gré du client.*

Grâce à son universelle magie, le bourgeois portraituré vivait, selon son caprice, au bord d'un lac, ou dans les forêts alpestres, ou dans les jardins de Chenonceaux, ou dans un appartement plus riche que la galerie d'Apollon, au milieu des bibelots les plus somptueux, car il n'en coûtait pas plus cher pour faire le beau, comme un Rothschild, au milieu des coupes en jade et des bustes d'empereur romain en cristal de roche posés sur des étagères d'or, ou comme Erasme dans une librairie sévère, ou comme madame de Pompadour parmi la collection complète de l'Encyclopédie. Demandez, faites-vous servir! Ballue leur prodiguait les damas clairs, les étoffes orientales, les tapis de Perse, ou s'ils l'aimaient mieux, les jasmins et les roses, comme s'il en pleuvait, et tout cela étincelait, scintillait et ruisselait comme un feu d'artifice, car le jeune artiste dépensait une furie de couleur grâce à laquelle les clients du photographe se donnaient à bon marché un luxe titanique et se trouvaient tous mieux logés que le roi Salomon. A ce métier absurde, le peintre gagnait cent francs par jour; ce n'était pas cher pour donner aux gens à indiscrétion des paysages vertigineux et des palais féeriques. Mais, comme disent les portières, il n'était pas regardant, et pour peu qu'ils en eussent exprimé le désir, il aurait volontiers logé les Boétiens de Paris dans les salles brodées de l'Alhambra ou sous les fleurs arborescentes du Paradis.

Enfin, Malherbe vint... il finit toujours par venir! Un directeur de théâtre s'avisa de penser qu'avec son imagination, sa fougue de coloriste et sa précieuse connaissance des étoffes, Ballue serait le premier costumier du monde. Comme je l'ai dit, il ne se trompait pas, et l'expérience se chargea de lui donner raison de la façon la plus éclatante; mais je n'ai pas tout dit.

Il y a sur la terre des comédiennes très spirituelles

et pleines de malice ; un beau matin, l'une d'entre elles fit un raisonnement très simple. Elle se dit que le peintre qui savait la faire si belle sur la scène, saurait aussi la faire belle partout ailleurs, et elle s'arrangea de façon à devenir assez l'amie de Ballue pour qu'il lui dessinât des costumes de bal et des costumes de ville. Aussi effaça-t-elle ses rivales comme la lune efface les petites étoiles ; mais si bien gardé qu'il fût, son secret devint bientôt le secret de Polichinelle. Alors à prix d'argent, à prix d'amour, à tous les prix possibles, les autres comédiennes eurent aussi leurs toilettes dessinées et peintes par Ballue, et, devenues toutes aussi belles les unes que les autres, elles se regardaient stupéfaites comme Robert Macaire regarde Wormspire, lorsqu'au milieu de la partie de cartes où ils trichent tous les deux avec une égale application, le célèbre brigand dit à son collègue : « Beau-père, nous ne pouvons rien nous faire! » Mais alors une autre révolution se produisit, bien autrement importante que la première. Aux représentations de gala, aux bals de bienfaisance, aux fêtes données par souscription, les femmes du vrai monde, les duchesses authentiques s'aperçurent facilement que les comédiennes étaient beaucoup trop bien vêtues pour le goût et la distinction qu'on est en droit de leur supposer, et elles cherchèrent la pensée créatrice qui se cachait derrière ces marionnettes. Ayant voulu savoir le secret, elles le surent, elles n'eurent pas de peine à trouver l'homme, et dès lors toutes les d'Espard et toutes les Maufrigneuse, pour qui le bal, sous l'éblouissement des flambeaux, est toujours la grande bataille décisive, voulurent y paraître costumées par Ballue. Chacune voulut arriver la première, avoir son aquarelle avant les autres ; aussi comprenaient-elles qu'en ce cas il ne sert à rien de prodiguer l'or, et qu'il faut recourir au grand moyen : elles y recouraient toutes! Mais une telle avalanche de bonnes et détestables fortunes aurait brisé même la force sacrée d'Héraklès, et bien qu'il fût coulé en bronze florentin, Ballue n'était pas un dieu. Il fit ce que peuvent faire dix hommes et cent hommes, et tous les grenadiers de la grande Catherine; mais tout a des bornes, même l'impossible réalisé, et si d'une lampée un Titan altéré tarit l'eau d'un fleuve, ce n'est pas une raison pour qu'il puisse tarir l'eau de vingt fleuves.

Ballue prit un grand parti, et fit comme Gribouille, qui pour échapper aux aiguilles lancinantes de la pluie, se jette franchement à l'eau. Il se maria. Il pensa qu'il allait enfin trouver une vie tranquille, un intérieur ami, et que dans ses rêves il ne verrait plus bondir et danser autour de lui ces milliers de femmes échevelées qui lui envoyaient des baisers et des sourires, et en revanche emportaient sa vie. Il comptait se reposer; mais il était trop tard. On l'avait fait trop travailler; il avait peint trop de tableaux, trop de paysages, trop de costumes, trop de robes ; trop de gammes de couleurs s'étaient logées dans ses prunelles et y menaient un sabbat effroyable. Trop de femmes avaient vidé sa pauvre tête, pareilles à la poule faisane qui de son bec aigu ouvre le crâne du faisan et lui hume la cervelle, comme nous mangeons un œuf à la coque. L'âme trop fatiguée, trop lasse, impatiente de l'azur, s'évada la première d'un vol frémissant, laissant tout seul le pauvre corps inerte et flétri, qui, avant que la douce mort le délivrât, n'avait presque plus la force de souffrir. Au moment où Ballue sentit qu'il ne pourrait plus travailler jamais et que son intelligence s'éteignait comme une mourante flamme, sa dernière pensée fut pour sa mère. — « Hélas ! dit-il douloureusement, elle que ne satisfaisaient pas les satins et les plus riches étoffes d'Orient, comment fera-t-elle pour se distraire encore, lorsqu'elle n'aura plus à caresser que des chiffons et des loques misérables! »

XXXV

L'ACTEUR GRASSOT

L'acteur Grassot a été un des plus étonnants bouffons qui aient jamais nagé dans l'absurde, comme un cygne dans l'eau pure d'un lac. Maigre, émacié, ridé, strié, vénérable, absurde, ayant au cou plus de cordes qu'il n'y en a dans la boutique d'un cordier, il disait des calembredaines avec sa bouche fendue jusqu'aux oreilles, et de ses petits yeux perçait les âmes comme avec des vrilles, tandis que, lancé dans l'air étonné, son grand bras simiesque menaçait le vide, décrochait les étoiles et ameutait les Dieux, et que son doigt tendu comptait l'un après l'autre des objets absents, en les désignant chacun d'un claquement de langue. Le *Gnouf! gnouf! gnouf!* de Grassot, interjection dénuée de sens et à laquelle on ne trouverait point d'analogue, si ce n'est dans les idiomes antiques, a été aussi célèbre que le : « Soldats, je suis content de vous ! » de Napoléon. C'est, comme on le sait, à propos de ce même Grassot qu'à été inventée l'expression d'argot si pittoresque : « *Avoir son jeune homme* », employée dans le sens de : Être légèrement ivre. En effet, ce comédien avait toujours un jeune homme qui, du matin au soir, l'accompagnait, comme Pylade accompagne Oreste, et à qui il posait son coude sur l'épaule, et qui lui offrait des petits verres de liqueurs diverses, par admiration pour son génie. En voyant l'acteur plongé tout éveillé dans les rêves couleurs de topaze, on avait dit naturellement : « Ah! il a son jeune homme! » de sorte que le jeune homme naïf, promu par sa propre volonté aux fonctions de Ganymède, avait une existence à la fois réelle et symbolique.

Aussi fantasque à la ville qu'au théâtre, Grassot eut le grand mérite d'être toujours semblable à lui-même. On le vit, dans une comédie, paraître sur la scène avec un faux-front aussi haut qu'un chapeau tuyau de poêle. : c'étaient là de ses jeux! Il excellait à déclamer le récit de Théramène, en y intercalant, sans détruire le mouvement du morceau et le rhythme du vers, un tas de réflexions en prose, ébouriffantes et cocasses, qui ressemblaient alors à de tranquilles passants emportés malgré eux dans la furie d'une danse héroïque. Il accompagnait les hémistiches de parenthèses comme : *Je ne lui fais pas dire!* ou bien : *Qu'on le remarque!* ou bien, quand le poète nous montre Hippolyte devenu un corps défiguré : *Ah! mes enfants, quelle gadoue!* Parfois, il s'arrêtait, changeait de ton et de voix, trouvait un autre nasillement et un autre cri guttural pour faire un sort particulier à tel ou tel mot, comme par exemple au mot : *Maintenant!* dans le vers : *L'œil morne maintenant...* Son inflexion disait avec une douce pitié pour l'intelligence de l'auditeur : « N'allez pas confondre. *Maintenant!* c'est seulement à partir de *maintenant* qu'ils ont l'œil morne! »

Mais pour être sublime, Grassot n'avait nullement besoin d'interpréter un texte ; sa propre improvisation lui suffisait, et ce récit qu'on écoutait en se roulant le ventre par terre et en se décrochant les mâchoires, son récit du monsieur qui est monté dans l'omnibus avec trois douzaines de billets d'Odéon dont il cherche à se débarrasser au préjudice des voyageurs, prouvait surabondamment que les Français ont été à tort accusés de n'avoir pas la tête épique. Le divin farceur charma si bien ses contemporains que, pendant plusieurs années ce fut une mode universelle de singer sa voix, ses tics, ses gestes et que la vie se passait à *imiter Grassot!* On vit des philosophes, des hommes politiques sérieux, des savants, des attachés d'ambassade, se livrer à ce passe-temps qui faisait fureur, et les artistes eux-mêmes ne le dédaignèrent pas, ni les chanteurs et comédiens. Comme toujours, cette imitation était devenue un poncif assez grossier et initial, ne rendant ni les nuances, ni les finesses imprévues, ni les boutades, ni le fabuleux esprit du modèle; mais n'est-il pas évident que si l'on pouvait imiter quelqu'un avec perfection, on serait en effet ce quelqu'un?

Cependant les frères Lionnet avaient imaginé des Grassots assez amusants et, qui, dans une certaine mesure, pouvaient faire illusion. Une actrice, en ce temps-là fameuse par sa beauté, eut le caprice de réunir à son souper le vrai et les faux Grassots, et elle voulut bien m'inviter à jouir de ce spectacle. Tout de suite, Anatole Lionnet demanda des olives en imitant Grassot, et à son tour Hippolyte Lionnet réclama le saucisson en imitant Grassot encore bien davantage. L'un disait : *Qu'on le remarque!* et l'autre répondait : *Gnouf! gnouf! gnouf!* et les deux frères étaient Grassot à qui mieux mieux.

Chacun avait le sien, mais parfois ils se trompaient : Anatole faisait alors le Grassot d'Hippolyte, et Hippolyte faisait le célèbre Grassot d'Anatole; mais ils ne tardaient pas à s'apercevoir de leur méprise, et chacun rentrait en possession de son Grassot personnel. Au milieu de tout cela, le vrai Grassot mettait une perfide malice à ne pas du tout ressembler aux imitations qu'on faisait de lui, à ne jamais dire : *Gnouf! gnouf! gnouf!* et à garder le ton et la mesure d'un parfait gentleman. — « Ah ça lui dis-je à la fin, impatienté, il n'y a donc que vous ici qui ne savez pas faire Grassot? — Ah! répondit spirituellement le comédien, qui, depuis le commencement du souper, avait parlé aussi purement que mademoiselle Mars, moi, c'est différent, je suis ici dans une maison amie, et je me repose! »

A vrai dire, rien ne l'eût empêché d'être, s'il l'eût voulu, un pur classique, car il avait commencé par la tragédie, et s'il savait si bien le récit de Théramène, c'est qu'il avait joué et très sérieusement le rôle d'Hippolyte. Il le jouait même encore à ses heures, ainsi que les autres rôles de jeunes princes, et, bien que marié à une aimable et charmante femme, il menait volontiers une vie de Don Juan et de Polichinelle. Ce profond Parisien qui, lui aussi, avait mille et trois petites amies, savait tout ce qu'on obtient avec des billets de spectacle; aussi, sa répétition finie, faisait-il le tour de tous les théâtres, pour demander et obtenir dans chacun d'eux un coupon de loge. Ses discours étaient irrésistibles, et on lui échappait seulement, comme aux Sirènes, en se bouchant les oreilles. Dès qu'il l'apercevait montant l'escalier de la Comédie-Française, le bon Verteuil s'empressait de lui crier : « Non, Grassot! Non! non! non! » ce qui, bien souvent, ne l'empêchait pas de donner le coupon de loge. Avec raison, madame Grassot se trouvait un peu délaissée. Quand même son mari fût rentré dans la journée, elle aurait eu bien de la peine à pénétrer dans le pavillon particulier qu'il habitait au fond du jardin, et qui était encombré de zagaies, d'animaux empaillés, d'arcs de sauvages, de serpents, de crocodiles, et d'autres objets délicieusement superflus. Mais Grassot ne rentrait jamais; après le théâtre, il soupait dans le souterrain du pâtissier Piton, près des Variétés, ou dans quelque autre cave. Et lorsqu'il regagnait son domicile, vers les quatre heures du matin, bien qu'en apparence il fût seul, il avait invariablement son jeune homme.

Puis il s'éveillait aux premiers rougissements de l'Aurore et s'enfuyait vers l'inconnu, vers la flânerie, vers la campagne verte, ou plus simplement vers les cabarets des Halles, tandis que sa femme dormait encore d'un profond sommeil. On devine qu'un pareil genre de vie rendait la conversation entre ces époux excessivement rare. Quand madame Grassot avait besoin de communiquer à son mari quelque chose d'impérieusement nécessaire, elle l'écrivait sur un petit papier mis en évidence; Grassot le lisait en rentrant, et écrivait sa réponse au-dessous du texte primitif. Mais parfois, distrait ou négligent, il ne lisait pas le petit papier, ce qui amenait des cataclysmes. Une nuit, après l'avoir laissé sonner pendant plus d'une heure, le portier furieux dit à Grassot : « Ah çà, que venez-vous faire ici? — Mais s'écria le comédien, je rentre chez moi! — Chez vous, dit le portier indigné, mais vous savez bien que vous avez déménagé aujourd'hui même! » Grassot ne le savait pas, faute d'avoir jeté les yeux sur le journal quotidien de son ménage.

Jeune et belle, madame Grassot se plaignait quelquefois de ne jamais aller en soirée. — « C'est trop juste, lui dit son mari, à qui elle avait pu parler grâce au hasard d'une rencontre, eh bien, tu iras demain sans faute! » Le lendemain, un tapissier vint accrocher dans le salon du comédien des torchères et de nombreuses appliques. Le soir venu, un messager se présenta, alluma les bougies, puis remit à la maîtresse de la maison une caisse contenant une magnifique robe de bal et un billet de son mari ainsi conçu : « Des chandelles allumées et une robe avec des guirlandes de roses, c'est une soirée ! » Je ne sais pas si la gracieuse Ariane, ainsi mystifiée, envoya quérir des violons et fit prier ses voisins de venir danser avec elle, comme Angélique ou Madelon n'eussent pas manqué de le faire avec empressement, du temps de Molière. La facétie de son mari n'était qu'à moitié absurde, car il est certain que le plaisir d'aller dans le monde consiste surtout à revêtir un bel habit ; mais encore faut-il que quelqu'un le voie et vous dise qu'il est beau.

Quand l'âge poudra son front d'une neige vénérable, Grassot consentit un peu à rester chez lui, mais alors il devint un joueur forcené ; il n'aurait pas bougé quand on lui aurait dit que le feu était à la maison, et rien n'aurait pu l'obliger à quitter les cartes. Pourtant, Hippolyte Cogniard paria qu'il accomplirait ce prodige ; mais, comme on va le voir, il perdit son pari. Grassot jouait avec des amis, furieusement ; madame Grassot, un peu souffrante, était couchée dans la chambre voisine, dont la porte était restée ouverte. Hippolyte Cogniard, qui ne jouait pas, alla tenir compagnie à la malade, et au bout d'un moment cria de toutes ses forces : — « Grassot, je suis amoureux de ta femme, et je le lui dis. — A ton aise, mon bonhomme, fit Grassot. — Grassot, reprit Hippolyte, j'ai envie de baiser le front de ta femme ! — Va toujours, je gagne ! dit le comédien, si tu espères me faire quitter la partie !... — Grassot, je baise les mains de ta femme !... »

On devine comment la scène fut filée. Hippolyte donnait des détails à faire flamber un Esquimau et disait tout par le menu ; mais Grassot ne grouillait pas plus qu'une souche. Bien entendu, tout cela n'était que jeu et plaisanterie, et dans tout ce tumulte il n'y avait eu que des mots pour rire; mais si le joueur invincible n'avait pas eu affaire à un fidèle ami et à une brave et honnête femme, cette farce improvisée n'aurait-elle pas risqué de finir trop joyeusement, comme un affreux conte de Boccace?

XXXVI

ALBERT GLATIGNY

Albert Glatigny, mort si jeune, et qui dans la vie réelle n'a joué qu'un rôle infime et dérisoire, a occupé dans le monde idéal une très grande place, que l'avenir lui conservera. Ce comédien errant était un grand artiste en poésie, si grand, qu'à ce point de vue, si j'excepte les maîtres des maîtres, nul ne peut lui être préféré.

En lui je vois renaître Villon, cet aïeul dont n'auraient pu se passer ni Regnier, ni Molière, mais qui, vivant, devait rester vagabond errant dans la rue et sur les places, parce que là seulement le chanteur peut entendre le soupir que le peuple exhale de ses profondes poitrines et qu'il doit, lui, traduire et faire passer dans la musique de ses vers. Ce qu'il y eut en apparence d'extraordinaire, mais qui se reproduira jusqu'à la fin des temps! c'est que, ce qu'il devait être, Albert Glatigny le devint tout de suite, sans transition, d'une minute à l'autre; le poète qui était en lui jaillit tout à coup, comme une source souterraine à qui l'on ouvre un passage, et qui désormais sans s'arrêter coulera toujours, caressant les cailloux de son lent baiser rhythmé et dispersant dans le vent son babil sonore.

Glatigny était à Alençon, petit acteur d'une troupe

errante; il y fit la connaissance de Malassis, le futur éditeur, qui lui donna un livre, le premier venu, de quelque poète contemporain. Glatigny, qui la veille ne savait rien, après avoir lu ce livre quelconque savait tout : la métrique, la rime, les innombrables rhythmes lyriques, les ressources, les ruses, les magnificences de l'alexandrin, ce protée insaisissable, et enfin toutes les difficultés du plus grand et du plus compliqué de tous les arts. Quoi donc! avait-il en effet appris cela en quelques heures? Non certes, car un tel miracle serait impossible! il ne l'avait pas appris, *il s'en était ressouvenu;* il était comme un exilé qui, chassé tout enfant de son pays, un jour après de longues années écoulées, tout à coup entend parler sa langue natale, et s'en rappelle les verbes, les syllabes magiques, les mots depuis longtemps chers à son oreille.

Dans quel paradis, dans quelle planète, dans quel monde inconnu Glatigny avait-il été poète, rhythmeur, assembleur de rimes, avant de naître à Bernay, (patrie d'Alexandre, inventeur de l'alexandrin,) où il dut le jour à un couple amoureux et bien épris, son père ayant tout juste vingt et un ans et sa mère dix-huit? Quoi qu'il en soit, ce qu'en général les rimeurs ne savent qu'au bout d'une longue vie d'étude, de travail, de patientes recherches, il le posséda sans effort et tout de suite, et du premier coup, *il savait admirablement faire les vers!*

Par exemple, il ne sut jamais que cela, et ne put jamais apprendre autre chose, et de là vint l'étrangeté et la bizarrerie de son existence matérielle. Car il n'eut aucun rapport avec ces bohèmes de Murger qui ne travaillent jamais ou qui, lorsqu'ils essayent de travailler, ont écrit quatre lignes au bout d'une nuit d'insomnie, en se rongeant les doigts jusqu'au sang. Au contraire, Glatigny écrivait continuellement, sans cesse et sans relâche, du soir au matin et du matin au soir, fécond et inépuisable comme une force de la nature, comme un arbre qui produit ses fleurs et ses fruits, comme un ruisseau qui coule, comme un oiseau qui chante. A toute heure, à tout instant, riche (relativement) ou pauvre, joyeux ou désolé, repu ou à jeun, à pied ou en voiture, il était toujours prêt à faire la seule chose qu'il sût faire : des vers !

Oui, des vers, avec leur musique, avec leur magnificence, avec leurs subtiles finesses, avec leurs délicatesses exquises, avec leurs idéales broderies de joie et de lumière ! Et si on aime l'antithèse, en voilà une, le pauvre petit comédien, au besoin souffleur, qui jouait dans les vaudevilles des rôles de vingt lignes, et à cause de sa haute taille de roseau échevelé, des personnages muets de roi et d'empereur dans l'opéra et de géant dans le mélodrame, ce Jodelet rêveur, logé dans les combles et vêtu d'un habit mince comme du papier, ce réciteur de riens appartenait à l'aristocratie des esprits, et, dans une science spéciale d'un ordre supérieur, était à lui seul plus instruit et plus savant que toute une académie ! Ce qui rendit sa vie impossible et chimérique, c'est que, n'ayant pas d'autre ressource que de composer des vers excellents et de jouer fort mal la comédie, il voulait manger cependant, voir le soleil de Dieu et jouir des bienfaits de la civilisation, dans une certaine mesure.

Prétention folle ! A ce point de vue, les choses n'ont pas changé depuis Homère, ou plutôt elles ont changé en ce sens que le poète de l'*Iliade* pouvait s'arrêter devant les maisons pour chanter la douleur de Priam ou les honneurs funèbres rendus au divin Hector ; il pouvait en revanche, si on les lui donnait, accepter un morceau de pain et quelques olives, tandis qu'aujourd'hui ce système de compensation serait désapprouvé, comme contrevenant aux lois existantes. La société dirigée par des riches qui lisent les livres quand on les leur prête et vont à la comédie quand on leur donne des billets gratuits, ne tolère pas les chanteurs inutiles, si ce n'est dans les cours des maisons de la vague rue de l'Éperon, et il y a quatre siècles bientôt, elle a presque pendu François Villon, pour lui apprendre qu'elle n'attache pas ses poètes lyriques avec des saucisses !

Ces choses-là sont fatales. Glatigny, lui, ne fut pas pendu, mais en Corse, à Bocognano, où l'avaient conduit ses caravanes de comédien errant et de prodigieux improvisateur, il eut la mauvaise fortune de rencontrer un gendarme dont l'idée fixe était d'arrêter le fameux Jud et d'obtenir pour ce fait la croix de la Légion d'honneur. Il voulait absolument que Glatigny fût Jud, et, après lui avoir mis les fers aux pieds et aux mains, il le jeta dans un cachot où le poète eût été dévoré par les rats sans le dévouement de sa fidèle chienne Cosette, et où il souffrit toutes les angoisses du froid et de la faim, à ce point qu'il y gagna la maladie cruelle dont il devait mourir. Cependant à son retour il rencontra, à Bernay même, une charmante jeune fille, qui l'aima pour sa misère, pour les maux qu'il avait subis, pour son génie, pour son âme vaillante et naïve, et qui voulut devenir sa femme.

Elle lui apportait une toute petite richesse, de quoi travailler ardemment dans la maison, sans le souci du lendemain immédiat, et la paix et la joie et l'affection fidèle. Tendre et casanier comme tous les vrais poètes, Glatigny montra bien alors que si jusque-là il avait sans cesse parcouru le monde en deux enjambées, toujours avide de cieux nouveaux et d'étoiles inconnues, c'était faute de pouvoir entendre une voix amie et contempler deux chères prunelles. Ah ! il n'y avait plus de danger qu'il quittât sa table ses poètes sans cesse feuilletés et relus, pour s'embarquer à travers les pérégrinations et les aventures! Un journal vivant, réel, sérieux lui était ouvert, et il y écrivait à jour fixe, avec régularité, — *des vers!* Il avait fait jouer à Cluny *Vers les Saules* et à l'Odéon cette merveilleuse comédie : *Le Bois*, admirablement dite par son très cher ami Pierre Berton et par mademoiselle Marie Colombier. Arriver à faire représenter en ce temps-ci deux pièces purement, absolument, uniquement poétiques, n'est-ce pas avoir accompli un travail plus difficile que tous ceux d'Hercule, car les directeurs craignent ces choses-là comme la peste, la poésie et l'argent étant deux corps ennemis, qui ne sauraient habiter ensemble, non plus que l'eau et le feu?

Tout souriait à Glatigny; il espérait même faire jouer son autre comédie, celle où il avait mis le plus de lui-même, *L'Illustre Brizacier;* ses deux beaux recueils de poèmes : *Les Vignes Folles* et *Les Flèches d'Or*, avaient été réunis avec *Le Bois* dans une édition superbe publiée chez Lemerre par les soins fraternels du poète Job Lazare, et déjà ils étaient aimés et connus du Paris qui fait les renommées durables, comme le sont les livres qu'on ne cessera pas de lire. Enfin, dans un drame local écrit sommairement et joué en province, *Pés de Puyane, maire de Bayonne*, qu'il avait improvisé à la hâte, Glatigny avait à lui, bien à lui, la donnée d'un drame dont le sujet grandiose et shakespearien pouvait fournir une vraie œuvre.

Il ne s'agissait plus que de l'amplifier, de le développer, de l'exécuter ; mais pour un vrai poète, sachant bien son métier, l'exécution relativement est presque facile! Et d'ailleurs est-ce que tout n'est pas facile devant le calme sourire et les clairs regards de la bien-aimée?

Ah! maintenant, ainsi qu'un Sindbad le marin couché sur ses divans mollement couverts de satins aux riches broderies, comme Glatigny se rappelait avec sérénité ses voyages, ses souffrances, les démences enfantines qu'il avait prises pour des amours, et les folies de ses débuts, et ses rêves d'acteur pareils à des contes évanouis! A Montparnasse, où l'excellent directeur Larochelle avait fait de lui un régisseur, le trouvant secondaire en tant que comédien, comme il s'était mal acquitté de sa tâche! Chargé de surveiller une répétition, il avait dit à ses camarades : « Quoi, ne trouvez-vous pas absurde et humiliant de réciter un drame suranné de monsieur d'Ennery, lorsqu'il se joue dans la campagne une comédie bien autrement intéressante, la comédie du printemps qui naît, des pêchers qui fleurissent, des feuilles qui poussent, des moineaux qui font la fête! Allons bien plutôt nous promener! » Sur ce thème il broda une tirade enfiévrée, éloquente, persuasive, et déjà ses camarades convaincus attachaient, comme Mercure, des ailes à leurs talons, lorsqu'ils furent réveillés par un applaudissement formidable. Cet applaudissement était dû au bon Larochelle qui avec raison était venu, pensant que rien ne vaut l'œil du maître. — « Glatigny, dit-il, la tirade est très jolie, et comme poésie c'est un succès : à présent, répétons! »

Oh! plus loin, plus loin encore, il se voyait tout enfant, s'enfuyant avec une troupe nomade, en emportant des bottes à l'écuyère que lui avait abandonnées comme jouet son père, honnête gendarme brave comme un lion, et savant cultivateur de roses. Réduite l'été à sa plus simple expression, la petite compagnie se joignait l'hiver à une troupe plus sérieuse; mais au beau temps, la principale actrice, ne relevant plus que d'elle-même, s'adjugeait les rôles agréables. Ayant à rejoindre ses compagnons, Glatigny fut confié à cette dame et réciproquement ; de telle façon qu'il traversa les Landes avec une comédienne *qui jouait les ingénues l'été et les duègnes l'hiver!*

Glatigny avait chaussé les bottes paternelles ; mais bientôt il dut les offrir à sa compagne, dont les petits souliers se déchiraient et n'en pouvaient plus. Cependant, ainsi affublée, elle marchait encore moins bien ; à bout de forces, elle s'assit sur un tas de sable et, avec de navrants soupirs, supplia le poète de venir la déchausser. Il tira de toutes ses forces, mais les jupes s'étaient engouffrées dans ce que Châteaubriand peut-être n'eût pas hésité à nommer : les tubes guerriers, et après avoir peiné jusqu'à faire saillir les veines de son cou, il tomba à la renverse, frappé en pleine poitrine et terrassé — ô d'Ennery! — par cette botte indignée et vengeresse : la botte de son père!

C'est ainsi que près du feu clair, vêtu d'un veston correct et chaussé de bonnes pantoufles qui n'avaient rien à démêler avec l'armée française, Glatigny revoyait son passé enfui et s'enivrait de chers espoirs. Hélas! il ne devait jamais voir *L'Illustre Brizacier!* Cette comédie fut jouée cependant ; mais brisé par la prison de l'imbécile gendarme corse, Glatigny était mort déjà, en plein bonheur, et sa fidèle femme l'avait suivi de près dans la tombe. Un jeune tragédien, las de ne jamais jouer à l'Odéon, loua dans un passage, situé près de la Madeleine, une salle vacante, dans laquelle il eut l'héroïque folie de représenter des pièces de poètes.

Sur cette pauvre scène, sans décors, sans accessoires, avec un morceau de calicot simulant la pourpre, les splendides vers de Glatigny furent dits par de jeunes acteurs, écoutés passionnément par une foule choisie où se pressaient les âmes, les esprits, les intelligences, et quelques-unes de ces grandes Parisiennes dont le suffrage est la gloire même. Glatigny a eu son apothéose : un succès enthousiaste, dans lequel n'entra pour rien — la question d'argent !

XXXVII

ALEXANDRE DUMAS

Alexandre Dumas, ce colosse d'invention et de force, était le plus aimable, le plus charmant et le plus spirituel des hommes. Il savait accueillir ses hôtes avec une grâce assez exquise et parfaite pour qu'en entrant chez lui, ils crussent entrer chez eux; et, de même, il était partout chez lui, comme les filles, les rois et les voleurs.

Un jour, il y a bien longtemps de cela, chez le traiteur Désiré Beaurain, où je prenais mes repas, je rencontrai le peintre Bénédict Masson qui, prodigue à son ordinaire, festoyait non pas cinq cents de ses amis, comme don Diègue, mais enfin un grand nombre d'amis.

— « Après dîner, me dit-il, nous allons chez Alexandre Dumas. Veux-tu venir avec nous?

— Mais, dis-je avec regret, je ne connais pas ce grand homme.

— Ça ne fait rien, dit l'artiste, il te connaît, lui; il connaît tout le monde! »

A demi rassuré par ce raisonnement empirique, je me joignis à la troupe, qui dans la rue avait l'air d'une pension en promenade. Arrivé chez le poète d'*Antony*, je fus bien vite guéri de mon inquiétude; car, sans attendre aucune présentation, il me prit

les mains en me disant avec la plus cordiale effusion :
« Ah ! que je suis content de vous voir ! » et, tout
de suite, par une de ces délicates flatteries dont jadis
le secret fut réservé aux seuls rois, (mais il était un
roi bien authentique,) il se mit à me parler poésie,
rimes, combinaisons de rhythmes, comme s'il n'eût
jamais fait d'autre métier que celui de rimeur. Jamais personne n'a causé mieux ni aussi bien que
lui ; d'esprit essentiellement français, ayant l'ordre,
la légèreté, la précision, il se croyait un romantique,
et, sans le savoir, réagit au contraire, dès les premières heures, contre ce qu'il y eut nécessairement
d'anglo-saxon dans le mouvement romantique.

Cette soirée se passait dans un de ces *ateliers pour poètes* qu'Alexandre Dumas a inventés, entre
tant d'autres choses, et qui sont en somme les seuls
endroits où l'on puisse travailler. Aussi travaillait-il,
là et ailleurs, comme cent mille casseurs de cailloux !
Vêtu d'un pantalon de coutil et d'une chemise, du
matin au soir faisant de la copie, remplaçant le sommeil par le manque de sommeil, et à ses repas mangeant une tranche de viande froide et buvant une
tasse de thé, il menait une vie qui rapportait par
année quelques centaines de mille francs et pouvait
bien coûter au plus douze cents francs ! Il était si
ignorant du *mien* et du *tien* qu'il avait bâti un petit
bout de son château de Monte-Cristo sur le terrain
appartenant à son voisin, aussi tranquillement sans
doute qu'il eût laissé le voisin bâtir sur son terrain
à lui. Mais tout le monde n'a pas la fabuleuse générosité d'un Alexandre Dumas : on le lui fit bien voir !
A ce château, confiné dans une mansarde nue, il
entassait les chefs-d'œuvre, noircissant les feuillets
blancs de sa belle écriture, tout cela pour nourrir
des gens qu'il ne connaissait pas, qu'il n'avait jamais
vus, et qui en bas déjeunaient, dînaient et soupaient

chez Lucullus, tandis que Lucullus donnait pour eux (et heureusement pour tout le monde!) son sang et la moelle de ses os. Mais s'il savait si bien employer son temps, il savait aussi le perdre, et avec une incroyable magnificence, car il était écrit qu'il n'ignorerait aucun moyen de jeter son or par des fenêtres réelles et par des fenêtres idéales.

Il y avait dans ce temps-là un beau jeune homme nommé Montjoye, à la fois peintre et auteur dramatique, très bien doué, qui donnait et possédait, hélas! les plus belles espérances, mais qui depuis fut dévoré par la Sphinge parisienne aux yeux verts, car il n'avait pas compris que le mot de l'énigme est : boire du consommé au lieu de boire de l'absinthe, ne donner que de temps en temps à mademoiselle Shylock sa livre de chair, et travailler régulièrement, comme un imbécile! S'éveillant un matin sans aucun argent monnoyé et avec un appétit féroce, Montjoye, qui habitait Saint-Germain, peut-être sur une branche dans la forêt, s'avisa d'aller demander à déjeuner, sans façon, à son voisin Alexandre Dumas, et, comme on va le voir, il ne pouvait pas avoir une meilleure idée.

Croyant avec raison leur maître occupé à écrire, tous les valets étaient allés fidèlement se promener; mais les acquisitions de victuailles avaient été faites, et la cuisine ressemblait à un grand tableau de nature morte. Touché par la démarche de son confrère, Dumas passa un tablier, alluma le feu, mit les casseroles en branle, et, avec sa verve inépuisable, composa un festin de Gamache : il était cuisinier comme il était tout, et savait faire un coulis comme un scenario! Non seulement Montjoye dévora ces nourritures avec des dents féroces, mais il trouva le moyen de les louer d'une manière amusante et originale; si bien que le cuisinier fut réjoui dans son grand cœur. A partir de ce jour-là, ce fut une habitude prise; tous les matins Montjoye venait déjeuner. Alexandre Dumas lui demandait ses ordres, et les exécutait à ses propres frais, et il était l'homme le plus heureux du monde quand son convive montrait une admiration enthousiaste. Ainsi le spirituel rapin menait une vie heureuse et facile, servi par un grand homme, et mangeant une cuisine qui ne revenait pas à moins de deux cents francs l'heure.

Dumas n'avait pas plus besoin d'économiser ses forces et sa vie qu'un fleuve d'économiser ses flots, et il semblait en effet qu'il tînt dans ses fortes mains des urnes jamais vidées, et d'où s'écoulait le ruisseau toujours clair et limpide. Avec quel airain épouvantable avait-il été fondu? Une fois, il avait eu le caprice de mener son fils Alexandre au bal masqué de Grados, à la barrière Montparnasse, et, costumé en postillon, le grand homme avait toute la nuit dansé sans se reposer une minute, et porté des femmes à bras tendu, comme un Hercule. Rentré chez lui au matin, il voulut ôter sa culotte de peau blanche, mais elle s'était collée et mêlée à ses muscles gonflés, et pour le débarrasser de cette culotte de Nessus, Alexandre dut la fendre avec un canif et la mettre en morceaux. Après cela, que fit l'historien des *Mousquetaires*? Que pensez-vous qu'il choisit, du lit aux bons draps frais ou du bain tiède? Il choisit la copie ! et après avoir bu un bouillon, s'attabla devant les feuillets de papier blanc, qu'il se mit à remplir jusqu'au soir, imaginant des aventures avec autant d'entrain et de verve que s'il venait de sortir d'un calme repos.

La Nature a entièrement renoncé à fabriquer ce genre d'hommes; elle fait diversion, en modelant des poètes qui, après avoir composé un sonnet unique, dépensent le reste de leur existence à contempler deux nombrils : le leur d'abord, et ensuite celui de leur sonnet.

Et au milieu des immenses travaux que Dumas accomplissait et recommençait sans trêve, quelle folle dépense de gaieté et de bonne humeur! Comme toujours, sans effort, il trouvait à point nommé le trait léger et vif, bien français, la flèche ailée allant droit au but, et piquant où elle voulait sa pointe aiguë et solide! En 1848, il y eut à la Chambre des députés une séance dans laquelle on devait, d'après une nouvelle chimérique lancée par un mystificateur, proposer que le mandat législatif fût à l'avenir décerné aux femmes comme aux hommes. Dumas avait assisté à cette séance; comme il en sortait, un des bas-bleus les plus redoutables du temps courut après sa voiture, la fit arrêter, et pantelante, anxieuse, interrogeant le romancier avec la plus délirante angoisse :

— « Eh bien, demanda cette dame romanesque, frissonnant comme une sensitive et cependant robuste, peuvent-elles être DÉPUTÉES?

— Oui, oui, fit Dumas, elles peuvent être quelque chose comme ce que vous dites... en changeant la dernière syllabe! »

— « Lui, marchand! dit excellemment Covielle en parlant du père de M. Jourdain, c'est pure médisance, il ne l'a jamais été. Tout ce qu'il faisoit, c'est qu'il étoit fort obligeant, fort officieux; et, comme il se connoissoit fort bien en étoffes, il en alloit choisir de tous les côtés, les faisoit apporter chez lui, et en donnoit à ses amis pour de l'argent. » Au temps dont je parle, il y avait une laide et honnête dame, qui pour une raison analogue — n'était pas — marchande d'amour. Elle fréquentait habituellement un théâtre de Paris; les jeunes hommes et aussi les vieux, qui chérissaient sans espoir les comédiennes de ce théâtre, venaient souvent lui conter leur martyre, et comme elle avait le cœur très pitoyable, elle ne pouvait s'empêcher d'en toucher quelque chose aux belles personnes qui, ayant causé le mal, pouvaient le guérir, comme la lance d'Achille. Naturellement, ceux qu'elle avait obligés, sachant qu'elle n'était pas riche, désiraient reconnaître ses bons services en lui offrant quelque présent, et, plutôt que de lui apporter un cadeau mal choisi qui ne l'eût pas satisfaite, ils le lui donnaient volontiers en argent, afin qu'elle s'achetât elle-même ce dont elle pouvait avoir le plus pressant besoin.

D'autre part, le directeur du théâtre, comprenant combien il eût été préjudiciable à ses intérêts que ses habitués fussent menés au tombeau par des passions non partagées, concédait gratuitement pendant toute l'année une très bonne loge à la dame serviable, qui là tenait sa cour et donnait ses audiences. Par un vocable emprunté aux comédies légères, et lourdes aussi, de la Restauration, elle se nommait madame Dorlange, et elle ressemblait à un tas de cascades! En commençant par le front et par le visage terreux, jaune, rouge, affreux, velu, barbouillé de tabac, ce n'était jusqu'aux pieds que montagnes et avalanches de chair, s'écroulant et dégringolant les unes dans les autres, mêlées à un fouillis d'étoffes, de sacs, de soie, de velours, de guenilles, où le diable n'aurait pas retrouvé ses petits. Madame Dorlange était une puissance, et on la voyait toujours dans le théâtre, où elle était incrustée, comme les lames d'ivoire et d'étain dans l'ébène d'un meuble de Boulle. Un jour, à une répétition générale, la brave dame se mit à interpeller Alexandre Dumas, qui ne fut pas étonné, parce qu'en vrai Parisien, trois fois trempé dans tous les Styx, il ne s'étonnait de rien.

— « Cher maître, dit la dame, faisant la bouche en cœur, et quel horrible, quel sinistre cœur! voulez-vous me permettre de vous signaler un léger... oh! un bien pardonnable anachronisme? A la première scène, vous faites dire à la reine...

— Ah! fit avec un ton de doux reproche le bon Dumas, qui par un mot net et décisif, trouva le moyen de renvoyer tout de suite l'apprentie critique à sa spécialité professionnelle, ah! madame Dorlange, parlons... AMOUR! »

Une autre fois, aux Variétés, il avait dans une de ses pièces une très belle fille taillée à la Rubens, qui aurait très bien fait en néréide sous la nef de Marie de Médicis, mais qui, réduite à ses seules ressources, n'aurait peut-être pas inventé la divine pudeur. Pendant l'entr'acte, Dumas se souvenant qu'il a à lui rappeler une indication de scène, frappe à la porte de sa loge.

— « Entrez! » dit résolûment la voix de la comédienne.

Dumas entre, et voit son interprète nue comme l'épée avide de sang d'un jeune héros, nue comme une comédie de l'Ecole du Bon Sens, nue comme une bille d'agate, et pour tout dire, naïvement et entièrement nue. En même temps lui saute aux yeux, placé au beau milieu du ventre de la nymphe inconsciente, un furoncle, un superbe *clou*, qui avait poussé là comme une fleur sur une roche polie.

— « Ah! fait Dumas, sans se déconcerter, c'est pour accrocher son chapeau? »

Évidemment, ce clou avait jailli tout exprès pour que le Gargantua du drame pût y accrocher son chapeau, s'il le voulait, mais surtout son mot. En cela comme en tout, il n'y a pas de chance, il n'y a que du génie; et pour ceux qui sauront y accrocher quelque chose, la vie entière est semée de clous, comme le vaste ciel de constellations et d'étoiles.

XXXVIII

BELLEVUE

En 1857, j'entrais à la maison hydrothérapique de Bellevue, dirigée par l'éminent et si spirituel docteur Louis Fleury. J'arrivais là pour y mourir, vaincu par l'anémie parisienne, par cette épouvantable dépense de fluide que nous faisons sans y songer, comme un Rothschild qui, par jeu et passe-temps, croyant ne pouvoir jamais s'appauvrir, viendrait s'installer sur un pont et s'amuserait à jeter une par une ses pièces d'or dans la rivière. Cependant, j'en suis revenu à peu près vivant, grâce au génie du médecin et à la divine puissance de l'eau froide ; mais j'y venais pâle, brisé, sans force et sans ressource aucune, soutenu par mon cher et regretté ami Charles Asselineau, qui, lorsque je descendis de la voiture, dut me porter presque dans ses bras comme un enfant malade.

Une fois seul dans la chambre que je devais habiter, à grand'peine je traînai une table à jeu devant la fenêtre, d'où je vis la magnifique terrasse jusqu'à la Seine, Paris lointain, les collines, les verdures, tout près de moi un immense églantier dont toute la moitié cachée sous l'ombre des arbres, était morte, tandis que sa partie antérieure, s'élançant dans la lumière, était un triomphe d'éblouissantes fleurs de neige, et, sans attendre une minute, je me mis à faire des vers. Nous autres, poètes, nous avons ce recours admirable : quand tout nous abandonne et nous fuit, nous invoquons la mère, la compagne, la déesse, la sœur, la bien-aimée, et tout de suite la Rime nous console, nous réconforte et colle à notre blessure sa douce lèvre de rose.

De verve et tout d'une haleine, j'écrivis un poème comique, d'autant plus bouffon que j'étais plus désolé, et qui depuis lors a fait rire beaucoup d'honnêtes gens ; l'important, c'est qu'ayant écrit des vers dans cette maison, elle n'était plus une maison étrangère, et que j'y étais chez moi. J'en ai gardé beaucoup de curieux, touchants et intéressants souvenirs ; un qui m'est précieux entre tous, c'est celui des jours et des longues heures vite envolées que j'y ai passées dans une intimité étroite avec le grand comédien Frédérick Lemaître. Lui aussi, il était dompté par l'anémie, et à plus juste titre que moi, car il avait prodigué sa vie à flots pour animer des mannequins et des colosses.

Quel mystère profond, étrange et inexpliqué toujours que celui des maladies nerveuses ! Pour aller de la Porte-Saint-Martin aux Folies-Dramatiques, Frédérick vacillait, se traînait, était forcé de s'appuyer aux murailles ; arrivé au petit théâtre, agile, effréné, insaisissable comme le vif-argent, il jouait avec une furie de gaieté la longue farce de *Robert Macaire*, puis s'en retournait comme il était venu, faible, chancelant, et les imbéciles le croyaient ivre. Car, mille fois mieux qu'Antée en touchant la terre, le comédien retrouve sa force et sa vertu en touchant les planches de la scène, qui communiquent aussitôt à tout son être une électricité magnétique !

Lui et moi, nous ne nous connaissions pas, mais d'instinct nous courûmes l'un à l'autre, et exilés au milieu d'un tas de princes, de ducs, de millionnaires et de bourgeois, nous ne nous quittions plus; nous nous promenions dans la campagne ou dans le jardin de la maison, ayant pour causer ensemble quinze heures par jour, qui pour ma part ne m'ont jamais paru longues. Frédérick avait vu infiniment de choses, et il les racontait parfaitement, vous faisait voir les scènes qu'il lui plaisait d'évoquer, et faisait apparaître, peignait d'un geste, forçait à vivre devant vous les gens dont il parlait.

A propos de cet homme vraiment supérieur, on a toujours ressassé les mêmes anecdotes drôlatiques, et on n'a jamais dit à quel point il était dans la conversation un grand critique, en même temps qu'il était par la pensée un créateur et un poète. Ses jugements sur les œuvres étaient lumineux, décisifs et de l'ordre le plus élevé, et lorsqu'il s'agissait de l'interprétation, il devenait prodigieux, car en expliquant ce que tel comédien n'avait pas fait, il indiquait aussi ce qu'il aurait dû faire et l'exécutait avec une sûreté magistrale. Toujours je le reverrai se promenant dans ce jardin, avec sa grande tournure, ses beaux gestes d'une ampleur inouïe, et sa chevelure léonine qui flottait dans le vent. Comme tout le monde, il m'est arrivé de me rencontrer avec des fils de paladins sortis de la cuisse du roi Zeus; mais, en réalité, je n'ai jamais vu que deux vrais grands seigneurs, le mime Jean Gaspard Deburau et l'acteur Frédérick Lemaître, sachant toucher à une femme, et surtout faire cette chose énorme et démesurée : offrir une rose à une femme!

Oui, lorsque passait près de nous une dame à qui le comédien avait été présenté, il cueillait une rose dans les parterres, avec quelle grâce hautaine, avec quel respect pour la fleur, qui ne doit pas être traitée sans façon, car alors l'offrande serait sans mérite! et il offrait à la promeneuse le vivant joyau, en s'inclinant profondément, mais en gardant sur son front l'orgueil du cavalier qui, en donnant cette corolle vermeille, est en même temps prêt, s'il le faut, à donner sa vie. Et il regardait la rose avec une telle admiration qu'il semblait dire à la dame : « Cueillir une telle fleur est un sacrilège ; mais il s'agissait de vous, la déesse et la victorieuse, qui devez tout dompter par votre désir, et devant qui aucune loi n'existe ! »

Devine-t-on ce qu'il faut d'initiative, d'originalité, de bravoure, pour accomplir cet acte audacieux, en effaçant à force de génie tous les lieux-communs sur les femmes et sur les roses, en ramenant à leur beauté primitive et originelle les deux termes divins de cette comparaison absurde, et pour être Lauzun avec un veston de drap bleu, dans le jardin d'une maison de santé, où passent tristement sous les verdures luxuriantes des êtres stupéfaits et mélancoliques?

La comédie se joue avec la voix, oui sans doute, avec le geste, avec les muscles du visage, mais encore mille fois plus avec les yeux, qui doivent à eux seuls faire naître tous les sentiments et créer toutes les illusions ! Lorsque dans le mélodrame, Frédérick, représentant quelque personnage abominable, traînait et meurtrissait une femme agenouillée à ses pieds, on était sérieusement inquiet pour la comédienne, on croyait qu'il devait en effet lui martyriser les bras. Mais les curieux qui s'approchaient dans la coulisse étaient bien surpris, en voyant que le grand acteur ne touchait même pas à sa prétendue victime ; la scène de violence si effrayante, qui vous prenait aux entrailles, n'existait que dans ses yeux ! Avec ses yeux seuls, Frédérick donnait l'illusion d'un grand pianiste et faisait croire qu'il jouait du piano quand il n'en jouait pas ; il le faisait croire, non à un poète comme moi, ce qui eût été trop facile, non à de simples compositeurs qui en fait de virtuosité peuvent se tromper à la rigueur, mais à des pianistes de profession, à de grands instrumentistes qui, au moment où il plaquait de vagues accords, croyaient, en regardant ses yeux, entendre les arpèges, les gammes turbulentes, les chants, les démences, les orageuses colères de Liszt; ses yeux vous forçaient d'entendre des sons non exprimés et qui n'avaient pas frappé l'air.

Vingt fois il m'a joué cette scène dans le salon de la maison Fleury, et toujours je me disais : « Aujourd'hui, je ne m'y laisserai plus prendre. Que Frédérick me montre l'attitude, la fièvre, l'extase, la chevelure irritée, les mains frémissantes du pianiste, à la bonne heure ; je le suivrai jusque-là. Mais comme je m'y attends, comme je suis sur mes gardes, au moment où il voudra se moquer de moi, me faire accepter du bruit pour de la musique, et me forcer à entendre une symphonie qu'il ne jouera pas, je saurai très bien résister. » Espoir frivole! Je l'entendais si bien, cette symphonie, qu'elle se traduisait dans ma tête en vers lyriques aux caressantes rimes d'or, et que volontiers je l'eusse écrite! Tel est l'artiste, qui vous emporte, dès qu'il le veut, à travers les paradis inexplorés et dans les fleurissants paysages du rêve.

Un jour, dans le même salon, devant un public composé de bourgeois, de seigneurs, d'artistes, de dames de tous les pays, dont quelques-unes savaient fort peu le français, Frédérick nous donna cette fête sans égale de nous lire un drame bouffon, le *Tragaldabas* d'Auguste Vacquerie, et je compris alors, mieux que jamais, à quel point le génie remplace avec avantage les costumes, la toile peinte, les herses, la rampe de gaz et toute la friperie du théâtre. J'avais vu et entendu le drame, très bien joué à la Porte Saint-Martin; mais comme il était autrement vivant, comique, émouvant, passionné sur les lèvres et dans le regard de ce lecteur inspiré! Alors Eliséo avait bien réellement vingt ans, et aimait une Caprina idéale, *alouette, fleur, perle, étoile*, et lui le Tragaldabas, le risible bouffon de la lâcheté humaine, comme il était excusable, malgré tout, voulant son verre de vin, sa part d'amour, son avoine de jeu et de volupté, et criant : « Eh bien! oui, je suis la chair, je suis la bête, et je demande à vivre tout de même, à côté de l'âme immortelle! » Certes, ceux des auditeurs qui, ainsi que je l'ai dit, ne savaient pas le français, le surent à ce moment-là ; mais l'acteur aurait été compris de tous en lisant un drame sanscrit, car ses prunelles expliquaient tout, et parlaient avec une foudroyante clarté la langue universelle.

Une autre fois, il y eut un spectacle plus rare encore, et auquel j'eus l'honneur d'être associé. On connait ce jeu de salon, dans lequel un acteur parle, tandis que l'autre fait les gestes. Celui-là, cachant sa tête derrière le premier, fait passer ses bras sous les aisselles de son compère, dont il accompagne la récitation par une mimique imprévue, et de cette comédie ainsi jouée en partie double résultent les plus singuliers effets. C'est moi qui étais le récitant, et Frédérick était le mime; je dis, fort mal certainement, les premières lignes du *Télémaque ;* mais avec les gestes de mon autre moi, je valus Lekain et Talma, parce que ma voix et ma diction étaient muées, transfigurées, changées du tout au tout, par l'emphase et la vérité de ses mouvements tragiques! Dès les premiers mots : *Calypso ne pouvait se consoler du départ d'Ulysse*, il sut créer une telle impression de douleur que tout le monde en frissonna, et à ceux-ci : *Sa grotte ne résonnait plus de son chant*, ce fut l'abominable angoisse du silence morne, désespéré, sans fin, succédant à la fête des voix et des lyres, et il sembla qu'on voyait se dérouler un grand voile de deuil. Là s'est bornée ma carrière d'acteur ; je n'ai jamais eu l'idée de rejouer la comédie, craignant de ne pas m'en acquitter aussi bien avec mes bras ordinaires.

Quelles leçons eût prises un jeune comédien en écoutant Frédérick parler pour son propre compte, et dans la vie, tout bonnement ! Un jour, lui et moi, nous étions à la gare de Bellevue, attendant le train pour aller à Paris. Près de nous vint s'asseoir, accompagné d'un ami, un directeur de théâtre, ancien auteur dramatique, pour qui le grand acteur avait créé un rôle devenu célèbre, et qui l'avait payé d'une noire ingratitude. En voyant la froideur avec laquelle Frédérick Lemaître lui rendait son salut, le directeur de théâtre, malgré le grand désir qu'il en avait, n'osa pas engager la conversation. Mais son ami s'en chargea, et, après avoir interrogé le grand comédien sur l'état de sa santé, querella son oisiveté et son trop long repos.

— « Au bout du compte, monsieur Frédérick, dit-il enfin d'un ton insinuant, pourquoi ne reprendriez-vous pas quelques-uns de vos anciens rôles ?

— Peuh ! fit dédaigneusement l'acteur, avec l'expression d'un incurable mépris, c'est toujours remuer le passé... avec un bâton ! »

Si un écrivain (comment dirai-je ?...) *naturaliste* avait entendu le ton avec lequel Frédérick prononça ces deux mots : LE PASSÉ, et la signification absolue que leur donna l'intonation de sa voix, cet écrivain eût compris qu'on doit savoir et pouvoir *tout* dire avec des mots honnêtes.

— « Mais enfin, dit le directeur, qui ne voulait pas

avoir compris, pourquoi ne voulez-vous plus jouer la comédie?

— Parce que tous les directeurs sont des polichinelles!!! »

De ce mot : TOUS, lancé comme un coup de cravache, Frédérick avait cinglé le visage de son interlocuteur; il était absolument évident qu'ici TOUS signifiait : VOUS SURTOUT! Cependant le comédien craignait de n'avoir pas été assez explicite, et il ajouta, en prenant un temps après le mot ET, qu'il accompagna d'un geste superbe :

— « ET — je n'en excepte pas un ! »

Avec les types que j'ai vus à cette maison hydrothérapique de Bellevue, le romancier le plus dénué d'imagination se ferait des rentes, bien plus facilement qu'en élevant des lapins. Je m'en rappelle tant que la seule difficulté est de choisir.

J'ai encore devant les yeux un noble espagnol, dont les noms tenaient quatre ou cinq lignes, et qui semblait dessiné par Goya, brun, cuit, recuit, maigre, épouvantable, superbe, avec un chapeau tromblon et de grands faux-cols. Ce malheureux, avec qui j'ai causé souvent, car il s'était pris d'une sorte d'amitié pour moi en me voyant mourant comme lui, possédait des terres, des campagnes immenses, presque des villes, des propriétés sur lesquelles passaient de grands fleuves, des châteaux antiques, des maisons, des palais, des rentes, et tous les papiers qui, chez les peuples civilisés, représentent de l'argent. Mais, rongé et miné par un cancer à l'estomac, il ne pouvait rien manger, si ce n'est des gelées au rhum qu'on faisait venir de chez le pâtissier anglais de la rue de Rivoli.

Il était là, à Bellevue, avec sept domestiques, et il jetait l'or à flots, espérant toujours vaguement que l'or dépensé lui apporterait un secours quelconque.

Hélas! ces prodigalités ne lui donnaient pas même le moyen d'avoir chaud en plein mois de juillet, quand le soleil séchait les fleurs et grillait les feuillages du jardin! Toujours gelé, il s'y promenait sous les rayons flambants avec un énorme manteau doublé de velours noir, et il grelottait toujours! Il grelottait, et il subissait toutes les douleurs, toutes les angoisses de la faim, il était dévoré par un appétit abominable, et se voyait forcé de s'en tenir à ses gelées transparentes.

— « Oh! me disait-il un jour de sa voix rauque, enrouée, bien espagnole, je donnerais cent mille francs pour manger une côtelette! »

Comme ce mot, soupiré avec une conviction effrayante, me fit alors rêver! En ce temps lointain, la réconciliation entre les poètes et les bourgeois n'avait pas eu lieu, on pouvait encore distinguer les cardinaux d'avec les galériens, la Muse couronnée d'étoiles traînait la savate, et je venais de laisser à Paris un tas de poètes et d'artistes pleins de talent, de bonne volonté, et quelquefois même de génie, mais qui souvent, comme Nodier, n'auraient pas pu suivre une femme de la rive gauche de la Seine sur la droite, à cause du sou qu'il fallait donner pour traverser le pont des Arts! Tous ces gens-là, dont les cervelles étaient pleines de tableaux, d'imaginations et de rimes, auraient mangé cent mille côtelettes plus facilement qu'ils n'auraient donné un seul franc, et cependant le vieil espagnol au teint de pain d'épice qui, s'il avait voulu, aurait pavé l'Andalousie entière avec des côtelettes, tremblait de froid sous les feux de l'été, réduit à une nourriture chimérique!

Ah! ce n'étaient pas les gens riches qui manquaient dans cette villégiature, où l'eau froide à elle seule coûtait cinq cents francs par mois, sans compter la bougie et le reste! Je me rappelle aussi un jeune seigneur russe, dont le nécessaire de voyage aux garnitures d'or était grand comme une maison. Une rampe de fer séparait la plate-forme du jardin de la partie inclinée descendant vers la Seine; lorsqu'on y étalait les pelisses de ce seigneur, pour leur faire prendre l'air, la rampe était entièrement cachée sous les fourrures, qui du noir au blanc de neige, en passant par tous les tons roux, gris et fauves, parcouraient les gammes de la plus riche palette.

Ce Russe, qui souvent me racontait une Russie vraiment inattendue et originale, avait eu pour ancêtre le maître de la garde-robe d'un shah de Perse. En l'absence de son maître, le persan avait volé un diamant énorme, puis s'étant fait à l'une de ses cuisses une ouverture profonde, y avait caché le diamant, et avait attendu que la blessure se refermât. Puis, vêtu de haillons, et marchant à pied, il avait gagné la Russie, et, arrivé à Saint-Pétersbourg, il s'était placé obstinément sur le passage de la grande Catherine.

Le Sémiramis du Nord n'était pas assez riche pour pouvoir payer en argent la pierre fabuleuse; cependant dès que le mendiant fut admis à lui parler, elle s'entendit avec lui parfaitement, et lui donna une place à la cour, des terres grandes comme celles du marquis de Carabas et la noblesse pour lui et pour ses descendants. Celui que j'ai connu à Bellevue était bien un vrai grand seigneur, car la noblesse s'apprend comme le reste, et très vite. Ses sœurs étaient demoiselles d'honneur de l'impératrice; quant à lui, il avait su verser son sang, non seulement comme officier, mais aussi comme soldat. En effet, au moment où il était colonel et où il commandait un des plus beaux régiments de l'armée, l'empe-

reur lui avait dit un jour : « Va-t'en dans le rang ! »
Et le jeune noble, devenu simple soldat, avait pris
un fusil et docilement s'était mis en ligne. Cependant il adorait son maître, peut-être non sans raison. Ces choses-là sont obscures pour nous, et pour
les comprendre il faut, selon le mot du poète, avoir
fait ses études ; mais il faut songer aussi que, dans
telles occasions suprêmes où ni la loi ni les moyens
humains ne leur offrent aucun recours, l'autocrate
peut d'un mot sauver les siens, comme un dieu !

Ce que mon ami le seigneur russe avait certainement de plus amusant, c'était son ESCLAVE qui mérite
de ne pas être passé sous silence.

Lorsque le jeune noble arriva à la maison de Bellevue et fit ses conditions, il était accompagné d'un
jeune homme élégamment vêtu et à l'allure pleine
de distinction, qu'on eût pris pour son égal s'il ne
lui eût visiblement témoigné un profond respect.
Dans une villa habitée par des malades, les chambres
du rez-de-chaussée sont les plus recherchées, nécessairement. Après que le Russe en eut choisi une à
sa convenance, l'économe de la maison lui dit négligemment :

— « Le secrétaire de monseigneur pourra coucher
sans doute au deuxième étage ? »

En entendant ces mots, le Russe blond, délicat,
au visage de femme, frappa du pied et rougit de
colère jusque dans sa fauve chevelure.

— « J'entends, dit-il, que monsieur habite comme
moi, au rez-de-chaussée, la plus belle chambre disponible, et qu'il soit servi exactement au premier
coup de sonnette. Si l'on se permettait à son égard
la moindre négligence, je quitterais la maison à
l'instant même. » Et tandis que l'économe, devenu
tout pâle, s'inclinait en signe de consentement, il
ajouta d'un ton net et bref :

— « Monsieur n'est pas mon secrétaire. Il est mon esclave. »

Comme il me le raconta plus tard, lorsqu'ils touchèrent la terre de France, le Russe dit à cet esclave singulier : « La loi de ce pays te rend libre. Tu peux donc me quitter si tu le désires, et comme je ne veux pas que tu sois pauvre après m'avoir appartenu, voici un contrat de rente qui t'assure une fortune. »

L'esclave s'agenouilla et deux grosses larmes désespérées coulèrent sur ses joues. Puis, tirant de sa poche un petit revolver d'ivoire, qu'il portait toujours avec lui :

— « Maître, dit-il, tu peux me dire : Meurs tout de suite! ou me garder comme ton fidèle esclave. Mais tu n'as le droit de choisir qu'entre ces deux choses.

— Soit! dit le maître, lève-toi. »

Cet esclave, que son maître traitait sur le pied de la plus parfaite égalité, montait des chevaux de race et fumait des cigares comme en fument les banquiers juifs et les ténors; dans sa chambre, où il mangeait seul, on lui servait la chère la plus exquise et les grands vins les plus authentiques. Et ce qui pourra sembler étrange, c'est qu'il usait de tout cela avec une absolue discrétion, comme un homme sobre et sans besoins, acceptant ce luxe par obéissance. Il ne rendait d'ailleurs aucun service domestique au jeune Russe qui, plutôt que de l'employer à une besogne vile, eût sonné vingt fois tous les valets de la maison. Mais c'est trop peu de dire qu'il le comprenait sur un signe et sur un clin d'œil ; bien plus exactement il lisait dans sa pensée comme dans un livre ouvert, et il avait obéi déjà avant que son maître eût fait mine d'exprimer un désir.

A Bellevue, où se trouvaient réunis les grands seigneurs de tous les pays, les dames s'amusaient volontiers de leurs décorations, de leurs plaques et de leurs brochettes, dont on pouvait trouver là un prodigieux assortiment.

— « Je voudrais bien, dit un jour au jeune Russe une comtesse italienne, voir toutes vos décorations à la fois ! »

L'esclave fut mandé, et lorsqu'il parut sur le seuil de la porte, le Russe lui adressa moins, beaucoup moins qu'un signe, ils échangèrent un rapide, un imperceptible regard, et deux secondes après l'esclave avait apporté le coffret contenant les décorations. Comment ces deux hommes comprenaient-ils sans paroles et sans gestes? C'est là un mystère dont on aurait l'explication peut-être, si on se rappelait que notre âme entend, voit et devine tout, quand nous ne la rendons pas aveugle et sourde?

— « Mais enfin, disait au Russe une autre dame curieuse, à quoi vous sert cet esclave que vous nourrissez d'ortolans et à qui vous ne commandez jamais rien?

— Il m'aime, répondit le jeune homme, comme un frère fidèle. Il me sert à ceci, que si j'en exprimais le désir, il s'en irait à l'instant même au bout du monde, et que si je lui disais : Brûle-toi la cervelle, il se la brûlerait sans hésitation.

— Vous croyez? fit la dame avec un mauvais sourire de coquette.

— J'en suis sûr, » répondit gravement le jeune Russe.

J'assistais à cet entretien, et un frisson se glissa jusque dans la moelle de mes os. Je sentais venir le moment effroyable où la dame allait dire : Voyons! Si elle avait prononcé ce mot fatal et créé ainsi l'irrémédiable, le seigneur Russe, qui poussait la politesse jusqu'à ses plus extrêmes conséquences, aurait certainement ordonné la mort de son esclave. Par exemple, je crois qu'après cela la vie de la dame n'aurait pas valu bien cher.

Je n'ai pas envié grand'chose ici-bas, hors le talent de bien rimer; cependant j'aurais aimé à posséder un esclave comme celui que j'ai vu au jeune seigneur russe. Mais, à ce que je crois, les colliers de diamants ne sont pas faits pour les chiens, ni de tels serviteurs pour les poètes lyriques.

Dans cette maison de santé où, il y a aujourd'hui plus de vingt ans écoulés, je venais redemander ma vie à l'eau bienfaisante des sources froides, et qui certes a dû beaucoup changer depuis lors, une chose, dès que j'arrivai, me frappa vivement. Les femmes qui étaient réunies là, des nationalités les plus diverses et appartenant à l'aristocratie de la naissance où à celle de l'argent, étaient presque toutes atteintes de ces maladies nerveuses qu'il est de mode aujourd'hui d'étudier et qui causent dans l'organisme de si graves désordres.

Beaucoup d'entre elles devaient guérir au bout d'un temps bien long ou ne guérir jamais; dans une telle situation, on croirait qu'elles devaient s'abandonner, vivre en malades, négliger leur parure; erreur profonde! J'eus bien là tout de suite la preuve que les femmes, selon l'expression d'Edgar Poe, ne cèdent pas volontiers aux anges de la mort et ne désarment jamais.

En les voyant si pimpantes, si bien attifées, si occupées de chiffons, si magnifiquement vêtues à la mode de demain, on se serait imaginé un Trouville où elles s'étaient rendues en villégiature pour passer le temps et montrer des robes. Mortes, mourantes, chancelantes, brisées, qu'importe! elles plaisaient et elles voulaient plaire, et le vil troupeau des hommes, race née pour l'obéissance, suivait docilement l'impulsion donnée. Tel qui volontiers fût resté en veston et en pantoufles, faisait quatre toilettes par jour, asservi au plus parfait dandysme, et courtisait gracieusement les dames, parce qu'elles voulaient qu'il en fût ainsi, égrenant les plus jolis madrigaux comme un collier de perles, tandis qu'au fond il aurait mieux aimé se coucher par terre dans le bois de Meudon, et geindre franchement de toutes ses forces. Mais la femme qui ne serait plus adorée, fût-ce par des moribonds et des infirmes! cesserait par cela même d'être femme, ce qui serait une pétition de principe, essentiellement contraire à la nature des choses.

Dans une maison de santé où la souffrance vous cloue, les malades, fût-elle comme celle de Bellevue située à un quart d'heure de Paris, sont isolés et parqués entre eux, comme les passagers captifs pour un long temps entre le ciel et l'eau, sur un navire. Dans l'un comme dans l'autre cas, étant donné le nombre de femmes et d'hommes qui sont enfermés ensemble, toutes les combinaisons de haine, d'amitié, d'envie, de jalousie, d'amour possibles entre eux, et dont un bon arithméticien dresserait aisément la liste, se produiront nécessairement, et il est impossible qu'elles ne se produisent pas. Énumérer d'abord ces combinaisons, puis montrer comment elles aboutissent et par quels ressorts, je pense qu'il n'y aurait pas de plus beau thème pour un romancier. Bien entendu, je me contente de l'indiquer, et avant de mettre un trait final au bas de ce feuillet rapide, je veux seulement esquisser deux figures qui m'ont profondément ému, et qui me laissent un impérissable souvenir.

En même temps que moi se trouvait à Bellevue, accompagnée de plusieurs servantes et femmes de chambre, une demoiselle de vingt-cinq à vingt-six ans, sans parents, immensément riche, et appartenant à la plus grande noblesse de France. En voyant passer mademoiselle de C***, qu'on portait dans une sorte de fauteuil à brancards encombré d'oreillers, car elle ne mangeait pas du tout, mourait de l'air du temps et depuis longtemps déjà ne pouvait plus marcher, j'admirais sa beauté d'une perfection inouïe et devenue tout immatérielle. Elle était maigre au delà de tout ce qu'on peut dire ; ses yeux démesurément agrandis étaient pleins d'une humide flamme ; son visage aux traits infiniment purs était devenu d'une blancheur transparente laissant voir le pâle azur des veines ; ses cheveux très doux étaient d'une incroyable finesse et ses longues mains étaient blanches comme celles d'une morte.

Comme, dans un espace restreint, on finit par tout savoir, j'appris quel mal conduisait mademoiselle de C*** à la tombe. Plusieurs fois sa main avait été demandée par des hommes dignes d'elle ; mais, d'une religion exaltée, voyant le péché et la souillure même dans l'accomplissement d'une union légitime, cette jeune fille voulait se garder immaculée dans sa blancheur native, et par une ironie étrange et cruelle, la nature n'y consentait pas, torturait ce sang innocent où nulle pensée n'avait jeté le trouble, et martyrisait cette victime, qui d'elle-même se condamnait et s'offrait en sacrifice. Bon et pitoyable autant qu'il était savant, le docteur Louis Fleury assistait avec une profonde tristesse à ce lent et tragique suicide, mais il se voyait en face d'une fatalité absolue que rien ne pouvait conjurer.

Un jour un médecin gascon, casse-cou et turbulent, qui ne doutait de rien, voulut lui persuader qu'en de telles occasions il faut convaincre, opprimer au besoin le malade et le forcer à vivre. Par bonheur, cette conversation avait lieu devant l'illustre professeur B..., une des lumières de la science moderne, qui est franchement positiviste et libre-penseur, mais à qui la haute supériorité de son esprit permet d'embrasser toutes les idées et de tout comprendre.

— « Eh! monsieur, dit au Gascon ce grand vieillard, en secouant sa tête blanche, pourquoi estimez-vous la vie d'une créature à un plus haut prix que sa liberté! Et qui vous dit que même pour sauver un peu de chair périssable, vous avez le droit excessif de violenter une conscience! »

Quand l'état de mademoiselle de C*** fut tout à fait désespéré, on l'emporta de Bellevue. Elle est allée s'éteindre sans doute dans un de ses châteaux, cachée au monde par d'impénétrables verdures, et réconfortée par la saine parole d'un pauvre curé de village. Bien souvent je l'ai revue dans ma pensée, non plus blanche et décolorée qu'elle ne l'était vivante, mais calme, reposée, couronnée de roses blanches, et ayant mérité enfin les tranquilles douceurs de l'apaisement suprême.

L'autre mourant dont je veux parler était un pauvre sous-officier qui, dans la guerre de Crimée, ayant été chargé d'une mission exceptionnelle, avait passé de longues nuits couché dans la neige; il avait contracté là d'abominables rhumatismes, qui avaient tordu son corps, déformé ses membres, et avaient fait de lui une sorte de paquet humain inerte et sans forme. Ne pouvant pas faire les mouvements nécessaires pour ôter et mettre des habits, il restait nuit et jour enveloppé, emmailloté dans une longue robe de chambre à dessins de cachemire, où flottait sa maigre carcasse, et ainsi fagoté on l'étendait sur quelque banc, au soleil. Son visage dénué de chair, osseux, jaune comme un coing, dévoré par les moustaches, gardait encore une certaine fierté sous le képi militaire, seul signe grâce auquel on pût reconnaître que le malheureux B..., cette sinistre et douloureuse ruine, avait appartenu à l'armée.

Certes, on aurait voulu, on aurait dû voir sur la robe de chambre qui l'emprisonnait, le ruban rouge et la croix d'honneur; la croix aurait dit : « Ce moribond est une victime du devoir, cet infirme est un héros de bravoure. » Il est évident que c'est pour dire des choses pareilles qu'elle a été inventée, et elle est au moins inutile pour nous apprendre qu'Arago est un savant et Victor Hugo un poète.

Mais il n'y avait rien sur le haillon du sous-officier, et voici pourquoi. Lorsqu'il avait gagné ses rhumatismes, il était exceptionnellement délégué de son régiment dans un autre; son colonel ne voulait pas présenter pour la croix un sous-officier qui n'était plus sous ses ordres, et le colonel sous lequel il servait par intérim, ne demanda rien pour un homme qui n'appartenait pas à son régiment; de là cette injustice du sort dont personne ne devait être responsable, mais qui eût attendri un usurier et fait pleurer les pierres. A ce moment-là, un des plus célèbres officiers de l'armée suivait pour ses blessures le traitement hydrothérapique, et tous les jours venait à cheval, à Bellevue, où le docteur Fleury lui donnait sa douche. Le docteur lui raconta dans tous ses détails cette abominable historiette.

— « Enfin, mon général, dit-il, vous feriez une œuvre digne de vous en terminant ce vieux malentendu, et en obtenant la croix qui serait pour B... la seule réparation et la seule consolation possible.

— Mon cher docteur, fit le général, ce serait en effet une bonne action, et je serais mille fois heureux de faire une chose que vous désirez; quel malheur que cela soit impossible! Vous savez que je suis brouillé avec le ministre de la guerre, qui a eu envers moi les torts les plus graves; si je lui demandais ce si peu de chose, il me l'accorderait tout de suite, et se croirait quitte envers moi; vous avouerez que j'aurais fait là un métier de dupe! »

Voilà comment la robe de chambre du sous-officier dut se contenter de ses dessins indiens, sans la moindre tache de rouge écarlate. Ce misérable avait encore un petit capital, une montre, quelques bijoux: voyant qu'il ne pouvait ni guérir ni obtenir le bout de ruban souhaité, il résolut d'aller mourir dans son village, en respirant l'air natal. Mais quand la malechance vous verse un verre de son vin détestable, elle vous force à boire jusqu'à la dernière et la plus amère goutte de lie, et l'homme non décoré devait fatalement subir cette loi inéluctable.

Il y avait alors à Bellevue une jeune servante belle comme une princesse des contes de fées, et dont les yeux, lorsqu'elle traversait la salle, brillaient comme de noires étoiles. On se la serait figurée grande dame ou aventurière dans quelque Fronde, ou impératrice d'Orient, bien plutôt que servante, et elle portait les plats avec une allure de reine, comme la fille d'Herodias porte la tête de Jean-Baptiste. Comment le sous-officier aux membres tordus se figura-t-il qu'il était aimé de cette fille admirable, et par quelle maladroite pitié n'osa-t-elle pas le guérir tout de suite de son erreur? Quoi qu'il en soit, le pauvre être s'était persuadé que la belle servante consentirait à devenir sa femme, et il se réveilla seulement de ce rêve le jour où elle épousa le professeur de gymnastique, un vigoureux jeune homme à la toison drue et noire, qui n'avait rien perdu à la guerre. Entre temps, le sous-officier, que son fol amour avait retenu à la maison de santé, avait mangé son petit avoir et se trouvait alors sans ressource. Il est enfin parti; je pense qu'il a dû se hâter de quitter cette terre, où personne ne pouvait rien pour lui et où il gênait tout le monde; et je le crois d'autant plus quand je me rappelle ses lèvres décolorées et son mouchoir toujours taché de sang.

XXXIX

LE BARON BRISSE

D'après les proverbes et d'après l'observation la plus fidèle, les cordonniers sont mal chaussés, les médecins ne se médicamentent pas, les poètes festoient volontiers une réalité aux formes opulentes, les marchandes d'amour dédaignent leur marchandise, et les cuisiniers sont absolument sceptiques en fait de cuisine. Tel le célèbre Dugléré qui, lorsqu'il va dîner dans un restaurant, ne consent qu'à un simple filet grillé, et ne permet pas même qu'on y ajoute une innocente maître d'hôtel ! Grand, heureux, souriant, gros comme un muid et gras comme un moine, le baron Brisse était un vivant démenti donné à ce document humain, car il cuisinait en savant et habile artiste, et mangeait comme un tigre affamé. Il avait composé des menus pour les trois cent soixante-six jours consécutifs de l'année bissextile ; mais je crois que pour sa seule consommation il les eût épuisés en un seul jour, et à moins de ressusciter Gargantua, il n'aurait pu trouver ici-bas un adversaire capable de se mesurer avec lui. C'est à Bellevue que je fis la connaissance de cet ogre aimable, et dans des circonstances vraiment bizarres.

Après avoir passé plusieurs mois dans la maison de santé du docteur Fleury, voyant que mon état d'anémie se perpétuait et qu'il fallait pour longtemps sans doute me marier avec la douche froide, j'avais fait venir un petit mobilier, et, à deux pas du chemin de fer, j'habitais dans une maison vide, au premier étage, un petit appartement ayant vue sur un jardin assez triste. C'était simple et de mauvais goût; les murailles étaient tendues de papier à huit sous le rouleau, et le parquet de sapin, qui avait été originairement peint en couleur rouge, était maintenant dépeint à moitié, de sorte que la couleur naturelle du bois y reparaissait audacieusement par larges places.

Dans cet humble logis, peu somptueux même pour un poète, j'avais pour tout domestique une femme de ménage appelée madame Jules, qui habitait en face de moi de l'autre côté de la rue, et qui venait préparer mes repas. En dépit de cette installation initiale et primitive, les voyageurs parisiens égarés dans Bellevue me faisaient quelquefois le plaisir de partager mon dîner, servi dans des assiettes de faïence décorées de coqs écarlates. Ils n'épargnaient ni la gaieté, ni l'esprit, ni la bonne humeur, et les vilains murs de ce réduit ont pu, s'ils avaient des oreilles, entendre des conversations charmantes.

Un matin, à huit heures, la sonnette retentit; je vais ouvrir ma porte, je me trouve en face de mon ami Molin, le peintre original et fantaisiste, qui possédait à Sèvres une joli maison à atelier, d'où l'on voyait tout le parc de Saint-Cloud, ondoyant comme une mer de feuillages, et avec qui je voisinais volontiers. Près de lui était un robuste compagnon à la bedaine colossale et majestueuse; c'était le baron Brisse, mais ce détail ne me fut connu que plus tard; car, à ce moment-là, Molin, dont l'appétit était aiguisé par l'air vif du matin, dédaigna entièrement les vaines formules de la présentation.

— « Je viens, me dit-il, te demander à déjeuner... avec un ami !

—Hélas ! fis-je, sincèrement contrarié, tu me prends au dépourvu ! Madame Jules est malade, et vient de me faire dire que je ne l'aurai pas ce matin.

— Qu'importe ! dit Molin, monsieur et moi nous ferons le déjeuner ! »

Cette affirmation hardie et précise ne m'étonna pas ; voici pourquoi. Molin, né coloriste, œil rapide, nature primesautière, improvisateur, musicien né domptant et charmant les instruments inconnus, était, par-dessus le marché, cuisinier à ses heures, comme Alexandre Dumas ; ce qui, par parenthèse, lui permit de faire chez le grand dramaturge, la première fois qu'il s'y présenta, une entrée qui n'eut rien de vulgaire. Molin arrivait, décidé à faire connaissance avec le poète d'*Antony*, mais ne sachant trop comment il l'aborderait et sous quel prétexte. En traversant le vestibule, sur lequel s'ouvrait la cuisine, il sent une odeur inquiétante, à laquelle ne peuvent se tromper ses narines subtiles, et gravissant, bondissant jusqu'au cabinet de travail où le grand homme entassait sur des feuillets blancs ses belles lignes régulières :

— « Monsieur Dumas, s'écrie-t-il, votre dîner brûle !

— Vraiment ! dit le poète avec son bon sourire, sans s'inquiéter aucunement de savoir à qui il avait affaire. Mon dîner brûle ? Eh bien ! allons voir ça ! »

Deux minutes après, Alexandre Dumas et Molin, unis dans une même pensée, mettaient les casseroles à la raison, comme Neptune les flots, puis dînaient ensemble, amis comme s'ils se fussent connus depuis vingt ans. Cette historiette m'était familière ; aussi ne fus-je pas surpris quand Molin me dit avec une noble confiance : « Nous ferons le déjeuner ! » Cependant j'objectai que je manquais des éléments indispensables.

— « Eh bien! Molin et moi, nous irons aux provisions! » dit en souriant le gros homme, dont j'ignorais encore le nom et qui, pareil à Guzman dans la féerie, me parut ne pas connaître d'obstacles. Il était si gras et superbe, ce baron Brisse; dans ses yeux émerillonnés et sur ses lèvres sensuelles se lisaient de tels appétits, que sa seule vue éveillait des idées de festins, de tripes, de jambons roses, de volailles grasses, de poissons géants, de ripailles gargantuesques.

— « Mais, dis-je alors, il y a bien d'autres difficultés encore et plus graves! J'ai eu hier quelques amis à dîner; ils sont partis un peu tard, et les assiettes, les casseroles, les couverts, rien n'a été lavé ni remis en ordre. Tenez, dis-je, en ouvrant la porte de la cuisine et aussi celle de la salle à manger, voyez quel désordre! Admirez dans quel état est mon détestable parquet blanc et rouge!

— Allons! fit le baron Brisse avec l'ardeur d'un volontaire de quatre-vingt-douze s'élançant dans le rang, croyez-vous que si peu de chose m'embarrasse! »

En un clin d'œil, ce diable d'homme qui, avec l'intuition du génie, devinait le plan et la topographie de l'appartement, avait endossé un tablier blanc et s'était mis à la besogne. En moins de temps qu'il n'en faut à deux amoureux pour mêler leurs âmes dans un regard, ou à un croupier de roulette pour ramasser avec son râteau l'or frissonnant des joueurs, les plats, les assiettes, les couverts se trouvaient empilés, rangés, disposés en ordre dans la cuisine, et sur le feu de charbon allumé dans un fourneau et vermeil comme un tas de roses, l'eau bouillait, avec un bruit de galop pareil à celui que font les chevaux des gendarmes, lorsque ces modernes Thésées s'élancent en rase campagne à la poursuite d'un criminel.

Après quoi le baron prit une éponge, une large terrine pleine d'eau, et se mit en devoir de laver le parquet. En peu d'instants il l'eut rendu net et propre comme une table d'ivoire ; un joaillier y eût étalé ses saphirs et ses perles? Molin regardait ce travail avec une admiration non déguisée, et quant à moi, j'étais stupéfait, comme si j'eusse trouvé à la fois dix mille rimes à *triomphe;* mais je n'étais pas au bout de mes surprises! Aller faire le marché, revenir, rendre la vaisselle nette, accommoder à la cuisine des filets dont la sauce provençale eût fait revenir un classique, mettre rôtir à la broche, devant la cheminée même de la salle à manger, des perdreaux et des cailles, dont le jus, en tombant dans la lèchefrite, inondait et pénétrait des petits oiseaux disposés à souhait pour le plaisir des yeux, parer les assiettes de fruit, dresser le couvert, finalement ouvrir les huîtres et m'inviter à m'asseoir devant le déjeuner exquis, tout cela fut exécuté par le baron Brisse et par Molin avec cette rapidité vertigineuse et folle des mille tableaux variés et diversifiés à l'infini qui se succèdent dans les rêves.

— « Eh bien! dit gaiement le baron en remplissant nos verres, vous voyez que ce n'était pas la mer à boire! » Il ne buvait pas la mer, mais il buvait le vin des flacons comme le sable du désert libyen absorbe l'eau du ciel, et il mangeait encore mieux, comme pourrait s'en acquitter, après avoir jeûné longtemps, un dieu titan, fils du Ciel étoilé et de la Terre énorme. Bouleversant tous les préjugés connus et tous les lieux communs généralement admis, le baron Brisse était à la fois savant cuisinier, fin gourmet délicat, et gourmand toujours tourmenté d'une faim inassouvie. Il était homme à apprécier très bien un ortolan ou un œuf de vanneau, mais surtout en appuyant ces friandises d'un gigot de mouton et d'une large côte de bœuf. Il aimait tant à rassasier les créatures et à essayer (bien que ce fût en vain !) de se rassasier lui-même, qu'il avait inventé, imaginé et réalisé un genre de fête gastronomique entièrement nouveau, qui n'est ni le déjeuner, ni le dîner, ni le souper, ni le banquet, ni le festin, ni le goûter, ni le lunch, mais qui mêle et confond toutes ces manières d'être du repas dans une vaste et universelle synthèse; quelque chose qui n'a eu d'analogie ni de précédents, à ce que je crois du moins, à aucune époque, chez aucune tribu, chez aucun peuple, et dont on chercherait en vain la trace dans les histoires.

Il invitait à des MANGERIES! Ce mot, qui veut être expliqué, est exactement celui qui convient ici, et ne saurait être remplacé par un autre. Le baron Brisse avait loué à Sèvres, assez près du bord de l'eau, une petite maison qu'il avait meublée à la diable, car ce n'est pas de meubles qu'il s'agissait en cette affaire; et de là, il expédiait des lettres d'invitations ainsi conçues : « Le baron Brisse prie M. X... de lui faire le plaisir de *venir manger* chez lui, les mardi 2, mercredi 3 et jeudi 4 octobre. » Et en effet, conformémément à ce programme effroyablement simple, on venait chez le baron Brisse et on mangeait. Mais quand? à quelle heure? à quel moment? A toutes les heures, à tous les moments, du matin au soir, du soir au matin, sans discontinuer, toujours. Les convives venaient, s'en allaient, revenaient, se renouvelaient, s'évanouissaient pour faire place à d'autres ; mais sans repos, sans trêve, sans intervalle, la table restait dressée, le festin se perpétuait, et les poissons, les viandes rôties, les jambons, les pâtés, les venaisons, les légumes, les sucreries, les pâtisseries, les confitures se succédaient, s'enchaînaient, comme les vers d'une *Iliade* sans cesse recommencée et jamais finie. — « Mais, dira avec raison un critique justement indigné, n'aurait-il pas mieux valu nourrir les pauvres? » Sachez toutefois que pendant ses *mangeries*, ce pauvre Brisse les nourrissait aussi, et tant qu'il en trouvait; mais quel pauvre, ou plutôt quel misérable il fût devenu, si on eût entrepris de traiter son appétit comme celui des autres mortels : car autant vouloir nourrir un loup avec des bonbons à la vanille!

C'est naïvement et inconsciemment qu'il dévorait. Un jour, il me faisait ses confidences et m'exprimait son ennui d'être envahi par un embonpoint de plus en plus abusif. — « Je ne sais, me dit-il, comment cela peut se faire ; tous les ans, mon médecin m'envoie aux eaux pour que je maigrisse, et je maigris en effet ; mais je ne suis pas revenu depuis un mois, que je redeviens tel que vous me voyez ! » Et en parlant ainsi, il tapait avec mélancolie sur ce large ventre qui marchait devant lui comme un héraut, et dans lequel il mettait tant de choses succulentes, sans pouvoir le remplir jamais.

En fait de gastronomie, une seule chose a été plus originale que les *mangeries* du baron Brisse ; c'est les RESTAURANTS d'Auguste Lireux. Dans sa direction de l'Odéon, où ce spirituel journaliste avait poussé la fantaisie et l'excentricité jusqu'à jouer les œuvres des poètes, il avait franchi les bornes de l'imprévu et du bizarre ; aussi ne reculait-il plus devant une folie amusante, si étrange qu'elle fût! Lui aussi, comme le baron Brisse, il envoyait des lettres d'invitation à ses amis ; mais c'était pour les prévenir que, tel jour et de telles à telles heures, *il tiendrait restaurant chez lui*. On arrivait dans un grand salon où on ne voyait pas le maître de la maison, et où de petites tables avaient été dressées. On s'asseyait et on commandait ce qu'on voulait, sans saluer ses voisins et sans s'occuper d'eux. La chère était exquise; le service était fait par de belles filles galamment vêtues; on mangeait et on s'en allait; c'était tout à fait le restaurant, excepté qu'on ne payait pas. Je parle des restaurants d'autrefois; car aujourd'hui, il y en a où on ne mange rien du tout, et où l'on paye comme dans un bois; c'est l'idée de Lireux, écorchée et retournée, comme un gant.

XL

HENRI HEINE

Sur celui-là je n'ai aucuns souvenirs personnels, car je n'ai jamais eu le bonheur de le voir, et cependant il n'y a pas d'être que j'aie plus tendrement aimé. Quoi! aimer un Prussien! C'est que, pour moi, il n'est pas du tout un Prussien; il est de la patrie d'Orphée, et il a chanté, il chantera à jamais au bord des golfes pareils à des saphirs, où nagent les cygnes blancs comme la neige. Hélas! j'avais le désir le plus ardent de courir vers ce poète, dont j'entendais en moi les vers rhythmés par les battements même de mon cœur; mais pour cela, ne voulant pas le troubler, j'attendais qu'il fût guéri de ses souffrances, et j'attendais aussi que je fusse guéri des miennes, pour ne pas le désoler par un triste spectacle. C'est en quoi j'avais mal raisonné; car je suis resté malade, et je le serai jusqu'à mon dernier jour, et depuis longtemps déjà le poète, réveillé du cauchemar de cette nuit terrestre, triomphe sous la pourpre, et en compagnie des chanteurs, qui l'ont précédé, boit le nectar dans une coupe de diamants et s'enivre d'immortelles délices.

Pour moi, (et je commence à être assez vieux pour oser dire ce que je pense,) Henri Heine est, après Victor Hugo, le plus grand poète de ce siècle. La première fois que je lus *L'Intermezzo*, le plus beau poème d'amour qui ait jamais été écrit, il me sembla qu'un voile se déchirait devant mes yeux et que je voyais pour la première fois une chose longtemps rêvée et cherchée. Quoi ! ce n'était pas un impossible désir ! cela se pouvait donc, un poème exempt de toute convention et de toute rhétorique, où le chanteur est si sincère que, lorsqu'il me montre son cœur déchiré et saignant, je me sens en même temps inondé par le sang qui coule de mon cœur ! Ce chant, ce drame où il n'y a pas d'autres personnages que la rose, le lys, la colombe et le soleil et le rossignol, c'est-à-dire de quoi faire le plus assommant et le plus plat des volumes de vers, est pour moi égal au Cantique des Cantiques et supérieur même aux scènes d'amour de *Roméo et Juliette,* car l'expression de l'amour y est aussi intense et suavement exquise que dans la tragédie shakespearienne, et, pour son éternelle gloire, elle y est affranchie de toute historiette !

Certes, j'adore Shakespeare, et ce n'est pas dire assez ; il est pour moi le dieu de la poésie, comme il l'était pour Henri Heine lui-même, et je comprends Berlioz qui l'évoquait et l'implorait comme un père, dans ses chagrins d'amour ! Mais toute fiction, tout événement dramatisé et mis en scène a le tort d'être d'un intérêt très inférieur à celui qu'excitent en nous les développements dont le poète l'a embelli, et tandis que les mouvements de l'âme humaine, exprimés par lui, sont éternellement variés et inattendus, l'événement reste immuable et nous tyrannise par la persistance obstinée de l'affabulation. Dans *L'Intermezzo*, le drame, c'est les affres, les joies, les délices, les épouvantes, les regrets, les bravoures, les lâchetés, les voluptés cruelles, les ressouvenirs, les sanglots, les désirs de l'inéluctable amour, aussi divers et changeants que les flots ensoleillés, gémissants et capricieux de la mer. Il peut y avoir des instants où ma blessure soit trop avivée et cuisante pour que je puisse m'intéresser à la querelle des Capulets et des Montaigus ; mais au contraire, à quelque moment que ce soit, je me sens vivre dans ce poème qui ne saurait me lasser, puisqu'il n'y est question que de moi et de ma propre histoire.

Oui, qui que tu sois, tu as aimé ou tu aimes, et en lisant *L'Intermezzo* tu retrouves, transcrit dans une langue divine, mais en même temps claire et précise, tout ce que tu as senti et pensé, et dans le jardin plein de fleurs brillantes où s'ouvre la rose rougissante et où retentit le chant enflammé des rossignols, tu reconnais non pas des marionnettes d'épopée ou de théâtre, mais la bien-aimée et toi, ces deux personnages toujours jeunes de la Comédie Humaine et de la Divine Comédie.

Henri Heine n'est pas seulement extasié, lyrique et sincère, il est amusant ! Amusant comme un roman bien fait qu'on dévore, comme un petit journal réussi, comme un dessin enfiévré de Daumier, qui vous prend par son comique irrésistible. Cela tient à ce que, nourri sur le mont Hélicon, désaltéré à la fontaine violette, il est en même temps le plus parisien et le plus moderne des hommes, et que, spirituel jusqu'au bout des ongles, il n'a pas dédaigné d'amalgamer l'esprit avec l'inspiration, seul moyen de peindre une époque civilisée et complexe, auquel on n'avait pas songé avant lui. Je ne puis m'empêcher de rire en voyant qu'on cherche la formule du poème moderne, si complètement et absolument trouvée dans *Atta Troll*, où des chasseurs dandies vont tuer dans les Pyrénées un ours vaillant comme Achille, qui une fois dépouillé et préparé par le fourreur, devient une descente de lit envoyée *à mademoiselle Juliette, à Paris*, et où cependant passent sous la lune, avec la chasse infernale, la déesse Diane et la fée Habonde, et Hérodiade, faisant sauter sur son plat d'or comme une orange, la tête de Jean-Baptiste!

Comme on l'a dit mille fois, et comme cela est évident quand on regarde le portrait placé en tête de ses œuvres, Henri Heine ressemblait à la fois au Christ et à l'archer Apollon; n'est-ce-pas que par lui et en lui devait cesser le douloureux antagonisme de l'idée hellène et de l'idée juive?

Il est réellement un Apollon, un porte-flambeau, un tueur de monstres dépeuplant les marais obscurs et lançant les flèches de lumière; et il est aussi Aristophane, le dieu de la Comédie, à la fois bouffon et lyrique, revenu au monde et ressuscité en propre personne. Oui, ces deux êtres, Aristophane et lui, sont tellement identiques et pareils, qu'ils ne peuvent en former qu'un seul, possédant le chant et l'ironie, la caresse amoureuse et le fouet cinglant.

Le caractère de cet être unique, c'est l'admiration; dans Henri Heine, dévot de Shakespeare, se retrouve la vénération d'Aristophane adorant *Eschyle aux sacrés voiles, Eschyle ayant aux mains des palmes frissonnantes*, comme plus tard Benvenuto se montrera héroïque par sa piété envers Michel-Ange. La spirituelle Delphine de Girardin avait imaginé un jeune homme « trop beau pour rien faire »; Heine, lui, avait été assez beau pour faire *Germania*, le *Romancero*, les *Nocturnes*, les *Feuilles volantes;* mais son enveloppe sublime fut épouvantablement meurtrie et avilie, sans que le génie et le souffle eussent abandonné cette dépouille encore vivante.

Ce fut une lamentable tragédie. Le poète, déjà très souffrant, avait été envoyé par les médecins à je ne sais quelles eaux; avant de partir, il alla dire adieu à Théophile Gautier, son ami, son égal, qui pour la dernière fois le vit avec sa chevelure dorée et sa beauté d'Hypérion. Quand il revint, sa première visite fut de même pour le poète des *Émaux et Camées*, vers qui l'attirait sa meilleure affection. Mais alors, oh! quelle désolation, quelle sinistre épouvante! d'abord, la servante qui vint lui ouvrir ne le reconnut pas, lui refusa l'entrée de la maison; puis, venus les uns après les autres, d'abord les deux filles du poète, puis leur mère, puis Gautier lui-même ne reconnurent pas davantage Henri Heine, que la maladie avait vaincu, modelé ridiculement, rendu pareil à un vieux juif marchand de lorgnettes. Ainsi, dans cette demeure où tout le monde l'admirait et le chérissait, nul n'avait pu retrouver les traits connus de son visage! Il était bien décidément condamné.

Il subit sa peine sur un lit de douleur, si cruellement déformé et immobilisé par la paralysie que ses paupières même n'avaient plus de ressort et que pour voir quelqu'un, pour jouir de la clarté du jour, il était forcé de les lever avec son doigt, comme il eût fait d'une chose inerte. Cependant, comme l'existence de ces êtres choisis n'est jamais pareille à celle des autres hommes, en cet état sinistre il fut aimé d'amour par une jeune fille éprise de son génie, et dont madame Henri Heine, belle et compatissante, souffrait les visites, ne voulant pas s'offenser d'une passion extra-terrestre et tout idéale. Un tel désastre d'un corps modelé à l'image de l'âme héroïque et charmeresse ne semble-t-il pas inexplicable? Il ne l'est pas pour moi. Je crois ardemment en Dieu, et je suis sans doute dans mon droit, car, ainsi qu'un athée de mes amis me l'expliquait fort bien, les rimeurs, êtres purement instinctifs, ne sont pas tenus à avoir autant de raisonnement que les grandes personnes, et manquent de la compréhension nécessaire pour se figurer les vastes éthers peuplés de rien du tout. Or, j'imagine que le Maître des innombrables univers, que le Berger silencieux et pensif des troupeaux d'Étoiles a besoin de tous les bons poètes dans ses bleus paradis; car autrement, par qui ferait-il composer les vers sur lesquels doit être adaptée la musique des harpes célestes? Voulant donc les appeler, sitôt qu'ils sont libérés de la vie charnelle, dans les ivresses de l'harmonie et de la lumière, leur père indulgent veut certainement, en les livrant à la Douleur passagère, les purifier ici-bas de toutes les souillures, afin que leurs corps nouveaux, faits d'une chair éthérée et subtile, puissent s'envoler tout de suite vers les jardins de diamants où fleurissent les lys flamboyants de l'immortelle joie.

Par un soir d'été bien triste, où l'on entendait tonner le canon des Prussiens, je me promenais avec mon vénéré maître Théophile Gautier. Nous étions à ce moment-là dans les Tuileries, devant le palais, et nous parlions cœur à cœur, avec expansion, car c'était l'heure ou jamais de dire la vérité. Nous vînmes à causer du poète de *Germania*.

— « Enfin, dis-je à Gautier, notre maître étant excepté, bien entendu, quel rang donnez-vous à Henri Heine, parmi les poètes contemporains?

— Mais le premier! me répondit sans hésitation le divin Théo, dont un rayon du soleil couchant vint alors dorer la chevelure ambroisienne. Et toujours je me rappelle cette parole, pieusement recueillie par moi à cette heure solennelle. Chose étrange! le chanteur de *L'Intermezzo*, qui savait si bien admirer, s'était montré de la plus cruelle injustice envers le roi incontesté de l'art lyrique, et, par contre, Victor Hugo est peut-être un peu avare de louanges pour l'archer apollonien, pour le spirituel et moderne Aristophane. Mais tandis que ces deux génies se regardent en lions de faïence, leurs deux Muses, derrière eux, échangent des sourires amis et tendrement se caressent et s'embrassent.

Un oncle de Henri Heine, humilié d'avoir un grand homme dans sa famille, lui avait offert de lui donner un million, s'il voulait renoncer à la poésie. En vérité, ce banquier n'était pas dégoûté. Moyennant un million, obtenir d'effacer *Atta Troll* et *L'Intermezzo*, c'eût été pour rien ! Excusez du peu ! comme disait Rossini. Cet oncle fantaisiste voulait, comme le minotaure, dévorer les plus belles filles d'Athènes, et, par-dessus le marché, le héros Thésée avec sa massue !

XLI

VICTOR HUGO

A toutes les époques de ma vie, j'ai toujours connu mon cher et vénéré maître Victor Hugo. Je le vois encore dans l'éclat de sa jeunesse, presque aussi beau qu'il l'est aujourd'hui, et dans ses vastes salons qui avaient été ceux de Marion de Lorme, accueillant tout ce que Paris a de charmant et d'illustre. Quel enchantement, ces soirées de la place Royale! Dans le salon du fond, autour d'un énorme parterre de fleurs, étaient assises les femmes jeunes, belles, souriantes, magnifiquement parées, heureuses d'être chez le grand poète, et là madame Victor Hugo faisait les honneurs avec sa grâce souveraine.

Puis venait le grand salon, où se pressait toute une foule d'hommes et de femmes, parmi laquelle on n'eût pas trouvé un seul être banal et quelconque, et dont le décor splendide était bien le cadre qu'il fallait à de pareilles fêtes. Les deux cheminées à manteau placées en face l'une de l'autre, ornées de miroirs curieux et de chandeliers d'or, les immenses rideaux de vieux damas de soie rouge, les meubles antiques étaient du plus grand caractère, et les embrasures des fenêtres étaient si larges et si profondes que chacune d'elles devenait comme un petit salon où on pouvait s'isoler et causer librement. Dans la salle à manger ornée de vieilles armes, foule plus grande encore, et on voyait là, jeunes, empressés, allant et venant, parfois écrivant ou dessinant sur des albums ouverts, tous les hommes de ce temps qui sont devenus célèbres.

En été surtout, c'était ravissant; la grande porte de l'appartement restait ouverte; le parfum des fleurs et des feuillages entrait par les fenêtres, et la soirée avait lieu sur la place Royale en même temps que dans les salons, car les jeunes gens allaient fumer leur cigarette dans les allées, autour de la statue de Louis-le-Chaste, puis tout de suite remontaient, grisés de nuit et d'azur, dans l'éblouissement des flambeaux et des dames pareilles à des figures de déesses.

Dans cette salle à manger dont je parle, il y avait un magnifique dais de trône qui avait appartenu à madame de Maintenon, et les farceurs des petits journaux avaient imaginé de dire que ce dais était placé au-dessus d'un trône destiné à Victor Hugo. En réalité, il ne surmontait qu'un simple divan, sur lequel tout le monde s'asseyait, excepté le poète, qui régnant sur son temps par la grâce du génie, et domptant les âmes enivrées, n'avait que faire de jouer au monarque. Il avait, ma foi, bien d'autres tigres à peigner! Il était là, comme depuis nous l'avons vu partout, affable, accueillant, occupé de tous, s'oubliant lui-même, et de l'ancienne aristocratie n'ayant rien gardé que la politesse exquise et la courtoisie familière. Une fois chez lui, on était chez soi, libre, heureux, disposant de tout, réchauffé dans une bonne atmosphère d'affection et de tendresse. C'était la vraie et bonne hospitalité, celle qu'on trouve en effet chez les rois, et aussi chez les bûcherons.

La présence de Victor Hugo est liée à mes plus

chers souvenirs ; je n'en veux noter qu'un, celui d'une délicieuse journée dont les minutes se sont envolées comme un rêve, dans la hideuse Conciergerie. C'était un peu avant le coup d'État : Nestor Roqueplan et moi, nous étions venus visiter dans cette geôle Charles et François-Victor Hugo, Auguste Vacquerie et Paul Meurice, tous prisonniers à la fois, car pour faire bonne mesure et pour n'afficher aucune injuste préférence, on avait avec libéralité mis tout *L'Événement* sous les verrous. Introduits près de nos jeunes amis, nous eûmes l'heureuse fortune de trouver près d'eux le Maître lui-même, madame Victor Hugo et encore la plus jeune fille du poète, qui étaient venus passer la journée en famille. Tout de suite notre maître nous invita à partager leur repas ; Roqueplan, nécessaire à l'Opéra, dut s'excuser ; mais moi, j'acceptai avec joie, regrettant seulement que cette journée bénie entre toute ne dût pas être plus longue que les autres. J'aurais voulu avoir sous la main un Mercure de comédie qui, en vers libres comme ceux d'*Amphitryon*, priât madame la Nuit de ne pas venir trop tôt et de s'amuser un peu en route ; mais nous étions loin de Versailles et de ses fêtes, dans la plus sévère et la plus authentique des prisons.

Ne croyez pas cependant qu'elle ait réussi à être triste ce jour-là, tant elle fut embellie et transfigurée par la toute-puissante magie de la jeunesse! Certes, Charles Hugo et François-Victor, qui avaient à sauvegarder leur dignité de prisonniers, conservaient tout le sérieux voulu ; mais en dépit de cette attitude exigée par la circonstance, ils étaient si beaux, si gais, si spirituels, que malgré tout, la flamme de leurs vingt ans éclairait les vieilles murailles, et d'ailleurs la dure consigne n'allait pas jusqu'à les empêcher de sourire. Les heureux parents, hélas!

et leur jeune sœur, se réjouissaient de les voir si fiers, si insouciants, si charmants dans leur bravoure, et qui n'a pas vu le poète des *Feuilles d'Automne*, caressant ses fils et baisant leurs belles chevelures, ne peut savoir comme il fut divinement père. Nous nous promenions à travers les noirs corridors, causant, riant, parlant de toutes choses, éblouis par l'esprit aristophanesque de Vacquerie, à qui la prison inspirait les plus extraordinaires saillies, heureux surtout de voir le Maître prendre pour quelques jours une provision de bonheur, et parfois taisant toutes nos voix masculines pour écouter murmurer deux pures voix d'or. J'ai dit que cette journée s'écoula comme un instant; je ne puis dire assez comme elle fut rapidement finie; à peine avions-nous senti le plaisir d'être ensemble que la nuit tombait, si l'on peut appeler nuit une obscurité plus intense venant s'ajouter à une obscurité déjà complète et noire, car il ne fait jamais jour dans les corridors et dans les cellules de la Conciergerie, et il semble qu'ils aient été construits non seulement avec des pierres et du ciment indestructibles, mais aussi avec de profondes et épaisses ténèbres.

C'était bien le soir; je le connus à cela surtout que je sentis la faim inexorable crier dans mes entrailles. Je le dis franchement au Maître, qui est assez bon et simple pour qu'on puisse tout lui dire, et il s'empressa de me rassurer. Non seulement on allait dîner, mais, selon toute probabilité, on dînerait fort bien, et même avec magnificence. Deux intimes amis, messieurs Peyrat et Erdan, avaient bien voulu accepter la gracieuse tâche d'aller chez Chevet et de lui faire apporter le festin et aussi tous les accessoires indispensables, car la Conciergerie ne fournit rien que de l'humidité et de l'horreur. Déjà par avance j'avais l'eau à la bouche, et en regardant les autres personnes présentes, j'eus la satisfaction de voir qu'elles semblaient avoir faim comme moi, et que même quelques-unes d'entre elles pâlissaient. Chaque fois que nous entendions grincer une porte, nous nous attendions à voir paraître nos victuailles; mais point; c'était quelque surveillant qui entrait, ou quelque dame en deuil qui sortait, les yeux pleins de larmes, après avoir serré tendrement une dernière fois la main du triste prisonnier qu'elle laissait seul derrière les hideux verrous. Le temps commençait à nous sembler long; et involontairement nous laissâmes entrer dans notre causerie ralentie les histoires sinistres. Six heures et demie sonnèrent, puis sept heures, puis sept heures et demie. Qu'était-il arrivé aux amis du poète! Qu'ils eussent pu l'oublier, c'était une hypothèse absurde; mais n'avaient-ils pas été arrêtés en route? A ce moment-là, tout était possible. Quoi qu'il en soit, nous étions sur le radeau de la Méduse! et avant de songer à nous entre-dévorer, (il était toujours temps d'en venir là!) il fallait faire quelque tentative pour organiser un repas moins tragique. Mais comment s'y prendre? C'était un dimanche; il pleuvait; toutes les boutiques étaient fermées; tous les méchants restaurants du quartier encombrés de monde, et et lorsqu'elle se promenait autour du Palais de Justice pour accomplir les ordres de Vautrin, la grande Asie elle-même n'aurait pas su découvrir dans ce quartier perdu une cuisine sortable.

Cependant deux héros intrépides, au cœur doublé d'un triple airain, partirent à la découverte, d'avance très déconfits et justement beaucoup plus inquiets cent fois que Jason et le roi Orphée s'en allant à la recherche de la Toison d'Or. Leur absence fut longue, très longue; quand ils revinrent, ils étaient escortés d'un petit garçon ahuri qui dans de grosses et vilaines assiettes en terre de pipe apportait des fricandeaux, quels fricandeaux! et de vagues légumes d'une couleur déplorable et classique. Pour le reste, les guichetiers aussi furent mis à contribution; ils offrirent tout ce qu'ils avaient, c'est-à-dire rien du tout, ou à peu près. Dans une salle noire, sinistre, aux coins plus noirs encore, formée d'ogives s'attachant à une clef de voûte, le couvert fut dressé sur une grosse nappe, éclairée par deux chandelles fumeuses; il fut impossible de se procurer des bougies. On s'assit et, sur l'invitation du Maître, nous essayâmes d'entamer les fricandeaux, *la garde impériale entra dans la fournaise!* mais c'étaient des fricandeaux obstinés, ils ne voulaient ni se rendre ni mourir; les couteaux d'ailleurs ne coupaient nullement, mais ils eussent coupé que c'eût été absolument la même chose. Nous nous battions les flancs, essayant d'être gais et de faire contre fortune bon cœur. La faim nous déchirait de sa griffe et disait de sa voix caverneuse : « Vous ne m'échapperez pas. »

Au contraire, nous devions lui échapper! Tout à coup, ô extase, ô ravissement! nous entendîmes un bruit harmonieux d'argenterie et de cristaux, des rayons lumineux filtrèrent par les fentes de la porte, puis la porte elle-même s'ouvrit, nous nous vîmes inondés de clarté, et les amis de Victor Hugo parurent, précédant une nuée de marmitons blancs comme des lys, et en qui nous crûmes retrouver les marmitons dansants des comédies de Molière. Ce qui est bien parisien (et par conséquent surnaturel!) c'est la prodigieuse agilité avec laquelle ils firent disparaître les couverts d'étain, la grosse nappe et les assiettes du petit traiteur. Où et comment les cachèrent-ils d'une main si ingénieuse et preste? Le fait est qu'on ne les retrouva jamais, non plus que les fricandeaux, soudainement évanouis. Maintenant couverte d'une belle nappe damassée plus blanche que la neige, éclairée par de grands candélabres d'argent où brûlaient des bougies de cire transparente, la table offrait à nos yeux tous les spectacles rassurants, la lourde argenterie, les verres de cristal taillé, les grands poissons du Rhin dans leur glace, les volailles grasses et dorées, les faisans avec leurs plumes, les écrevisses de la Meuse, et autour de nous se dressaient les flacons vénérables, et déjà dans nos assiettes fumait un potage savant et raffiné, qui, pareil à la gloire humaine, ne fit que paraître et disparaître. Et les ananas, et les fraises vermeilles, et les fruits de pourpre dans les soucoupes d'or! Un simple accident de cuisine avait retardé les amis du poète; mais, comme on le voit, l'affaire s'était terminée à leur honneur.

Dès ce moment-là, on le devine, la salle aux ogives, où tout à l'heure il nous semblait que nous allions voir apparaître les tourmenteurs et les bizarres magistrats du moyen âge, nous parut tout à fait aimable et réjouissante; pour l'architecture, le tout est d'être bien présentée et de se montrer dans les glorieux enchantements de la lumière. Et alors la conversation redevint, comme dans la journée, vive, alerte, imprévue, grisante, pleine d'éclairs et d'étincelles, tandis que les grands vins parfumés empourpraient les verres. Et le Maître, gai, souriant, heureux de bien traiter ses chers enfants, prodiguait l'esprit, les mots, les anecdotes amusantes, délicieusement familier, et mille fois spirituel comme ceux qui en font métier et marchandise. Ah! j'aurais voulu voir là les bonnes gens qui se figurent qu'il chevauche toujours sur les cimes un Pégase effréné, dont l'ouragan ensanglante les naseaux et tord la flottante chevelure! Mais les amants du lieu commun doivent ignorer toujours que le titan du génie, est, quand il le veut, un simple homme d'esprit, supérieur à tous les autres ! S'ils le savaient, ils sauraient tout, et ils seraient pareils à des Dieux, ce qui est contraire à la nature des choses. Hélas! bien souvent, assis à la table hospitalière de l'avenue Victor Hugo, je resonge à ce festin de la Conciergerie où il y avait tant de fleurs, d'espérance et de joie ! Robuste et fort comme un vieux laurier, le moderne Eschyle caresse du regard ses petits-enfants, plus jeune peut-être avec son front chargé de neige qu'il ne l'était lorsque le souffle du matin agitait sa brune chevelure. Sur ses nobles traits hâlés par l'exil, rayonne la sérénité du prodige réalisé, le calme du devoir accompli, et nous ne pouvons nous empêcher de voir une Gloire vivante étendre au-dessus de sa tête les frissonnantes palmes. Mais d'autres chères têtes semblent momentanément absentes à nos yeux mortels, et peut-être ne pourrait-on s'empêcher d'y songer toujours, si un clair rayon ne jetait incessamment ses lueurs de rose sur les lèvres doucement ravies de celle qui n'est déjà plus la petite Jeanne!

LXII

THÉOPHILE GAUTIER

J'ai vu Théophile Gautier la veille de sa mort, et il m'a paru exactement semblable à un dieu. Assis dans une large chaise, il était depuis la ceinture enveloppé dans une couverture dont les plis s'étaient arrangés naturellement comme la plus noble draperie antique ; il était calme, rayonnant, délivré enfin de tous les soucis, et sa barbe, sa chevelure superbe, la certitude qui brillait dans son regard, me donnaient tout à fait l'idée du Zeus olympien. Devant une seule de ses filles présente, ses autres enfants ayant dû aller prendre un peu de repos, il me parla comme s'il eût été déjà dans le séjour de la vérité et de la lumière, que vivant il avait entrevu de si près, car sa pensée intense perçait et déchirait tous les voiles. De la mort, il n'en fut pas question ; c'était une chose sous-entendue, et à laquelle ne s'appliquent pas les mots humains. Il me dit seulement : « Je vous attendais, » et il me parla de notre art avec son éloquence tranquille et sereine, à laquelle tous les mots de la langue obéissaient, toujours prêts à apporter leur note éclatante et juste dans sa conversation pareille à une symphonie où tous les instruments chantent dans un harmonieux accord.

Nul vocable ne put jamais résister à ce charmeur,

qui les savait et qui se les rappelait tous. On peut dire de lui, non qu'il avait une prodigieuse mémoire, ce qui serait par trop insuffisant, mais qu'il était une vivante mémoire, où demeuraient fidèlement les noms, les faits, les notions abstraites, les couleurs, les paysages, les figures, les objets, et tout ce qui existe dans le monde moral et dans le monde physique. Cette conversation fut sans doute la leçon suprême donnée par le maître à l'écolier ; mais elle fut encore quelque chose de bien plus grand ; c'était la parole du voyageur qui, après une longue et pénible marche dans les replis d'un souterrain obscur, voit enfin la clarté, et l'annonce à son humble compagnon de route. Et je m'enivrais de sa chère, de sa mélodieuse voix, dont un rhythme nettement musical accentuait l'exquise et infiniment suave douceur.

Celui que Baudelaire a défini d'un mot dans la dédicace des *Fleurs du Mal*, en l'appelant le *poète impeccable*, sera dans l'avenir placé d'autant plus haut qu'il s'effaçait plus volontiers, avec une modestie persistante et de toutes les minutes.

Non seulement il s'obstinait à traiter fraternellement comme ses égaux ceux qui avec justice le reconnaissaient pour leur maître ; mais, parvenu à la plus éclatante gloire, il n'a jamais cessé de vénérer en fils et en disciple fervent le titanique génie en qui la France trouve à la fois son Homère, son Pindare et son Eschyle, portant le triple laurier dans ses mains robustes et victorieuses. Quand mourut le poète des *Emaux et Camées*, le poète de *La Légende des Siècles* le célébra dans un sublime chant d'apothéose, offrande proportionnée au dévouement du fils pieux qui si longtemps avait mis à ses pieds l'inébranlable fidélité d'un libre génie.

Rien de plus beau dans la vie de Théophile Gautier que sa religieuse et constante admiration pour Victor

Hugo, et, pour ma part, je ne puis jamais relire sans un attendrissement profond le chapitre où il raconte sa première visite chez le Maître. Tremblant, dévoré de fièvre, suffoqué par l'émotion, il s'assit sur une marche de l'escalier, ne put jamais trouver le courage de tirer la sonnette, et partit sans avoir vu le père triomphant d'*Hernani*.

Ah! ce chapitre, comme je me le rappelais mot à mot, et comme je me le répétais à voix basse l'autre soir, chez Victor Hugo, lorsque fut présenté un très jeune homme qui, sans s'écarter, il est vrai, de la plus correcte politesse, se trouva tout de suite aussi à son aise que s'il eût été chez un camarade! Gautier, non pas vieux, (il ne le fut pas et ne l'aurait jamais été,) mais ayant vécu les années de la jeunesse, restait d'autant plus timide et ébloui devant son maître, que son maître voyait mieux en lui le grand homme et le poète impeccable; c'est, je crois, ce qu'on appelle à présent le *vieux jeu!*

Admiration continue, toujours grandissante et semblable à elle-même! Pendant le siège, quand les obus l'avaient chassé de son cher Neuilly, j'ai vu Théophile Gautier dans le pauvre appartement, à peine meublé, qu'il occupait dans la rue de Beaune. Habitué à sa maison artistement ornée, aux ombrages, aux fleurs, à tous les animaux libres et charmants de la ménagerie intime, il se trouvait tout à coup prisonnier dans ces deux chambres étroites, et, de plus, malade, ne pouvant travailler, et souffrant des privations qu'il supportait d'ailleurs, comme tous les Parisiens, avec la plus aimable insouciance. Eh bien! alors, que faisait-il? Couché sur son lit, il vivait du matin au soir avec un seul livre : *La Légende des Siècles*, qu'il lisait dans les deux volumes de la belle, de la première édition, et il ne se lassait pas de relire et de recommencer, quand il les avait finis, *Le*

Mariage de Roland et *Bivar* et *Le Petit Roi de Galice* et *Eviradnus;* car pareil à Ingres, qui, à soixante ans, apprenait, disait-il, à dessiner, Gautier, dans ces immortels poèmes, apprenait, lui aussi, son métier, le noble métier des vers, qu'il savait d'ailleurs mieux que personne au monde.

Oui, nul n'a admiré Victor Hugo mieux que lui et en sachant mieux pourquoi, et peut-être y eut-il dans cette adoration plus de mérite qu'on ne peut le deviner, car les tempéraments des deux poètes étaient profondément dissemblables. Tandis qu'à ses débuts le lyrique des *Odes et Ballades* était attiré par le nord, par le moyen âge, et forcément, ayant à renouveler le courant poétique, confondait un peu l'antiquité dans la haine que lui inspirait justement la triste fin de la littérature pseudo-classique, Gautier, lui, comme artiste, était né Hellène ; sa patrie était celle des temples, des blanches statues, des forêts dont l'herbe a été foulée par les pas des Dieux ; et d'autre part, il était, d'esprit, essentiellement Français, ami de la clarté, de la joie, de l'ironie saine et bien portante, et c'est du fond du cœur qu'il écrivait en terminant son poème d'*Albertus* : « Dites qu'on m'apporte un tome de *Pantagruel!* » Aussi, bien qu'il fût un romantique ardent, commença-t-il tout de suite dans ses *Jeunes-France* la réaction du goût français contre le pathos du romantisme farouche et truculent ; il ne voulait ni la platitude ni l'emphase, et ce qu'il chérissait, c'était la pure, la sereine Beauté, non immobilisée, mais sans cesse renouvelée et rajeunie dans une source de vie toujours jaillissante.

Si Gautier a été longtemps méconnu comme poète, c'est qu'en cette qualité il dut soutenir la lutte contre un trop redoutable rival, contre le Théophile Gautier prosateur, qui vêtu des plus belles étoffes de l'Orient, savait construire les palais, susciter les plus enivrantes féeries, évoquer mille gracieuses figures de femmes, et qui, pareil à la jeune fille du conte, ne pouvait ouvrir ses lèvres sans en laisser tomber des saphirs, des rubis, des topazes, et les lumineuses transparences de mille diamants. Ce magicien-roi qui sait tout, à qui toutes les époques et tous les personnages de l'histoire sont familiers, et qui ressuscite les Égyptiennes du temps de Moïse, aussi bien que la lydienne Omphale, a trop souvent caché derrière son manteau de pourpre le ferme et délicat rimeur, d'une pureté antique et d'une idéale délicatesse, qui, pareil à un statuaire grec, ne livre pas son âme, et pudiquement la laisse deviner à peine sous les blancheurs du marbre sacré.

Être accusé de manquer de cœur est le sort commun de tous les artistes non effrontés, qui ne font pas de leur cœur métier et marchandise, et qui ne l'accommodent pas en mélodie pour piano; peut-être faut-il qu'on soit resté simple et instinctif pour deviner l'être aimant et divinement tendre en lisant *Le Triomphe de Pétrarque* et l'héroïque *Thermodon;* mais il me semble difficile que le premier venu puisse lire sans pleurer les strophes émues et déchirantes inspirées à Théophile Gautier par la mort de sa mère.

S'il fut souvent mal jugé comme poète, il fut souvent aussi mal jugé comme homme. Parce que Théophile Gautier possédait une caverne de pierreries plus riche que celle d'Aladin, parce qu'il cultivait un jardin de roses plus beau que celui de Saadi, parce que la fantaisie lui prodiguait avec amour ses inépuisables trésors, on s'est figuré que s'il ne se mêlait pas de politique, c'était par une ignorance voulue et frivole. C'est le contraire qui est vrai.

C'est précisément parce que ce maître avait étudié et savait à fond les histoires, les révolutions des empires, les lois qui président aux grands cataclysmes et transforment les mœurs, les institutions et les races elles-mêmes; c'est parce qu'il avait trouvé au bout de ses longs travaux une claire et absolue certitude, qu'il attachait peu d'importance aux formes de gouvernement, estimant que la grande question était de faire des citoyens qui accomplissent fidèlement le devoir accepté. C'est ce dont il donnait le continu et patient exemple.

Il était, lui, de ceux qui sous tous les régimes sont nécessairement et invinciblement libres, parce qu'il faisait sa tâche et tournait sa meule avec la fière résignation d'un dieu en exil. On s'est souvent demandé comment ce voyant, cet inspiré, ce génie pouvait se résoudre à entasser les tas de *copie* auxquels le condamnait la nécessité de vivre, et pourtant la réponse à cette question est bien simple. Les faux grands hommes, ceux qui toujours doivent se mettre à travailler lundi, attendent aussi d'être débarrassés des soucis d'argent pour se donner tout entiers au grand art; il avait pris, lui, le contre-pied de cette calembredaine, et il avait trouvé une solution comparable à celle de Colomb, qui consistait à faire toujours du grand art, et à transfigurer en poèmes achevés les besognes les plus viles! Se donner tout entier à toute œuvre, si minime qu'elle soit, et l'exécuter de main d'ouvrier, de façon à satisfaire le maître le plus exigeant, tel est le moyen unique de ne dépendre jamais de personne, et c'est en l'appliquant sans ennui et sans défaillance qu'il avait su conquérir définitivement sa liberté.

Et il respectait religieusement, fanatiquement, la liberté des autres! Certes, il laissait tranquilles tous les hommes et toutes les femmes, mais aussi les animaux; il voulait qu'on les aimât pour eux, non pour soi; il n'admettait pas qu'on se permît de caresser un chat sans savoir s'il lui plaît d'être caressé, et c'est pourquoi, dans son ombreux jardin, tous les êtres, (hommes, bêtes et oiseaux, comme dit Ronsard,) étaient heureux, tranquilles et exempts d'inquiétude, comme dans le paradis terrestre. De même, il vénérait aussi tous les Dieux, et pensait qu'ils ont le droit de régner dans les pays où ils ont été proclamés par la conscience humaine, sous l'œil effrayant et doux de Celui pour qui les univers ne sont que les grains épars et envolés d'une impalpable poussière de lumière ! Je me souviens d'avoir lu pendant le siège, sur un numéro du *Moniteur* affiché à la mairie de la rue de la Banque, le premier feuilleton dans lequel Théophile Gautier racontait son voyage en Égypte. Il s'était cassé le bras sur le bateau à vapeur qui l'emportait, et il s'étonnait beaucoup qu'un tel accident eût pu lui arriver après qu'il avait pris soin de prier au départ tous les dieux égyptiens, Hàthor et Phtha dieu du feu, et Tmeï fille du soleil et déesse de la vérité, et la triade de Mandou, de la déesse Ritho et de leur fils Harphré, et toutes les divinités qui vivent sous les claires prunelles des Anubis, des Tiphons et des Osiris. En allant chez eux, il avait cru devoir agir comme un hôte bien élevé qui en entrant dans un salon inconnu, salue poliment le maître de la maison, et, en retour, il avait raison de compter sur leur bienveillance ; mais peut-être ces Dieux avaient-ils entendu dire que Gautier écrivait dans les journaux, et s'il en est ainsi, ils ont été excusables de craindre que ce voyageur ne fût un assembleur de mots abstraits, ennemi des allégories et des symboles.

N'opprimer personne et s'affranchir de toute autorité en accomplissant sa tâche rigoureusement et même avec joie, telle était la morale de Théophile Gautier ; ainsi, n'admettant la tyrannie et le commandement ni pour lui ni pour les autres, il était essen-

tiellement et dans le sens le plus absolu du mot :
un *anarchiste*.

A vrai dire, son idéal était le self-government.
La seule existence qui lui parût désirable était celle
d'un gentleman vivant dans les forêts et dans les
prairies d'un vaste pays, loin des villes, franchissant
à cheval de longs espaces, armé d'une carabine à
longue portée et de bons revolvers, se protégeant
lui-même et au besoin protégeant les autres, à la
façon de Thésée et d'Hercule. Il pensait que dans
nos villes étouffées et noires où à moins de posséder
les millions d'un Rothschild, on n'a pas le droit
d'être Fortunio et d'acheter tout un quartier pour y
bâtir à son usage personnel une ville orientale,
toutes les destinées se valent à peu près l'une l'autre,
et doivent être acceptées avec une égale résignation.
De tous les hommes mortels qu'il avait rencontré
sur sa route, un seul, à son avis, représentait quelque chose d'assez magnifique et pouvait mériter
qu'on enviât son sort.

C'était un prince indien beau comme le jour, fort
comme un athlète, agile comme un clown, hors de
pair en escrime, habile à tous les exercices du corps,
dompteur de chevaux, devenu prodigieusement
savant dans les universités d'Angleterre et d'Allemagne, dandy irréprochable portant les habits européens avec une grâce souveraine, et qui, dans ses
séjours à Paris, avait appris à jouer de l'esprit parisien, comme Paganini jouait du violon. Il avait le
regard, les façons, la douceur qui domptent les
femmes, et il eût été un don Juan à la millième
puissance, s'il n'eût dédaigné ce chimérique emploi
du temps. D'ailleurs, effroyablement brave et dédaigneux de la mort, ce seigneur accompli possédait
par-dessus le marché une quantité incalculable de
millions, et c'était avec une armée levée à ses frais

que dans une guerre récente il avait tenu en échec la puissance de l'Angleterre. Enfin, excellent poète, connaissant à fond toutes les métriques du monde, il avait traduit en langue sanscrite l'*Hamlet* de Shakespeare.

Le poète de *La Comédie de la Mort* prétendait qu'à moins de pouvoir être cet homme-là, il est assez indifférent d'être n'importe qui, ce en quoi il se trompait du tout au tout, car être Théophile Gautier, par exemple, c'est déjà dominer les fronts les plus élevés de la foule, comme le grand chêne dans la forêt domine les brins d'herbe et les arbustes frissonnants sous ses pieds.

En regardant son œuvre immense où tiennent tous les pays, tous les peuples, tous les âges, et dans laquelle, ainsi que dans le visible univers, le plus petit détail est un monde infini, accompli et parfait, on se demande avec quelle divine argile le Statuaire avait pétri ce puissant artiste, organisé à la fois comme un Benvenuto et comme un Michel-Ange. Bien peu de temps avant l'heure cruelle où il nous fut enlevé, j'ai eu l'inestimable bonheur de l'écouter pendant plusieurs heures de suite dans son atelier, loin de tout témoin importun, les portes bien closes, et ce grand homme daigna se confier à moi et me parler à cœur ouvert.

Je me figurais qu'arrivé à sa soixantième année et presque affranchi des vulgaires ennuis, Théophile Gautier songeait au repos; bien au contraire, il n'avait que le travail en tête, et espérait écrire enfin, en dehors de toute préoccupation matérielle, les œuvres qu'il avait rêvées et qui, plus encore que toutes les autres, auraient été vraiment siennes. Il me raconta, me joua, scène par scène et mot par mot, avec quelle enivrante et incomparable éloquence! une tragédie imaginée sur un sujet grec, et si parfaitement belle qu'en l'écoutant j'eus tout de suite la vision et le ressouvenir des immortels chefs-d'œuvre.

Cela ne ressemblait à rien de ce qui a été fait de nos jours; par la simplicité et par l'ampleur de la conception, c'était de l'antique, et cependant le sentiment qui animait le drame était profondément et essentiellement moderne. Cette pièce était complète, achevée, entièrement éclose dans la tête du poète; il n'y manquait en effet que les vers, c'est-à-dire : rien du tout pour Théophile Gautier, qui n'avait qu'à se recueillir et à trouver quelques jours de solitude pour les entendre tous chanter à son oreille et faire éclater autour de lui le riche concert de leurs rimes sonores.

Cependant, mon maître n'a pu ici écrire cette pièce; il l'a sans doute achevée dans une autre étoile, où j'espère bien la voir représenter par de bons comédiens, sachant garder au vers mystérieux son intime et pénétrante musique.

ÉPILOGUE

Ami lecteur, crois-moi, c'est de l'histoire.
Les envolés de la noire prison
Restés vivants au fond de ma mémoire,
En ces feuillets sans rime ni raison
Devant tes yeux revivent à foison.
Car dans ce livre ému, farce et poème,
Où le divin Parnasse à la Bohème
Partout se mêle en un conte imprévu,
Ce que tu vois, c'est ce que j'ai moi-même
Vu, dis-je, vu, de mes propres yeux vu.

TABLE

		Pages.
I.	— Portraits de famille.	1
II.	— Le Théâtre Comte.	22
III.	— Le Théâtre Joly.	29
IV.	— Alfred de Vigny.	38
V.	— Jules Janin.	53
VI.	— Privat d'Anglemont.	63
VII.	— Charles Baudelaire.	73
VIII.	— Émile Deroy.	89
IX.	— Le Jardin du Luxembourg.	97
X.	— Le Café-Spectacle.	106
XI.	— La Chaumière.	114
XII.	— L'Acteur Bignon.	122
XIII.	— Bache.	129
XIV.	— Le Duc d'Abrantès.	143
XV.	— Le Prince Euryale.	156
XVI.	— Honoré Daumier.	163
XVII.	— Pier-Angelo Fiorentino.	176
XVIII.	— Les grands Comédiens.	191
XIX.	— Robert Macaire.	209
XX.	— Les anciens Funambules au boulevard du Temple.	215
XXI.	— Monsieur Mourier.	225
XXII.	— Monsieur Étienne.	235
XXIII.	— Le petit Lazari.	245
XXIV.	— Félix Pyat.	253
XXV.	— Joissans.	269
XXVI.	— Honoré de Balzac.	277

		Pages.
XXVII.	— Charles Asselineau...	288
XXVIII.	— Méry...	304
XXIX.	— Nestor Roqueplan...	324
XXX.	— René Lordereau...	337
XXXI.	— Monsieur Scribe...	344
XXXII.	— Philoxène Boyer...	351
XXXIII.	— Valentin Parisot...	366
XXXIV.	— Hippolyte Ballue...	373
XXXV.	— L'Acteur Grassot...	389
XXXVI.	— Albert Glatigny...	396
XXXVII.	— Alexandre Dumas...	404
XXXVIII.	— Bellevue...	411
XXXIX.	— Le Baron Brisse...	431
XL.	— Henri Heine...	439
XLI.	— Victor Hugo...	446
XLII.	— Théophile Gautier...	454

Paris. — Typ. G. Chamerot, 19, rue des Saints-Pères. — 12973.

BIBLIOTHÈQUE-CHARPENTIER
13, RUE DE GRENELLE-SAINT-GERMAIN, 13, PARIS

ŒUVRES DE THÉODORE DE BANVILLE
NEUF VOLUMES

POÉSIE
Poésies complètes en trois volumes :

LES CARIATIDES. — LES STALACTITES, LE SANG DE LA COUPE
ROSES DE NOEL
Un volume.

LES EXILÉS. — ODELETTES, AMÉTHYSTES, RIMES DORÉES
RONDELS, LES PRINCESSES, TRENTE-SIX BALLADES JOYEUSES
Un volume.

ODES FUNAMBULESQUES. — OCCIDENTALES, IDYLLES PRUSSIENNES
Un volume.

THÉATRE

COMÉDIES. — LE FEUILLETON D'ARISTOPHANE, LE BEAU LÉANDRE
LE COUSIN DU ROI, DIANE AU BOIS
LES FOURBERIES DE NÉRINE, LA POMME, FLORISE
DEIDAMIA, LA PERLE
Un volume.

SCÈNES DE LA VIE

ESQUISSES PARISIENNES. — LES PARISIENNES DE PARIS, ETC.
Un volume.

CONTES POUR LES FEMMES. — Dessin de Georges Rochegrosse.
Un volume.

CONTES FÉERIQUES. — Dessin de Georges Rochegrosse.
Un volume.

PETITES ÉTUDES

MES SOUVENIRS. — VICTOR HUGO, HENRI HEINE
THÉOPHILE GAUTIER, ETC.
Un volume.

PETIT TRAITÉ DE POÉSIE FRANÇAISE
Un volume.

Chacun de ces ouvrages forme un volume et se vend séparément
Prix : 3 fr. 50 c.
ENVOI FRANCO CONTRE LE PRIX EN MANDAT-POSTE

Paris. — Typ. Georges Chamerot, 19, rue des Saints-Pères.

www.ingramcontent.com/pod-product-compliance
Lightning Source LLC
Chambersburg PA
CBHW070203240426
43671CB00007B/531